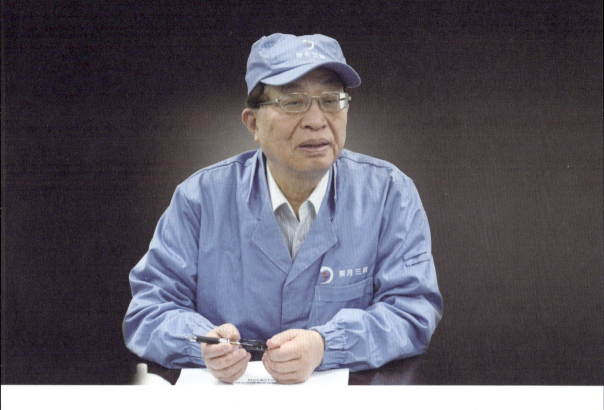

永不停步

叶培建 / 著

北京理工大学出版社
BEIJING INSTITUTE OF TECHNOLOGY PRESS

版权专有　侵权必究

图书在版编目（CIP）数据

永不停步 / 叶培建著 . — 北京：北京理工大学出版社, 2022.3（2023.2重印）

ISBN 978-7-5763-0889-1

Ⅰ. ①永… Ⅱ. ①叶… Ⅲ. ①叶培建—自传 Ⅳ. ①K826.16

中国版本图书馆 CIP 数据核字（2022）第 015585 号

出版发行 / 北京理工大学出版社有限责任公司
社　　址 / 北京市海淀区中关村南大街 5 号
邮　　编 / 100081
电　　话 /（010）68914775（总编室）
　　　　　（010）82562903（教材售后服务热线）
　　　　　（010）68944723（其他图书服务热线）
网　　址 / http://www.bitpress.com.cn
经　　销 / 全国各地新华书店
印　　刷 / 北京地大彩印有限公司
开　　本 / 710 毫米 × 1000 毫米　1/16　　　责任编辑 / 顾学云
印　　张 / 28.5　　　　　　　　　　　　　　李炳泉
字　　数 / 366 千字　　　　　　　　　　　　文案编辑 / 顾学云
版　　次 / 2022 年 3 月第 1 版 2023 年 2 月第 3 次印刷　责任校对 / 周瑞红
定　　价 / 96.00 元　　　　　　　　　　　　责任印制 / 李志强

图书出现印装质量问题，请拨打售后服务热线，本社负责调换

目 录

作者序 ·· i

一、在建设航天强国的道路上快速奋进 ··············· 001
1. 嫦娥四号发射前后心路记 ····························· 001
2. 嫦娥五号完美无缺，绕、落、回三步圆满收官 ··· 030
3. 真正的、第一次行星探测——天问一号与祝融号 ··· 037
4. 更高，更远，攀登新高峰 ····························· 048
5. 书写航天辉煌，总结、传播中国航天 ··············· 050
6. 放眼未来战略前移提前布局与研究 ··················· 063

二、伟大的日子 巨大的荣誉 无穷的动力 ········· 068
1. "最美奋斗者" ··· 068
2. "人民科学家"国家荣誉称号 ·························· 077
3. 光荣出席2021年建党100周年庆祝活动 ············· 118
4. 荣誉越多责任越大 ······································ 124
5. 北京2022年冬奥会火炬手 ····························· 134

三、教书育人 甘当人梯 培养人才 ···················· 138
1. 当一个合格的"学院院长" ···························· 138
2. 育人不仅仅在学校 ······································ 176
3. 浙江大学120周年校庆活动 ··························· 179

附　录 ··· 186
附一：《序》之集 ··· 186
　　《月球和火星遥感制图与探测车导航定位》 ············· 187
　　《深空探测器自主天文导航方法》 ·························· 189
　　《航天器电性能测试技术》 ··································· 191
　　《载人月球基地工程》 ··· 193
　　《航天器着陆缓冲机构》 ······································ 195
　　《空间电子仪器单粒子效应防护技术》 ···················· 197
　　《"嫦娥一号"探月卫星揭秘》 ······························ 198
　　《月球软着陆探测器技术》 ··································· 200
　　《问天科学》 ··· 202
　　《空间技术与科学研究丛书》（共23册） ················· 204
　　《太阳系无人探测历程第一卷：黄金时代（1957—1982年）》 ······ 207
　　《太阳系无人探测历程第二卷：停滞与复兴（1983—1996年）》 ··· 207
　　《太阳系无人探测历程第三卷：礼赞与哀悼（1997—2003年）》 ··· 207
　　《太阳系无人探测历程第四卷：摩登时代（2004—2013年）》 ····· 209
　　《空间科学概论》 ··· 212
　　《空间技术与科学研究丛书》（外文版） ·················· 214
　　《Transactions of NUAA》期刊"空天智能"专刊 ······ 217
　　《揭秘火星》 ··· 220
附二：关于开展小天体探测的建议 ································ 222
　　1　前期研究概述 ·· 222
　　2　小行星探测意义 ··· 225
　　3　小行星探测技术挑战 ······································· 227
　　4　小行星探测规划建议 ······································· 229
　　5　后续建议 ·· 230

6 结束语 ………………………………………………………… 232

附三：小行星操控和地外天体资源开发利用技术体系研究及发展策略建议 … 233

1 前言 …………………………………………………………… 233
2 概念与内涵 …………………………………………………… 234
3 调研概况 ……………………………………………………… 235
4 地外天体资源利用必要性分析 ……………………………… 238
5 地外天体资源利用可行性分析 ……………………………… 239
6 地外天体ISRU技术体系分析 ………………………………… 242
7 小行星操控场景与技术途径分析 …………………………… 246
8 发展策略建议 ………………………………………………… 250

附四：AI技术及其在航天技术中的应用 …………………………… 252

一、前言 ………………………………………………………… 252
二、人工智能技术发展现状 …………………………………… 254
三、人工智能技术在航天领域的应用 ………………………… 256
四、深空探测人工智能技术应用内涵 ………………………… 260
五、深空探测任务人工智能技术应用需求分析 ……………… 263
六、发展建议 …………………………………………………… 270

附五：如何结合硬科技讲好航天科普 ……………………………… 273

1 问题的提出 …………………………………………………… 273
2 研究意义 ……………………………………………………… 274
3 国内外航天科普现状分析 …………………………………… 276
4 我国航天科普的发展建议和措施研究 ……………………… 280

附六：相关报道（部分） …………………………………………… 295

记叶培建院士二三事 …………………………………………… 295
《叶培建"嫦娥一号"与四大精神》 …………………………… 303
"向着璀璨星空不断前行" ……………………………………… 317

向着璀璨星空不断前行——半个多世纪深耕太空探测的叶培建 … 336
75岁"人民科学家"叶培建——"工作和生活依旧饱满" ………… 340
（讲述·一辈子一件事）三次"没有选择的选择"，两次"反对"，
　　一生坚守——叶培建：将探索精神高悬广袤星空 ………… 342
学习叶培建院士事迹有感 ……………………………………… 348
"叶培建星"命名仪式暨小行星探测学术报告会在院举行 …… 351
两代"嫦娥"人握手照网络刷屏——总顾问叶培建
　　严苛背后的柔情一面 ………………………………………… 353
叶培建："嫦娥之父"步履不停 ………………………………… 356
前行万里路，归来赤子心——叶培建院士家乡行纪事 ……… 361
永不言弃——听叶培建院士报告有感 ………………………… 365
他——眼眸里的叶培建院士 …………………………………… 366
不忘初心奋勇前行——叶培建院士参加建党95周年
　　主题音乐会、庆祝大会活动访谈 …………………………… 368

附七：发表的文章（选录） …………………………………………… 372

在庆祝我国首次月球探测工程圆满成功大会上的发言 ……… 372
在"纪念钱学森诞辰110周年活动"上的致辞——兼记活动 … 374
开拓深空探测新领域（开卷知新） …………………………… 378
忆三叔——一位关心家乡，对家人充满爱心的人 …………… 383
我母亲的十年军旅生活（1946—1956） ……………………… 387
偶然、也是必然——向渡海先锋营的烈士们致敬 …………… 393
怀念刘锡文叔叔——纪念黄桥决战80周年和刘叔叔诞辰100周年 … 397
我与《印象泰兴》 ……………………………………………… 405
湖州·20军·60师·178团 …………………………………… 410
二零二零不平凡 ………………………………………………… 416
我的三位推荐人 ………………………………………………… 418

  我的第一套房子——忆屠先生 …………………………………… 420
附八：荣誉/奖励、科普报告、科技论文一览 …………………… 422
  荣誉/获奖情况 ……………………………………………………… 422
  关于科普报告和部分综述类报告情况 …………………………… 426
  2003年评选院士时的论文选目录 ………………………………… 431
  2003年11月当选中科院院士后发表的著作、论文及报告目录 …… 435

作 者 序

2018年10月，北京理工大学出版社出版了我的自传体作品——《走在路上》，这本书的发行情况很好，现在已是第三次印刷了。书中讲述了我自己几十年的人生之路，工作与事业的重点在于介绍1968年以来从事航天工作的苦与乐，特别是在月球探测任务几步走中的经历，提到了当时已完成的嫦娥一、二、三号，正在研制中的嫦娥四、五号和火星任务。自那时至今，我国的航天事业发展得很快、很好，捷报频传。我亲历亲为的嫦娥四号、嫦娥五号和火星任务——天问一号也相继取得圆满成功！2019年恰逢中华人民共和国成立70周年，2021年是建党100周年，我个人也得到了很高的荣誉，参加了一系列十分有意义的活动。这时期，又正逢中国人民志愿军抗美援朝出国作战70周年，再温抗美援朝伟大精神。2022年冬奥会和冬残奥会在北京举行，我被选为火炬手。这一切理应记录下来，作为纪念和勉励。既要动笔，就势把过去书写时还未尽意的一些事一并补写。由于这几年的大事很多，航天发展的步子很大，应用卫星、北斗导航、载人航天、深空探测捷报频传，故取名为《永不停步》。

《永不停步》主要讲述2018年至今的深空探测成果，自己的参与和经历；获得国家奖励的感受、心得和再立新功的强烈愿望；如何做好薪火相传，特别是兼任南京航空航天大学航天学院院长所做的点点滴滴以及其他自己认为值得书写的人和事。

文字有的是自己随心所想堆砌的；有的直接引用媒体和他人的报道；也附录了一些媒体发表的和自己撰写并已发表过的文章，从中可见重点与全貌；同时也配了一些有意义的照片。而2020年突如其来的新冠肺炎疫情，无疑给我们这几年的工作和生活带来了巨大的影响，所以取得的成果愈加珍贵和不易，历史应不忘这些。

一、在建设航天强国的道路上快速奋进

1.嫦娥四号发射前后心路记

这一节的名字有点"文雅",没有用嫦娥四号落月背、嫦娥四号研制等"简单明了"的名字,确实是因为有个心结。嫦娥四号落到月球背面是世界首次,是严峻挑战,是"争"和"辩论"出来的任务。完成得好是理所应该,完成不好甚至失败则必定会招致许多"议论",作为力主去月球背面的人,我压力甚大!当时已任命的总设计师孙泽洲同志,很大精力在忙于火星任务,嫦娥四号的日常工作则由以"总监"名义而担责的张熇负责。这对她而言也是个很大的挑战,她对我很尊重,经常和我讨论问题和技术细节,我作为顾问也极力做好每一件事以辅助泽州和张熇。承担任务的团队技术过硬,值得信赖!但这毕竟是世界首次,处理不好后果将非常严重,甚至失败,好在整个任务在大家的共同努力下,遇惊不变、化险为夷、有惊无险,最终闯过难关。个中艰辛只有亲身经历者才有体会,才知甘苦,总觉得应用个"词"来表达一下,附个风雅,故取"心路记",这一节的基本内容是完成任务后的2019年1月写就,现做点补充、修改,记录如下。

嫦娥四号是全人类第一个软着陆月球背面的人造飞行器,挑战巨大,技术复杂,路程艰难。不仅仅是技术,其实还有嫦娥四号落在哪儿决策中的争议,我是坚决主张"落在月背,迎接挑战"的人,可能也是"最坚决"的人,所以在发射前后的心路就更加起伏,有动力、有压力、有希望、有成功之喜悦,或许比别人感受更深。为此,把嫦娥四号发射前后的一些资料整理于此,表余心路,做个历史见证。

——叶培建于 2019 年 1 月 21 日

■科技日报:探月之路,我们注定将走得更远——访航天科技集团五院深空探测和空间科学首席专家叶培建

转记《科技日报》采访文　2018 年 12 月 5 日
壮阔东方潮　奋进新时代——庆祝改革开放 40 年·见证
本报记者　付毅飞

叶培建最近特别忙。他自己概括:给嫦娥四号任务团队"撑腰"。

嫦娥四号任务实施在即,作为中国航天科技集团五院深空探测和空间科学首席专家,叶培建不仅是此次任务所有型号的总设计师、总指挥顾问,还担任质量总监和飞控专家组组长,担子很重。

等到任务实施时,他希望能闲下来。"如果任务中我还忙得不行,说明遇到大问题。"他笑道,"飞控专家组的最高境界就是喝咖啡、聊天,无事可做。"见证了我国探月工程论证、立项、发展至今的他,早已练就了一副"大心脏"。

两公里地铁造价铺筑奔月路

叶培建第一次近距离接触月球探测成果,是在上世纪 80 年代初。

改革开放后,他通过首批留学生考试,1980 年前往瑞士留学。一次,他来到联合国世界知识产权总部,参观各国最高知识水平代表作。"当年咱们展出的是个景泰蓝花瓶,代表中国工艺水平。美国的展品要在放大镜底下才能看清楚,是一块来自月球的岩石,名为《A piece of the moon》。"他觉得"人家的水平确实不一样"。

当时他没有想到,自己将会跟中国探月工程紧密联系在一起。

1994年，我国科学家开始进行探月活动必要性和可行性研究。2001年，中国探月工程正式进入论证阶段。正主管资源二号卫星的叶培建加入，并成为首批核心人物之一。他们制定了"三步走"计划：2007年实现绕月飞行、2015年落月、2020年采样返回。2004年年初，探月一期工程立项，叶培建担任嫦娥一号卫星总设计师兼总指挥。

当时，国务院批下的工程经费为14亿元，仅相当于在北京修两公里地铁的费用。工程团队把一分钱掰成两半花，精打细算地铺筑出奔月之路。

2007年10月24日，嫦娥一号从西昌卫星发射中心升空。火箭团队欢呼雀跃，叶培建却异常冷静。卫星太阳帆板展开后，他心里踏实了，但他知道，还没到自己欢呼的时候。

出于稳妥考虑及工程需要，首次任务卫星没有直接飞向月球，而是先绕地球飞行一星期。10月31日，嫦娥一号进入地月转移轨道，经过112小时飞行，抵达月球附近。

"到达月球时，卫星要'刹车'，这在整个任务中至关重要。"叶培建说，如果卫星没刹住，会飞过月球，无法被引力捕获；刹早了，则可能到不了月球。近月制动的力度、时机必须极为精准。

宣布制动成功时，控制大厅里一片沸腾，两弹一星元勋孙家栋等老专家激动落泪。叶培建仍很冷静。"对于近月制动，我们有几套方案，奔月过程中也对相关硬件、软件进行了验证。另外，奔月中途原计划进行3次轨道修正，实际只修正了1次，说明各项表现良好。"他心里有底。

争出来的嫦娥四号任务

嫦娥一号任务圆满成功后，专家迅速投入嫦娥二号任务的规划中，但想法一度出现分歧。

嫦娥二号与嫦娥一号同时研制，原本作为其备份。当时有人认为，嫦娥一号任务已经成功，没必要再花钱发射备份星。

叶培建站在反对的一方。他认为，探月工程并非到此为止，既然研制了这颗卫星，为什么不利用它走得更远？

事实证明，2010年国庆节发射的嫦娥二号作为探月二期工程先导星，不仅在探月成果上更进一步，还为后续落月任务奠定了基础，并且成功开展了多项拓展试验。其完成了地日拉格朗日L2点探测，以及对图塔蒂斯小行星的飞越探测，取得了珍贵的科学数据；最后飞至1亿公里以外，也对我国深空探测能力进行了验证。

嫦娥二号证明了备份星也能独当一面。因而，当2013年12月2日发射的嫦娥三号探测器完成落月任务后，其备份嫦娥四号没有再面临是否发射的问题，但在任务规划上仍有分歧。

不少人认为，嫦娥四号无须冒险，还应落在月球正面。叶培建再次反对，"中国探月工程应该走一步跨一步。落到月球背面去，这是一个创举。"他说。

正是在他和部分人的坚持下，才有了如今的嫦娥四号任务。2018年5月21日发射的嫦娥四号中继星"鹊桥"，成为全世界首颗运行在地月拉格朗日L2点Halo轨道的卫星。即将发射的嫦娥四号还有望创造人类首次在月球背面软着陆，并开展原位探测、巡视探测以及甚低频探测等纪录。

探月下一步：建立科考站

中国探月工程稳步发展，叶培建对取回月壤的执念也越来越强烈。

2008年他去瑞士开会，借机重游世界知识产权总部，想看看美国的展品换了没有。走近展柜，那块月岩依然陈列在那儿，30多年来无人超越。他拍下照片，回国后放大打印出来，送给嫦娥五号设计师每人一张，说："这是美国人引以为豪的东西，下一次取回它的就是中国人。"

上世纪六七十年代，美国从月球共取回370.3公斤月壤，其中除了几次无人采样任务，绝大部分由阿波罗任务宇航员带回。1978年，美国送给中国1克月壤，0.5克展览，0.5克用于研究，取得了不少成果。叶培建告诉记者，嫦娥五号任务计划取回2公斤月壤,将为我国科学家提供足够多的样本进行研究。这让他魂牵梦绕。

当然,中国探月工程不会止步于此。叶培建透露,完成"绕、落、回"三步走之后,后续任务是建立月球科考站的初步模式。如果嫦娥五号任务圆满成功,作为备份的嫦娥六号将被纳入下一阶段任务,或将前往月球两极取样返回,为在月球建站探路。

■为解决嫦娥四号落到月背后的通信问题,工程设计了在地—月L2点"安置"一颗中继星,取名"鹊桥"。"鹊桥"取名的决策会我也参加了,且在第一轮发言中就建议了这个"名字"。"鹊桥"于2018年5月21日在西昌

西昌卫星基地 协作楼前

006 | 永不停步

西昌卫星发射基地　射天雕塑

卫星基地发射，至今运行很好，"东方红"的张立华总师和他们团队干得很漂亮。在工程实施过程中，我一直强调"鹊桥"是嫦娥四号任务的一部分，必须统一管理，实践证明这样做是非常有利于工程成功的，立华也有同感。在"鹊桥"准备阶段，我于5月5日赴西昌基地，拍摄照片两张，条幅由立华总师创作，附于此。

嫦娥四号于8月16日在京召开进场动员大会，会上邀我发言，我讲话很短，主题就两句话：我们一定要胜利！我们一定能胜利！并现场写对子一幅，以鼓士气。9月16日赴西昌基地，见此对子已被制成大大的条幅，悬挂于协作楼上（见照片）。

一、在建设航天强国的道路上快速奋进

架鹊桥　落月背　巡视月球　创世界第一
善创新　勇攀登　进军深空　建航天强国

在基地看了各项准备，工作有序，士气旺盛，坚信"一定能胜利"，写《七律：预祝嫦娥四号任务胜利》一首：

嫦四小妹比姐强　月背广寒梳新装　鹊桥已建娘家路　北斗七星做伴娘
五发连胜树榜样　大雪次日启飞翔　着陆巡视都成功　我辈苍穹书辉煌

注：

（1）嫦娥四号任务期间，北斗三号有七星升空；

（2）五发连胜是指嫦娥一号、二号、三号、五号试验器、鹊桥；

（3）嫦娥四号在农历"大雪"节气次日发射，瑞雪兆丰年，好兆头！

■ 在嫦娥四号准备发射期间，嫦娥一号工程总设计师孙家栋院士于2018年10月18日荣获我国"改革开放四十年百名代表人物"，我作为嫦娥一号卫星总指挥、总设计师，百名代表人物评选时的被调研对象。欣喜作《七律》一首，赞孙家栋院士，其中最后一句原为：孙家栋是不老松，后由火星任务工程总师张荣桥改为：家栋国栋不老松，更好！

北斗嫦娥东方红　　战略战术皆掌控　　元勋再获最高奖　　一生辉煌写太空
老骥伏枥夕阳红　　改革百代列其中　　我辈祝愿老爷子　　家栋国栋不老松

注：

孙家栋为"两弹一星元勋"和"国家最高科学技术奖"获得者

■ 嫦娥四号预定2018年12月8日凌晨2点多发射，此前我在北京飞行控制中心，一方面作为探测器总师、总指挥顾问为他们"撑腰"，另一方面担任飞行控制专家组组长，和老专家们做好飞控保证支撑工作。2018年12月6日下午5时，在唐家岭报告厅召开全体在京上岗人员动员会，我作了一个简短动员，据各方反映，效果很好。当时宣传部门和同志们的微信、微博中有传播，现补记如下：

在嫦娥四号发射前飞控动员会上讲话

2018年12月6日下午5时，唐家岭会展报告厅，对象：全体飞控队员，飞控专家组成员。

同志们，嫦娥四号就将在西昌发射升空，她一升空，接力棒就交到了我们的手里，不知你们心情如何？我虽已年过七十，经历多多，但此时心情十分激动！首先是自豪，全世界70多亿人，我们嫦娥四号的骨干队伍也就几百人吧？这个全人类的第一次，就要由我们来实现，千万分之一的机遇呀！千万分之一的幸运就落在了我们身上，多么的自豪与光荣呀！但这个第一次又是十分艰难的。我们已在准备去探火星，假如把天安门广场当成地球，上海外滩看成火星，月亮不过就是王府井的大饭店，但我们外滩都想去了，他人早就去过了，但王府井大饭店的背面就是没人去过，那么近，去不了，可见有多艰难，我们做了这么多的准备，"鹊桥"已待命于天上，我们一定会成功！接力棒在我们飞控人员手中，必须百倍小心，每一个指令，每一个动作，每一个参数都必须反复核对、确认无误！这方面我们是有惨痛教训的，在座的有和我一起经历过"中国资源二号"发射任务的，就是一条指令输入参数有误，差点儿造成任务失败，而这参数是经我们的队员核对的。所以每一个队员都要全神贯注，站好自己的岗，每一位专家都要尽责，出了问题你也是有责任的。我们都知道嫦娥四号落月背是世界第一次，落哪儿也知道，是南极艾特肯盆地，但可能没有感性认识，这里我展示一张我和该盆地合成的一张像，我心中想着那里，具体地点是冯·卡门撞击坑。冯·卡门是世界航天领域的先锋，钱老的老师，冯·卡门老先生知道是中国人第一个落在以他命名的地方，也一定会为中国人的创造性而高兴，我想大家都一定盼着嫦四能安全到达那儿！我相信，有前期几年的充分工作，有靶场的卓越工作，无一问题发生，有金牌火箭的托举，再有我们飞控队的精心准备和飞控中心指战员的大力协同，我们一定成功。在嫦四进场动员会上我讲了两句话："我们一定要成功，我们一定能成功！"就将变成现实。

今晚晚餐请大家多吃，吃好，精力充沛，打赢这一仗！

■嫦娥四号12月8日凌晨成功发射，在奔月过程中，有惊无险，化解危机，到达月球轨道，并于2019年1月3日安全降落月球背面，实现了人类第一次!激动之余,在飞控大厅起身走至决策席向赫荣伟总指挥、孙泽洲总师表示祝贺,并到工作席张熇总监处祝贺。张总百感交集,热泪盈眶,新华社在场记者捕捉到这一"情景",后来还进行了面对面采访,并发图、发文,形成一股"网热",现收集部分资料如下。

新浪微博

博主ID:东风快递员　2019-01-08　09:07

　　新华社抓拍的这组照片水平确实高,简直就是自带剧情。左图是嫦娥四号探测器项目执行总监张熇在嫦娥四号平稳落月后激动到掩面哭泣的瞬间,右图是74岁的"嫦娥"系列月球探测器总指挥兼设计顾问叶培建院士,在嫦四落月后走到张熇身边紧紧握住她手的瞬间。如果没有叶老几年前的坚持,作为嫦娥三号备份的嫦娥四号别说代表全人类登陆月球背面,就连能不能上天都是问号,毕竟当时是有人主张为了节约钱就彻底封存嫦娥四号不再发射,还有人主张嫦娥四号就不要节外生枝,和嫦娥三号一样平稳落在月球正面刷个存在就好。好在叶院士胆识过人更具担当,力排众议坚持嫦娥四号跳出舒适圈挑

一、在建设航天强国的道路上快速奋进 | 011

战月球背面。他最经典的一句辩词就是：先不要讲什么科学意义、技术带动，单从逻辑学上看，落到月球背面的科学意义就是一句话：背面没去过！这次嫦娥四号取得巨大成功，这位功勋老人却没有被大书特书。不过这张照片定格出的这一刻，可以说是中国航天史上的经典瞬间了，这画面仿佛是在告诉你，在探索未知的征途中我们薪火相传，前赴后继，绝不止步。

■这幅我和张熇交流的照片很快成为"网红"照片，其实这张照片中还有一个小秘密，大家不知注意到坐在张熇右手边一位头戴耳麦的女同志没有？她是我的堂妹，嫦娥四号数管分系统的主任设计师叶志玲。她和我是一

个爷爷,我父亲兄弟姐妹6人,我爸是老大,我是老大家的长子,她是我小叔叔、老六的小女儿,所以两人年纪差别很大。她2001年大学毕业后,步我后尘来到航天也已20年了,一直从事飞行器"数管"研制,"数管"分系统就是一个飞行器的"大管家",联系各个设备,操纵与管理整个飞行器的运作,十分重要,值班时就安排在张熇总监旁边。

由于她在嫦娥四号中的贡献,她也有幸参加了习主席在人民大会堂的接见。那一天,我和她在人民大会堂东门广场手持请柬合照留念,也算我们兄妹共同战斗的见证吧!

■腾讯微信公众号:环球时报

新华社这组抓拍照绝了!
2019-01-09

2019年1月3日,嫦娥四号代表全人类首次成功软着陆在月球背面的南极-艾特肯盆地冯·卡门撞击坑,在北京航天飞行控制中心现场,新华社记者金立旺非常敏锐地捕捉到了一个温暖的瞬间,今天这组照片被网友们翻了出来,并且又深挖了一下照片背后的故事,一段关于嫦娥四号的过往再次感动了无数人……

照片中这位掩面哭泣的女同志,是来自中国航天科技集团公司空间技术研究院的嫦娥四号探测器项目执行总监张熇。

而另一张照片中站在张熇身后紧紧握住她的手的老人则是"嫦娥"系列型号总指挥、总设计师顾问叶培建院士。

据新华社记者在成功之后对叶院士的采访介绍,张熇是嫦娥四号探测器项目执行总监,"总监既是行政又是技术,让她挑起这个'重担',要远远比一个常规配置的副总师的担子重得多。"而张熇在回忆那激动人心的一刻时心情依旧难以平复,"当时已经报了着陆,大家已经开始鼓掌了,当时的心情还是比较激动的,叶总过来拍了拍我的肩膀,说了一下'辛苦了',我就有点百感交集的感觉了。"

而在这一组非常有"故事感"的照片被网友们再次翻出来后,关于叶院士这位一直隐身于幕后的74岁"老嫦娥人"与嫦娥四号探测器的一段曲折的往事也跃然而出,让嫦娥四号背后那些执着仰望星空的航天人也开始被人们所了解。

嫦娥四号探测器原本为嫦娥三号探测器的备份星,所谓"备份星"就是指在"先导星"无法工作的情况下,用来顶替"先导星"工作的"卫星"。通俗而言,这个"备份"就是"替补"和"备胎"的身份。

2013年12月14日,嫦娥三号月球探测器在月球正面西北部的雨海虹湾地区软着陆,中国探测器首次造访月球表面,中国也因此一跃成为世界上第三个掌握月球探测软着陆技术的国家。就在嫦娥三号取得巨大成功之后,作为

嫦娥三号月球探测器

"替补"的嫦娥四号身份立马就尴尬起来,关于下一步如何处置嫦娥四号的问题,多方意见非常不一致,有人甚至主张嫦娥三号已经"功成名就",大家应该"见好就收",出于节约经费的目的,就没有必要再安排嫦娥四号的发射任务了。而更多人则认为,已经有嫦娥三号落在月球正面的成功经验做基础,为了避免承担风险,不节外生枝,应该让嫦娥四号再度造访月球正面,去复制嫦娥三号的成功。围绕嫦娥四号下一步的问题多方争论了两年时间僵持不下。

但叶培建院士则始终认为,再落一次月球正面意义不大,嫦娥四号应该摆脱求稳思维,更进一步,到人类探测器从未踏足过的月球背面去看一看。他向上级提议,"落到月球背面,成功了是一大亮点,即便不成功,也是人类第一次,可以原谅。""先不要讲什么科学意义、技术带动,单从逻辑学上看,落到月球背面的科学意义就是一句话:背面没去过!"在他的坚持之下,有关部门也组织了多次讨论,最终通过了嫦娥四号在月球背面着陆的方案。

而今日,再回过头来看看叶院士以及许多同他一样勇于拓进创新的航天人当初的坚持,嫦娥四号所取得的这份成功就显得愈发伟大了。

所以当叶院士和张熇总监两代"嫦娥人"的手紧紧地握在一起时,就有网友不禁感慨,这一刻可以说是中国航天史上的经典瞬间了,那画面仿佛就是在告诉你:

在探索未知的征途中,我们薪火相承,
我们前赴后继,我们绝不止步!

而在这段话下面,许多网友跟帖留言称:"因为山在那里""心里装着浩瀚星空的人,凡人努力为你们鼓掌"。

今年,中国航天依旧任务繁重,惊喜多多,挑战不断,不仅长征五号大型运载火箭会在年内复出,按计划,年底中国探月工程也将打响收官之战,发射嫦娥五号月球探测器登陆月球,在月面首度为中国人取回一块月面陨石然后返回地球。

在谈到与"弟子"的那经典一握时,叶院士也表示,"我们在一起走过这么多年的道路,这次嫦娥四号她挑了这个担子,所以我要特别给她表示一下祝

贺,在这种时候释放一下、鼓励一下,后面还有很多路要走呢……"

在拓展人类能力与边界的道路上,中国航天人从未停滞,向这些心怀浩瀚星空的人致敬!

■《人民日报》:(2019年1月22日5版)余建斌

接力,向星辰大海出发

1月3日,嫦娥四号落月的一刻,在北京航天飞行控制中心,科研人员庆祝降落成功。

嫦娥四号着陆月球背面的惊心动魄,已成为人类航天史上的经典时刻,而成功落月后的一个定格,同样将成为人们心中永久的记忆。控制中心内,一位74岁的老人走向前排工作席喜极而泣的年轻人,两只手紧紧握在一起。激动、感怀、传承,握手的人百感交集。老者是嫦娥卫星系列总指挥叶培建,年轻人则是嫦娥四号探测器项目执行总监张熇。

"成功的花,人们只惊羡她现时的明艳。"的确,嫦娥四号登月背后的曲折并不为大家所熟知。在方案制定阶段,嫦娥四号的"命运"曾引发争议。作为嫦娥三号的备份星,嫦娥四号是再次复制月球正面落地的成功,还是放弃发射避免节外生枝?各方莫衷一是。"背面没去过!"叶培建力排众议,为嫦娥四号找到了新的使命;而探月团队的艰苦攻关,为"嫦娥奔月"铺就了坦途。

两代"嫦娥人",一个航天梦。握手的,其实不只是两个人、两代人,更是中国航天60多年来接力前行的所有人;握住的,不仅是这一刻的喜悦,还有探索未知、奔向星辰大海的未来。

正是这群仰望星空的人,将人类的好奇心化为脚踏实地的勇气,创造了中国探月"五战五捷"、迄今11名中国航天员飞向太空、北斗系统开启全球卫星导航服务等彪炳史册的成就,为人类走出地球、飞向太阳系和更遥远的宇宙深处的共同梦想贡献出中国力量。正如网友所说:在探索未知的征途中,我们薪火相承,我们前赴后继,我们绝不止步!从钱学森、孙家栋,到叶培建、张熇,无论是科学家、设计师,还是一线工人、火箭燃料加注手或是炊事员,无数双手共同搭建起通往梦想的天梯。

"我们在一起走过这么多年的道路,后面还有很多路要走呢……"叶培建用力握住"弟子"的手,是肯定,也是鼓劲。嫦娥五号将从月球采样返回、中国空间站即将搭起第一块"积木"、中国首次火星探测任务将在2020年前后实施……未来的太空旅程,中国航天人依然会十分忙碌。但这支年轻、有朝气的队伍,是中国航天的最大资本。在手把手传递之间,中国航天人追梦的脚步永不停息,也将激励着每一个人逐梦奔跑。

■2019年1月10日,玉兔二号在月背走到了预定点,在此之前,部分科学载荷已开机测试并获科学探测数据,可以说嫦娥四号任务做到圆满成功已心中有数。写《七律:赞嫦娥四号》

"嫦四"软落到月球　　"玉兔"巡视稳步走

"鹊桥"架起地月路　　科学载荷显身手

人类首探月背后　　　技术科学双丰收

宇宙探索路漫漫　　　薪火相传永不休

1月16日,在《人民日报》和中国科协组织的中国科普日活动上,张熇总监展示了这首诗(见照片),引起很大反响。

■2018年1月11日下午,随着着陆器和巡视器两器互拍成功,图像下传,十分清晰,五星红旗鲜艳夺目。工程总指挥宣布嫦娥四号任务取得圆满成功,为配合直播的现场,我和探月中心裴照宇副主任作为嘉宾做客CCTV-13,做了一个多小时的互动,对全国观众介绍了嫦四的科学意义、工程技术挑战、月球车及一些有趣的事。至此,嫦四任务第一阶段圆满结束,后续继续科学探测任务。回想任务执行期间的每一个日日夜夜,所有重大动作节点,尤其是在遇到紧急情况时都在现场,既有惊心动魄,又有欣喜万分,成功来之不易,这支队伍成熟了!

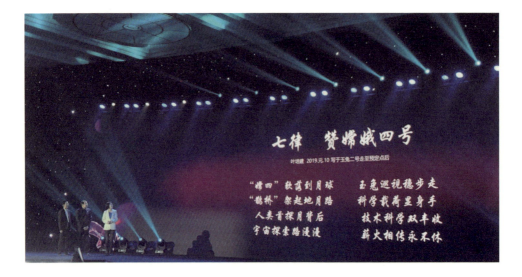

■ 2001年，我国开始工程意义上的探月论证，经两年论证、攻关，于2003年提出"绕、落、回"三步走的无人探月路线。第一步实现"嫦娥一号绕月探测"，为适应形势发展需要，在原论证班子的基础上，中国空间技术研究院总体部成立"深空探测和空间科学"研究室，现任嫦娥四号总师孙泽洲、总监张熇等同志曾担任该室的第一任、第二任主任。十多年来，我作为嫦娥一号卫星总师兼总指挥、空间科学和深空探测首席科学家、"嫦娥"系列和火星各型号总师、总指挥顾问，和该室关系密切，对领域的发展、项目立项、工程研制、学术交流、人才培养和思想建设等各方面都高度关注，视为自己工作的"自留地"。研究室每年春节前都会举行一次年会，总结、表彰和联欢，我也几乎次次参加。2019年1月22日下午，研究室举行"猪"年年会，我作对联两幅以示祝贺，用30余字浓缩了研究室的前生、今世和不久的将来。

横批：月球探测　　　　　横批：星际探测
上联：一二三四树丰碑　　上联：探落巡取火星忙
下联：五六七八战鼓催　　下联：小行彗木号角响
或
横批：深空探测
上联：一二三四树丰碑　　五六七八战鼓催
下联：探落巡取火星忙　　小行彗木号角响

为更好地宣传嫦娥四号的科学与工程成就、总结经验，与《中国科学》沟通后，依照过去嫦娥各型号成功后的做法，在《中国科学》组织专栏发表文章，也可为年轻的人们创建一个平台，发表文章，提高研究水平。

嫦娥四号首组文章发表之时，应编辑部之邀，写《按语》一份，此《按语》由我口述大纲及内容，嫦四总体主任设计师李飞同志撰初稿，由我修改审定后提供，现照录于下。现此《按语》和相关照片已发表于《中国科学》

杂志社的微信公众号中(2019-01-22)。

《中国科学》"嫦娥四号专刊"编者按

嫦娥四号任务实现了人类首次月球背面软着陆和巡视勘察,意义重大,影响深远,举世瞩目。嫦娥四号探测器系统由着陆器、巡视器"玉兔二号"和中继星"鹊桥"组成。嫦娥四号任务分为两次发射:第一次,2018年5月21日,中继星成功发射,6月14日顺利进入绕地月L2平动点的Halo使命轨道;第二次,2018年12月8日,着陆器、巡视器组合在一起成功发射,12月12日实施近月制动进入环月轨道,2019年1月3日成功着陆到月球背面冯·卡门撞击坑着陆区内,并完成着陆器与巡视器的分离,1月11日成功实现了两器互拍。两器的科学有效载荷正在开展探测工作。

在科学上,月球背面由于其特殊的空间位置,使其具有月球正面所不具备的特点。一方面,它屏蔽了来自地球的各类无线电信号,是对宇宙电磁波谱探测的最佳地点;另一方面,具有月球最大、最深、最古老的盆地——南极-艾特肯(SPA)盆地,保存了月球的早期信息,因此嫦娥四号对于低频射电天文观测与研究,月球和地月系的初期历史和演化、深层次的构造和成分的研究,都具有重要的意义。在工程上,嫦娥四号实现了人类首次月球背面软着陆和巡视勘察,首次地月L2点中继星对地对月的测控、数传中继。这些工程技术难点的突破,进一步提升了我国月球及深空探测的技术水平,提高了进入、到达和探测地外天体的能力。

嫦娥四号的一小步,无疑是整个人类太空探索史的一大步。党中央、国务院、中央军委发来了贺电,世界惊叹中国跃居"太空强国"。美国国家航空航天局(NASA)局长吉姆·布里登斯廷第一时间向中国嫦娥四号团队表示祝贺。日本的《朝日新闻》报道,探测月球仅仅十几年的中国,领先于美俄两国成功在月球背面着陆,向着实现"太空强国"的目标大幅迈进。英国的《泰晤士报》报道,中国向月球的巨大飞跃让它成为新的太空竞赛的角逐者,现在中国有了它第一个重大的"最早"。

嫦娥四号目前已经取得了初步的成果。着陆器在着陆过程中采用降落相机成功获取了下降过程中的视频，着陆后通过监视相机获得了人类探测器在月球背面近距离拍摄的第一张图片，通过地形地貌相机对着陆点周围进行了360°成像，人类首次得以观察到月球背面的细节。着陆器的地形地貌相机和巡视器的全景相机成功实现了两器的互拍，五星红旗鲜艳夺目。着陆器上携带的低频射电频谱仪、月表中子及辐射剂量探测仪，巡视器上携带的红外成像光谱仪、中性原子探测仪、测月雷达等有效载荷设备均开机工作，开始获得月球背面的科学探测数据，生物科普载荷中已长出了棉花幼苗。今后还将对月夜浅层月壤温度进行就地探测，不断积累数据，为深化对月球的认识提供直接的证据。

本辑发表了嫦娥四号任务首组的5篇文章：《嫦娥四号探测器任务设计》《嫦娥四号任务中继星"鹊桥"技术特点》《嫦娥四号中继星任务轨道设计与实践》《嫦娥四号中继星伞状可展开天线关键技术研究与验证》和《地月中继链路系统设计与验证》。后续将发表嫦娥四号探测器任务在轨实践、着陆区地形地貌分析、高精度着陆控制、同位素温差电池技术以及巡视器任务设计等文章。

■ "千万分之一的幸运"——专访中国探月"主帅"叶培建

撰文　《人民画报》记者　胡周萌

每逢卫星发射前夕，叶培建的内心常常满溢一股自豪之情："等卫星上天，全国人民就都知道了，这是我们干的！"

探月这份事业，叶培建一干就是20年。2001年，他开始担任嫦娥一号技术负责人，率领团队开辟中国的探月道路。从论证探月方案，到组织团队设计研究，再到执行任务，他见证了"嫦娥"每一个振奋人心的瞬间，也深知这些瞬间背后所凝聚的艰辛。如今，年逾七旬的叶培建是中国航天科技集团五院深空探测和空间科学首席专家，他仍肩负着"嫦娥"系列各型号总设计师、总指挥顾问的重任，掌舵中国探月之旅。

就在嫦娥四号发射的两天前，叶培建在动员会上说："我已年过七十，经历诸多，此时心情仍旧激动。为什么？首先是自豪。嫦娥四号落到月球背面，这是全人类的第一次。我们现在能去，真是太幸运了。全世界75亿人，我们骨干队伍就几百人，只占千万分之一。这千万分之一的幸运就落在我们头上。"

人民画报： 2001年至2004年，探月工程经过了三年论证，这个过程中是否有波折？当时的讨论为探月工程的实施奠定了怎样的基础？

叶培建： 当时的论证比较复杂。因为资金有限，我们要通过较少的次数实现科学目标，还要实现航天技术的进步，所以设计了"绕、落、回"三步走，三次走完无人探月人类走过的全部路程。关于"绕、落、回"，我们没有分歧，但第一步怎么绕，内部有不同意见，各个方案"PK"，最后采纳了五院的方案。主要有两点考虑：第一，技术不能太新，都用新技术，风险很大，所以主要继承了东方红三号和中国资源二号这两个卫星平台的技术；第二，我们起步晚，于是提出一些创新的办法，既能比较快实现绕月，一旦实现后，又不至于落后。总的来说"继承+创新"做得比较好。

载人航天和探月这两个大工程都告诉我们一条重要经验，那就是做好"顶层规划"。探月就按"绕、落、回"的路线走，不折腾，这样队伍就很稳定。而且，做第二步就想到要为第三步服务，做第二步就想到利用好第一步积累的技术，依此类推，无论多困难，坚持往前走。

人民画报： 2004年探月工程正式立项，您带领年轻的团队用三年时间完成了嫦娥一号研制任务。当时最大的困难是什么？

叶培建： 2001年我开始担任嫦娥一号的技术负责人，肩上担子尤其重。那时，我还是中国资源二号总设计师兼总指挥，它是中国第一个传输型的对地观测卫星。

嫦娥一号是中国第一颗月球探测卫星，很多技术挑战从未遇到，困难和压力主要在于此。比如，卫星怎么飞到月亮？还要正好被月球捕获？地面上是无法做实验来验证的。又比如，月球离地球40万公里，怎么解决通信问题？对月球定位需要紫外敏感器，那时中国还没有，得从头研制。地球卫星是两体定向，而月球卫星要三体定向，既面对太阳，又面对地球，还要面对月亮，卫星天线得转起来，怎么实现？月球轨道上冷热差超过300度，怎么保证卫星的长寿命，等等。当时总结的七个关键技术问题，都一一解决了。

人民画报：自探月工程启动以来，您遭遇过"捏一把汗"的时刻吗？

叶培建：我有一种心理，就是做了那么多工作，我们应该成功，如果还不成功，那确实是有些问题没有意识到。我们的工作做得很细，嫦娥四号光故障预案就做了几百个，能考虑到的所有问题我们都演练过，包括出现问题谁来决策、怎么上报。但是做科学实验，没有绝对万无一失的时候。

嫦娥每一个型号的发射，我都在现场，作为核心人物，我都表现得很平静，这样大家心里才有底。如果连我都忙起来，那肯定是出大问题了。飞控专家组的最高境界就是喝咖啡、聊天、无事可做。

人民画报：您如何把握探月工程的进展，既控制风险也大步向前？

叶培建：嫦娥一号成功后，不主张发射嫦娥二号的声音很强烈。我说，中国探月只有这一次吗？备份卫星已经做好，发射可以为今后多积累点成果。我们看到嫦娥二号很成功，到达了距离地球150万公里外的拉格朗日L2点，还会见了图塔蒂斯小行星。这次，有人不同意嫦娥四号落在月亮背面，但我认为，只要中国继续探月，早晚都要去月球背面，要去月球两极，才会有创新，既然现在可以去，为什么要等回过头再花钱呢？嫦娥四号去月球背面的难题的确很多，是要担风险的，主要得解决通信问题，于是我们发射了中继星。另外，月背着陆的环境还很复杂，需要很多敏感器判断地形地貌，我们也做出来了。

人民画报：嫦娥四号任务开展了科学载荷的国际合作，搭载了4台国际科学探测设备，您如何看待这一进展？

叶培建：全世界能去月球的机会很少，各国科学家都希望把握。对全人类来讲，国际合作是个贡献，表明我们的大度，也表明我们中国人是坦荡的。国际上有的月球探测项目排斥中国，但我们不排斥其他国家，我们的空间站和月球探测都欢迎他们来。这次美国科学家也提出，希望我们把"鹊桥"中继卫星的工作时间延长到5年，他们也想利用，都没有问题的。

人民画报：您认为对月球的探索有何重要价值和意义？

叶培建：月球到底是地球分出去的一块，还是当初形成地球时同时形成的，到现在仍无定论。通过对月球的研究，我们可以了解宇宙的形成，对宇宙越了解，就更有利于改造、利用地球。月球也有很多资源。比如，月球上的氦-3可以做核发电，而且氦-3储存量可供人类使用一万年，又干净又好。困难在于怎么开采、带回地球利用。现在看是困难的，那么一百年、二百年以后呢？今天没有利用，不代表将来不用。

人民画报：您如何评价我国深空探测能力在国际上的水平和目前的发展势头？

叶培建：进入21世纪，人类探月再次进入高潮，但我们不能一口吃成胖子。现在我们有了部分成果，但整体上还是比较后进的，和国际先进水平还有很大差距。

今年我们就要实现月球采样返回，同时也在开展载人探月论证，未来我们还要去月球两极。不久，我们在探月上就会达到领先地位。按计划，2020年会发射火星一号，既要绕，又要落，还要走起来。如果成功，那在火星探测上，我们就一步走到了前面。此外，我们还策划了小行星探测，还想在建国100周年达到木星。等走完这几步，才可以说中国深空探测走到了世界前列。

■One in Ten Million—Exclusive Interview with Ye Peijian, Chief Scientist with China's Lunar Exploration Program

《人民画报》英文版

Interviewed by Wen Zhihong, Hu Zhoumeng and Li Zhuoxi

Text by Hu Zhoumeng

"After living for more than 70 years, I have seen many ups and downs. But I feel excited now because I am so proud. Humans will finally land a spacecraft on the moon's far side, and Chang'e-4 is ready."

Every time before a satellite launch, Ye Peijian feels the pride swell. "Everybody in the country will know we succeed when the satellite goes into space."

Ye has been devoted to China's lunar probing for two decades. In 2001, he accepted the role of the chief scientist of the Chang'e-1 project and led his team to trailblazer the Chinese path to the moon. From the demonstration of lunar exploration plans to team organization and relevant design and research and then to the implementation of the lunar-probing missions, Ye has witnessed every thrilling moment of the Chang'e project and knows all about the hardship behind the success. Currently, he serves as chief scientist of deep space exploration at the China Academy of Space Technology (CAST). As a consultant to chief designer and chief commander of the Chang'e probe project, Ye continues to steer China's journey of lunar exploration.

Just two days before the launch of the Chang'e-4 probe, Ye said at a motivational conference: "After living for more than 70 years, I have seen many ups and downs. But I feel excited now because I am so proud. Humans will finally land a spacecraft on the moon's far side, and Chang'e-4 is ready. I have had such great luck. Among the 7.5 billion people on Earth, the core team of the Chang'e-4 project consists of only a few hundred. This opportunity is only one in ten million. And we got it."

China Pictorial (CP): Were there any setbacks in the three year feasibility study of China's lunar exploration program conducted from 2001 to 2004? What foundation did the discussion lay for the program?

Ye Peijian: It was quite a complicated process. Due to limited funding, we had to achieve scientific goals and progress in space technology with a limited number of launches. So, we planned to complete all unmanned lunar probe processes in three steps—orbiting, landing, and returning. There was no divergence in the design of the three-step plan, but there was disagreement on how to perform the first step. Several options were presented, and the CAST's plan was ultimately chosen for two main reasons. First, we could not adopt too many new technologies concerning risk control, so we mainly inherited the technologies of two previous satellites, Dongfanghong-3 and China Earth Resource Satellite-2. Second, China is a latecomer in lunar exploration, so we needed some innovative ways to accelerate the project and ensure it continues moving even after completion. In all, we achieved quite a good balance of inheritance and innovation.

One critical lesson China has learned from both manned spaceflights and lunar exploration program is the importance of sound top-level design. Throughout the three steps for our lunar probes, we will stick to the plan and keep the team stable. We have all adopted this philosophy: When working on one step, we consider how to utilize the technology used in the former step as well as how to serve the next step. This ensures we continue striding forward no matter how hard it is.

CP: After the Chang'e-1 project was first launched in 2004, it took your team three years to finish building the Chang'e-1 satellite. What was the biggest challenge of that period?

Ye: When I accepted the role of the chief designer of Chang'e-1, I was shouldering enormous responsibility because I also served as the chief designer and commander of another satellite, China Earth Resources Satellite-2, China's first transmission satellite for Earth observation.

Chang'e-1 was China's first lunar-probing satellite, and we confronted many unprecedented technical challenges that were sources of hardship and pressure. For instance, how did the satellite approach the moon without getting sucked to its surface by gravity? We could not experiment on Earth to answer this question. And how should we tackle communications with the moon nearly 400,000 kilometers away from Earth? Moon-based positioning requires ultraviolet radiation sensors but there was none in China at that time, so we had to start research on it from scratch. An Earth satellite requires two-body positioning while a moon satellite requires three-body positioning including Earth, the sun and the moon, so its antenna must spin. How could we make it happen? The temperature gap along the moon orbit can exceed 300 degrees Celsius, so how could the satellite survive both extremes while circling the moon? There were many more questions. Ultimately we summarized seven key technical problems and solved them one by one.

CP: What was your tensest moment working on the lunar exploration program?

Ye: I kept thinking that we deserved to succeed after all the efforts we made. If we didn't succeed, there might have been something we missed. Our work on the Chang'e project has been meticulous. You should see the hundreds of malfunction emergency response plans we made for the Chang'e-4 mission. We took everything we could imagine into consideration and drilled procedures, even including who makes decisions when problems emerge and how to report to authorities. However, there is no guarantee for success in any scientific experiment.

I have witnessed the launch of each Chang'e spacecraft personally. As a key member, I always stay calm so nobody else panics. If I appear anxious, people may expect huge trouble. The best scenario for flight control experts is when they're drinking coffee and chatting, with nothing else left to do.

CP: How do you monitor the progress of the lunar exploration program and prevent potential risk?

Ye: Despite the success of Chang'e-1, opposition to the launch of Chang'e-2 was strong. But should Chang'e-1 be China's one-off lunar exploration? A backup satellite had already been completed, and there was little reason not to launch it to accumulate more experience for the future. Chang'e-2 successfully reached the Earth-Sun L2 point, which is 1.5 million kilometers from Earth, and achieved a flyby of the asteroid 4179 Toutatis. Before the latest lunar mission, some objected to the idea of Chang'e-4 landing on the moon's far side. As long as China's lunar exploration continues, the far side was always going to remain key to innovation. If the chance emerges, why skip it and spend more time and money in the future to do the same thing? Chang'e-4 faced many challenges as it worked to land on the far side of the moon. Communications problems became a major issue, so we launched a relay satellite. The geographic environment of the far side of the moon is quite complicated, so landing required multiple sensors to determine the surrounding landform, something we also successfully accomplished.

CP: The Chang'e-4 mission included international cooperation on its scientific payloads, which were supplied by four international partners. What is your opinion on the collaboration?

Ye: Only a limited number of visits have been made to the moon, and scientists all over the world jump at the opportunity to conduct research there. International cooperation contributes to mankind, demonstrating China's inclusiveness and openness. Some international lunar exploration projects exclude China, but we aren't looking to exclude anyone. All countries are welcome to participate in our space station construction and our lunar exploration. American scientists have suggested extending the operational time of Queqiao (Magpie Bridge), China's lunar relay satellite, to five years. They hope to use the satellite, and we also welcome that.

CP: What is the value of exploring the moon?

Ye: Was the moon part of Earth? Or did it come into being simultaneously with Earth? There are still no promising clues. Research of the moon can enhance our understanding on the formation of the universe. Better understanding of the moon can facilitate the renovation and exploration of Earth. There is also a wealth of resources on the moon. For example, Helium-3 from the moon can be used to generate nuclear power. Its supply of Helium-3 is enough for 10,000 years of human use. It is a kind of clean energy. The difficulty is how to exploit it on the moon and take it back to Earth. It may seem hard now, but what about in a century or two? It is not available now, but it is not necessarily unavailable in the future.

CP: What do you think of the ability and momentum of China's deep space exploration compared to other countries?

Ye: Moon exploration has regained popularity in the 21st century. But we cannot expect China to make remarkable achievements overnight. Our efforts have paid off, but in general we are still lagging behind the global forerunners in this field.

We aim to take samples from the moon back to Earth this year. We are also conducting research on sending astronauts to the moon and planning to visit the South and North Poles of the moon. In the foreseeable future, we will be in a leading position in lunar exploration. According to our plan, the Mars-1 probe will be launched in 2020. It will not only orbit Mars, but also land and rove on the Red Planet. If the plan succeeds, China will be a step ahead on exploring Mars. We also plan to explore asteroids and reach Jupiter by the 100th anniversary of the founding of the People's Republic of China. Only when those steps are completed will China take a leading position in deep space exploration.

2.嫦娥五号完美无缺，绕、落、回三步圆满收官

在《走在路上》一书中，关于嫦娥五号讲到了它应于2017年发射，整个工程任务也确确实实是按此计划进行的，且落实得非常好。如2017年发射，则比我们做月球探测规划时承诺的2020年前实现"采样返回"提前三年完成这一伟大任务，但是由于用于发射嫦娥五号的运载火箭"长征五号"在研制、试射过程中出现了质量问题需要解决，拖延了嫦娥五号的发射。

■两次延迟发射时间，带来了新的困难和挑战

一切准备就绪，就要赴发射场，此时突然接到通知，要把发射时间由2017年下半年推迟到2019年某个时段，这给我们带来了两方面的困难和挑战。一是技术与管理方面，一颗已组装完毕，做好全部试验，待命出厂的卫星如何再"存放"两年时间？固然，可以利用这段时间多做一些更细致的回想与分析，补充一些可靠性增长试验，争取一些"益处"，但如何"存放"和"再试验"是回避不了的。经过两总精心组织各级技术与管理人员共同对产品进行物理、化学等特性分析，确定了哪些设备必须在专门设计的环境下存贮，哪些产品可与卫星平台一起在总装大厅洁净环境下共同存贮，哪些设备需拆回原研制单位存贮，分门别类，依规而行。光是存贮是不行的，还需确定如何对部件、分系统、整星在存贮期间做必要的试验，不做不行，强度太大太过也不行，设计各级试验的周期、方法和判定准则就成为一个"新的技术难题"。我们依据推迟2年的时间做好了设计，并对所有存贮及试验的规则都做了严格的审查和评议。然后按部就班地存贮和试验。谁知到了2019年年中，由于长征五号的问题还没彻底解决，需要再一次延迟到2020年年底左右，再一次面临"再存贮"和"再再试验"的问题，必须根据新的情况调整技术路线和管理程序。应该说，嫦娥五号两次推迟后所采取的一系列措施为今后再遇到类似的问题积累了一些知识、经验和方法。由于两次推迟，最大限度地利用了各器件、部件的生命周期，但也有少数器、部件在长期存贮之后可靠性会大大降低，我们也下决心重投产、重试验、

重考核。再者，由于发射时间的推迟，经仔细核算，发现飞行器与其他天体位置就原设计状态产生了偏差，就需要对个别部件的安装位置进行调整以适应新的情况，诸如这些"细节"是不能漏过一个的，否则就是灾难。

第二个方面的困难与挑战是队伍的状态，两次推迟，对整个队伍的冲击是巨大的，经过多年的努力、拼搏、加班加点，到头来却突然要"放慢脚步"，这无疑要推迟收获成果的时刻，也会影响到接受新任务的时机，几年时间对一个技术人员的生命旺盛期是不少的，但是大家也明白，成功是硬道理。在各级领导和两总的共同关心下，从一开始就高度重视这个问题，端正思想、调整节奏、制定政策、齐心发力，做到了队伍整体稳定、态度端正、作风过硬。我记得第一次要推迟时，我就约嫦娥五号副总指挥张高到我办公室讨论这个事，我就说到当前如何稳住队伍是头等大事。必须树立"成功是硬道理"的理念，在延迟期间要放缓步伐，但一定要"有事可做"，无事就易生非，后来的结果证明我们这个队伍是优秀的。在此期间，我们也十分注重各大系统之间的团结和互助支持，从不埋怨运载的同志，而是积极配合做好我们自己的事，共同分享余量，共同优化时间，共同承担责任，最终共享胜利成果！

■ **2020年是不平凡的一年，我们航天人没有停止前进的步子**

中国有句古话，"好事难成双，坏事接踵来"，第二次延迟到2020年年底，而在2020年的春节，突如其来的新冠肺炎（COVID-19）疫情一下子打破了所有的平静，扰乱了全部的节奏，几乎所有的事情都无法进展了。作为一名老航天人，不是自夸，我在这一时刻就产生了一个强烈的愿望：航天工作不能停，航天要发展，只要航天有大成果呈现在国人面前，全国人民就一定会大受鼓舞，就会有决心、有信心战胜疫情。我在这时刻给许多同志、给南航的师生都说了这个观点，他们都很赞同，当年5月在中国科协参加万钢同志主持的一个会上，他听到了我们2月到5月航天工作的进展，了解到在这几个月当中嫦娥工程的进展、北斗导航系统基本建成、新的飞船试验成功等，也高兴地说：

"航天在前进，中国就在前进。"整个2020年，就是我们嫦娥五号和我国第一个火星探测器天问一号出厂评审（克服疫情带来的困难，天问一号与嫦娥五号情况相同），进发射场准备发射，发射和飞控的关键时刻。我们承受了巨大的工作和抗疫两不误的压力，克服了许多"额外"的负担和困难，硬是做到了按原计划办事，一步不差，件件落实。比如评审，不能在线下开，但有的会也不便线上开，项目办同志就把文件分头送至每个评委手中（非直接接触），每个评委要用多倍于会上听报告、发言的时间仔细审查文件，书面提出问题和建议，而我本人参与的评审都还要和项目办负责人再电话沟通，交流和督促落实，确保方式变了，但时间节点和评审质量不变。队伍人员进京或赴其他地方参加联试、归零既要严格遵守防疫要求，不可马虎一点，又要确保任务完成，所付出的时间和资源都是成倍增长的，只能依靠"拼命"来弥补。嫦娥五号和天问一号队伍都是在文昌发射场发射，他们于4月和7月分别进场后，一是由于基地任务多，吃住条件受限；二是由于防疫要求，人员进出严格受控并要接受隔离。两支队伍一开始都是住在基地外的宾馆或中转站里，每天路上消耗几个小时，十分疲惫。不能完全地独立组织膳食供应，不能堂食，只能每人送餐，尽管后勤同志尽了最大力量，伙食也不错，但和集中在基地内食堂用餐相比还是要差些。海南几个月高温闷热，这一切都被同志们克服了，忍受了，确保了天问一号2020年7月23日的发射以及嫦娥五号2020年11月24日的发射。长征五号队伍同样给力，两次发射运载都表现得十分漂亮，为后续飞行程序执行打下了良好的开端。

嫦娥五号在文昌基地准备发射时，我去了一次，看到队伍的良好状态和产品的测试情况，对成功充满信心。并在基地内"嫦娥路"留影，在试验队工作室墙壁上悬挂的鲜红党旗下与总体部分队队长王大轶同志合影，以作纪念。嫦娥人走在"嫦娥路"，站在党旗下，准备嫦娥五号的发射，心情可想而知，在如此困难的条件下顺利完成任务，试验队员的工作是十分给力的。

与王大轶同志在党旗下

文昌发射场"嫦娥路"

回北京前,为队刊《嫦娥之声》写了篇稿子——"2020不平凡",《嫦娥之声》是我们工程的一张名片。2007年秋嫦娥一号进入西昌发射基地时,我们就和过去试验队进场一样要创刊一个平台,但这次比较正规,取名"嫦娥之声"。嫦娥一号期间共出版了8册,之后嫦娥二号、嫦娥三号、嫦娥五号试验器、嫦娥四号、嫦娥五号都继承下来,总共出了近40册。这份刊物我很重视,从嫦娥一号时亲自抓,政工组同志非常投入,尤其当时总体部随队的王羽潇同志,她毕业于中国人民大学新闻专业,受过专门训练,又热心于此,

《嫦娥之声》封面

《火线传真》封面

文学功底也好。整个试验队也充分发动大家积极踊跃写文投稿。刊物基本上由三部分内容组成：一是工作进展、劳动竞赛及各项业务活动的简要报道；二是大伙儿用散文、诗歌、小小说等形式写的工作感受、生活趣事、体育活动等生动活泼的真实场面；三是反映工作、生活、与部队交往、文体与生日活动等的照片。彩印，每期几十页，很受欢迎，有的来访领导还专门索取作为纪念，这些刊物既客观记录了发射场大事，反映了高昂的精神面貌和工作热情，也表现了队员们丰富多彩的日常生活和团结奋斗的氛围。我从嫦娥一号起，就经常给这刊物写点东西，嫦娥一号时写的"工作诗"较多，在中秋节联欢晚会上，项目办同志还把这些"诗"串成一个节目做了表演。火星发射场也办了一份刊物《火线传真》，我写了刊名，写了发刊词，也出了多期，风格和《嫦娥之声》相同。我关注试验队办刊做宣传是有原因的。在我担任中国资源二号卫星总指挥兼总设计师时，我就办了一份小报，在发刊词中我就写道："在战争年代，连队有一份小报，就好比多了一挺机关枪，可大大增加战斗力呀！"这就是政治工作的作用，宣传的力量。这个"基因"来自我的父亲，他就是一名从多次参加战斗的连队指导员成长起来的政工干部。

嫦娥五号于2020年11月24日发射，12月1日落月，说实在的，这两步因有嫦娥三号、四号的成功经验，我没有担心。真正让人担心的是后续的几个动作，作为飞控专家组组长的我带了一批老同志在现场支持，虽然对成功抱有信心，但心中还是紧张的。由于整个月面工作是在一个月球白天内完成（一个月球白天相当于地球14天），所以许多工作都是在地球的晚上做的，几乎每晚都要坚守在工作现场，有几个晚上是通宵干活的。嫦娥五号的主要任务是采样返回，12月2日采样封装就是一整晚的工作，从钻取到表取，尽管队伍在过去的演练中已演练过千百遍，但当晚钻取的实况还是第一次遇到，碰到了困难，在操作人员和两总的正确决策下，摆脱了困境，得以钻进了约1.7米，取得了样品。表取比预想的顺利，仅仅取了12次就从监视视频上看到已装满样品罐，最后返回地球后称重，钻取和表取共取样品1700余克，这在人类月球无人采样中第一次实现了同时用两种取样方法，取得的样品也是最多的。

在完成采样封装后，12月3日嫦娥五号由月面起飞上升，12月6日完成月轨交会对接与样品转移，实施月地高速返回等一系列动作后，嫦娥五号返回舱携样品于12月17日返回地球。在飞控大厅，当我看到追踪直升机发回的返回舱降落伞已充气展开、徐徐下降的画面时，对在旁边紧张地注视着这一动作的原508所所长陈虎（降落伞由他们所研制）说，你的任务完成了。然后，我并没有等返回舱落地，就出大厅喝咖啡去了，此时，嫦娥五号立项、研制、攻关、延迟、抗疫、发射等景象一一掠过脑海，但心情却十分轻松、喜悦。等到再进大厅时，从视频上正好看到一只小动物跑过返回舱，事后知那是一只狐狸，要是一只兔子就更有点意境了。那晚，集团吴燕生董事长在现场，诚邀嫦娥五号总师杨孟飞院士和我共同留影。

航天科技集团吴燕生董事长（中），嫦娥五号总师、总指挥杨孟飞（左），叶培建

整个嫦娥五号任务，从发射到返回舱落地，运回航天城，无一问题，教科书式完美，令人惊叹！这里面原因很多，但有一点是肯定的，这支队伍过硬、作风好，两总班子中张高、张伍、彭兢、张洪华、张玉花等人各有所长。副总指挥张高同志从嫦娥一号就是团队成员，忠厚、踏实、做事认真、策划工作细致，极大地减轻了孟飞指挥线上的负担，使他有更多精力考虑技术问题；副总师张伍从中国资源二号开始就在我的团队中，又经历了嫦娥前几个型号的磨炼，工作较真、技术能吃透、深入基层抓细节，是个很合格的技术副手；彭兢副总师年轻、头脑灵活、理论功底好，承担着总师委托的攻关与试验任务，善于学习，做得很出色；张洪华副总师理论功底十分深厚，是航天系统知名的 GNC（制导、导航与控制）专家，嫦娥几次完美落月的 GNC 都出自他的团队，在国际上也是领跑的；嫦娥团队中还有一位主管飞行器 GNC 的副总师王晓磊，他的父亲王长龙和我在 70 年代初研发中国最早的数字电压表时就相识，后又在一个班组工作，是我国一位资深的飞行器控制专家。晓磊出于蓝而胜于蓝，在嫦娥二号到嫦娥五号的各任务中完成出色，这得益于他基础好、头脑灵活、反应快，工作节奏也麻利，是个很有发展的人才；完美嫦娥任务有很重要的一部分是由上海航天各单位共同完成，张玉花同志是几乎所有深空项目上海任务的"总指挥"，工作大胆、作风泼辣，既懂技术又会管理，还吃苦耐劳！她中学是浙江湖州二中的，我是湖州中学的，我父亲所在部队在湖州驻扎时，营房就在她的家乡——黄芝山，所以我和她算"半个老乡"。当然，还有许多其他副总师、主任设计师、主管设计师和指挥调度们，他们每个人都是不可缺少的一环，是成功的一分子。

他们兢兢业业，认真细微带领队伍做好每一件事。尤其是总师兼总指挥杨孟飞院士年富力强，当过所长、研究院副院长，具有丰富的管理经验和严肃认真的作风。他青年时就被评为国家级专家，对技术问题大小不放、一抠到底，对质量问题毫不迁就、必须彻底归零，特别是对嫦娥五号这样由轨道器、返回器、着陆器、上升器四器组合，研制单位又多的复杂系统，他力主技术上按专业梳条、管理上按块负责，这对工作的开展是十分有效的。

采样那天晚上，采样和封装专家组老同志以及相关设备研制单位领导同志都在现场，经受了紧张和成功喜悦，当钻取一开始遇到一些麻烦时，身为专家组成员，又是研制单位主要技术负责人的哈工大邓宗全院士就坐在我身边，还是紧张得全身出汗，成功后我们在一起留影以记住采到样品的这个时刻。

采样、封装专家组及529厂领导合影

3. 真正的、第一次行星探测——天问一号与祝融号

中国的火星探测任务论证时间很长，几起几落。随着时间的推移，国际上火星探测新的高潮兴起，美国、中国、欧空局与俄罗斯、阿联酋都瞄准了2020年这个火星发射年。我们这些人自然是探火的积极推动者、践行者，也是大胆的创新者，在2016年确定立项后，既然我们迈出这一步已经晚了，要在2020年和世界多国同年同台竞技，那就要显出我们的起点要高！由于我们已有了几次探月、落月的经验和积累，中国方案是一次探火任务就完成火星全球观测、落火、巡视三大任务，这种组合模式在世界上还是第一次！

而中国第一次探火就要实现三组合，是何等的勇气与智慧。自此，一场艰巨的世界大赛就开始了。火星探测是真正意义上的行星探测，工程取个什么名字呢？我在由我们这个团队的年轻人翻译出版的《太阳系无人探测历程》这本书的序中写道：美国 NASA 对他们三个火星车的命名是好奇号、勇气号和机遇号，反映了他们工程师、科学家的精神。而我们工程则借用伟大爱国诗人屈原的《天问》，把深空探测任务取名为"天问"，第一次火星任务命名为"天问一号"，在全国征名的基础上把第一辆火星车命名为火神"祝融号"，稍懂中国历史和典故的人都会为这取名叫好。前几天，央视一套播放的"典籍里的中国"节目，屈原篇中就引用了"天问一号"和"祝融号"，令屈老夫子十分感叹、开心！还说："祝融是我先祖呀！"

经过几年的不懈努力，克服了一系列的技术关键和试验验证难题。其中最为重要的是我们对火星环境知之甚少，各种设计参数输入不好掌控；火星的降落不同于地球、也不同于月球，已有的知识和实践远远不够用；如何在地球上来做火星环境下的各种试验验证？当然还有其他很多，本文不是技术专著，就省过了，着重还是谈谈"人文"和过程。

2020 年 7 月 23 日，天问一号发射成功，一路飞向火星，于此时间先后，美国的毅力号和阿联酋的希望号（美国帮助设计，日本火箭发射）也先后发射成功奔向火星，欧空局与俄罗斯合作的项目未能按计划实现，错过了这一窗口。在经过七个月的漫长旅程后，天问一号于 2021 年 2 月 10 日成功实施近火制动，成为火星卫星，并于 5 月 15 日安全着陆火星，中国成为世界上第二个有飞行器安全着陆于火星表面的国家，且是第一次工程实践就获成功！

我们成功了！事后，我们得知美国有议员就在国会上呼吁美国要如何如何，拿我们成功为他们向政府要钱做借口，这使我想起一位高级外交人员说过，你们探火成功了，我到美国去说话都更硬气！

与嫦娥五号一样，火星研制队伍也是十分优秀，总指挥赫荣伟同志长期做科研管理工作，具有十分丰富的管理经验，对全局工作把握很好，总师孙泽洲同志从中巴资源卫星起步，到在嫦娥一号卫星担任主管总体技术的副总师，嫦娥三号、四号总师，历经磨炼，已具有克服困难的内力和能拿出具体的技术方法的能力，既能继承，也敢于创新；副总师饶炜从中国资源二号卫星开始就在我的团队中，并经历过嫦娥一号总体主任设计师、嫦娥二号副总师的磨炼，深入细致，吃苦耐劳；副总指挥李振才同志也是中国资源二号团队、嫦娥团队的老人，协助总指挥、总师抓起日常工作重担，事无巨细，一一落实，尤其在防疫抗疫斗争中更是辛劳百倍；主管 GNC 的王勇副总师能吃透技术，工作到位，注重细节，功不可没。还有许多许多同志，每个人都是中国探火的功臣！我和他们朝夕相处，年虽过七十，还是在技术攻关、大型试验、质量问题归零、独立评估、专家支持等方面尽力而为，任务成功后，泽洲和饶炜跟我有短信，转记如下，从他们的为人和经历，我想这些话不应是"客气"话。

孙泽洲：

叶总，感谢您的培养和教导！每每在我遇到困难时您都会为我撑起一片天空！感谢您为"天问"指明道路！感谢您为"天问"付出的心血！

这是真心话，你是我们深空团队的领路人，"天问"一路走来，也遇到很多挫折，您给予我们专业技术和帮助，也给予我们精神和士气上的鼓励，也帮助我们挡住和屏蔽了很多外界的干扰。正因如此，我们才可以安心精心地构筑"天问"的成功。

饶　炜：

12年前，您带领我们论证火星，今天落火成功，给您交卷了，谢谢叶总。

与孙泽洲交流技术方案

看到这些,我对他们和队伍心有敬意,也感欣慰,值了。附上几张天问一号任务期的照片。

天问一号着陆火星圆满成功后与火星工程任务张荣桥总师

天问一号环绕火星成功后与集团领导吴燕生(中)、杨保华(右二),五院院长张洪太(左一)、老院长徐福祥(左二)

与测控系统李海涛总师

天问一号近火捕获当日在项目办工作室,手指"距离火星捕获0天"

5月22日,祝融号驶离着陆平台,6月1日完成"萌呆"而"雄伟"的两器合影,五星红旗闪耀宇宙,全国人民,乃至国外人士都为之惊叹!国家航天局于6月1日宣布中国第一次火星探测任务取得圆满成功。8月30日,"祝融号"落火100天,已行走1000米!

着陆平台和祝融号合影

说到祝融号,就必须谈到贾阳和陈建新两位副总师,他们两位是中国"地外天体车"的核心人物,贾阳负责总体技术、陈建新负责 GNC。两个人有着共同的特点,业务扎实、认真细致、话不多而活儿漂亮。贾阳和我相识很久,但私下交谈不多,对他的工作很了解,没有丝毫不放心,但对他的人文情怀过去了解不多,最近读了他写的一本科普书《月球车与火星车》,发现他文学功底很好,这书写得不错,值得一读,更令人触动的是他的"后记",我把它全文转录此处,从中可以"品尝"出许多滋味,也有深意!

后记

我出生在东北一个典型的小县城,城里面有邮局、电影院、书店,有小学、中学,还有一条现在已经找不到了的小河。

小学二年级的时候,两毛钱买了一本书名是《太阳系》的书,中间提到光年,当我理解迅速无比的光,走一年的距离,被天文学家作为丈量星星之间距离的尺子,我被宇宙的广袤震撼了。

上学的时候,尽量读书,买了好多,但是也有买不起的时候,就去图书馆去借,极端的情况每天去图书馆一次,利用课间二十分钟的时间跑到图书馆换一本书,好在县城很小,跑着来回,时间富余。

我把能接触到的天文、航天、科幻书都看了,特别喜欢。于是立志要当科学家,别奇怪,那是一个理科好的孩子都想当科学家,文科好的孩子都想当诗人的年代。那时候的青春偶像只有陈景润和顾城们,还没轮到歌星和影星登场。

为了观测流星雨,我连续20天凌晨跳出学校的大门,被门卫发现,慌忙从门上跳下,伤了脚,现在走路多了还会疼。

初中我在报纸上发表了一篇关于哈雷彗星的科普文章,满足了一下虚荣心,强化了我的未来职业规划,不过那时候不叫规划而是称作理想。高考成绩还好,我选的学校和专业都够得着。研究生报名之前,我研究相关学校和研究所哪个考得上，哪个考不上用了两年时间，没有钱复印资料就手抄，抄到手指僵硬。

后来就在读研的航天单位工作，参加过飞船的系统试验，负责了玉兔号月球车和祝融号火星车的系统设计，到今天工作了25个年头。

曾有人问我，这个工作感觉怎么样，我回答说：金不换。我的体会是，青年时候有梦想，成长过程中有机会、有能力把握前进的方向，最后把梦想与工作结合起来，此人生之幸事也！

玉兔二号月球车在月球背面工作满三个月的时候，我在微信中写道：有一种东西叫作工作，有一种东西叫作事业；有一种东西叫作兴趣，有一种东西叫作情怀。

南山（贾阳笔名）

成功背后的故事太多太多！

天问一号着陆火星是个重大事件，着陆需在大系统统一指挥下，精心完成一系列动作，一个不能少，一个不能错，头天晚上开了战前动员会，我做了一个简短的动员，讲得自己满眼泪花，许多同志被感染，鼓动了！我讲话的大意如下：

"同志们，明天天问一号就要着陆火星了，我们这些人将成为历史的见证者！本来这就是一个科学探索任务，是一项可能成、可能败的科学试验，但今天不是了！它被美国人改变了，春节前后的中美阿拉斯加会谈，我们怎么也想不到美国人拿火星探测说事，他们要以实力地位说话，要居高临下说话，底气在哪里？他们说，我们去过火星了，还带着其他国家，我们有能力做，我们有能力当老大！说明我们制度好。这就是美国人，他们把我们逼上了一条道，我们的天问一号能不能落火，能不能完成任务已经不仅是一个科学的事，是个政治大事，是关系到国家安全、国家地位的大事，我们这些人无意中被赋予了这样大的担子和责任，做好了，我们有功于国家，有功于人民，做不好，罪过大呀！我们只有一条道，做好已策划的每个动作、每件事，我们一定会成功！"

火星任务总体来说非常完美，如果"鸡蛋里挑骨头"，也有一点反思。在天问一号最初飞向火星的过程中，通过遥测发现进入器表面局部地方温度升高，和发射前设计的预期不一样，在实际过程中我们通过其他手段可以控制这个升高的趋势，随着天问一号离太阳越来越远，这个问题也就不存在了。但还是要认真深入分析，它为什么会在一段时间里"非预期地升高"，经专家和工程队伍共同从理论上分析，查找过去数据、补充新的试验，才知道是我们热控设计时一个没认识到的问题，只按过去的理解和设计规范是不够的，从而加深了对热控的认识，这对今后的热设计会大有好处，这说明"吃透技术"是永远在进行中的。

中国航天取得的成果比"应该的大"，啥意思呢？如果按照西方国家科技、经济、工业基础的实力对航天工业贡献来看，中国这些年的航天成果是"超常"的。这是中国特色，是依靠了中国社会主义的优势：集中力量办大事的国家优势；依靠人们吃苦耐劳的优势；为国为民做贡献的"两弹一星"精神，始终发扬"热爱祖国、无私奉献，自力更生、奋发图强，大力协同、勇于登攀"的优良传统；在一个又一个实战中增加了政治自信、制度自信和文化自信。几十年的亲身经历，其中令人难忘的事例很多很多，最难忘的有几点：一是党和国家几代领导人的关怀，从毛主席、周总理到习主席，他们都对中国航天的发展倾注了极大心血；二是航天人的奋斗精神，永不服软、力争世界一流的拼搏精神，他们深知航天事业对国家的重要性，航天不仅仅是个"技术发展问题"，它关系到国家安全、国家生存之根本，所以航天人就有着"国家第一"的基本理念；三是全国人民对航天的关心、支持和宽容。每次重大任务成功，党和国家领导人都给予热烈祝贺和鼓舞，我们深空探测几次任务完成后，主要参与者都在人民大会堂受到接见；各部委给予参与者很大的荣誉，许多人被评为突出贡献个人，"五四"奖章、青年奖章获得者，

"三八"红旗手或标兵,青年科技标兵等;所完成的科研成果获得国家科技各种高等级奖励等。这些表彰极大地鼓舞了队伍的士气,尤其是年轻同志的进取心!我们去基地执行任务,飞机座位紧张,就有其他乘客主动下机让出位置以保证我们按时到达现场;有出租车司机听说自己拉的乘客是航天工程师十分自豪,说:"不用付钱了,算我为航天做点贡献,要是来个'明星',我才不会优惠他呢!"有个老华侨在信中说:"祖国的卫星飞得有多高,我们海外华人的头就能昂得多高。"嫦娥一号2007年发射成功并表现良好,2008年中秋节时我在瑞士参加一个国际会议,中国驻瑞士大使董津义同志让我给华人华侨做了两场报告,讲讲中国航天的发展,许多老华侨激动万分、热泪盈眶,董大使说:"叶总,你这一讲两小时,比我讲一年都管用!"

　　这些年来,中央电视台、中央人民广播电台及各主流媒体都对中国航天的每件大事做了宣传报道,既宣传了航天,鼓舞了国人,也大大鞭策了我们要更加努力。我个人经历的探月工程多些,参与也多。嫦娥一号发射前,当时的央视一套主持人张泉灵同志,在基地和我们同住、同吃,在一线报道;张萌记者创立了"张萌追嫦娥"系列报道,每天从早到晚和我们在一起做实况报道;其他还有不少主持人在不同频道、不同节目中都热情洋溢地、实实在在地讲述着嫦娥和嫦娥人的故事。最近几次任务,崔霞团队为报道探月和深空做了很多事,她们去文昌、上航天城,始终工作在一线,有时也是通宵达旦地工作,第二天继续,不知疲倦,她们的新闻实时地反映了我们的成果,她们也注意抓住"人"做深度报道来挖掘"心灵",包括我自己,队伍中有不少人都被她们挖掘过。董倩主持的"面对面"也多次和我们队伍中的骨干人物对话,我与她有过两次合作,她的睿智和多才给我留下很深刻的印象,不过她有时提的问题还是不太好回答的。香港的"凤凰卫视"也很关注我们这支队伍和工作,有不少关于"事"和"人"的报道,扩大了影响。国际台(CGTV)同样给力,我自己或作为嘉宾在台里或现场用法文、英文做"嫦娥""天问"的采访，反响还是很大的，我就有朋友是在国外看见我的报道，感到十分真实、亲切。这使我想到一句话"众人拾柴火焰高"，国人对我们如此厚爱，我们唯有做得更好才行。

与央视崔霞在北京航天城展厅合影

央视的著名主持人鲁健同志，在嫦娥一号发射成功时，就和我们一同做过专访，在《走在路上》还附有当时的照片。2021年11月，他带领他的创作团队又来我院对我进行了专访，讨论了不少问题，展现了我和团队近些年的成就，播出后点击率很高很高，起到了很好的宣传作用，传播了正能量。许多媒体从不同的视角制作了小视频多次播放，网民留言众多，称赞和敬佩"老爷子的家国情怀"。

一、在建设航天强国的道路上快速奋进 | 047

《鲁健访谈》海报

2021年中秋节前,根思乡在泰兴市委宣传部、文明办、广电局的支持下,举办了"庆丰收、跟党走"的晚会,应市里和乡里面的要求,"杨根思连"和我都录制了视频祝福,在晚会上播放,效果很好。第二天我接到不少电话和短信,说我的祝福非常"接地气",既深情地介绍了自己和家乡的牵挂、儿时的中秋,也激励着今天人们的精神,发扬英雄传统!

4.更高,更远,攀登新高峰

习主席这些年对中国航天有多项指示,表达了他对航天事业的关怀和对航天作用的肯定。他说:"探索浩瀚宇宙,发展航天事业,建设航天强国,是我们不懈追求的航天梦。"在2019年国庆前他亲手给我挂上"人民科学家"国家荣誉称号勋章时也嘱咐我"再立新功!"根据习主席的指示、国家总体发展规划和实现航天强国的目标,我们从不敢松懈,总是一个任务未完成就早早策划下一个任务,有的任务是在策划几年后,甚至十几年后才能得以立项开干。好在这些年由于国际竞争的激烈,我们自己干得也还好,国家和人民群众比较满意,支持的呼声和力度就大,所以有些工作就比较顺利。今后一段时间,我们一定遵照习主席更高、更远的要求,在国家的统一规划下在几个方面发力,不断前进,攀登新高峰。

一是无人月球探测方面,已经安排和开始研制嫦娥六号,它作为嫦娥五号的备份,具备采样返回的功能,比较一致的意见是去月球背面近南极地区采样返回,争取获取全新的科学认知和月球样品;也开始了嫦娥七号的研制,它的主要任务是去月球永久阴影坑寻找水的直接证据,以及确认月球上有无水,这对月球后续有人居住至关重要,主要技术难点在于研制能"飞跃于"月球深坑的飞跃器和相应科学载荷,并以此加上轨道器、月球巡视器等组成月球科考站的雏形;为解决月球极区和背面的通信问题,有必要综合今后一段时间任务需要,考虑建设一个能长期为多个任务,包括可为国际上其他国家探月任务服务的月球中继通信系统。

二是载人登月,我多年来一直说几个自己的观点:中国人要去月球,一定要去,一定能去,要早去!有人与无人月球探测是个整体,相互依存支持,在相当长时间内还是无人为主,现在这个认识是普遍被接受的,我们也开始了中国载人登月的技术攻关,并提出了早日实现中国人上月球的技术路线。当然,仁者见仁,智者见智,技术途径是可以有多个选择的,但我认为从"安全、好、快、省"来看,如嫦娥五号采样返回一样,利用不太重的运载工具分几次把载人飞船、月球登陆器等分别发射并运行到月球轨道，在此交会、对接，转移人员和设备，实现有人的月球探测是现实、可行的。只要开始干，就有希望，相信不久的将来，中国人一定会登陆月球，且一定有中国人的智慧。

三是布局了火星采样返回、小行星探测和采样返回、木星系探测及太阳系边际探测任务。其中小行星探测和采样返回任务已经很有进展，有望在不久的将来，我们能实现一次任务完成一个近地小行星的探测、采样返回，然后继续飞行，到主带进行彗星探测。其最大亮点是我们要实现真正的小行星附着采样，到目前为止，国外的几次小行星采样都是"一触就走"，并没有真正"附着"，这将为今后小行星的进一步开采利用和小天体防御打好一定的技术基础。

做事就要有人，在嫦娥各型号和火星任务中屡立战功的这些青年人和已变为中年人的骨干们，正又挑起了新的任务的重担，扛大旗，顶大梁，薪火相传，接力不断，前景相信更美好！

这本书第1轮校阅时，正值2021年年末，距离我院2001年组建最初的队伍开始探月工程工作已整整20年了，我即兴又写了一幅对联，总体部深空室同志将这幅对联展现在楼道口（见照片）。

上联：新世纪　探月探火　捷报频传　更要再创新辉煌
下联：二十年　创业创新　人才辈出　仍需更上一层楼
横批：引领深空探测

细心的人可以看出这一对联和2019年写的那幅对联视角是有不同的，但又是一脉相承的，其包含的意思很丰富。

5. 书写航天辉煌，总结、传播中国航天

我们航天人过去有一个"毛病"，善于"干活"，但不善于总结和提炼自己工作的经验，不善于系统地梳理科研成果，从而形成更高水平的"认识"，更不善于在国际社会上"发声"，宣传和维护中国航天的成就与理论成果，结果令一些西方人，也包括少数中国人误以为我们全都是"抄来的"。所以近5年来，我用了大量时间和精力为改变这一状况做些工作，从几个方面入手，效果还是很显著的，从下面引用的几篇文章中就可知。

■甲子春秋书写中国航天史诗——原载"人民日报"海外版,2021年3月22日
文：叶培建

2016年11月25日,我受邀参加北京理工大学出版社组织的《航空航天科技出版工程》丛书发布会,这套丛书集成了世界范围内航空航天科技领域的重要研究成果和宝贵的科研试验数据,综合反映了当今世界范围内航空航天科技发展现状和研究前沿。这套丛书给我很大触动,也再次牵引出多年以来盘桓于心的情结。

叶培建肖像画
本版画家张武昌绘

为了表彰叶培建为推动中国卫星遥感、月球与深空探测及空间科学快速发展所做出的突出贡献,经国际小行星委员会批准,国际编号为456677的小行星被命名为"叶培建星"。2017年5月8日,叶培建在命名仪式上接过铜牌和证书并作学术报告。

中国航天科技集团五院供图

勇挑重担
志在为国留下知识财富和经验沉淀

中国空间事业已经走过了 60 多年。这些年,中国的空间事业从无到有、由小到大、正在做强!以东方红一号卫星、神舟五号载人飞船、嫦娥一号月球探测器为代表的三大里程碑全方位代表了中国空间飞行器的研制历程和丰富内涵。这个内涵既是人文的、技术的,也是管理的。

从人文角度看,"两弹一星"精神在新一代航天人身上传承、发扬,他们在推动中国空间技术发展和壮大的道路上留下了锐意进取、顽强拼搏、砥砺前行的清晰足迹。从技术角度看,一批新理论、新技术和新方法不断被提出、验证和采用,一次又一次提高了我国空间技术水平。

从管理角度看,中国空间事业孕育了中国特色的管理理念与方法,尤其是充分发挥我国独特的制度优势,举国办大事。这些年,产生了一大批科技报告、学术著作与论文、管理规范、软件著作权、技术专利等。

遗憾的是,这些成果分散在各个不同的单位、不同的研制队伍、不同的专业里,有待进一步提高其系统性、完整性和受益面。我作为航天工作的参与者、见证者,一辈子奋斗在航天战线,有责任担起这个担子,想办法搭平台、架桥梁,弥补这一缺憾,从而能够为航天事业、为国家留下一些宝贵的知识财富和经验沉淀。

奋战 500 天
23 册 1500 万字巨著填补国内空白

2016 年 12 月,经过慎重思考,我提议由中国空间技术研究院与北京理工大学出版社合力出版一套中国的空间技术领域权威著作,力争 2018 年出版发行,为中国空间技术研究院建院五十周年献上一份厚礼,并尽快填补中国空间技术这一领域最新知识成果的空白。

经过中国空间技术研究院的领导、专家和总师们的多次讨论,我们将这套丛书定名为《空间技术与科学研究丛书》,由 23 本分册构成,丛书主编的工作责无旁贷地由我担起。这套丛书围绕中国空间事业的科学技术、工业基础和工程实践三条主线,几乎贯穿了空间科学、空间技术和空间应用的所有方面。正因为如此,它被优选为"国之重器出版工程项目""国家十三五重点出版项目"和"国家出版基金资助项目"。

2018年4月份,在仅仅历时一年零四个月后,共计23册1537万字的《空间技术与科学研究丛书》正式出版发行,引起了极为热烈的反响,国内一些航天院校还以此为基础改编成相关教材。

天问一号任务是中国独立实施的首次行星探测任务。叶培建作为中国深空探测"领路人"之一,为此次任务实施倾注了大量心血。图为2020年7月,天问一号成功发射。

新华社发

推向世界
展现中国特色、中国元素和中国贡献

丛书的出版是一项重大成就,但我认为这还不够。中国正在航天强国建设的道路上奋进,未来要走得更稳、走得更远,不仅要靠航天科研生产的硬实

力，而且要大幅提升国际化融合、合作的软实力。只有"两条腿"同步发力，才会步子迈得更稳、更大。因此，丛书的外文出版工作进而被提上日程。

经过北京理工大学出版社和多方的共同努力，丛书的海外出版最终定位在了斯普林格出版社。作为世界著名的科学类出版公司之一，斯普林格出版社以高水平的作者群体和对出版物的高水准要求著称。在经过堪称"苛刻"的多轮审查后，可以充分代表中国空间技术发展特色的10本分册以"一套中国航天的书"的定位顺利进入出版计划，迈出了在海外出版的第一步。

外文出版不是简单的中译英，要点是向国际读者展现中国特色、中国元素和中国贡献。对每本书的序言，我作为主编都要字斟句酌，保证具有鲜明的团队特色，呈现某一领域、某一专业的中国特点，是"中国货"，更有"中国味"。编写团队在各分册负责人的带领下几易其稿、几轮迭代，有时甚至不惜对书稿进行"大手术"，以进一步提升"含金量"，确保丛书"高质量"海外发行。

2020年10月，《空间技术与科学研究丛书》英文版新书正式发布了，成为中国航天知识成果一次走出去的"亮剑工程"，再次引起业内瞩目。国际上很快就有专家、学者申请想搭这套丛书的"车"，出版自己的作品。

我也充分认识到，中国航天事业在世界的地位和取得的成果与话语权严重不符，仅出几套书是不够的，需要有一个"常设"平台，持续地展现中国空间

技术发展的新理论、新技术、新成果，推介我们的团队和杰出人才。两年来，我在推动中国空间技术研究院和北京理工大学合作申办《Space: Science and Technology》期刊（后简称Space）上，投入了很多时间和精力，甚至在疫情期间独自撰写报告，独自参与线上答辩。

经努力，Space期刊先后获取了在国际上和国内都可发行的权利，并获批计划于2021年1月正式出版，由我担任主编。Space期刊成为中国科技期刊卓越行动计划高起点新刊项目自创建以来唯一入选的航天类综合全英文期刊，国际化程度高、学术水平高、编委会阵容强，其中包括两位诺贝尔奖得主，为打造国际一流期刊奠定了基础。可以说，这份期刊是一艘特殊的"航天器"，必将在开放和共享中国航天科学发现和创新性成果方面发挥重要作用。

创造奇迹
航天精神和航天工程方法一以贯之

回溯丛书中英文版的编写出版过程，感触良多。丛书中文版在编写要求高、工作量大、人员紧张、时间短、界面多、管理难等巨大压力和困难面前，能够按计划一本不落地出版，这和过去一些丛书出版需要几年，甚至几十年的状况相比，几乎称得上是出版界的一个"奇迹"。而英文版更是在新冠病毒肆虐全球的特殊时期顺利编写、出版，让人惊叹。把不可能变成可能，这源于我们航天人一以贯之的航天精神和航天工程方法，也是我们航天事业发展的脊梁和基石。

首先，"编写中国人自己的空间技术领域丛书"的想法一经提出，便迅速落地、落实。整个编写团队、负责机构，乃至整个中国空间技术研究院都在全力以赴、全面保障，体现了我们强大的凝聚力和战斗力。"北斗"工程副总设计师、卫星总设计师谢军，嫦娥四号、火星探测器总设计师孙泽洲，天宫一号总设计师杨宏等一线科研骨干都是一边披星戴月保型号研制，一边笔耕不辍保编写丛书……这种"特别能吃苦、特别能战斗、特别能攻关、特别能奉献"的航天精神传承在我们丛书所有分册主创团队、百余名参与编写人员的身上。

其次，这套丛书的编写，在我看来，是一场不亚于保证卫星成功研制、发射的硬仗。作为主编，要像卫星总指挥、总设计师一样，讲科学、讲方法，这样才能打赢仗。基于此，我们创新性地用管理航天工程的方法来管理写作过程：在整个丛书的编写过程中，共设立了12个里程碑节点，编制了320余项编写节点，用来把控整体工作进展状态；通过计划管理组、编写项目组、专家审查组等方式明确编写各个环节的责任，压实压紧；建立工作信息平台，定期召开推进会以便交流情况、及时纠正问题；同时，出版社也及时跟进，进行培训和指导。这些做法极大地提升了写作队伍的战斗力，优化了写作过程，从而保证了丛书的质量和进度。

持续奋斗
助力新一代航天人走得更稳更快

广阔宇宙，无尽探求。经过约一个甲子的淬炼，中国航天已经取得了举世瞩目的成就，尤其是最近10年来，随着中国空间站、火星探测、月球采样返回和月球背面探测、全球导航等重大工程相继完成或即将完成，中国正迈向航天强国行列，未来还将取得更大的辉煌。在不断发展的过程中，系统总结空间技术发展规律，探索未来发展方向，是航天人的重要使命。我从事航天工作已经52年了，作为一个既从事工程研制又担负科学研究的航天人，深感责任之重大。

《空间技术与科学研究丛书》国内出版、《空间技术与科学研究丛书》海外出版、《Space: Science and Technology》期刊创办这三件事情是航天领域国内成果积累、国际成果宣传、国际平台交流的三大有效载体，它们会助力新一代航天人在建设航天强国的征程上走得更稳更快；也会在贡献更多"中国智慧""中国方案""中国力量"上发挥作用。于我而言，能够在这条路上坚持做一些事、做成一些事，感到非常幸福。今后，我将继续沿着这条路坚定前行，一往无前！

一、在建设航天强国的道路上快速奋进 | 057

（作者为中国航天科技集团五院嫦娥系列各型号及火星探测器总指挥、总设计师顾问，空间科学与深空探测首席科学家，中国科学院院士，曾荣获国家科技进步特等奖、一等奖，被授予"人民科学家"国家荣誉称号。）

在《空间技术与科学研究丛书》英文版编写过程中，为了让每册书的最基本特色能让读者一下子就抓住，我作为主编者为全套书写了一个英文序。自

然，这个序的大部分内容是每本都采用的，反映了全套书的风格、特点，但对每册书，我都在征求作者意见的基础各自写了一段，这段话则着重反映这册书及其作者的基本特色。我在附录中附上其中一册的序,特点是鲜明的。

《Space: Science and Technology》于今年1月出第一期，目前已出三期，反响很大，尤其是刊物中介绍了中国嫦娥采用的一些技术，如落月、落火的GNC技术可以说是在世界上也是先进的，立刻得到高度关注，即使是疫情时期，我们也在5月召开了全球线上、线下相结合的编委会，许多国际编委都参会、发言、提出了很好的建议，国内不少编委还专程参加了线下会议，热烈发言、积极献策如何办好杂志。在大家及编委会的努力下，有北京理工大学和中国空间技术研究院撑腰、支持，我们有信心用几年时间就把这个我国目前唯一的全英文航天杂志办成有较大国际影响的杂志，为中国、世界科学家提供一个交流、学习的好平台。

■ 峥嵘岁月酬壮志　笔杆耕耘载硕果

——《空间技术与科学研究丛书》编写记

（神舟报　2018年5月18日　梁晓珩　梁秀娟）

2018年4月27日，饱含着我院专家与学者心血与积淀的《空间技术与科学研究丛书》隆重发布，给第三个"中国航天日"、我院建院50周年献上了一份厚礼，也为中国航天事业的蓬勃发展添上了精彩的一笔。

丛书由叶培建院士担任主编，张洪太院长、余后满副院长担任副主编，孙家栋、闵桂荣、王希季三位院士联袂作序推荐，院一线总师、专家领衔编著，荣膺国家出版基金项目、"十三五"国家重点出版物出版规划项目，入选"国之重器"出版工程。丛书一经发布，引发广泛关注。

独创："以航天系统工程的管理方法精心组织"

2016年年底，叶培建院士提出由中国空间技术研究院与北京理工大学出版社合力出版一套中国空间技术领域权威著作的建议，并着手编写出版的准备工作，得到了院领导的高度重视和大力支持。张洪太院长、余后满副院长不仅担任丛书副主编，还亲自负责了《航天器项目管理》《航天器产品保证》等分册的编写，并将丛书列入院专项工作，提供全方位资源保障。

丛书自 2016 年 12 月开始编制，至 2018 年 4 月正式出版发行，共计 23 册 1537 万字。面临编写要求高、工作量大、人员紧张、时间短、界面多、管理难等一系列困难，能够按期出版，堪称出版界的"奇迹"。编辑团队以航天系统工程的管理方法推进编写过程，是丛书得以高效出版的坚实基础。

2017 年 2 月 28 日，编写工作第一次推进会召开。主编、副主编明确提出按照项目管理模式加强责任落实、计划管控和质量把关的总体管理思路，成立了项目领导组、编写组、协调组，并建立了以总体部科技委为主的日常工作班子，围绕力保进度、严控质量制定了具体措施。

在丛书编写过程中，共设立了 12 个里程碑节点，形成 320 余项各分册编写节点，并通过专题推进会的形式解决关键共性问题、明确阶段工作重点，以保证编写任务按进度正常推进。2017 年 12 月 4 日，专题推进会细致分析了各分册在院、厂所两级专家把关中发现的共性问题，并提出了解决思路和具体措施，重点关注了冲刺阶段在进度、难度、风险点等方面工作事项，进一步强调 12 月实现丛书"整星出厂"的目标。

当丛书提交出版社、进入"发射场"，月度简报已经不能满足计划进度的跟踪力度，日报成为工作常态。每天协调组、编写组和出版社的编辑们密切联系，书稿在"你来我往"中不断迭代、优化、完善，日趋接近正式出版的状态，最终顺利通过大考。

目标："写出可传世的精品书"

如何保证"写出可传世的精品书"，丛书编委会从一开始就拟定了基本思路：理论和实践相结合、处理好过去和现在的关系、处理好别人和自己的关系。丛书各分册编写团队按照这个思路努力实践，下大力气、花大工夫，从"粗加工"到"精雕细琢",从"编"到"著"。例如,《卫星遥感技术》一方面需要按照专家意见补充相关内容,另一方面编辑建议缩减篇幅,编写团队在"矛盾"中团结奋战,在确保内容完整的同时缩减了 8 万字。各分册围绕基本概念、名词术语、公式、计量单位等进行了自查自纠,尤其针对"原创"部分内容的准确性进行了反复审核。丛书编写团队始终不忘初心,严格落实了既定的编写思路和要求,最终实现丛书 23 本分册 8 本"著",15 本"编著",所呈现的作品显示着某一领域、某一专业的中国特点,是名副其实的"中国货"。

为确保丛书质量,丛书实行院、所、厂科技委分级把关,突出主笔负责制,其中院士、行业专家等近百名"大咖"参与审查,为各分册提出了改进意见。此外,出版社责任编辑受邀对编写团队进行了"编写体例要求""编写工作常见问题""技术内容脱密的基本原则和方法"等专业培训。编写团队之间结合"如何体现分册特色和亮点""如何去除科研报告痕迹""统稿工作注意事项"等不同阶段的共性问题,组织了经验和心得交流。这些措施,都为各分册实现从"写成"到"写好"转变提供了有力支撑。

传承:"知识与文化"

图书编写工作是一个队伍提升、理论提升和知识提升的过程。在这个过程中,不仅知识获得了传承,航天人的责任感、工作作风、航天精神也在编写过程中得到了完美诠释。

作为丛书主编,叶培建院士亲自策划并不遗余力地推动丛书编写工作。针对关键节点、风险事件,他协调多方关系,解决了诸多难点和瓶颈问题,甚至在生病手术的恢复期中依然坚持组织落实丛书的相关工作,确保工作无遗漏。张洪太院长、余后满副院长一方面亲自统筹管理编写工作全过程,调配优势资源支撑各阶段工作扎实推进;另一方面作为丛书的作者以深厚的技术底蕴和管理素养,为各分册的编写工作树立了一面旗。

为了力求完美,编写人员因为不停改动而被出版社编辑"勒令禁止","面红耳赤"更是经常发生在编写讨论过程中。为了表述准确，编写人员字斟句酌，为了一个单词的译法，一个公式的标注，他们可以查阅几天的资料，四处求证。为了严格把关，审稿专家细致严谨，各个分册都是几易其稿，王希季院士在百忙中抽出时间审书、看书，并提出丛书中应增加"互联网+"技术相关部分，《航天器回收与着陆技术》分册改为《航天器进入下降与着陆技术》等具体意见，这些对于丛书提升质量、完善内容起到了重要作用。

因为天宫一号发射任务，《载人航天器技术》分册进度曾严重滞后；《航天器进入下降与着陆技术》分册因内容结构重大调整，一度面临"出不了"的局面；《卫星导航技术》等分册负责人和编写团队要直接面对丛书撰写和确保发射任务成功"双肩挑"的巨大压力……这些林林总总的困难和问题，没有压垮我们的编写团队，他们不畏艰辛，迎难而上，加班加点，任劳任怨，团结协作，坚持不懈。"两弹一星"精神、载人航天精神在他们身上得到了传承和发扬，确保了编写工作的圆满完成。

■《科学与未来》院士科普丛书首册出版发布（神舟报　2021年4月16日）

近日，叶培建院士带领航天工程师团队创作完成的中国科学院学部院士科普丛书首册——《征程：人类探索太空的故事》出版发布会在浙江仙居举行。

"科学与未来：院士科普丛书"由中国科学院学部科学普及与教育工作委员会发起，凝聚了一批关注科技前沿、科学文化和人类未来的院士专家，围绕众多令人期待的科学问题，计划陆续推出一系列颇具思想性和启发性的科普作品，有助于读者更好地理解科学、认识世界。《征程：人类探索太空的故事》是"科学与未来：院士科普丛书"首批十册之一，也是丛书出版的首册。

发布仪式上，叶培建院士在致辞中指出，除了科研，做好科普工作也是科技工作者的责任和使命。航天工程师们不仅能够完成高难度的任务，同样也能拿起笔来创作出优秀的科普作品，作为丛书的首册出版，也体现了航天人高效

务实的工作作风。

出版发布会结束后,叶培建院士和团队马不停蹄地赶赴仙居中学,以"中国的探月"为主题做了一场十分精彩并振奋人心的科普报告,讲述了我国探月工程"绕、落、回"三步走的伟大历程,以及航天科技工作者在嫦娥一号到嫦娥五号研制过程中所体现出来的攻坚克难、不断创新的航天精神。

在场的广大师生深受鼓舞,积极踊跃与叶培建院士互动交流,并请叶院士在科普书上签名留念,许多同学也与团队的青年工程师们进行了热烈交流,进一步增进了对中国空间事业和航天人的了解。

《征程》获奖证书

《征程》有幸成为《科学与未来》院士科普丛书首册发行的书,也反映了航天人做事的热情、认真和守时。这册书自发布以来,销售很好,很受欢迎,有不少同志买了这本书给自己及亲友的孩子以资鼓励;也有的单位买了书请我和其他年轻作者签名后作为"礼品"送人,该书被媒体评选为2020—2021年最热销的40册图书之一,被中国科协、中央广播电视总台评选为"典赞·2021科普中国"年度科普作品。热心科普、推广普及科学知识是件大好事! 据我所知,近两年仅就深空探测这一领域,就有科学院空间中心吴季研究员、北京航天飞行控制中心、国家国防科工局探月工程中心、航天科工集团等出版了相关的科普读物。

6. 放眼未来战略前移提前布局与研究

航天人一贯以来注重"吃在碗里,看着锅里,想到田里",总是在完成当前任务的同时,布局下一步及更远些的研究和项目,以适应新的需求和激烈的国际竞争形势。我多年来在应用卫星、卫星应用、信息化建设以及深空探测方面也是这么做的,无人探月的几步走,火星探测任务都是这么进展和实施的。自从不担任型号任务的总设计师、总指挥以后,有时间和精力做好这件事就更有可能,作为一名院士、学科带头人、行业领军人物也应有这样的责任和"不用扬鞭自奋蹄"的精神,我先后瞄准几个方向开展了跟踪研究。

现在已开始我国第一次小天体探测任务的实施(如果不算嫦娥二号拓展任务时探测小行星图塔蒂斯),这个任务得以形成是许多人共同推进的结果,但我从2014年后连续三年,依托中国空间技术研究院院士独立课题渠道和飞行器总体部深空探测室孟林智、马继楠团队就小天体探测相关问题做得比较深入的工作也为这打下了很好的基础,制造了有利的舆论。所谓院士独立课题是五院做的一项很有意义的决策,每个院士每年可自选一个课题,组织人员进行研究,完全不受机关各项任务的制约,充分发挥院士们的智慧和前瞻性。每个课题原则上就是每年10万,钱很少,但是效果很好。具体来说，2014年完成"小行星监测与防御技术的研究"，2015年完成"小天体策略研究（含目标选择）"，2016年完成"小行星资源开发与利用技术研究"，这几个研究做了基础性工作，有了些积累，并在2017年完成"行星际探测任务选择策略及实施途径研究"，从任务级上提出了可能的选择和实施途径，更趋于"可实现性"。第一次小天体探测任务需要几年的工程准备，到2025年左右实施发射，整个任务约需经历三个阶段，10年完成，很有中国特色。那下一步干什么？所以即便在新冠肺炎肆虐的2020年，我们也多次讨论，又开始了一个院士课题，重点为地外天体原位资源利用和可操控的研究。这些研究成果促进了当前相关立项工作，在学术上也具有较强的指导性，所以我把其核心内容关于小天体探测的研究，做了两个附录放在本书中，相信会有很好的参考作用。这几个关于小天体、小行星探测的主要结果摘要体现在附录二中，关于地外天体资源开发应用和小行星操控的研究成果摘要体现在附录三中。

这些年，人工智能技术的研究和应用方兴未艾，形成一次新的高潮，航天中应用人工智能技术是比较早的，我本人接触也很早，在国外做博士论文就属于这一范畴，回国后在80年代末就写了些有关航天中人工智能应用与发展的文章。飞行器自主控制、故障诊断和重组、任务自动规划等20多年来就已有些成果，但还是比较低级和碎片化，随着飞行器寿命越来越长，飞行距离更远，自主性要求更高，任务更加复杂等，新的航天技术中人工智能是不可能缺少的，当然也不是万能的，必须有所为、有所不为。为此，我们在2018年完成了"深空探测人工智能技术应用及发展策略研究"的院士课题。当时恰逢热点，以此研究报告为基础在全国多个会议作了大会介绍，也在2021年5月在天津举办的"世界智能大会"上由原天津大学校长、大会主席龚克做主持人，我作为嘉宾进行了一次很有意义的时空对话，公众反映是有新观点、实在！南京航空航天大学根据我的一次讲座，整理了一篇文章在"问天科学"上发表，我把它作为附录四列入本书。在2019年，趁着"流浪地球"热播之后大众对航天科普需求大增之时,我们完成了"如何结合硬科技讲好航天科普"的院士课题研究,从思想认识、组织形式、工作模式等方面为航天科普"谁来做、做什么、怎么做"献言献策,研究结果得到主管机关的认可,并纳入了工作计划。这几年,嫦娥和火星任务中我们自己的媒体和研究团队都做了非常积极的尝试,取得了大众的信任,涌现了一大批航天科普粉丝。这个院士课题的主要成果以附录五列在本书中。

作为中国科学院技术科学部院士,从国家层面做好战略咨询工作是义不容辞的,我结合我国未来载人登月的需求承担了"有人参与的深空探测若干技术问题研究",成果已经出书。研究结果对载人的深空活动,特别是载人登月都有很好的参考作用和预先评估效果;对航天员心理学、伦理学也大胆地提出了看法;对为适应这类活动打下扎实技术基础而需开展的教育体系和课程设置提出了中肯的建议。进一步拓展,也开展了"载人月球基地的建造及关键技术研究"和"可移动式月球着陆器创新性概念研究",这几个有关载人的研究工作得到了原载人总体部果琳丽主任团队的大力支持,他们做了很多创新的、高效的工作。

中国工程院往往会对一些与国计民生相关的重大课题开展咨询研究,王礼恒院士作为航天老领导、老专家经常会领衔一些重大课题。我也多次被他邀请作为"子课题"负责人承担一些关键问题的研究并提出咨询建议,其中最值得一提的是两件事。

第一,在2013年前后完成了《面向未来航天发展的技术体系和战略研究》,各方面一致认为这个研究做得很好,调研广泛深入,且调研方法符合中国国情。亦经多轮专家讨论,非常明确地分领域梳理了未来可能的任务需求,对基于未来技术发展的航天关键技术进行了分析,建立了2030年和2050年两个节点的航天技术体系框架,提出了2050年前技术发展重点与发展路线。至今,航天系统不少单位和研究项目在需要再深入研究和规划2050年前航天技术和任务时,都会拿这一研究结果作为主要输入和依据加以参考、应用。

第二，航天强国是中华民族伟大复兴的重要组成部分，如何把中国由一个当前的航天大国发展成航天强国是许多人关心的议题，怎么发展？标志是什么？时间节点在哪儿？就这个课题中国工程院已做了两轮论证和研究。当前的形势发展已经使我们认识到建设一个航天强国已不仅仅是个科技问题、创新问题，而是关联国家的生存问题、安全问题，没有一个安全稳定的环境，何谈发展？这迫使我们要加深研究，如何更快、更好地建设航天强国，所以在王礼恒院士带领下，又开展了新的一轮深化研究，我作为"空间技术"组组长，依托飞行器总体部王大轶、高峰团队，从分析认清当前形势特点、世界大国竞争态势，尤其中美对抗的客观形势、我们自己的长处与短处、他人的优势和短板、国家的经济力所及、航天未来制高点的选择等出发，提出我国航天强国的目标和标志性工程及实现途径、时间、关键技术，

叶培建在王老百岁华诞纪念会上

明确提出航天强国三步走要服从建设社会主义强国三步走的节奏，且每一步都要"快"一点，为强大中国建设多做点贡献，这就意味着在2030年前后我们要建成"航天强国"，实现预定目标中提出的标志性工程。

这类"提前做"的工作是永远在路上的，只要生命不止，就要战斗不止。2021年7月26日是两弹一星功勋王希季院士百岁生日，他老人家已百岁，在医院里治病，在火星任务圆满完成之时，他老人家还吸着氧气给我们录了一段视频，祝贺我们，鼓励我们！他这几年虽年高体弱，还念念不忘从事新概念、新技术的研究，还领头做院士课题和主动积极咨询，写出的文字材料工工整整，条理清楚，与他相比，我们不做、做不好不汗颜吗？

借王老百年华诞之时，我写了一幅贺岁联：

　　开拓　创新　领军　为中国航天事业奋斗过百岁
　　求真　务实　担当　为我辈做人做事树立好楷模

很多同志都说写得真切，把王老的品德、风格和贡献高度概括出来，这就是我们的王老总！

二、伟大的日子　巨大的荣誉　无穷的动力

　　2019年、2020年和2021年三年,我们经历了好几个永远值得纪念的伟大的日子,在这段时间,我个人也获得了从未期望的几项巨大的荣誉,这些伟大日子的感受和巨大荣誉的鞭策,又给我无穷的动力,不断地前行。

　　1."最美奋斗者"
　　2019年9月25日,在人民大会堂小礼堂内,我作为当选者之一,参加了"最美奋斗者"表彰大会,这项由中宣部等部门在全国范围内选出的278名个人和22个集体,涵盖了社会主义建设、改革的各个历史时期,他们是中华人民共和国成立70年来各个时期的先进分子,是各条战线的优秀代表。他们的产生都来自群众直接提名、主要依据群众投票结果确定,我有幸被推荐、当选,成为其中一员,深感荣幸。在表彰大会上,共有8位获奖人做了大会发言,我是其中之一,现把大会发言照录如下。

■ "最美奋斗者"表彰大会发言材料之一
实干创造业绩　忠诚报效祖国
叶培建
各位领导、同志们:
　　大家上午好!我是中国空间技术研究院研究员叶培建,也是嫦娥一号总设

计师兼总指挥,嫦娥三号探测器系统首席科学家,嫦娥二号、四号、五号试验器总指挥、总设计师顾问。今天,在伟大祖国70华诞来临之际,我荣获"最美奋斗者"光荣称号,感到无比激动和自豪!

我出身于一个军人家庭,父母都是新四军的老战士,参加过抗日战争、解放战争,都为新中国的建立浴血奋战过。历史和实践告诉我们,贫穷就要受欺,落后就要挨打!新中国刚刚成立,美帝国主义又打到了家门口,父亲入朝参战,与广大志愿军战友一起出生入死、激烈战斗,最终中国人民赢得了抗美援朝的伟大胜利!

在战争中,我们也看到了与美国现代化武器的巨大差距,尤其是美国空军的优势。血的教训告诉我们,没有一个强大的国防,就不能有真正的国家独立,就没有一个安宁的建设环境。这激励我中学毕业填报升学志愿和大学毕业填报工作志愿时,都优先选择了面向国防,1968年从浙江大学毕业后,走上了航天报国之路。几十年来,我始终初心不改!改革开放之初,作为第一批留学生,到了世界上最富裕的国家瑞士学习。1985年获得博士学位后,我没有任何犹豫,立即回国;90年代初,国内有单位用我当时收入20倍的高薪和其他优厚条件聘请,我丝毫不为所动;面对一切诱惑和干扰,我心里只有一个想法,就是要为中国航天做点事。

在担任我国第一代传输型对地观测卫星总设计师兼总指挥时,我带领团队攻克多项难关,创下了当时卫星最高分辨率、最高码速率等七个第一,超寿命服务,实现三星组网,为国民经济建设和国防事业发挥了重大作用。本世纪初,担纲我国第一个月球探测器嫦娥一号的总设计师兼总指挥,我们瞄准当时绕月探测国际先进水平,继承加创新,高起点起步,解决了一系列难题,仅用三年多时间就成功发射嫦娥一号,成就了中国航天史上的第三个里程碑,实现了千百年来中华民族奔月的梦想!既取得了丰硕科学成果,又掌握了一大批自主知识产权,同时带出了一支年轻的、有战斗力的队伍,其中多人已成长为领军人物。和他们在一起,相继完成了嫦娥二号绕月探测及其拓展任务,探测了小行星；嫦娥三号采用主动精确避障技术，软着陆于月球正面，玉兔一号月球车行走于月球，它们至今仍在工作，成为在月球上工作时间最长的人造物体；嫦娥五号试验器以接近第二宇宙速度高速月地返回，准确着陆于回收场中心；特别是嫦娥四号攻克了月背通信和复杂地形精确着陆的世界难题，在人类历史上首次软着陆于月球背面，玉兔二号巡视月球表面，至今已获取一批新的发现和成果。辉煌的五战五捷探月成果，充分体现了中国人的智慧、中国人的力量和中国人的贡献！

几十年来，我深深地体会到两点：一是中国人民是伟大的、中华民族是伟大的，我们一点也不比他人差，我们只要团结一心，努力奋斗，不畏艰难，世界上就没有什么可以难倒我们和阻挡我们前进的步伐；二是我们每个人都是国家的一分子，个人命运始终与国家命运紧密相连，我们每个人都必须热爱祖国，只有把自己的成长放在国家发展和利益的大局中，才能发挥一点作用，才能做成一点事情，才能有所贡献！

新中国走过70年了，现在正逢历史上最好的时代，中华民族伟大复兴的中国梦正逐渐变成现实。我今年已经74岁了，但革命人永远年轻！作为一个航天人，有责任，也必须担当起来，继续努力奋斗，把中国尽早建设成一个航天强国，为实现民族复兴做更多的贡献：我们要研制和发射更多、更好、更高水平的卫星，服务中国，乃至全世界；中国的航天员将迈步月球和更远的太空；探测火星、小行星和木星，实现真正意义上的行星际探测，飞向更远、更远！为了实现这一伟大目标，我一定和同志们一道，不忘初心，牢记使命，奋斗航天，以创新引领发展，以实干创造业绩，以忠诚报效祖国。

祖国万岁！

这个发言是我自己根据当时形势和活动的主旨字字斟酌而写的，在请有关部门帮助修改和润色过程中，未改一字，只是在"今年我已经74岁了"后面加了一句"革命人永远年轻！"这使我想起2007年，嫦娥一号发射成功后，在央视现场，面对无数观众，孙家栋、栾恩杰和我等人高唱的一首歌也是"革命人永远年轻"。在发言的开篇，我满含激情地谈到伟大的抗美援朝，那时写这段话主要是从我选择专业角度而谈，接受抗美援朝时我们没有强大空军的难处、要学航空专业，那时并没有意识到2020年里重温并发扬伟大的抗美援朝精神成为一个时代标志。特别是习主席在纪念抗美援朝70周年大会上铿锵有力的讲话，向全世界表明中国人民是打不垮，打不倒的。当年美国人钢多、科技发达、装备精良，但我们钢少气多都不怕，如毛主席所说，你打你的原子弹，我打我的手榴弹，都能把美国佬打回三八线，今天中国日益强大，就更不怕了。

抗美援朝的伟大精神和气概永远是我们巨大的精神财富，中国航天人在航天科技的竞争中也一定会发扬这种精神，我这两年来在多个动员讲话、大学生思政课和技术讨论中都用这个气概鼓励自己、学生、同志，敢于面向强敌，敢于胜利。我对这个精神有特殊感受还有另一层原因，在278名"最美奋斗者"入选人员中，有一英雄人物——杨根思，志愿军特级英雄，他与我都来自江苏泰兴县根思乡（因纪念杨根思，我们乡得此名），他和我父母亲又同在一个部队，他在入朝后第一战时参加二次战役，长津湖畔，下碣隅里小高地上在阵地上仅剩他一人时，抱起炸药包与上来的美军同归于尽时，同一军的我父亲也在同一战场上奋斗。全连冻死在阵地上，仍人人面向前方，保持战斗姿态的"冰雕连"就出在他们团里——志愿军20军60师180团。所以我对志愿军有着特殊的感情和敬意，血液中流淌着这种"气概和精神"，对"战略上藐视美帝，战术上重视美帝"认识就更加清醒。

"最美奋斗者"还有22个集体，我们航天科技"北斗、神舟、嫦娥"团队也在其列，我作为嫦娥团队自始至今的主要成员之一，倍感自豪与鼓舞，嫦娥团队张熇研究员代表团队参加了有关活动。在近三天的活动过程中，有幸与雷锋班现任班长、焦裕禄同志的女儿、英雄飞行员李中华、排雷英雄杜富国等代表相识并交流；见到了不少自己年轻时的偶像和当今的英模，如

"最美奋斗者"称号纪念章

战斗英雄史光柱、知青代表邢燕子、战斗英雄冷鹏飞、好法官宋鱼水、草原英雄小姐妹龙梅和玉荣、第一个女拖拉机手梁军,等等。从他们的事迹和排雷英雄杜富国人残志坚的神态中学到了很多,认识到自己差距很大,"选中"是幸福的、幸运的,但"自知之明"是必须的。

中华人民共和国成立70周年,我还由于曾获得过高级别国家级科技奖励而荣获"庆祝中华人民共和国成立70周年纪念章",同时,我母亲也因是1949年以前参加革命获此荣耀。2019年又逢我父亲诞辰100周年,他早年投身新四军,参加过抗日战争、解放战争、抗美援朝,我的弟妹也都参加过人民解放军,一家两代人为共和国而奋斗。为此我专门写了一篇文章作为纪念。

"庆祝中华人民共和国成立70周年纪念章"

■ 为共和国而奋斗——并以此文纪念父亲叶蓬勃诞辰100周年

今年是伟大祖国成立70周年,恰又是我父亲叶蓬勃诞辰100周年(他的生日是1919年10月9日)。而我又在70周年时荣获"人民科学家"国家荣誉称号和"最美奋斗者"光荣称号;母亲作为中华人民共和国成立前参加革命而今健在的老同志获"庆祝中华人民共和国成立70周年纪念章",我作为科技进步特等奖获得者也荣获"庆祝中华人民共和国成立70周年纪念章"。这使我心情激动,感慨万分,很想写点什么,思来想去,

二、伟大的日子　巨大的荣誉　无穷的动力

觉得有必要写写我们家人为共和国而奋斗的平凡故事，并以此文来纪念父亲诞辰100周年！

我父亲1919年10月9日出生于江苏省泰兴县海潮村。原名叶荣生，参加革命后改名叶蓬勃，他在抗战初期毕业于乡村师范。在新四军东进黄桥之后，在抗日民主政府的领导下，积极投身抗日的教育事业，先后担任小学校长、区文教股长、县教育督学，一边教学培养了很多学生，其中后来有多人走上了革命道路；同时作为党的基层干部，和县团一起参加了反扫荡斗争等。解放战争初期，投入了苏中战役，在"七战七捷"的第一仗——泰兴宣家堡战役中做出了积极贡献。后因国民党发动全面内战形势紧张而北撤，转入军队工作。先后随华野一纵参加了莱芜、孟良崮、豫东、淮海、渡江、解放上海等重大战役，有几仗（如豫东战役中民权车站争夺战、渡江前夕江心洲攻击战）打得异常激烈，九死一生。后又于1950年10月入朝参加抗美援朝，隶属20军60师，在朝期间先后任团宣教股长和组织股长。入朝后即在东线投入第二次和第五次战役，首战长津湖地区，我志愿军虽仓促入朝、缺衣少粮、武器落后、冰血交融，但以大无畏的精神重创美军王牌陆战一师，打破了美军不可战胜的神话。这两次战役及后来的华川阻击战、元山海防备战等期间，条件都极其艰苦，美军装备远远优于我军，部队战斗及非战斗减员损失巨大，各种思想也随之产生。父亲努力发挥一个政治工作者的作用，不畏艰险、深入基层为克服部队中存在的"速胜回国"和"轮班回国"思想，在激活、发挥党支部作用等工作中发挥了突出作用，提升了战斗意志，荣立功劳（见照片1）。1952年归国后随20军在浙江地区从事战备值班和国防建设，先后在榴炮团、速成学校、坦克团和步兵团任职，也在军、师两级机关任过职，直至1964年转业。战争年代，他以一个文化人转入军队，克服了许多不适应，努力改造自己，不惧生死，英勇战斗，努力工作，先后立三等功、四等功四次，小功多次。荣获朝鲜民主主义人民共和国军功章和国旗勋章各一枚，并获中华人民共和国三级解放勋章一枚。在和平年代，为建设正规化军队而努力工作。1964年响应毛主席地方"大办政治部"号

召，转业至南京某军工企业担任政治部副主任，后任革委会副主任，为国防工业建设呕心沥血，成绩斐然，不幸于1971年4月去世。可以说他的一生虽职位不高，功劳不大，但却是革命的一生，为共和国的成立和建设鞠躬尽瘁的一生。

  我的母亲和三叔都受他的影响，于抗战后期参加了革命。1946年年初，母亲忍痛留下仅一岁的我在泰兴李秀河村外婆家，北撤后也在华野一纵，先在教导团任文化教员，后任连队指导员，随队南征北战，吃尽辛苦（见照片2）。从朝鲜归国后父母才得以团聚（见照片3），母亲于1955年从部队转业至地方，先后在卫生

照片1（父亲在朝鲜立功照）

照片2（母亲在解放战争结束时军装照）

照片3（解放上海后，父母的合影）

系统和教育系统工作，直至离休。她先后获得了淮海、渡江等纪念章，以及抗战60周年、70周年纪念章，今年又获"庆祝中华人民共和国成立70周年纪念章"，感到十分光荣和自豪（见照片4）。她一直关心子女的成长，尤其是在父亲去世后她更是把教育子女放在第一位，要我们做好人，做对国家有用的人。她也是为新中国的诞生和建设而努力工作了一辈子。现虽已90多岁，身体也不太好，但仍关心国家大事。

作为他们的孩子，我弟弟和妹妹都曾在部队服役多年，复员后回到南京的工厂工作，在改革开放的大潮中，他们先后去了深圳和广州，成了创业者和开拓者，都做得很好。在为国家和社会作出贡献的同时，也极大地改变了自身的环境和生活。

我作为长子，由于父母从朝鲜回国后我才得以和他们团聚（见照片5），且因他们在部队，流动性大，我上部队的住宿制子弟学校，也是聚少离多，只有假期才能一家团聚，但他们对我成长的影响是巨大的。影响不是来自"说教"，而是来自"家传"，他们革命的历史和做人的

照片4（母亲佩戴"庆祝中华人民共和国成立70周年纪念章"照）

照片5（父亲从朝鲜回国后，与我的合影）

准则本身对我就是鞭策，所以我心中、血液中有深深的爱国情怀，即使是父亲在70年代初不幸去世后，也没有动摇我这个信念。我始终热爱自己的国家，热爱自己的事业，所以在国外学习时从未考虑过留下；国内有部门出高薪要我去工作，我也不为所动；工作中遇到严重困难也不会屈服；我走上"航天"之路其实和父亲的建议很有关系，我高中毕业时想考外语学院，今后做外交工作，我父亲鉴于他们入朝时受美国空军欺负的教训，希望我学航空。我就报考了北航、南航等航空学院，但浙大把我先录取了，毕业时走进了1968年刚建立的中国空间技术研究院（钱学森钱老为第一任院长），开始了长达50多年的航天报国工作。

在50多年的航天工作中，除在国外学习的几年，先后在工厂、研究所从事过不同工作。在工程研制方面，我先担任我国第一代传输型对地观测卫星的总设计师、总指挥，为这一类卫星的成功研制、三星组网做出了系统的重大贡献；这十几年来先担任嫦娥一号总设计师兼总指挥，于2007年实现我国第一次绕月探测，实现了中国空间事业的第三个里程碑。续而担任嫦娥三号首席科学家，嫦娥二号、嫦娥四号、嫦娥五号试验器总指挥、总设计师顾问，在各型号嫦娥方案的选择和确定、关键技术攻关、大型试验策划与验证，尤其是嫦娥四号首次实现月背软着陆等方面发挥了重要作用。同时，在空间科学、卫星应用、卫星信息化等方面也有不少建树，先后获国家科技进步特等奖、一等奖多项，团队获国家科技创新团队奖。2003年当选中科院院士，并任十一届、十二届全国政协委员，清华大学等多所高校的兼职教授，国际小行星组织把编号456677的小行星命名为"叶培建星"，这些对我是极大的鼓舞和鞭策。去年起，我又受聘担任南京航空航天大学的航天学院院长，为培养人才做点工作。中华人民共和国成立70周年之际，国家又授予我"人民科学家"国家荣誉称号和"最美奋斗者"称号，深感得之太多了！当习主席亲自把奖章授予我时，我十分激动，倍感自豪，觉得"受之有愧"：有多少英雄模范做得比我好，贡献比我大；即使论在航天事业中取得的成绩，我也只是创造这些成绩团队中的一员。习主席还对我说："再立新功！"这是对航天人的重托，是对中国航天事业的企盼，是对我的鞭策。因此也倍感责任重大！我虽已74岁，但革命人永远年轻，一定在今后的岁月里和同志们一起，把中国的探月和深空探测事业做得更好，为建设航天强国多做贡献：正期完成嫦娥五号月球取样返回，在中国共产党成立100周年时中国火星一号完成飞向火星、落在火星、巡视火星的壮举，继而实现小行星探测，火星取样返回，在中华人民共和国成立100周年时完成木星系探测，走向太阳系边际！

这篇文章发表后，在我们家乡父老、父亲那一辈人及他们的子女中反响很大，很多同志原来并不知道我们家两代人除我大学毕业分配到一个带部队番号的单位（没穿上军装，但去过部队锻炼）外，全都当过兵，穿过军装。有一个吉林的不认识的同志打电话给我，说他爸爸和我父亲都是同一时期的泰兴战友，看了我写的父亲的故事他说就像他父亲一样，十分亲切。

2. "人民科学家"国家荣誉称号

在庆祝中华人民共和国成立70周年之际，2019年9月17日，国家主席习近平根据十三届全国人大第十三次会议表决通过的全国人大常委会关于授予国家勋章和国家荣誉称号的决定，授予于敏等8位同志"共和国勋章"；授予劳尔·卡斯特罗·鲁斯（古巴）等6位外国人士"友谊勋章"；授予叶培建等28人"国家荣誉称号"，我荣幸地和吴文俊、南仁东、顾方舟、程开甲获"人民科学家"荣誉称号。

说实话，如何被选中作为这荣誉的候选人自己一点不知情，只是最后阶段，有关部门来我们航天科技集团公司找集团领导、院领导、相同领域同志、其他领域同志考察、了解情况时才得知这一消息，感到十分突然和惊讶！直到听到最终的结果才相信这是真的，最直接的感受就是这个荣誉太大了！中华人民共和国成立70年以来这是第一次，才42人，就有我！五位"人民科学家"我占其一，而且是唯一在世的，感到承受不起。

贺 信

欣闻校友叶培建院士荣获"人民科学家"国家荣誉称号。

您是国家栋梁，母校的骄傲，全体师生倍感荣耀。

特向您表达诚挚的、热烈的祝贺！

祝您身体健康，工作顺利，阖家幸福！

浙江省湖州中学

2019 年 9 月 19 日

浙江省湖州市同心路1555号　电话：0572-2133699
微信公众号名称：湖州中学　微信号：hzzx1902
邮箱：hzzx1902@163.com　网址：http://www.hzhs.net

二、伟大的日子　巨大的荣誉　无穷的动力 ｜ 079

贺信

尊敬的叶培建院士：

欣闻您获得"人民科学家"国家荣誉称号，我们谨代表全院师生向您表示衷心的祝贺！

获知这一消息，信电学院师生激动万分，大家纷纷在朋友圈中晒出您在浙江大学与师生交流时的各种场景，既感到无比骄傲，又觉得无比亲切！三年前，怀揣着航天梦想的信电学子韦逸同学给您写信，与您一起探讨青春梦想。如今，这位学子留在了与国防事业紧密相连的实验室进行深造，而且选择继续攻读博士学位。今年，学院有10多位毕业生选择国防军工单位就业或深造。

您的事迹鼓舞着年轻学子永攀科学高峰，引领着青年才俊投身到国家需要的地方去建功立业。您对信电师生而言，不仅是贡献卓著的航天功勋，更是一位亲切的学长、可敬的榜样！

真挚感谢您对学院一如既往的关心厚爱，对人才培养的大力支持，对月球车等项目的指导帮助，再次祝贺您获得"人民科学家"国家荣誉称号！

浙江大学信电学院院长　杨建义
书记　钟崇戎
2019年9月19日

浙 江 大 学

贺 信

尊敬的叶培建校友：

欣闻您荣获"人民科学家"国家荣誉称号，这是党和国家给予您的崇高荣誉，也是母校浙江大学全体师生的骄傲，我们谨向您致以最热烈的祝贺！

您数十年深耕于空间科学技术领域，作为嫦娥系列各型号及火星探测器总指挥、总设计师顾问，在各号嫦娥方案的选择和确定、关键技术攻关、大型试验策划与验证等方面发挥了重要作用，为助力中国航天梦的实现作出了杰出贡献。自1967年毕业于浙江大学无线电系以来，您心系母校，感念师恩，多次回访母校，并代表全球校友在母校一百二十周年校庆纪念大会上发言，是爱校荣校的楷模。

当前，浙江大学正处在加快建设世界一流大学的关键时期，全球浙大人上下一心，共同为实现浙大的宏伟目标而奋斗。期待您一如既往地关心和支持母校事业发展，同心携手、共创一流！

再次向您表示祝贺，并祝您身体健康、阖家幸福！

浙江大学全体师生
2019年9月19日

中国共产党泰州市委员会

贺 信

尊敬的叶培建院士：

在喜迎新中国成立70周年之际，欣闻您荣获"人民科学家"国家荣誉称号，谨向您致以最热烈的祝贺和崇高的敬意！

作为我国著名的空间飞行器总体、信息处理专家，长期以来您肩负使命重任，矢志科学报国，自觉践行新时代科学家精神，不断带领团队攻克和突破技术难题，为中国绕月探测工程的成功实施作出了重大贡献，"嫦娥之父"的事迹广为传颂，"叶培建星"更是让中国人的探索精神闪耀浩瀚星空。这次，您再获殊荣，不仅是对您多年来学术成就和突出贡献的充分肯定，也是503万家乡人民的巨大荣耀，我们倍感光荣和自豪。

当前，泰州正在冲刺高水平全面建成小康社会，奋力打造江苏高质量发展中部支点城市，我们将以习近平新时代中国特色社会主义思想为指导，大力弘扬"特别能吃苦、特别能战斗、特别能攻关、特别能奉献"的载人航天精神，努力把泰州建设得更加美好。也恳请您继续关心家乡，常回家走走看看！

衷心祝愿您身体健康，工作顺利，万事如意！

中共泰州市委员会
泰州市人民政府
2019年9月17日

中国共产党泰兴市委员会

贺　电

中国空间技术研究院及叶培建院士：

在庆祝新中国成立70周年之际，喜闻叶培建院士荣获"人民科学家"国家荣誉称号，中共泰兴市委、泰兴市人民政府谨代表家乡120万人民向贵院及叶培建院士致以热烈的祝贺和崇高的敬意！

叶培建先生是泰兴籍中国科学院院士，曾任我国第一代传输型侦察卫星系列总设计师兼总指挥，太阳同步轨道平台首席专家，嫦娥一号卫星总设计师兼总指挥，是嫦娥系列各型号总指挥、总设计师顾问，嫦娥三号首席科学家，为我国空间探索事业的发展作出了杰出贡献。这次叶培建院士荣获国家荣誉称号，家乡人民倍感光荣、倍受鼓舞。家乡是心底最永远的牵挂。当前，泰兴正深入学习贯彻习近平新时代中国特色社会主义思想，紧紧围绕高质量发展，加快推进经济社会创新转型追赶超越，期盼叶培建院士百忙之中常回家看看，一如既往地关心支持家乡的发展。

衷心祝愿叶培建院士身体健康、工作顺利、万事如意！

消息传出后,我原就读的中学、大学、家乡都在第一时间发来了贺信。

为参加颁受仪式,全体被授勋人员及陪同家属、单位工作人员,已过世者则由他们的家属代替,都提前集中于京西宾馆居住,组织方精心安排了大家的生活和各项活动,照顾得非常周到。这一阶段,主要参加了以下的一些重要活动。

2019年9月29日上午,在人民大会堂3层金色大厅,举行了中华人民共和国国家勋章和国家荣誉称号颁授仪式。

9时许,国家勋章和国家荣誉称号获得者集体乘坐礼宾车从住地出发,由国宾护卫队护卫前往人民大会堂。人民大会堂东门外,高擎红旗的礼兵分列道路两侧,肩枪礼兵在台阶上庄严伫立,青少年热情欢呼致意。国家勋章和国家荣誉称号获得者沿着红毯拾级而上,进入人民大会堂东门。党和国家功勋荣誉表彰工作委员会领导同志在这里集体迎接他们到来。

人民大会堂金色大厅,气氛热烈庄重。巨幅红色背景板上,共和国勋章、友谊勋章、国家荣誉称号奖章图案熠熠生辉。背景板前,18面鲜艳夺目的五星红旗分列两侧,18名英姿挺拔的解放军仪仗队礼兵在授勋台两侧持枪伫立。

9时58分,伴着欢快的乐曲,习近平同国家勋章和国家荣誉称号获得者一同步入会场,全场起立,热烈鼓掌。

10时整,颁授仪式开始。解放军军乐团奏响《义勇军进行曲》,全场高唱中华人民共和国国歌。

王沪宁宣读习近平签署的《中华人民共和国主席令》。《主席令》指出,为了庆祝中华人民共和国成立70周年,隆重表彰为新中国建设和发展做出杰出贡献的功勋模范人物,弘扬民族精神和时代精神,根据第十三届全国人民代表大会常务委员会第十三次会议的决定,授予于敏等8人共和国勋章,授予劳尔·卡斯特罗·鲁斯等6人友谊勋章,授予叶培建等28人国家荣誉称号。

2名护旗手高擎五星红旗,3名礼兵手捧共和国勋章、友谊勋章和国家荣誉称号奖章,迈着雄健的步伐,行进到仪式现场。

在雄壮激昂的《向祖国致敬》乐曲声中,习近平为国家勋章和国家荣誉称号获得者一一颁授勋章奖章,并同他们亲切握手、表示祝贺,全场响起一阵阵热烈的掌声。少先队员向这些功勋模范人物献上美丽的鲜花,敬礼致意。

颁授仪式后,习近平等领导同志同大家合影留念。

我们每个被授勋的人都是激动而光荣的,主席给我佩戴勋章时嘱咐我"要再立新功",我顿时感到压力巨大,但干劲也倍增。回到宾馆,我在第一时间就向集团、院里领导汇报了习主席"要再立新功"的嘱托,这不仅是对个人的,更是对整个航天队伍和航天事业的嘱托。

授勋活动期间,我们还应邀出席了庆祝中华人民共和国成立70周年大型文艺晚会《奋斗吧中

天安门个人照

华儿女》,参加了国庆招待会,庆祝中华人民共和国成立70周年天安门广场纪念碑敬献花篮仪式,十一晚上在天安门广场举行的联欢活动。最难忘的是十月一日上午参加了在天安门广场举行的庆祝中华人民共和国成立70周年大会,并应邀登上了天安门城楼前廊区。这是我有生以来第一次登上天安门城楼观看盛大阅兵和群众游行,顿感气势磅礴,心潮澎湃。眼看着威武之师和现代化装备滚滚而来,不禁想起父辈们只有小米加步枪的日子;多姿多彩的群众队伍体现了中华民族的大团结、奔小康、求幸福、欢乐无比;更激起了我对今后美好生活的向往,这半天在天安门城楼上的体验是从未有过的。

这次被授勋的个人当中,有一个和我同为浙江湖州中学毕业的学长王启民同志,他被授予"人民楷模"国家荣誉称号,是发扬大庆精神、铁人精神的典型,为大庆油田高产高效持续开发做出了重要贡献。同一中学有两位被同时授勋还是很有意思的,湖州中学校友会编发的《校友谭》第87期还

与王启民合影照片

专门为此发了一篇文章！我过去知道有这么一位校友，被誉为新时代的王铁人，但从未谋面，这次共同参加颁授活动，终于见面了，老校友相谈甚欢，我抓紧在乘车的过程中和他合拍了一张照片，并把这照片发给了湖州中学有关同志，他们很高兴，说这张照片太宝贵了！

被授予"人民科学家"国家荣誉称号之后，中央及一些媒体的采访需求很多，经我们上级的统一安排，组织了一次集体采访，事后宣传部门整理了他们收集到的文字和视频，形成了一个"人民科学家""最美奋斗者"叶培建院士新闻报道集锦，我从中摘选几篇文字报道如下。

■新华社

叶培建：走进星际探索的大航天时代

新华社北京10月4日电（记者胡喆） 他是我国嫦娥系列月球探测器研制团队的"大专家"，是无数年轻人心中的"主心骨"。从资源二号到嫦娥一号，从圆梦月球到逐梦火星，有他在，"发射不紧张、队员吃得香"。为中国航天事业尤其是空间事业兢兢业业奉献50余年，一生矢志"为人民服务、做人民的科学家"。他，就是此次被授予"人民科学家"国家荣誉称号的中国空间技术研究院技术顾问、中国科学院院士叶培建。

七旬探月"追梦人"

2019年1月3日，中国人自主研制的嫦娥四号探测器稳稳降落在月球背面的冯·卡门撞击坑，中国代表全人类首次揭开了古老月背的神秘面纱。

在嫦娥四号成功落月的当天，一张照片在网上火了。

嫦娥四号成功落月的那一刻，74岁的叶培建静静走到嫦娥四号探测器项目执行总监张熇的身后，对她表示祝贺和鼓励。

而作为与叶培建共事多年、亦师亦友的张熇，此刻再也无法掩饰住内心的激动，流下了幸福的泪水。两代"嫦娥人"的手紧紧握在了一起。

"我们一起经历了那么多,以后要走的路还很长!"叶培建深有感触地说。

诚然,从嫦娥一号艰难立项,到嫦娥四号究竟去哪儿,叶培建的探月之路,走得并不容易。

嫦娥一号时,研制经费有限,叶培建和同事们一起,把一块钱掰成三块花,精打细算地铺就出中国第一颗月球探测器的"奔月"之路。

嫦娥四号时,鉴于嫦娥三号成功落月,有人认为我们应该见好就收,为了稳妥起见,还应该把探测器落在月球正面,叶培建则极力主张到月球背面去。

"无论是技术的进步还是人类探月事业的发展,都需要我们做一些'冒险的事情',真正去开拓、去创新,开辟新的天地。"叶培建说。

思想有多远,才能走多远。就这样,中国的"奔月之梦"在叶培建和同事们的不懈努力下,完成了举世瞩目的圆梦之旅,书写了人类探月史上崭新的一页。

用"航天梦"托举"中国梦"

伟大事业都始于梦想、基于创新、成于实干。

曾有人质疑,为何要花如此大的代价和精力去探索月球和火星以及更深远的宇宙?

对此,叶培建总是抱有自己的态度:"人类在地球、太阳系都是很渺小的,不走出去,我们注定难以为继。月球是全人类的,但谁开发谁利用,我们今天不去,以后可能想去都难。"

过去,国家在一穷二白、比较落后的情况下,是几年一颗卫星。现如今一年几十颗卫星,让中国人有了更多仰望星空的能力。实践证明,只有创新才能让我们的国家发展得更快、更好。

"过去我总说'要做个可怕的人',就是要让困难怕你。"叶培建认为,航天是一项"差一点点就成功、差一点点就失败"的事业,面对困难就要迎难而上、越挫越勇。当前,我们的国家面临更严峻的形势、更复杂的变化,我们要发展,就必须要靠创新,必须要技术上更强大。

中国探月工程的论证报告提出,到2020年前完成探月工程"绕、落、回"三步走计划。叶培建告诉记者,明年,我们计划中的嫦娥五号将完成采样返回。紧接着,对火星的探测也将拉开帷幕。

"火星探测是我国真正意义上的第一次行星探测,我们的第一次火星任务将会把三件事情一次做成:首先将探测器发射到火星,对火星进行全球观测;其次降落在火星;同时火星车要开出来,在火星上巡视勘测。这将是全世界首次在一次火星探测任务中完成上述三个目标,在工程实现上是很大的创新,中国现在就是要做别人没有做的事情。"叶培建说。

"一个伟大的中国,一个强大的社会主义国家,必然方方面面都要强,要用'航天梦'来托举'中国梦'。"叶培建说,未来,随着月球采样返回、火星探测、建设空间站等任务的完成,我们建设航天强国、科技强国的目标一定会实现。

继续做"人民的科学家"

"亲爱的叶培建爷爷:得知您被授予'人民科学家'国家荣誉称号,我们杭州市崇文实验学校的全体'小海燕'要向您致上少先队员最崇高的敬意:敬礼!祝贺您,叶爷爷!"

被授予"人民科学家"国家荣誉称号后,叶培建收到一封杭州小学生写给他的信。

在不少大学校园的讲台上,在很多小学校园的课堂里,人们总能见到这位年过七旬的叶院士。

"我的这份成绩是人民给的,我是人民的科学家,也必然发自内心地感谢人民。"叶培建总是告诫自己,永远做人民的一分子,继续努力为人民服务。

虽然今年已经74岁了,叶培建仍称自己"身体还可以""还有很多事情要做"。

"我只是千千万万个中国航天人的代表之一,只有把今后的事情做好,把队伍带好,才能够对得起这个称号,无愧于人民。"叶培建说。

■中央电视台

"人民科学家"国家荣誉称号获得者叶培建:面向未来 探索星辰大海

(央视记者 郑玮玮 李峻)

今年 74 岁的叶培建是嫦娥一号总设计师兼总指挥,也是嫦娥系列各型号的总指挥。他从事航天事业 52 年,因为国家需要,潜心研究不断突破,为卫星的创新发展和工程成功做出重大贡献。今天,让我们走近"人民科学家"国家荣誉称号获得者、中国空间技术研究院技术顾问、中国科学院院士叶培建。

2004 年,我国月球探测计划的第一步——绕月探测工程正式启动。这是继美国、俄罗斯、日本、欧洲之后第五个月球探测计划。面对一个从未探索过的领域,没有成熟的经验可借鉴,没有充分的数据参考,这是一项巨大的挑战。当时,叶院士带领平均年龄不到 30 岁的研制团队用了 3 年时间,先后攻克了月食问题、轨道设计等一系列技术难题。

"人民科学家"国家荣誉称号获得者叶培建:轨道设计难在什么地方?我们的地球卫星打在天上绕地球转就行了,而我们要去月亮,我们想想看月亮是在动的,所以怎么计算好我什么时候发射,月亮现在在一个什么位置,等到我飞到那儿的时候,月亮正好就飞过来,这个奔月轨道是要考虑几个物体都在运动,是要算得很精准的。

克服了一系列困难,2007 年,我国第一颗月球探测卫星嫦娥一号发射升空,13 天后,进入月球环绕轨道展开科学探测,"嫦娥"工程的第一步——"绕月"顺利完成。

"人民科学家"国家荣誉称号获得者叶培建:当时在发射现场,星箭分离以后，很多人都在鼓掌欢呼了，我还坐在那儿看那个卫星的姿态和参数。因为太阳帆板也还没有展开，很平静，等到后来成功了很高兴，因为有一点是在预料之中，我们的工作做到家了。

在叶培建及团队的不懈努力下，"嫦娥"系列探月工程取得成功。2010年10月1日，探月工程二期先导星嫦娥二号成功发射，它不仅获得了迄今为止世界上最精确的全月图，还对后续月球探测器的着陆区——月球虹湾区进行了高精度的成像。2013年12月，嫦娥三号成功实现了月面软着陆，我国成为世界上第三个将航天器送到月球并实现落月的国家。当时，叶培建压力巨大。

"人民科学家"国家荣誉称号获得者叶培建：因为要落，带来一系列的新的挑战。怎么落，怎么悬停，怎么不要掉下去，而嫦娥三号上去以后呢，那个玉兔车还要开下来，车怎么行走，怎么判别道路有没有障碍，关键是我们在月球上要过夜，14天不见太阳，我们怎么让它不冻死。所以嫦娥三号为我们的技术突破带来了下降、控制、软着陆、过夜、机器人行走等一系列的技术。

2019年1月,"嫦娥四号"首次实现了人类在月球背面的软着陆,这一次,见证嫦娥系列多次成功的叶培建非常激动,因为世界看到了中国的航天实力。

"人民科学家"国家荣誉称号获得者叶培建:我当时特别激动,这是中国人的智慧,中国人的力量,中国人的贡献,世界第一次,人类第一次。从此以后,我们不能再说中国人只会跟着干了。

2017年1月,为表彰叶培建在空间科学技术领域的卓越贡献,国际天文学联合会国际小行星中心将编号"456677"的小行星命名为"叶培建星"。

"人民科学家"国家荣誉称号获得者叶培建:我们国家来提名我,我想也是对我在航天贡献上的一个肯定,还有很多人呢,我只是个代表。我跟他们几个年轻人说,这样子反而我压力更大了,我们将来还要探小行星还要探火星,还要探木星,路还很长。还要继续走下去。

■央广中国之声

叶培建:为国担责,义不容辞 | 功勋

中央广电总台中国之声

"嫦娥奔月""吴刚伐桂",数千年来,中国人对问鼎苍穹、登上神秘的月球,充满了梦想和期待。以"嫦娥"工程为代表的月球探测工作,是我国迈出航天深空探测的第一步,实现了我国航天深空探测零的突破。

作为"嫦娥"系列各型号总指挥、总设计师顾问、嫦娥三号首席科学家,叶培建已在航天领域整整奋斗了52年,74岁的他,刚刚获授"人民科学家"国家荣誉称号。

"嫦娥之父"叶培建

"一百减一等于零,责任大于天"

2000年9月1日,伴随着巨大的轰鸣声,长征四号乙运载火箭搭载着中国资源二号01星在太原卫星发射中心拔地而起。在当时我国已有的卫星中,这颗"十年磨一剑"的卫星有着诸多的"第一":具有最高的分辨率、最快的传输速率、最高的姿态精度、最大的存储量,对于国民经济各行业的发展具有极其重要的作用。

正当大家满心期待卫星正常入轨发挥作用时,却传回了问题信号。

叶培建:"我要从岢岚基地乘车翻过大山到太原乘飞机,赶到西安去测控,在山上走的时候,收到报告卫星没了,心里一下就凉了,十年就没了。我当时就想,如果车掉下去了,把我摔死了,我还是烈士,但我就这么到太原去了,将来失败了,我怎么向国家交代?怎么向人民交代?怎么向这支队伍交代?"

当时的叶培建有一种渴望解脱的念头,但冷静下来以后,他很快想到,自己是主帅,有责任带领大家走出困境。

叶培建:"我在车上把老马叫过来,他搞电源的。那时我第一个考虑,蓄电

二、伟大的日子 巨大的荣誉 无穷的动力 | 093

池的电能不能坚持到我们中国的测控站重新能够发指令？我就把老马叫过来，老马说'可能！'"

可能！这就是说，还有希望。叶培建心里有了底，赶到西安后，细细排查，发现是地面发错了一条指令，这就需要再发一条补救的指令，把卫星抢救回来。但是，指令什么时候能发得上去？这又成了新难题。

叶培建："地球不是在这么转吗，由西向东传一圈，要等到它从中国东部再转进来的时候，经过长春上空时，我们才有可能把指令发上去。结果那天，一串指令发上去，全部成功，卫星立刻就正常了。发生的都是没想到，所以还是要把工作做在前面，这个是要细之又细，慎之又慎，这句话都是血的教训带来的。"

工作中的叶培建

经历了这一次惊心动魄的"急救"，资源二号01星成功在轨运行并超期服役两年多时间，与资源二号02星、03星共同成为我国首次卫星太空组网，为我国国土资源勘查、环境监测与保护、城市规划、空间科学试验等领域传回大量数据和资料。叶培建将这些成功归结为"责任大于天"。

叶培建："航天有一句话叫100-1等于0，我做得再好的一个东西，你这个小部分没有做好，就可能是失败。所以我是要求我们每一个设计师做每一件事情，都要如履薄冰，如临深渊。你不这么看待，轻描淡写掉以轻心，就很可能失败。所以说责任大于天。"

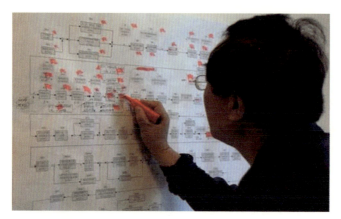

在某型号任务中,一笔一划标注进展的叶培建

"困难像弹簧,你软他就强。"

勇于为国承担责任,在国家需要的时候,挺身而出,这是叶培建一辈子的坚守。出生于1945年的他,耳濡目染的是作为军人的父亲的教诲,为了让祖国不再被别国欺凌,从小就下定决心要为国家尽己所能。

叶培建:"我父亲在抗美援朝的第一个月就跟随部队入朝作战,艰苦卓绝,取得了抗美援朝的胜利。但是吃够了美国人空军的苦头,武器装备差距太大。所以他的印象非常深刻,我们没有强大的空军不行。我当时就是为了国防,我就觉得中国近200年来太受欺负了,不能被人看不起,落后就要挨打。所以我高考的志愿,前面两个都是航空院校。被浙大提前录取走了,就没学到。但是我选的是无线电,大学毕业的时候填分配志愿,又都是国防,包括航天。"

叶培建如愿以偿地从事了他所热爱的航天事业。弹指一挥间,叶培建已经在航天领域工作了五十多年,这份对国家的忠诚、对事业的信仰支撑着他克服了一个又一个的困难。

叶培建:"困难就像弹簧。你软他就强,我们嫦娥一号探月,那么远,全世界搞探月的国家,最小的地面天线也要34米,而我们中国当时最大的天线就是12米。怎么办？这个困难怎么克服？我们地面不来星上来——我们就把卫星上的天线设计发挥到极致，就解决了。我们嫦娥四号落到月球背面不能通信，怎么办？我们发一个中继卫星，发到地月拉格朗日L2点。困难是很多的，但是你只要去攻它，它都让位给你。所以我说要做个可怕的人，就是它突然怕你，就是狭路相逢勇者胜，没有克服不了的困难。"

"嫦娥"团队全家福

"太空竞逐需高瞻远瞩，老骥伏枥仍志在千里。"

2001年10月，叶培建开始参与探月工程工作，从嫦娥一号撞月成功获取世界上第一张带有月球南北极的清晰全貌图，到嫦娥四号世界第一次的月球背面软着陆，如今，五战五捷的探月成就，逐渐揭开了月球的神秘面纱。

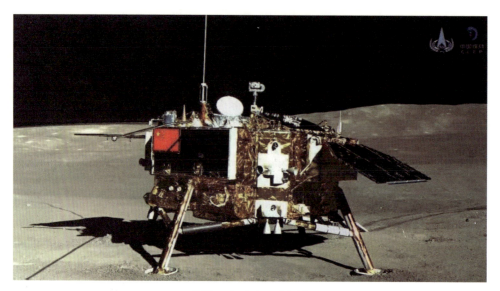

嫦娥四号登陆月球背面

但很多人仍然不能理解，我们为什么要登陆月球？我们为什么要探测火星？叶培建给出了三层答案：

叶培建："最高层次国家利益。我认为宇宙就是海洋，你不要以为今天看起来没有用场，未来的太空权益，我们从现在开始就要去争取。第二，很多科学的探索价值是随着历史的发展而越来越明朗的，不是说今天干什么，就马上GDP增加多少，马上就能拿来吃，马上就能拿来穿。过去谁知道海洋里头有石油，海洋里面还有那么多矿，更何况我们知道宇宙中月亮、小行星，还有很多资源可用，所以我们眼光要放得更长一点。第三，即便是目前还说不上增加多少GDP，但是航天技术本身的发展就已经为我们所用了。现在的父母们带孩子——尿不湿，谁先用？宇航员啊，宇航员没厕所，一开始是宇航员用才发明的。很多航天的技术都变成了民用。"

叶培建："我从工作上来讲，就是和大家在一起建立月球科考站，探小行星，火星取样返回。再干十年还是可以吧。"

照耀小小少年航天梦　人民科学家为人民

得知叶培建获得"人民科学家"的称号，一些曾经听过他讲科普的小学生还特意写来了一封信，孩子们对科学的热情，让他无比欣慰：

叶培建：（读孩子的信）"那天，您用两个不同大小的皮球为我们讲解地球和月球自转和公转的关系，您用一把雨伞演示飞行器天线太空中接收信号的原理，您用一块泡沫板展示飞行器电池的工作状态，在您的讲解中，深奥难懂的航空航天知识变得那么轻松有趣，浩瀚神秘的宇宙变得那样令人神往。从那天起，我们全校

工作中的叶培建

所有的老师和同学都成了你的粉丝。叶爷爷，您点燃了很多少先队员心中的航天梦。"

杭州崇文实验学校学生写给叶培建的信件

敢说、敢想、敢干的叶培建院士,已在航天领域整整奋斗52年,74岁的他,依然老骥伏枥、志在千里。

叶培建:"既然已经把这个称号给了我,我只有以后做更多的事情,才对得起这个称号。因为我们本来就是人民培养的,就得为人民。所以作为一个科学家,只有把自己和人民摆在一起,为国家服务,才能做点事情。"

■ 科技日报

人民科学家叶培建:让中国探月工程跨步前行

壮丽70年奋斗新时代
——共和国荣誉

本报记者　付毅飞　文/摄

74岁的叶培建,从事航天已经50多年。从探月工程到逐梦火星,他见证了中国航天的脚步不断迈向深空。

叶培建的眼睛做过手术,为了保护视力,他养成了"听电视"的习惯。

9月17日,他从电视里听到了自己的名字,紧跟着接到祝贺电话,才确定自己被授予"人民科学家"国家荣誉称号。

虽然此前经过考核与谈话,心里有所准备,但听到《主席令》那一刻,叶培建仍很激动。随后,他感到一阵惭愧。

"中国航天界有多少优秀人才,但这个荣誉给了我,我受之有愧。"他说,"但既然已经给了,我只有把今后的事做好,在任务中把队伍带好,才对得起这个称号。"

74岁的叶培建,从事航天已经50多年。

从探月工程到逐梦火星,他见证了中国航天的脚步不断迈向深空。

"希望汽车从山上翻下去,把我摔死"

1968年2月20日,中国人民解放军第五研究院正式成立。正是这一年,叶培建从浙江大学无线电系毕业,成为该院下属北京卫星制造厂的一名技术员,开始了他的航天事业。

2000年9月1日,我国资源二号01星从太原卫星发射中心升空。这是我国自行研制的首颗传输型遥感卫星,无论从社会经济建设还是国防建设方面,都被给予厚望。这颗卫星对于叶培建有着特别的意义——这是他担任总设计师的第一颗卫星。

但这次任务,让他经历了航天生涯中最大的挫折。

卫星升空后一路向西,经过喀什测控站时成功传输数据,随后围绕地球飞行。见一切运转正常,叶培建便带领骨干队伍动身前往太原,乘飞机去西安开展后续飞控工作。

那天,大家心情很好,一路上有说有笑。

车还没开出大山,叶培建就接到电话:地面失去卫星信号,卫星"失联"了。

他懵了。

"国家花了那么多钱,用了十年时间研制这颗卫星。大家那么信任我,相信我能干好。结果……"叶培建觉得无法交待。他回忆道:"那时只希望汽车从山上翻下去,把我摔死。"

很快他冷静下来,开始思考对策。卫星下次飞抵我国上空要到第二天早上,如果能及时采取有效措施,或许还有救。

叶培建找到卫星电源负责人,确定了电量情况,同时安排人员查找问题,制定了抢救方案。

问题很快就被查明了,是地面发出的一条不当指令,导致卫星姿态发生了变化。地面人员迅速编写了修正程序。当卫星从东方进入国境上空时,技术人员通过位于我国东部的长春测控站上传指令，让它"起死回生"。

这颗卫星后来超出了设计寿命，并与后续卫星实现了预期之外的"三星组网"。

"落到月球背面去，这是个创举"

上世纪80年代初，叶培建第一次近距离接触到月球探测成果。

当时在瑞士留学的他，前往联合国世界知识产权总部参观各国最高知识水平代表作，美国的展品是一块来自月球的岩石。他觉得，"人家的水平确实不一样"。

2001年，中国探月工程正式进入论证阶段，叶培建成为首批核心研究人员之一。2004年年初，探月一期工程立项，叶培建担任嫦娥一号卫星总设计师兼总指挥。

他不仅带领嫦娥一号任务团队取得了成功，更是凭借敢于"第一个吃螃蟹"的勇气和面对科研问题不妥协的"直脾气"，成为决定后续"嫦娥"命运的关键人物之一。

嫦娥二号卫星与嫦娥一号同时研制，原本作为其备份，它的研制前景一度存在争议。有人认为，嫦娥一号已经成功了，没必要再花钱发射备份星。叶培建站在反对方据理力争。他说，探月工程并非到此为止，既然研制了这颗卫星，为什么不利用它走得更远？

事实证明，于2010年国庆节发射的嫦娥二号作为探月二期工程的先导星，不仅在探月成果上更进一步，还为后续落月任务奠定了基础，并且成功开展了多项拓展试验。其完成了日地拉格朗日L2点探测，以及对图塔蒂斯小行星的飞越探测，取得了珍贵的科学数据；最后飞至1亿公里以外，也对我国深空探测能力进行了验证。

因此，当2013年12月2日发射的嫦娥三号探测器完成落月任务后，其备份星嫦娥四号没有再陷入是否发射的争议，但任务规划仍有分歧。不少人认为，嫦娥四号无须冒险，落在月球正面更有把握。叶培建再次反对，"中国探月工程应该走一步跨一步。落到月球背面去,这是个创举。"他说。

如今,嫦娥四号已成为人类首个在月球背面实现软着陆的探测器,玉兔二号巡视器也已累计行走约290米。它们均已成功完成第10月昼工作,顺利进入第10月夜。

对于嫦娥四号任务的成功,美国国家航空航天局一位专家感叹道:"我们再也不能说中国人只会跟着干了。"

"我要继续更好地为人民服务"

叶培建有一颗"大心脏"。

嫦娥一号完成近月制动,指控大厅里一片沸腾,老专家们纷纷落泪,他却始终很冷静。

后来他说,工作已经做到位了,对这个结果,心里有底。

嫦娥三号发射前夕,一台设备信号异常,发射是否推迟,谁也拿不定主意。叶培建担起责任,拍板按时发射。他解释说,这并非设备故障,而是塔架结构造成的信号干扰。

嫦娥四号任务中,叶培建担任所有型号的总设计师、总指挥顾问以及质量总监和飞控专家组组长,忙得不可开交。任务实施在即,他在接受《科技日报》记者专访时,却显得十分轻松。

"飞控专家组的最高境界就是喝咖啡、聊天,无事可做。"他笑道,"如果任务实施中我还忙得不行,那就麻烦了,说明遇到了问题。"

嫦娥四号成功落月的那一刻,该探测器项目执行总监张熇泪流满面,叶培建静静地握住她的手,以示鼓励。这或许已是他最激动的表达。

在发射现场总是气定神闲的叶培建,成了同事眼中的"定海神针"。大家都说,只要有叶总在,哪怕一句话不说,心里也踏实。

近年来,叶培建更多是站在幕后,默默地为年轻人撑腰,但他的心始终牵挂着我国深空探测。无论是我国即将实施的嫦娥五号、火星探测任务,还是规划中的嫦娥六号、七号、八号任务,乃至未来计划实施的小行星、木星等深空探测任务,都让他十分牵挂。

"人类在地球、太阳系都是很渺小的,不走出去,我们注定难以为继。"他说,"有人觉得今天看起来探索太空没有用处,但未来的太空权益,我们现在就要开始争取。现在不去,将来再想去可能就晚了。"

胸怀远大梦想的叶培建,始终脚踏实地,不忘根本。繁忙的工作之余,他总会抽出时间出去演讲、作报告,把航天知识和理念传播给大众。在接受媒体采访时,他拿出一封来自他演讲过的杭州崇文实验小学学生的信。"在您的讲解中,深奥难懂的航天知识变得那么有趣,浩瀚神秘的宇宙变得那样令人神往……从那天起,我们全校所有的老师和同学都成了您的粉丝。您点燃了很多少先队员心中的航天梦……"他认真地念着信,慈祥的脸上浮现出欣慰与自豪。

"我是人民的一分子,我的荣誉是人民给我的,我要继续更好地为人民服务。"叶培建说。

■ 光明日报

叶培建:向着璀璨星空继续奋斗
【致敬共和国勋章国家荣誉称号人物】

(本报记者 张亚雄 陈海波)

"那天,您用两个大小不同的皮球,为我们讲解地球、月球的自转公转关系;您用一把雨伞演示太空中的飞行器天线接收信号的原理……"

日前,中国科学院院士、中国空间技术研究院空间科学与深空探测首席科学家叶培建收到一群"小科学家"写给他的书信,祝贺他荣获"人民科学家"国家荣誉称号。

这封书信背后的故事发生在两年前的5月18日。那天,在浙江省杭州市崇文实验学校的"与院士爷爷见面会"上，72岁的叶培建向这里的孩子们讲述了我国航天事业的过去与未来，为他们上了一堂生动的"科学课"，也将"科学"的种子种在了孩子们的心里。

1945年1月，叶培建出生在江苏泰兴。他的父亲是一名老战士，先后参加过抗日战争、解放战争和抗美援朝战争。父亲曾告诉他，抗美援朝时，我们的部队吃过美国飞机的苦头，国家工业非常落后，希望他能够学工报效祖国。在父亲的影响下，叶培建考取了浙江大学无线电系，此后于1980年赴瑞士留学并获博士学位。他从事空间技术研究工作50余年，是嫦娥一号总设计师兼总指挥，嫦娥三号探测器系统首席科学家，嫦娥二号、嫦娥四号、嫦娥五号试验器总指挥、总设计师顾问，在各号嫦娥方案的选择和确定、关键技术攻关、大型试验策划与验证、嫦娥四号首次实现月背软着陆等方面发挥了重要作用。他曾荣获国家科学技术进步奖特等奖。

曾经有人问他："您从事航天工作几十年，在卫星发射前，会不会感到紧张? 是怎么克服的?"

"我不能紧张，我相信我们已经把工作做到位了，我有这个自信。"叶培建说。

叶培建对记者谈起一段往事：2000年9月1日，中国资源二号卫星的第一发星顺利升空。当叶培建从发射基地乘车赶往机场并转往指挥控制中心时，指挥中心领队的副总师突然打来了紧急电话："叶总，卫星进入第二圈突然失去姿态，具体原因不明!"这一电话让叶培建的心一下子紧张了起来："这是我挂帅研制的第一颗卫星，难道打上去刚飞了两圈就失败了?"面对突发状况，叶培建深知自己作为一位总师、总指挥的责任，危急关头他必须镇定下来。

临危不惧，更须处乱不惊。叶培建先在车上与基地核对卫星可支撑能源的情况，又马上通过副总师安抚现场人员的情绪，要求大家沉着冷静、思考问题。"姿态突然变化必有一'突发'原因，应集中精力在最短时间内查出这一原因，在卫星过境时断然处置。"当他到达指控中心时，问题查清了，原来是地面中心发出的一条指令不当！对症下药，工作人员立刻发出了正确的指令，卫星随即迅速调整姿态，恢复正常。谈起这段经历，叶培建至今仍感慨不已："中国资源二号是我挂帅研制的第一颗星，它半路受撞，第二圈又失去姿态，真可谓'九死一生'。尽管它历经坎坷，但也最终化险为夷。"这颗星在太空里遨游了四年零三个月，实际寿命超过原先设计寿命一倍还多，成为当时中国寿命最长的传输型对地遥感卫星。

在执行嫦娥一号发射任务时，还出现过一段小插曲。当叶培建和试验队成员从北京乘飞机前往西昌卫星发射基地时，航空公司因工作失误使实际乘机人超出3人。叶培建说，航班机长在飞机上征询乘客意见，让人感动的是，很多乘客立刻拿起自己的行李下机，将位置空出。他们说："我们把位置让给试验队员，就是为中国航天作贡献。"朴实的话语让叶培建至今感动，他说："没有人民的关心支持，就没有今天中国的航天大国地位。"

心系人民的叶培建，对火箭和卫星充满了感情。他说，中国航天人把心中的挚爱都奉献给了火箭和卫星："航天事业是我国综合国力的体现。当运载火箭托举着一颗新星拔地而起，整个中华民族都能感受到那股冲腾向上的力量；当数亿国人瞩目太空，必在和我一同为卫星深深祝福，这便是卫星无形的'助推器'。"

心系国家的叶培建，对培养航天事业的接班人充满期待。采访结束时，他还一直嘱咐记者，要多关注青少年人才的培养，给他们成长和展现才华的舞台。而现在，很多孩子都像崇文实验学校的孩子们一样，心怀航空梦想："叶爷爷，您满腔的爱国情怀、执着不弃的事业追求，敢为人先的担当精神，让我们无比景仰。您告诉我们，您还将率领团队继续进行火星探测、小行星探测。我们全体少先队员都牢记着您给我们的题词——'仰望星空，探索未来'。您为我们种下的'科学'种子，一定会茁壮成长！"

■ 中国青年报

(中国青年报·中国青年网记者　邱晨辉

拍摄/制作　邱晨辉　编辑　王羽璋)

接受中国青年报·中国青年网记者采访时，叶培建从兜里掏出一封采访前刚刚收到的小学生来信，小学生们祝贺他荣获"人民科学家"国家荣誉称号，还以工整的字迹写道这样一段话——"我们全体少先队员都牢记着您给我们的题词——'仰望星空，探索未来'。您为我们种下的'科学'种子，一定会茁壮成长！"

叶培建告诉记者，"要说起我对青少年的寄语，这封信就是最好的回答"。

■ 人民网

"人民科学家"叶培建：我来自人民，要继续为人民服务

人民网北京　10月5日电（赵竹青）

"这是人民给我的，我是人民的一分子，我要继续更好地为人民服务。"叶培建在得知自己被授予"人民科学家"国家荣誉称号后，向记者谈及自己对于这一称号的"三个理解"。

新中国成立70周年之际，国家主席习近平签署主席令，授予42人国家勋章、国家荣誉称号。其中，叶培建、吴文俊、南仁东、顾方舟、程开甲五人获得"人民科学家"称号。

"这个称号非常崇高，人数非常少，而且很多人已经去世了，我要对得起这个称号。"叶培建说，"非常遗憾的是，授予的五位'人民科学家'，其他四位都去世了，所以我还要替他们多做一些事情。"

航天强国即将圆梦

"我今年74，身体还可以，还有很多事情要做。"在全体航天人铆足了劲向航天强国"冲刺"的时候，叶培建信心满满。

作为中国空间技术研究院技术顾问、研究员，"航天老将"叶培建仍以一腔热血，奋战在航天第一线。无论是近在眼前的嫦娥五号、火星探测，还是计划中的嫦娥六号、七号……都在他的运筹帷幄中，甚至更遥远的月球基地、小行星探测，他也已经有了初步构想。

叶培建从事空间技术研究工作五十余年，在空间技术、空间科学、空间应用方面成就显著：他是我国第一代传输型对地观测卫星总设计师兼总指挥、我国第一颗月球探测器嫦娥一号总设计师兼总指挥、我国第一个月球软着陆无人探测器嫦娥三号探测器系统首席科学家，嫦娥二号、嫦娥四号、嫦娥五号试验器的总指挥和总师顾问。

"一个国家要强大，必须方方面面要强大。"曾经参加了航天强国论证的叶培建认为，航天是一个国家技术的综合，航天的发展需要各项技术的发展，各项基础的支撑，少一样也不行。

目前，我国已经是航天大国，正在向航天强国迈进。叶培建透露，2020年左右，随着火星探测、嫦娥五号采样返回、空间站建设等一系列航天工程的实施，"我国将正式迈进航天强国行列"。

看待航天，眼光要放长远

在建设航天强国的过程中，航天技术的发展、航天精神的传播、航天人才的培养，无疑将对国家的发展起到"牵引"作用。

但在叶培建看来，航天的意义远不止如此。他说，首先，人类要探索宇宙形成、地球起源等问题，不走出去是不行的。"太空还是有很多资源的，无论是月球，还是小行星。今天觉得开采起来很困难，但是再过100年、200年呢？这段时间在历史长河上只是很短的一瞬间。"

"中国围绕海洋权益曾经吃了很多苦头。"叶培建说，如果把宇宙看作海洋，有些地方，我们现在不去，将来就可能去不了了。"如果今天我们能去而不去，后人就会在太空权益上遇到我们今天一样的问题。"

二、伟大的日子　巨大的荣誉　无穷的动力 | 107

"所以，从长远来讲，航天有着很大的实际意义。"叶培建说。

航天是差一点点就成功，差一点点就失败

耕耘天际，叶培建这条路走得踏实，但也并不是一帆风顺。据他回忆，自己遭遇过的最大挫折，是2002年资源二号卫星升空后失联的那一次。

那是他挂帅研制的第一颗卫星。卫星成功发射上天后，他在完成任务后的返回途中，收到了卫星上天后没有按指令工作的消息。

"当时，我坐在车上，第一反应是希望车从山上掉下去，这样我就解脱了。"叶培建感慨地说。可是，稍微清醒一下，自己作为总师、总指挥，在这样的紧急关头，天大的担子也得扛起来。

振作精神，冷静下来之后，叶培建带领团队逐一排查故障，原来是地面发错指令了。

"知道错在哪儿，就可以对症下药了。"抓住最后的抢救机会，第二天卫星过境时，他们将新的指令发送上去，卫星恢复了正常。这颗"命运多舛"的卫星，本来只有2年的设计寿命，结果它顽强地工作了5年，还实现了预期之外的"三星组网"。

战略思维，抓更高层次的东西

在谈及取得成绩背后的原因时，叶培建说，他所理解的航天精神，是包含着爱国主义精神、积极向上的精神、团队精神和甘于从小事做起的奉献精神的综合体，"这些，是一个航天人所应该有的素质"。

"个人是队伍中的一分子。"就个人来说，叶培建给自己总结了两条：第一是比较执着和自信。"方案做好，经过反复推敲后没问题的话，我是相信它的。不会遇到点困难就怀疑自己。"

第二是比较自律。对自己来说，该挑的担子毫不犹豫地挑起，同时对别人要求也严格。在任务中，"作为总师，就是要抓更高层次的东西；具体的东西，你比我清楚，我相信你"。

航天要创新，也要脚踏实地

建设航天强国，必须依靠创新。"不创新，怎么走到前列？但创新就要脚踏实地，"叶培建说。

然而，航天是一个高风险的事业，"打一个成一个，要保成功"的观念向来根深蒂固。对此，叶培建也承认，"这多多少少会影响创新"。

所以，如何处理好关系"保成功"和"促创新"之间的关系，成为叶培建认真思考的问题。最后，他总结出了自己的观点：应用型的卫星，要花主要的精力保成功；而探索型的卫星，则应给予更多的创新空间。

他拿嫦娥探月的数次经历来举例："嫦娥一号是'继承+创新'，创新占主要，它能做到60多项自主创新，一次就达到绕月的先进水平，就是因为创新。"另外，嫦娥二号、嫦娥四号作为备份星，"尤其是嫦娥四号，作为嫦娥三号的备份，一些同志提出落到月球正面，落到月球背面我和其他少数同志是很坚持的。因为这是一个探索型的事情"。

"热血院士"热心科普

现在的叶培建，尽管工作很忙，他还是尽可能地在全国积极参与科普活动，为祖国的未来撒播航天的种子。由于航天的话题很受关注，而且他的讲解有很多生动的故事，受到了听众的欢迎，现场常常座无虚席，甚至走廊都站满了人，远远地看他用皮球、雨伞、泡沫板等道具，演示高深难懂的航天技术。

在被问及对青年一代有什么期待时，他向记者展示了前一天刚刚收到的小学生回信，认为"这是最好的回答"。

信中，小学生们以工整的字迹写道："敬爱的叶爷爷，您满腔的爱国情怀，执着不弃的事业追求，敢为人先的担当精神，让我们无比敬仰。您为我们种下的科学种子，一定会茁壮成长，我们全体少先队员，会牢记着您给我们的题词：仰望星空，探索未来。"

二、伟大的日子　巨大的荣誉　无穷的动力

■新京报

"人民科学家"叶培建：没有较真，就没有重大成果

新京报记者　倪伟　编辑　樊一婧

叶培建向记者谈及"人民科学家"称号时，认为"人民"两字的内涵，就是要为人民工作。

"五位'人民科学家'，很遗憾，其他四位都去世了。"叶培建低下头，沉默了几秒钟，"所以，我也要替他们多做些事。"

9月29日，叶培建在人民大会堂被授予国家荣誉称号"人民科学家"。一共五名科学家被授予这一称号，除探月元老叶培建外，数学家吴文俊、天文学家南仁东、医学家顾方舟、核物理学家程开甲都已在近三年内逝世。

而74岁的叶培建仍在高强度工作，继承了航天专家退而不休的传统。9月24日，在中国航天科技集团有限公司所属中国空间技术研究院，叶培建向记者谈及"人民科学家"称号时，认为"人民"两字的内涵，就是要为人民工作。

叶培建如今是嫦娥五号总指挥、总设计师顾问，也是火星探测器总指挥、总设计师顾问。这两个全球瞩目的航天器将在两年内相继发射，这是他目前最关注的事。

中国探月的"定海神针"

叶培建是从电视中听到自己获得国家荣誉称号消息的。他两只眼睛都做过手术，为了保护可贵的视力，基本不看电视、不上网，但每天早晨都有"听电视"的习惯。

"虽然之前已经有过考察和建议名单，但听到消息还是很激动，也很惭愧。"中国航天群星璀璨，每项重大任务都有领军人，还有很多功臣默默无闻，他认为自己只是这个群体的代表。

叶培建以嫦娥工程为世人所知。他是我国嫦娥一号卫星的总设计师兼总

指挥，后续担任每一次探月工程的顾问。在同事眼里，他是中国探月的"定海神针"。

叶培建性子急，但每次在发射现场，却总是气定神闲。发射前夕，他自称一点都不紧张，因为所有工作都已经到位，心里有数，不需要紧张。他也不能紧张，他需要给团队信心，冷静行事。

发射当天，他总在现场走来走去，跟这个聊聊、跟那个开开玩笑，让大家放松下来。团队的同事说，只要有叶总在，哪怕不说一句话，他们心里都踏实。

如今航天工程的接力棒交到年轻一代手中，叶培建不再坐在指挥台上，他对自己的定位，是给年轻人"撑腰"。

每当年轻人拿不定主意，他会凭借自己的经验大胆作出判断，虽然这也将可能失败的责任揽到了自己身上。

2013年，嫦娥三号进入发射场后，突然发现一台设备信号不正常，面临推迟发射的风险。叶培建研究后，向各方作了详细解释：这是现场塔架结构造成的信号干扰，不是设备故障，以前也发生过不止一次。最终嫦娥三号按时发射，圆满成功。

"在队伍里该挑的担子我挑，该扛的责任我扛。"他说，在这些重大问题上他都及时站了出来，给年轻的型号领导们撑了腰。

去年年底，嫦娥四号发射成功当夜，探测器项目执行总监张熇在指控大厅喜极而泣，叶培建走到她身后，紧紧握住她的手，露出温暖的笑容。这张流传甚广的照片，成了叶培建与后辈代代传承的一个见证。

"希望车能从山上掉下去，把我摔死"

74岁的叶培建，任务清单被填得满满的。

他现在是中国空间技术研究院空间科学与深空探测首席科学家，除了坐镇深空探测项目，前几年还担任了中科院暗物质卫星"悟空"的工程顾问，现在仍是中科院主导的国际合作太阳风——磁层相互作用全景成像卫星工程总设计师。

这是他从事航天工作的第 51 年。他 1945 年生于江苏泰兴,父亲曾创办一所抗日学校,后来穿上军装,走上解放战争和抗美援朝战争的战场。

在湖州和杭州,这位军人之子度过了从小学到大学的求学时光。1968 年,从浙江大学无线电系毕业后,他被分配到中国空间技术研究院下属北京卫星制造厂,当了一名技术员,开始了航天生涯。

1980 年至 1985 年,叶培建以一封信为敲门砖,去往瑞士纳沙泰尔大学留学,拜入白朗地尼教授门下。学成归国后,正值中国航天事业发展速度逐步加快,在计算机工程停留数年后,他也如愿转入卫星工程的研制中。

他担任总设计师的第一颗卫星是中国资源二号卫星,当时是我国分辨率最高的对地遥感卫星。中国资源二号系列卫星在我国国土普查、资源探测、环境调查等领域发挥了巨大作用,有"智多星"之称。

也是在这一系列卫星研制中,叶培建看到航天工程带来成就感的同时,也带来比生命都沉重的责任。

谈及至今对他打击最大的挫折,正是 2000 年出在中国资源二号 01 星上。当年 9 月 1 日,卫星发射升空后,绕地球运行顺利,数据传输通畅。叶培建与一批主任设计师坐车从发射基地去往太原机场,准备飞往西安进行后期的监测。他们在车上说说笑笑,心情愉悦,完全不会想到风险的逼近。

当大巴车在崎岖山路上行驶时,叶培建接到电话:"叶总,卫星进入第二圈突然失去姿态,原因不明……"

"飞了两圈,没信号了,卫星'丢'了。"叶培建回忆,当时脑袋"嗡"的一声。身边同事看他表情严肃,一言不发,也知道大事不好。

"我当时有个自私的想法,就是希望车能从山上掉下去,把我摔死。"叶培建说,"要不然国家花这么多钱研制的一颗卫星,在我手里出了问题,我怎么交待?"

不过,他很快冷静下来,找来同在车上的电源系统负责人老马,问他卫的电池能撑多久。老马说能顶7个小时。这7个小时就是留给叶培建为卫星救命的时间。他立刻部署大家将精力集中在查找问题，以便卫星下次经过中国上空时，可以发出指令抢救。

从太原上飞机之前，问题查找已经有了眉目，是地面发出的一条不当指令，让卫星姿态发生了变化。随后地面人员编写了抢救程序，当卫星再次过境时，向卫星发出指令，让卫星恢复了姿态。

"上天挺眷顾我们这些辛辛苦苦工作的人。"虽然化险为夷，叶培建至今心有余悸，想起当时仍旧惊心动魄。

凭一腔孤勇，让中国探月涉足

叶培建在航天界是出了名的"直脾气"，以至于他经常告诫自己，说话要温和一点。但涉及科研问题，他认定有理的，决不让步。

嫦娥二号和嫦娥四号的突破性进展，就是在他据理力争下实现的。

我国"嫦娥"工程立项之初就定下一条惯例：每一个嫦娥探测器型号都要同时生产两颗，单数编号为主星，双数编号为备份。以防主星发射失败后，能够在解决问题后，迅速用备份重新实施发射。

嫦娥一号发射成功后，备份星嫦娥二号去留未定。

当时存在两种意见，包括时任嫦娥一号工程总师孙家栋和叶培建在内的科学家主张，嫦娥二号要继续发射，可以飞向火星，如果不行还可以用作其他领域探测。另一派意见则认为，嫦娥一号已经成功了，没有必要再花费一笔钱发射备份。

之后，相关方面组织了一次专题会议，讨论嫦娥二号的命运。在外地开会的叶培建获悉，立刻飞回北京，直抵会场。他在会上据理力争："只要花少量的钱，就能获得更多工程经验和更大的科学成果，为什么要放弃？"

他的发言让会议转向，主持会议的领导当即表态，会议不需要讨论要不要发射嫦娥二号了，而是讨论怎么让嫦娥二号用得更好。之后，叶培建率领团队对嫦娥二号的相机、通信等能力继续改进,拍摄到了虹湾地区1米左右分辨率图片,为嫦娥三号落月选址做了准备。嫦娥二号告别月球后,继续飞向深空,成为我国飞得最远的航天远征者。

有了嫦娥二号的成功在前,到了嫦娥三号发射后,其备份嫦娥四号也要继续发射,已经基本成为共识。但飞向哪里,依然引起了争论。

在一段时间内,如嫦娥三号一样继续在月球正面软着陆的观点占了上风,因为这一方案安全、有把握。

但叶培建主张做更难的事:飞向月球背面。全球还没有一个探测器落在月球背面,但月球背面的地质、资源、天文环境等都有极高的科研价值,虽然不易,值得一去。

他的坚持延缓了关于嫦娥四号的决议。经过一段时间的论证,叶培建的观点逐渐被接受,方案中增加了一颗中继卫星,保障嫦娥四号在月球背面的通信。2019年年初,嫦娥四号成为人类首个着陆月球背面的航天器,至今已经正常工作超过10个月昼。

全球航天界都知道,落月何其艰难,更别说在月背降落。选择做更难的事情,需要魄力和自信。美国国家航空航天局一位专家说,"从今以后,我们不能再说中国人只会跟着干了"。

"如果没有'较真',哪里会得来这么多的深空探测成果?"叶培建说。

■学习强国

"人民科学家"国家荣誉称号获得者叶培建:
科技创新总要做些"冒险的事"
中国青年报·中国青年网记者　邱晨辉　来源:中国青年报

74岁的叶培建为了保护视力,养成了"听电视"的习惯。这一天,这位中国科学院院士、中国空间技术研究院空间科学与深空探测首席科学家从电视里听到了自己获得国家荣誉称号的消息。很快,道贺电话接二连三地响起。

尽管此前已经历了组织考察和建议名单公示阶段，但到了正式消息发布时，叶培建还是竖起耳朵听：在新中国成立70周年之际，国家主席习近平签署主席令授予42人国家勋章和国家荣誉称号；这其中，叶培建和吴文俊、南仁东、顾方舟、程开甲5人获得"人民科学家"国家荣誉称号。

叶培建和航天打了一辈子交道，先后带领团队成功实施嫦娥一号、嫦娥二号、嫦娥三号、嫦娥五号再入返回试验器、嫦娥四号任务。面对"人民科学家"的称号，他表现出敬畏："这个称号非常崇高，这是人民给我的！"

唯一让他遗憾的是，5位"人民科学家"国家荣誉称号获得者中，仅剩他一人在世。

叶培建谈及此，微微垂下头，沉默了几秒钟："5位'人民科学家'，其他4位都逝世了，我还要替他们多做点事情——多做点事情！"

100−1＝0

今年是叶培建从事航天工作的第52个年头，他的大半辈子都和航天紧紧绑在一起，他也因中国探月"五战五捷"的辉煌战绩而为人所熟知。

不过，说起这半个多世纪的经历，叶培建从不讳言其中的"挫折"或"教训"。在接受记者采访时，他谈起19年前一段惊心动魄的往事。

那是2000年9月1日，他清晰地记得这个日子。这一天，中国资源二号卫星首发星顺利升空，绕地球运行顺利，数据传输通畅。

然而，就在叶培建带领团队"班师凯旋"，从太原卫星发射中心转战西安卫星测控中心之际，一个紧急来电打破了"胜利之师"原有的愉悦氛围。

"叶总，卫星进入第二圈后，突然失去姿态，具体原因不明……"

电话这端的叶培建，还坐在赶往太原机场的大巴车上，山路崎岖。此刻的消息让叶培建脑袋"嗡"的一声，心脏跟着砰砰乱跳。

"难道刚飞了两圈，卫星就没信号了？就这么'丢'了？"身边的同事看叶培建一脸严肃、一言不发，也隐约感到"有大事发生"。

多年以后，叶培建再次回忆起这段往事，仍心有余悸："我当时有个自私的想法，就是希望车能从山上掉下去，把我摔死。要不然国家花这么多钱，干了10年才成的一颗星，在我手里出了问题，怎么交待？"

这样的念头也是转瞬即逝，随着大巴车一个急转弯，叶培建很快冷静下来。

挂掉电话，这位卫星的总师兼总指挥开口了："卫星的蓄电池还能撑多久？"

"7个小时！"电源系统的负责人告诉他。

这7个小时，就是留给叶培建解决问题的全部时间，他要求在这段时间里查出原因，在卫星下一次经过中国上空时，发出指令抢救。

等他们赶到西安时，问题已经查清——原来是地面工作人员发出了一条不当指令，致使卫星姿态发生变化。于是，工作人员紧急发送补救指令，才把卫星"抢"了回来。

后来，这颗卫星在太空遨游了四年零三个月，成为当时中国寿命最长的传输型对地遥感卫星。这是叶培建挂帅研制的第一颗卫星，也是至今对他打击最大的"挫折"。

航天有一句话叫"100减1等于0"，意思是说，一个东西做得再好，只要其中有一小部分甚至一丁点儿没做好，就可能失败。这也是为什么航天人总说：成功是差一点点失败，失败是差一点点成功。

叶培建告诉记者："过去我总说，'要做个可怕的人'，就是要让困难怕你。细之又细，慎之又慎，这句话是血的教训换来的！"

"吃螃蟹"

尽管第一次担纲"主帅"就历经风波，但面对科技创新，叶培建那敢于"第一个吃螃蟹"的劲头却丝毫不减，"不创新，怎么走到前列？"

有人说，航天人把万无一失的工作法则演绎到极致。但与此同时，"打一个成一个""确保成功,万无一失"等根深蒂固的观念,也会在一定程度上影响科技创新的步伐。

可是,在叶培建的身上,这两者似乎并不矛盾。

中国探月工程"五战五捷",就是"保成功"的力证,而嫦娥四号登陆月球背面这一人类探月史的壮举,则是"敢创新"的最佳注脚。

早在中国探月工程立项之初,工程领导就曾定下一条规矩,即每一个嫦娥探测器型号,都要同时生产两颗,一颗为主星,一颗为备份星。比如,嫦娥二号就是嫦娥一号的备份,嫦娥四号就是嫦娥三号的备份。其目的是,一旦主星任务失败,可以迅速排查原因,让备份星上阵。

嫦娥三号任务成功后,作为备份星的嫦娥四号何去何从,成了让航天人头疼的课题。

叶培建的想法是,让嫦娥四号落在月球背面。

然而,其他专家认为"没必要冒这个险",在月球正面着陆保险系数更高一些。一段时间内,这种观点占了上风。

叶培建只能据理力争。在他看来,包括通信、导航、遥感、气象等在内的应用型卫星,应该花主要精力"力保成功",而像嫦娥系列在内的探索型卫星,则应该给予更多的"创新空间",每走一步都力争要有创新。

"无论是技术的进步,还是人类探月事业的发展,都需要我们做一些'冒险的事',去开拓,去创新,"叶培建说。

具体到嫦娥四号的月球背面软着陆任务,这是全球任何一个国家的探测器都未曾做到过的,但那里的地质、资源、天文环境等都有极高的科研价值,虽然不易,却值得一去。

一段时间的论证后,叶培建的观点才逐渐被接受,方案中增加了一颗中继卫星——也就是人们后来熟知的"鹊桥",用来保障嫦娥四号在月球背面的通信。

今年1月3日,嫦娥四号成功着陆月球背面的冯·卡门撞击坑,代表全人类首次实地揭开了古老月背的面纱。至今,它已正常工作超过10个月昼。

美国国家航空航天局(NASA)的一位专家说:"从今以后,我们再不能说,中国人只会跟着干了!"

叶培建要干的事,远不止于此。身兼火星探测器总指挥、总设计师顾问的他还要带着团队继续"吃螃蟹"——火星探测。

"这方面我们下手已经晚了,比印度人还晚了几年,所以我们要做,就做别人还没做过的事!"据他介绍,中国首次火星探测将一次性完成3件事:第一,将探测器发射到火星,对火星进行全球观测;第二,降落在火星上;第三,火星车开出来,在火星表面巡视勘测。

如果顺利,这将是全世界第一次在一次火星任务中完成这三大目标。

"撑腰"

究竟为什么要去月球、去火星?

叶培建曾不止一次地被问到这个问题,他以海洋权益保护做类比:如果把宇宙看作海洋,有些地方,我们现在不去,将来就可能去不了;如果现在能去而不去,后人就会在太空权益上,遭遇前人在海洋权益上类似的问题。

对于中国航天的未来,叶培建充满信心,他还给出一个大胆的预测:到2020年左右,最迟再过一两年,我国就可以进入航天强国行列。

"为什么敢这么说,因为到那时候,我们已经去了火星,实现了月球采样返回,北斗全球系统完成部署,还有了自己的载人空间站,这些代表着我们国家已经进入航天强国行列。"叶培建说。

当然,在这背后,新老人才的交替,年轻一代的顺利接棒至关重要。如今的叶培建,对自己的定位是:给年轻人"撑腰"。

嫦娥四号成功落月后,一张照片传播甚广:落月那晚,叶培建缓步走到48岁的嫦娥四号探测器项目执行总监张熇所在的工作席,紧紧握住她的右手,露出温暖的笑容。有人说,这一刻,两代"嫦娥人"的手,握在了一起。

叶培建告诉记者,每当有嫦娥任务,他还是会冲到第一线,在现场走来走去,跟这个聊聊、跟那个开开玩笑,让大家放松下来,让他们心里踏实。当年轻人拿不定主意时,他也会凭借自己的经验大胆判断,尽管这也将可能失败的责任揽到自己身上。

在被中国青年报·中国青年网记者问及对年轻一代有何期待时,叶培建从兜里掏出一封采访前刚刚收到的小学生来信,孩子们祝贺他荣获"人民科学家"国家荣誉称号,还以工整的字迹写了这样一段话——

"那天,您用两个大小不同的皮球,为我们讲解地球、月球的自转公转关系;您用一把雨伞,演示太空中的飞行器天线接收信号的原理;您用一块泡沫板,展示飞行器电池的工作状态……我们全体少先队员都牢记着您给我们的题词——'仰望星空,探索未来'。您为我们种下的'科学'种子,一定会茁壮成长!"

两年前的一天,时年72岁的叶培建,在浙江省杭州市崇文实验学校,给这里的学生上了一堂生动的"科学课",也将"科学"的种子种在了孩子们的心里。

"要说起我对青少年的寄语,这封信就是最好的回答。"叶培建说。

采访临近尾声,他再三嘱咐记者,要多关注青少年人才的培养,他说:"我们都要给他们更多展现才华的舞台。"

3.光荣出席2021年建党100周年庆祝活动

2021年,伟大的中国共产党建党100周年,七一前,我应邀参加建党100周年的若干重大活动,有幸与建党100周年时荣获"七一勋章"的代表们同住一个宾馆,有的还住在同一楼层,得以近距离和他们交流,向他们学习。他们都是一些普通的共产党员,一生奋斗在基层、在一线,在平凡的岗位上做出了感人的事迹。和他们相比,我们虽然也有所成就,但我们的工作环境、生活条件比他们好多了,他们是全体党员的学习榜样。

二、伟大的日子　巨大的荣誉　无穷的动力 | 119

与"七一勋章"获得者和参加建党百年庆祝活动的其他同志合影

"七一勋章"颁授现场

二、伟大的日子　巨大的荣誉　无穷的动力 | 121

"七一勋章"颁授现场与陈薇院士

和李大钊孙子合影

与党史馆嫦娥五号合影

与党史馆天问一号合影

6月29日上午,我们出席了在人民大会堂金色大厅举行的庆祝中国共产党成立100周年"七一勋章"颁授仪式,经历了一个难忘的时刻。29日晚,在国家体育场观看了盛大的文艺演出《伟大征程》,太壮观、太震撼了!这种震撼是难以用语言来描述的,巨大的场地、用现代信息技术造就的立体的布景、近万人的参与和全场的共鸣,"没有共产党就没有新中国"的歌声雄壮嘹亮,这样的大型情景史诗令人永不忘怀:革命起航、浴火前行、风雨无阻、激流勇进、锦绣前程!这一切就是因为我们有中国共产党的领航!6月30日,我们全体代表还到新落成的中国共产党党史馆参观党史展览,我和李大钊同志的孙子、"七一勋章"获得者李宏塔同行,在一号文物"李大钊同志赴难绞刑架"前深刻怀念这位伟大的先驱,我和李大钊同志的第三代、第四代后

二、伟大的日子 巨大的荣誉 无穷的动力 | 123

人有些交流,故在宾馆同住时,还和宏塔夫妇及其弟弟李亚中合照。在展览馆中,我惊喜地发现嫦娥五号和天问一号模型也在展出。我立即拍了合照并发信给团队同志,向他们说,在党的100周年之时,党史展出中有多少事需展出呀!给予我们航天,特别是深空探测如此高的地位和重视,我们一定要体会这其中幸福、自豪及传达的重要信息,要用来鞭策我们不断前行。

7月1日上午8点整,我又一次有幸登上天安门城楼,参加了在天安门广场举行的庆祝中国共产党成立100周年大会。广场上红旗飞扬,革命意气风发,耳熟能详的经典歌曲此起彼伏、催人奋进!习主席的长篇讲话发人深思、令人振奋,向全世界再一次庄严宣告:我们党为人民群众谋福利的初心不变、实现共产主义的目标坚定,新的100年征程开始啦!

天安门照片,后排自左向右:陈薇、张伯礼、叶培建、王启民

4. 荣誉越多责任越大

2020年的5月,正是全国抗击新冠肺炎取得初步胜利的时刻,我们收到了习主席给袁隆平、钟南山、叶培建等25位科学工作者的回信。习主席在极短的时间内给我们的致信做出重要回复,作为战斗在第一线的科技人员倍感温暖和幸福。习主席在回信中对中国科技人员的爱国情怀、优良作风、重要贡献,特别是在抗疫中的表现给予了高度的肯定,希望我国科技工作者做一个"中国心"的科技人员,自力更生、不断创新,科技自立自强、着力攻克关键技术、勇登科技高峰。为了更好地交流对习主席回信的学习心得,中国科协在"全国科技工作者日"(5月30日)举行了座谈会,座谈会由万钢、怀进鹏同志主持,我被邀请作了第一个发言,部分写信代表如薛其坤、陈薇、李兰娟和我们航天科技集团吴燕生董事长也作了发言。

■ **在"全国科技工作者日"座谈会上的发言**

中国空间技术研究院　叶培建

各位领导、各位同志,大家上午好!

在两会刚刚结束、第四个"全国科技工作者日"到来之际,习总书记对我们25位科技工作者的致信给予亲切回复,高度赞扬了我国广大科技工作者矢志报国的情怀和在疫情防控斗争中的贡献,对全国科技工作者提出了殷切的希望和努力的方向,这令我十分激动和兴奋。今天,又有机会参加这个座谈会,我倍感荣幸,想说说自己的一点体会。

今年七月,我国的第一次火星探测任务将要实施,发射天问一号飞向火星。在今年年初新冠肺炎疫情突如其来的情况下,许多方面都遇到了极大的困难,各项工作几乎停摆。在党中央的坚强领导下,由习总书记亲自指挥,以保障人民群众生命安全和身体健康为第一目标,发挥了我国独特的政治优势、制度优势,在较短的时间内就控制了病毒的传播,恢复了正常生活,开始有序复工复产复学,形势一天天好起来,也为全世界的抗疫做出了重大贡献,为世界的经

二、伟大的日子　巨大的荣誉　无穷的动力

济复苏创造了条件。而这段时间，也正是我们火星任务最最吃紧的阶段。临近出厂，千头万绪，但发射日子是不能变的，否则至少要推迟26个月。航天人也正是充分继承和发扬了航天精神，发挥了我国的独特优势，精心安排，奋力苦战，春节也不停工，各方支援，在工作环境和条件严重受限的情况下做好每一个细节，硬是按原计划完成了产品的全部测试并转运海南发射场的任务。现在天问一号在发射场各项工作有序开展，进展顺利。在这个过程中，我们再一次认识到我们应有极大的道路自信、理论自信、制度自信、文化自信，我们有自己的优势，没有什么困难可以压倒中国人民，压倒包括航天人在内的中国科技工作者。

几十年来，我们航天人和全国科技工作者一样，就是在不断创新中推动着我们的事业前进，不断攀登着一个又一个高峰。我国探月工程已经五战五捷，嫦娥四号落月背并巡视是世界第一次，月球中继是世界第一次；即将实施的火星任务，一次发射，完成对火星的全球观察、落在火星表面、巡视火星表面三项目标，也是世界第一次；年底要实现的嫦娥五号月球采样返回，一次无人采样大于2公斤样品，也是探月史上前所未有的；中国的北斗导航系统马上就要发射最后一颗星，真正形成有中国特色的全球导航服务系统；中国特色的空间站的建设也已拉开了序幕，新型试验飞船由长征五号改发射成功，安全返回，等等。我们是开放的，在向世界学习的同时，一定要牢记，只有依靠自己的力量，才能立于不败之地，才能掌握核心技术，才能不被人卡脖子。这一点，航天人体会最深，因为历史的教训和切肤之痛告诉我们，高端的航天技术是买不来的。尤其在当前国际竞争压力巨大的形势下，我们更要释放科技创新的动能作用，克服一切困难，发挥中国科学家特有的爱国精神、坚忍不拔的毅力，以所研所学报效国家，服务人民，造福社会。

任何事业的成功都离不开人，中国的科技工作者一定会遵照党中央、习总书记的要求，扎实践行"爱国、创新、求实、奉献、协同、育人"的新时代科学家精神，以身作则，不断提高自己、完善自己，在推动建设优良作风学风中走在前

列。我们深知自己肩上的担子有多重,深知人民群众对我们的期望有多大。别的不说,为彻底获取抗疫的最后胜利,有效而安全的疫苗是必不可少的,习主席也在世卫大会上向世界宣布,中国的疫苗研发完成并投入使用后,将作为全球公共产品。这就鞭策着我们这方面的科技工作者更要争分夺秒,再接再厉,在亿万人民的翘首以盼中早出成果!科学的力量是无穷的,在实现中华民族伟大复兴"中国梦"的道路上,我们一定有信心,通过科技界和全社会的共同努力,我国的科技创新一定能够跑出新时代的中国加速度,达到新的中国高度!

作为一名航天科技工作者,我也想利用这个机会,代表我们航天人作出庄严承诺:我们一定会加倍努力,早日实现中国的航天强国梦!在践行习总书记给航天人提出的"探索浩瀚宇宙"过程中再立新功!

谢谢大家!

大家一致表示新时代的中国科技工作者要有更大的担当精神、始终坚持"科技为民",为国家多出力、出大力,做到"奋斗有我"!为配合这一年的"科技工作者日"活动,中国科协还精心设计发布了几张宣传画,其中一张集中展示了我国当前活跃在科研一线、前沿的科学家,这当中有好几位是我们航天工作者,如孙家栋、王永志、刘永坦等。

2020年国庆,作为2019年的国家勋章和国家荣誉称号获得者代表,王蒙部长和我,与2020年新授国家荣誉称号的抗疫英模人物张伯礼、张定宇、陈薇一起参加了部分活动。陈薇同志是浙江兰溪人,和我是浙大校友,几年前我们在一

5·30宣传画

次军委政治工作部组织的交流活动中就相识了。我对她很敬佩,尤其在非洲埃博拉病毒大传播之时,她作为中国人的代表不畏艰险、不怕感染去非洲国家援助,在世界面前展现了中国专家的水平和风格。当时她在和我联系时还说,因为去的是法语国家,要是在出国前能跟我学几句法语就好了!这两年,她和伯礼、定宇还有钟南山等人为国家战胜新冠肺炎又立下了大功,他们被授予国家级最高奖励是实至名归的。国庆前日在天安门广场向人民英雄纪念碑敬献花篮仪式,我们几个人及"人民英雄"张超的夫人张亚女士、"人民科学家"程开甲的女儿共同合影留念。张亚的女儿正在上小学,还是个小航天爱好者,今年六一我送她两套航天科普画册,她非常开心,我还要邀请她和她妈妈来我们院参观航天展览。此外,我们还一同参加了国庆招待会,正值中秋,在招待会上品尝到了人民大会堂厨师制作的小月饼。

与王蒙等合影照片

2020年国庆招待会照片

2021年COVID-19仍旧在世界肆虐,但中国人民克服了许多困难,特别是国际上一些反华势力制造的反华活动没有压倒我们,我们更加团结,取得了一个又一个胜利。在困难与前进之中,迎来了中华人民共和国成立72周年纪念日,我有幸受国家奖励办邀请和"人民艺术家"国家荣誉称号获得者王蒙部长,"八一勋章"获得者、航天英雄景海鹏同志,一起参加有关活动。9月30日上午10时,在天安门广场与中央领导同志和首都各界人士一起,为人民英雄敬献花篮。仪式开始前,央视记者采访了我,问今天有什么感想?我说:"今年是建党100周年,今天来为人民英雄敬献花篮,心情格外激动。回想百年来,从中共一大代表到今天的扶贫攻坚,无数烈士为了今天献出了自己的生命,人民英雄纪念碑基座四周的浮雕就生动地表现了这些!对于我来说,很自然地想到了这些天热播的电影《长津湖》,我的父亲就参加了这次战役,即抗美援朝第二次战役,'冰雕连'的原型就有他所在的60师180团2连。什么敌人也打不垮我们,过去如此,今天我们更强大更加有自信!"晚上,我们又一同参加了国庆招待会,同去的还有国家奖励办所邀"人民教育家"国家荣誉称号获得者高铭暄先生和北京市这两年抗疫斗争中涌现出的模范人物代表:北京大学常务副校长、医学部主任乔杰院士,协和医院院长张舒扬和中日友好医院副院长曹彬,我们都被安排在紧邻党和国家领导人主桌的地方,深感荣幸。由于去人民大会堂早了点,在休息室休息时巧遇应邀出席招待会的东京奥运会代表、百米飞人苏炳添同志和中国第一金获得者杨倩同志,他们所获得的优异成绩极大地鼓舞着中国人,祝愿我国能在北京冬奥会上再获佳绩。根据有关方面的安排,我还要参加冬奥会火炬传递,这是件光荣的事,而且是个难得的机会,我欣然允诺。

向人民英雄敬献花篮仪式

参加招待会人员与工作人员合影

参加招待会人员及工作人员与苏炳添、杨倩合影

二、伟大的日子　巨大的荣誉　无穷的动力　| 131

高铭暄、王蒙、景海鹏、叶培建在招待会上

国庆日当晚，中央电视台线上播放国庆特别节目《中国梦·祖国颂》，节目里播出了前些日子录制的钟南山、张桂梅、黄大发和我的"特别演出"。节目中的一个重要环节是"心中的祖国"，我的回答是："祖国就是那面五星红旗，高高飘扬、屹立不倒。我们已把这红旗送到月球，送到火星，将来还要送到宇宙更遥远的地方，留下中国人的足迹，一千年、一万年都在那里！"我还特别阐述了航天人最核心的精神就是"两弹一星"精神："热爱祖国，无私奉献，自力更生，艰苦奋斗，大力协同，勇于登攀。"在晚会快结束时，还播出了我高唱《歌唱祖国》的画面。

航天的成果是依靠团队的，个人只是其中一小份子，2019年，中宣部和中央广播电视总台组织拍摄录制了《榜样（4）》节目，其中既有作为榜样的先进个人，也有团队。我们"嫦娥"团队有幸被选中为团队代表，我和孙泽洲总师、刘适同志三人代表团队参加了节目拍摄录制。《榜样》中人物的事迹确实打动人,无论是老英雄张富清,还是为扶贫已牺牲的黄文秀,吃苦耐劳带领乡亲致富的农村支部书记李连成和驻少数民族乡村第一书记隋耀达,常年远离人群守岛的王继才、王仕花夫妇,风雨无阻为群众传递心声和信息的湖上邮递员唐真亚,发扬时传祥精神,脏了我一人、干净千家万户的女抽粪工李萌,个个都是令人尊重、令人敬佩。我们几个不仅代表"嫦娥"团队,也代表全体航天人。这个节目材料发至全党学习,我们自己首先要坚持发扬已有的好的传统,更要向榜样中的他人学习,不断提高前行。

《榜样(4)》节目

今年的"航天日"活动由江苏省和国家航天局主办,主会场在南京,我是江苏人、航天人,现在又兼任南京航空航天大学航天学院的院长,自然要多承担些大会的筹备工作并积极参与各项活动。大会前,我就去南京和有关部门协调做准备;在我国第一个现代天文台——紫金山天文台拍摄了一部公益宣传片,给孩子们讲太空,讲探索太空的意义和方法;在大会开幕式上,又和探月三期总师胡浩、英雄航天员费俊龙同志共同受聘为本届大会的形象大使,努力为宣传航天、鼓励年轻人加入航天队伍多做些贡献;并作了关于"小天体探测"的大会报告;参加了主论坛和专题论坛;参观了大会展览,为几份航天杂志站台宣传,实实在在地做了些有利于航天的"小事"。

形象大使照片

这次去南京因工作很多,时间安排不开,活动结束又需赶回北京开会,没有去看居住在南京,身体不好的老母亲,但因当地电视台作了大会的新闻报道,她竟然从电视中看到了我,还问我为啥没回家?不过她也体谅我几天来的劳累和繁忙,体谅了我。我在过去的时间里,只要有机会到南京,一定会去看望老母亲的,哪怕就是在家待两个小时,由她看着吃一碗她认为好吃的东西。

5.北京2022年冬奥会火炬手

2021年夏,有关部门征求我个人意见,是否愿意参加北京2022年冬奥会的火炬传递,我非常高兴地表示愿意!北京将成为全世界第一个"双奥之城",我能有机会参加火炬传递,可能今生就此一次机会,太难得、太珍贵了!也有人劝我,跑步很累,天又冷,就不要参加了,但我一定要参加。

一直到2022年1月上旬才明确从候选人资格到参加传递,由于疫情防控的要求,做了多次的核酸检测。虎年大年初一,我作为正式火炬传递手进驻北京会议中心,领取并试穿了衣服、帽子、鞋子,由于事先询问过尺码,所以都很合适,衣帽设计也充满了冬奥会元素,十分漂亮。我学习了有关知识和传递时的规定与应急处理方案,更深刻地理解了我们火炬手将高擎熊熊燃烧的奥运火炬,弘扬奥林匹克精神,传播和平、团结、友谊健康的理念,向世界宣告北京2022年冬奥会即将来临!我们1200余名火炬手都是来自各行各业的不平凡的普通人,既是时代风貌的展现,又是"绿色、共享、开放、廉洁"办奥理念的集中体现;这次传播横跨三个赛区,照亮冰雪,温暖人心,将向世界呈现"双奥之城"的"健康、欢乐、活力"以及"包容、融合、共享"。

2月2日,虎年大年初二,我们从驻地出发到达火炬传递启动仪式地点北京奥森公园,九点整,进行了简洁而隆重的启动仪式。仪式后,火炬由领导交给了第一棒选手,我国1963年夺得第57届世界速度滑冰锦标赛男子1500米冠军获得者罗致焕同志;他传递给了第二棒,航天英雄景海鹏同志,他迈着矫健的步伐向我跑来,我俩按着事先约定的方式接火、联手向镜头示意;接着我在伴跑同志的陪伴下,跑向下一棒,也按着约定,和第四棒"七一勋章"获得者买买提江·吾买尔同志接火,共同致意。这两位同志在过去的大型活动中都见过面,比较熟悉,一位是多次进入太空的航天员大队长,一位是维护民族团结、祖国统一的英模,他们都是我学习的好榜样。根据组委会的安排,我和景海鹏同志在新闻区分别接受了媒体的采访,采访中有人问道,你从航天英雄景海鹏那儿接过火种,有什么感想?我说:"他

二、伟大的日子　巨大的荣誉　无穷的动力 | 135

是航天英雄,现在我们的航天员在近地轨道飞行。我这些年及今后主要从事月球和深空探测,将来要把我国航天员送到月球、送到火星!这就是薪火相传,如同火炬一样,一棒一棒传下去!"。为了配合这次活动,火炬传递传播团队在正式传递前的几天,也组织了一项活动,有央视、人民日报、北京电视台等媒体20余人来中国空间技术研究院进行集体采访,充分体现了国人和媒体对冬奥会火炬传递的热情、对中国航天的关心与支持!

这次传递虽然跑的路程才约100米,但我非常开心、自豪!我觉得跑出了航天人的精神、中国人的风采,自信、有力和阳光,就像我们伟大的祖国一样,一大步、一大步地,坚定地迈向世界前列!火炬经北京、延庆、张家口三个地区的多点传递,于2月4日晚回到了开幕式地点鸟巢体育场,点燃了冬奥会和冬残奥会主火炬,它将熊熊燃烧,照亮世界,鼓励全世界人民,一起向未来!

火炬手叶培建海报照

| 永不停步

火炬手证书

火炬手证件

叶培建跑步照

二、伟大的日子　巨大的荣誉　无穷的动力 | 137

叶培建与景海鹏共同致意照

叶培建与买买提江·吾买尔对接火炬照

三、教书育人　甘当人梯　培养人才

1.当一个合格的"学院院长"

其实，我有点我父亲的"教书基因"，他是师范生，当过老师、小学校长。骨子里我也喜欢当老师，在我们泰兴乡下，当"先生"是很受人尊敬的。1985年我从国外留学归来，听说当时的航天工业部要办一所研究生院，我还主动去部里谈过可否去那儿工作，后因这个研究生院没办成，我也就没去，但留在中国空间技术研究院还是做了两任教育委员会主任，开了三门研究生课，先后带了一批博士生和硕士生，与教学有缘！2018年，南京航空航天大学的郑永安书记、聂宏校长经认真考虑，专程来北京和我商量可否出任南航航天学院的院长。南京、南航和我又是有"缘"的，我是江苏人，8岁离开老家泰兴到南京上小学二年级，上的是南京军区的干部子弟小学"卫岗小学"，这小学离南航很近很近，一个在中山门外，一个在中山门内。而"航空"又是我考大学的主要志愿，鉴于父亲这代人抗美援朝时吃尽了美国佬空中力量的苦头，我在浙江湖州高中毕业考大学填的第一志愿是北航、第二志愿就是南航，只可惜当年浙大留下了我，我失去了上北航、上南航的机会，工作进了航天界，和北航、南航合作很多。现任教育部党组书记、部长怀进鹏同志任北航计算机系主任时，我就是他聘任的兼职教授，后来和北航仪表学院、宇航学院房建成、蔡国彪教授都有很多合作。朱剑英教授当南京航空学院院长的1991年，我就由他聘请担任了南航的兼职教授，后来在南航陈卫东教授团队小卫星研制、赵淳生教授超声电机在月

三、教书育人　甘当人梯　培养人才 | 139

球车中的应用、聂宏教授着陆机构在嫦娥任务中的应用等方面都有密切友好的合作。我90多岁的老母亲又生活在南京。郑书记、聂校长十分诚恳，我就答应兼任南航航天学院院长这一职务了，说好虽是实职，但原则上不过问人事和财务，主要精力在把握大方向，做好教学与科研工作，发挥自身优势，扩大学院的知名度和争取多在国家重大科研项目中能做点事。三年多来，经过学院同仁的共同努力，特别是季海群书记、陈金宝常务副院长的认真工作，在校领导的关心支持下，学院有了很大的变化，有人说是"翻天覆地的变化"，这可能夸大了！但确实是变化不小。我自己也非常投入，和学院的电话、信息、文件交流是非常频繁的，在没有发生疫情前，至少每两个月会去学院一次，疫情爆发后，也尽可能利用视频、网络进行交流，也去过几次，每次都至少有三个工作段（半天算一段），就教材、讲课、科研、教师队伍、本科和研究生思想状况、学生日常状况等多个方面调研、开会、建议和部署，学院林晓副书记非常有心，她收集了一些相关报道和记录，我觉得选取部分摘录于此，应好于我自己再一点点写来，但也穿插写了一些自己的感受。

《永不停步》部分手稿

■中科院院士叶培建受聘我校航天学院院长

南航报

本报讯 2018年5月16日,我校在明故宫校区召开航天学院院长聘任大会,聘请中国科学院院士叶培建为航天学院新一任院长。校长聂宏,副校长宋迎东,党委常委、组织部部长李遥,人事处处长孙建红,中国航天科技集团有限公司第五研究院人力资源部副部长邵慧英等出席聘任大会。会议由孙建红主持,航天学院全体教职工及学生代表参会。

会上,宋迎东介绍了叶培建院士的简历,李遥宣读任命文件,聂宏为其颁发聘书并佩戴校徽。

聂宏代表学校对叶培建院士来校担任航天学院院长表示热烈欢迎,他指出,航天学院一直以来都是南航"三航"特色发展的重要组成部分,希望学院上下在叶院士的带领下,紧抓发展机遇,精准对接国家战略需求,进一步深挖学科内涵、凝练学科特色,为学校"双一流"建设提供重要支撑。

2018年5月,叶培建院士受聘南航航天学院院长

航天学院新任院长叶培建院士表示,南航有着悠久的办学传统和深厚的航空航天学科背景,在多年的办学过程中已培养出一大批航空航天领域的优秀人才。作为航天学院新任院长,深感荣幸,更感责任重大,航天学院理应成为南航特色发展的重要组成部分,今后将带领全院师生坚决贯彻校第十六次党代会的决策部署,首先做好人才培养工作,在"2+1"学科团队申报的基础上,扎实推进学院各项工作,为国家培养更多优秀的航天人才。

■一生执着奔月的人——"嫦娥之父"、航天学院院长叶培建院士
南航报专版（2018年10月12日）

编者按：中国探月工程嫦娥四号任务将于今年12月实施，将首次实现人类探测器在月球背面软着陆和巡视勘察，而这背后，都离不开一个人。他曾任中国第一代战略卫星总设计师，是绕月探测工程嫦娥一号卫星系统总指挥兼总设计师，现任中国空间技术研究院"嫦娥"系列各型号及火星探测器总指挥、总设计师顾问、空间科学与深空探测首席科学家。他就是中国科学院院士、我校航天学院院长——叶培建。

他是改革开放后第一批出国的留学生，远赴瑞士攻读博士，在获得博士学位后，叶培建决定回国。他说："中国为我付出了很多，我知道自己身上肩负的使命，我应该尽我所能，为这个国家做一些力所能及的事情。"

早前，美国嘲讽中国，说中国30年也造不出一颗侦察卫星。而让美国不可思议的是，我国仅用了5年的时间，就研制出了一颗战略侦察卫星。这背后的大功臣就是叶培建。这颗卫星于2000年发射升空后，绕地球转了3圈就飞出了中国，甚至还失去了信号。叶培建谈及此事一度哽咽，说当时的心情就是，"希望那个车从山上掉下去把自己摔死，因为这颗卫星比自己的命还重要，人摔下去是烈士，卫星丢了无法交代。"

他是人们口中的"嫦娥之父"。

2004年，我国月球探测计划的第一步，绕月探测工程正式启动。这是继美、俄、日、欧洲之后第5个月球探测计划。面对一个从未探索过的领域，"嫦娥"任务之艰巨、责任之重大可想而知。没有成熟的经验可借鉴，没有充分的数据参考，没有试验星，整个工程是一项巨大的挑战。叶培建带领的团队平均年龄不到30岁，用3年时间稳打稳扎，先后攻克了一系列技术难题，最终完成了嫦娥一号卫星的研制。

2007年10月24日，嫦娥一号发射成功，国际天文学联合会（IAU）国际小行星中心已宣布将456677号小行星命名为"叶培建星"。这是第7颗以中国

人命名的小行星。小行星是目前各类天体中唯一可以由发现者命名并得到国际公认的天体，这种命名代表的是一项国际性、永久性的崇高荣誉。

叶培建说："自己是嫦娥一号的总设计师、总指挥，现在还在各系列担任总设计师、顾问。作为一名航天人，能够亲身参与并见证我国航天事业的发展，是一种幸福。"

5月16日，我校在明故宫校区召开航天学院院长聘任大会，聘请中国科学院院士叶培建为航天学院新一任院长。

校长聂宏，副校长宋迎东，党委常委、组织部部长李遥，人事处处长孙建红，中国航天科技集团有限公司第五研究院人力资源部副部长邵慧英等出席聘任大会。会议由孙建红主持，航天学院全体教职工及学生代表参会。

会上，宋迎东介绍了叶培建院士的简历，李遥宣读任命文件，聂宏为其颁发聘书并佩戴校徽。

聂宏代表学校对叶培建院士来校担任航天学院院长表示热烈欢迎。他指出，航天学院一直以来都是南航"三航"特色发展的重要组成部分，希望学院上下在叶院士的带领下，紧抓发展机遇，精准对接国家战略需求，进一步深挖学科内涵、凝练学科特色，为学校"双一流"建设提供重要支撑。

航天学院新任院长叶培建院士表示，南航有着悠久的办学传统和深厚的航空航天学科背景，在多年的办学过程中已培养出一大批航空航天领域的优秀人才。

作为航天学院新任院长，深感荣幸，更感责任重大，航天学院理应成为南航特色发展的重要组成部分，今后将带领全院师生坚决贯彻"十六次"党代会的决策部署，首先做好人才培养工作，在"2+1"学科团队申报的基础上，扎实推进学院各项工作，为国家培养更多优秀的航天人才。

此次大会上，叶培建院士还向学院赠送了由其主编、北京理工大学出版社出版的《空间技术与科学研究丛书》共24本。

■不断追求航天梦，共建航空航天伟大事业！——叶培建院士在2018级本科新生开学典礼上的讲话

南航报专版（2018年10月12日）

我早上问了一下聂宏校长，我大概是全校除了赵淳生院士之外，年纪最大的一个教师，73岁。

但是我又是我们南航最年轻的老师，因为我是今年5月份才加入我们南航教师队伍的，所以以这么一个身份来讲话，就非常特殊，也非常荣幸。

大家进入了南航是非常幸运的。56年前的1962年，我高中毕业，怀揣着航空梦，第一志愿填报北京航空航天大学，第二志愿是南京航空航天大学。但是历史就开了这个玩笑，我被浙江大学录取了，结果我就没能上航空大学，所以你们是幸运的。但是我在大学毕业以后，就加入了航天队伍，现在又来到南航教书，这就是一个航空航天大学梦，我都实现了。

只有幸运是不够的，还要有自豪感和使命感。为什么呢？因为我们进入的是南航，一所航空航天大学。请大家注意，航空航天是一个国家的重要标志，它集中体现了我国的政治、经济、国防、技术，是综合国力的表现，是一个壮军威、强国威的行业。

习主席说，探索浩瀚宇宙，发展航天事业，建设航天强国，是我们不断追求的航天梦。我可以告诉大家一个消息，今年我们要把嫦娥四号发射到月球背面去，这将是全世界的第一次！嫦娥四号的总师就是我们南航的校友孙泽洲！

毛主席在1958年就说过，你们年轻人就像早上八九点钟的太阳，世界是属于你们的，也是属于我们的，但归根结底是属于你们的。但是，你们中的每一

个人是不是真正准备好了?刚才各个学院的学生举了牌子喊了口号,态度都很坚决。但经过几年的学习和努力,你们还能不能够实现今天的诺言,我不敢保证。

因此,作为一个从事航天事业50年的教育科技工作者,我在这儿给同学们提三点希望,都很简单,但却不容易办到。

第一,希望你们学会做人,做一个好人。什么叫好人?在我的标准当中就是三件事:第一要学会爱人。爱他人、爱师长、爱父母、爱国家、爱人民,也要爱自己,但是不能把爱自己当成中心。你只有爱别人,才能得到别人的关爱。第二要积极向上。尤其是我们航空航天的人,困难艰巨会很多,只有一个积极向上的人,才能克服困难,从克服困难当中去获取幸福。第三,要为国家而奋斗,为民族而奋斗,我们航天航空人与生俱来,就是与国家联系在一起的。

第二,希望你们有一个很好的身体。只有好的身体,才有可能实现个人的愿望,才能为国家、为人民去做事情,也才能照顾好你自己的家庭,照顾好你的父母。赵淳生院士今年80岁,还在第一线工作,我今年也73岁了,还可以在北京、南京、西昌、海南之间不停奔走,没有一个好的身体,怎么能做到这个?

第三,希望你们掌握好的学习方法。学习是我们的主要任务,学知识是我们的主要任务,但是学会学习方法更重要。大学四年学的东西是很少的,只有掌握了学习方法,才能在今后的道路当中不断地提高自己,汲取新的知识,把自己丰富起来,做更多的事情。

航空航天是一项伟大的事业,南航是一所很重要的学校。希望同学们进南航后,在老师的教育下,日后成为吴光辉、孙泽洲这样的航空航天总师!

■叶培建院士:做好人才培养,扎实推进学院各项工作
南航报专版(2018年10月12日)

今年5月,叶培建院士受聘为我校航天学院新一任院长。

叶培建院士表示,作为航天学院新任院长,深感荣幸,更感责任重大,航天学院理应成为南航特色发展的重要组成部分,今后将带领全院师生坚决贯

三、教书育人　甘当人梯　培养人才 | 145

叶培建院士为航天学院师生做报告

叶培建院士带领学院领导班子赴北京航天五院谋发展

叶培建院士参观学院各个实验室

叶培建院士在2019届研究生毕业典礼暨学位授予仪式

彻学校第十六次党代会的决策部署，做好人才培养工作，扎实推进学院各项工作，为国家培养更多优秀的航天人才。

上任后，叶培建院士做的第一件事即是对学院全体教师近年来的教学科研情况进行全面摸底，之后6月初即召开了青年教师座谈会和系所中心负责人及教授代表座谈会，与他们进行深入的沟通和交流。

他将整个学院的运行比喻成一辆马车，教学和科研分别是马车的两个轮子，学院必须首先解决"两个轮子"的问题，要做到教学和科研齐头并进、协调发展，马车才能行得稳、走得快；他给各位领导班子成员一共布置了9项工作，要求大家按照航天管理模式、按照时间节点落实工作。

在叶培建院士的带领下，学院与航天五院501部、502所、503所、504所、508所从科研合作、研究生联合培养、设备捐赠、联合实验室建设等方面进行了多次深入的对接，并在8月中旬亲自率队前往航天五院各部所就合作内容进行了落实。

叶培建院士走进课堂，与同学们一同上课：课前，叶院士向任课老师了解授课内容，并与同学们进行交流，询问他们专业课的学习情况，耐心听取了学生对于本专业课程安排的意见和建议；课堂中，叶院士就任课老师提到的核心知识点为同学们进行知识拓展与深入讲解；课后，叶院士鼓励同学们努力学习、学会学习，为航天事业未来的发展做出自己的贡献。

■叶培建院士做客我校"爱国奋斗·南航担当"

院士思政公开课

南航新闻网

2月26日晚，叶培建院士做客我校"爱国奋斗·南航担当"院士思政公开课，学院全体教职工近100人，全体研究生、本科生800余人，以及其他单位部分师生，分别在南航将军路校区主会场和明故宫校区视频直播分会场聆听了院士公开课，公开课由学院党委书记季海群主持。

首先播放开场视频——《新闻联播》关于习近平总书记会见探月工程嫦

娥四号任务参研参试人员代表的相关报道和《东方时空》独家专访叶培建院士的采访视频，季海群详细介绍了叶培建院士的履历。随后举行南航思政工作首席专家手印采集仪式，叶院士留下手印并签名，学校将把这枚珍贵的手印存放在校史馆永久珍藏。紧接着，叶院士为师生们精彩开讲《中国的航天系统工程》，叶院士围绕"当今的空间为什么值得我们关注""航天的系统工程""空间飞行器的组成""航天器研制的全过程""飞行器的组织系统""航天人的精神"六个方面进行了授课，两个小时的授课中金句频出、掌声雷动，"拿回月球的石头""到2020年，太空可能只有中国人的空间站""没有当初的坚持，也就没有嫦娥四号的落月背""航天成功归于两个归零：技术归零，管理归零""系统工程，息息相关，缺一不可""人没有点精神，一定干不出事儿，'两弹一星'精神、载人航天精神是航天人的传统"等金句，无不让师生们深刻体会到习近平总书记所说的中国智慧、中国方案、中国力量，无不让师生们感受到叶院士深厚的航天情怀、爱国担当。

据悉，1月31日，叶培建院士受到王沪宁同志代表习近平总书记和党中央到家中探望，并就航天科研队伍建设和骨干人才扶持提出了建议。2月20日，叶培建院士在人民大会堂受到习近平总书记等中央领导的亲切接见。一周后，

三、教书育人　甘当人梯　培养人才 | 149

叶院士就回到南航、回到航天学院，为师生们带来习近平总书记和党中央对广大科技工作者、对广大航天人的亲切问候、殷切嘱托和最新指示，体现了叶院士对南航、对航天学院的深情挂念，叶院士的授课对今后航天学院学科、专业、科研方面整合资源、聚焦方向等工作有着重要的指导意义，在师生中产生热烈反响。师生们纷纷表示，叶院士的报告既有高度又接地气、既有知识传授又有价值引领，是一堂深入浅出、立意高远、人人能听得懂的思政公开课，师生们将在今后的工作学习中注重运用系统思维，传承中国航天精神，用优异的工作业绩和学业成绩，助力中国航天事业的发展。

王沪宁同志来看望我时，谈到他在国外看到美国人展出的月壤，我知道他指的是美国人在日内瓦联合国知识产权专利委员会大厦一楼展出的那"一片月亮"，我也两次见过，并拍下了照片给我们嫦娥五号团队的同志，以作鞭策。所以当时我就向他汇报我们马上就去，也会拿回月壤，他很高兴，和一同来访的其他领导同志说："等我们拿回来后也展出。"现在我们已实现了这个愿望，在首都博物馆、在新落成的上海天文馆、在香港的巡回展览都展出了我们自己拿回的月壤，极大地丰富了我们科学家的研究资源，并激发了国人尤其是青少年的科学探索精神。

■嫦娥四号研制团队校友思政公开课

南航新闻网

4月11日晚，"爱国奋斗·南航担当"嫦娥四号研制团队校友思政公开课暨"礼赞新中国、奋进新时代"——庆祝新中国成立70周年主题教育活动启动仪式在我校将军路校区体育馆举行。中国科学院院士、"嫦娥"系列探测器及火星探测器总指挥总设计师顾问、我校航天学院院长叶培建，1988级校友、嫦娥四号探测器、火星探测器总设计师孙泽洲以及2002级校友何秋鹏、2004级校友高珊走进校友思政公开课堂，为现场1700余名师生带来一堂精彩的思政课。

聂宏为叶培建院士和3位校友颁发南航思想政治工作首席专家聘书。受聘仪式后，现场采集了思想政治工作首席专家手印，4位嘉宾的手印将在校史馆永久珍藏，激励一代又一代南航人成为国之重器的传承者。

公开课上，孙泽洲从任务概述、科学意义、取得成果等方面对人类首次月球背面之旅进行了介绍。他还与学生们分享了自己的航天经历，嫦娥四号成功之后，国家和人民给了团队很高的赞誉和褒奖，其中习近平总书记在讲话中的三段话令自己印象深刻，特别与在座南航的学子们进行了分享：伟大事业都始于梦想，梦想是激发活力的源泉。伟大事业都基于创新，创新决定未来。伟大的事业都成于实干，新时代是奋斗者的时代。

在对话嫦娥四号研制团队环节，我校马克思主义学院党总支书记徐川老师担任特邀主持人，就我国探月工程计划和未来深空探测规划、嫦娥四号研制中遇到的困难与挑战等问题和嘉宾们进行访谈交流。现场同学通过微信墙，就专业学习、职业发展等与嘉宾们进行了互动提问，4位嘉宾进行了深入浅出、耐心细致的解答，并分享了团队精神、掌握方法等方面的感悟。最后，4位嘉宾向青年学生们送出了青春寄语。

叶培建院士代表嫦娥四号研制团队向南航赠送玉兔二号模型，校长聂宏

代表学校接受模型。活动在现场全体师生同唱《歌唱祖国》歌声中落下帷幕。

"爱国奋斗·南航担当"嫦娥四号研制团队校友思政公开课,是我校"爱国奋斗·南航担当"校友系列思政公开课的重要组成部分。从去年12月开始,学校启动了"爱国奋斗·南航担当"校友系列思政公开课,特别邀请了国家战略性产业领军人物、重大型号总师、重大科研团队以及两院院士担任主讲人,讲述他们的成长故事、奋斗历程,激励广大师生自觉把个人理想融入国家发展伟业,弘扬爱国奋斗精神,建功立业新时代。目前,已举行了9堂课,有16位校友精彩开讲,引发了广泛影响。

■我校航天学院院长叶培建院士获"人民科学家"国家荣誉称号

南航新闻网

9月17日,国家主席习近平签署主席令,根据十三届全国人大常委会第十三次会议17日下午表决通过的全国人大常委会关于授予国家勋章和国家荣誉称号的决定,授予42人国家勋章、国家荣誉称号。中国空间技术研究院研究员、我校航天学院院长叶培建院士获得"人民科学家"国家荣誉称号。

叶培建院士自2018年5月受聘我校航天学院院长以来，非常关心学校、学院的发展。院系治理方面，在叶培建院士的推动下，学院重新构建了学科和专业框架，进行了系所全面调整，调整后的系（中心）更加合理，学院逐渐走上了快速发展的"黄金时期"。人才培养方面，叶培建院士召开会议听取本科生专业设置情况，来校期间经常深入课堂听教师授课并进行指导，深入研究生实验室指导研究生科研，出席学校、学院开学典礼及毕业典礼并寄语学生，面向师生开设"爱国奋斗·南航担当"院士思政公开课及嫦娥四号研制团队校友思政公开课等。叶培建院士不仅给师生们带来专业知识上的传授，更给师生们带来了精神价值上的塑造。科学研究方面，叶培建院士带领学院领导班子赴航天五院谋发展，推动学院与508所建立国家级联合实验室，关心学院省部级重点实验室建设。推荐学院科研团队参加火星信标项目研制并到校指导研制工作等，叶培建院士为学院综合实力的提升发挥了重大影响。

叶培建院士获得"人民科学家"国家荣誉称号，在学院师生中引起强烈反响，纷纷表示，将继续在叶院士的带领下，做好本职工作，为学院发展、为航天强国建设贡献新的更大的力量。

叶培建院士来校期间经常深入课堂听课

三、教书育人 甘当人梯 培养人才

■ 学校党委印发《关于向"人民科学家"叶培建同志学习的决定》

南航新闻网

本报讯 9月29日,中华人民共和国国家勋章和国家荣誉称号颁授仪式在人民大会堂隆重举行。中共中央总书记、国家主席、中央军委主席习近平向国家勋章和国家荣誉称号获得者分别授予"共和国勋章""友谊勋章"和国家荣誉称号奖章并发表重要讲话。中国空间技术研究院技术顾问、研究员、我校航天学院院长叶培建院士获颁"人民科学家"国家荣誉称号奖章。

为大力宣传叶培建同志的先进事迹,引导和激励广大党员和教职员工大力弘扬叶培建同志"忠诚、执着、朴实"的鲜明品格,争做新时代的接续奋斗者,今日,学校党委下发《关于向"人民科学家"叶培建同志学习的决定》,要求全校各级党组织结合"不忘初心、牢记使命"主题教育,大力弘扬爱国奉献的时代精神,在全校上下形成团结一致、共同奋斗的浓厚氛围。

各院级党组织:

叶培建同志是中国科学院院士、航天科技集团五院技术顾问、研究员,我校航天学院院长,是嫦娥一号总设计师兼总指挥,嫦娥三号首席科学家,嫦娥二号、嫦娥四号、嫦娥五号试验器总指挥、总设计师顾问,也是火星探测器总指挥、总设计师顾问,在各号嫦娥方案的选择和确定、关键技术攻关、大型试验策划与验证、嫦娥四号首次实现月背软着陆等方面发挥了重要作用。叶培建同志曾荣获国家科学技术进步奖特等奖等重大荣誉;2019年9月25日,叶培建同志被授予"最美奋斗者"称号;2019年9月29日,中华人民共和国国家勋章和国家荣誉称号颁授仪式在人民大会堂隆重举行,叶培建同志荣获"人民科学家"国家荣誉称号奖章,习近平总书记亲自为其佩戴荣誉奖章。

在颁授仪式上,对叶培建同志的介绍是:"人民科学家,绕月探测工程卫星系统总指挥兼总设计师,从事空间技术研究50余年,为我国月球探测事业和卫星创新发展作出重大贡献。"习近平总书记在给叶培建同志颁发勋章时,殷切嘱托叶培建同志"再立新功"。为贯彻落实习近平总书记重要指示精神，学习宣传叶培建同志先进事迹，引导和激励广大党员和教职员工大力弘扬叶培建同志"忠诚、执着、朴实"的鲜明品格，争做新时代的接续奋斗者，学校党委决定，在全校开展向叶培建同志学习活动。

要学习叶培建同志对党忠诚、坚守信仰的政治品格。革命理想高于天。作为一名共产党员和"人民科学家"，叶培建同志始终怀着对党的无限忠诚，听党指挥、服从安排、不计个人得失。叶培建同志在国外学有所成时从未考虑留在国外；国内有部门出高薪请他去工作，他也不为所动；工作中遇到巨大困难他也从不屈服。从事航天事业51年来，叶培建同志始终以孜孜以求、拼搏奉献的工作状态，兑现着入党时对党和人民做出的铮铮誓言。他用"一辈子专注做一件事"的执着与坚韧，为我国的航天事业做出了卓越贡献。向叶培建同志学习，就是要学习他的坚定信念、忠诚品格和担当精神，增强"四个意识"，坚定"四个自信"，做到"两个维护"，对党绝对忠诚，不为利益所惑，始终保持共产党员的坚定政治立场和鲜明政治本色。

要学习叶培建同志胸怀祖国、情系航天的爱国情怀。叶培建同志常说，"我心中、血液中有深深的爱国情怀""我始终热爱自己的国家，热爱自己的事业"。这是他始终不忘的初心和牢记的使命。"我的这份成绩是人民给的，我是人民的科学家，也必须发自内心地感谢人民。""我只是千千万万个中国航天人的代表之一，只有把今后的事情做好，把队伍带好，才能对得起这个称号，无愧于人民。"祖国、航天、人民，是他一直以来最重要的关键词。向叶培建同志学习，就是要学习他爱岗敬业、舍家为国的奉献精神和情系航天、心系人民的爱国情怀，始终把为中国人民谋幸福、为中华民族谋复兴作为融入血液的价值追求，做新时代爱国主义的倡导者、坚守者、践行者、传播者，为书写中国梦的南航篇章添砖加瓦、接续奋斗。

要学习叶培建同志唯实创新、攻坚克难的奋斗品质。叶培建同志"敢于吃螃蟹"，这在航天系统是出了名的。他特别强调创新对于航天事业发展的重要性。叶培建同志认为，航天是一项"差一点点就成功、差一点点就失败"的事业，面对困难就要迎难而上、越挫越勇。在"嫦娥"系列研制过程中，为了保证任务的成功，在没有现成经验可循的情况下，叶培建同志开拓创新、勇挑重担，带领研制团队开展了大量艰苦卓绝的研制工作，并一举成功，使得嫦娥二号和嫦娥四号研制取得了突破性的进展。向叶培建同志学习，就是要学习他不畏艰险、迎难而上的革命斗志，矢志创新、精益求精的拼搏精神，始终做新时代的奋斗者，不为困难所惧，真抓实干、砥砺奋进，以新作为加快学校"双一流"建设，用奋斗之歌谱写学校发展的新篇章。

要学习叶培建同志淡泊名利、潜心育人的师德风范。叶培建同志来校工作时，他作为学校第一层次引进人才，学校本想按照相关政策为他落实住房等待遇，他得知后婉言谢绝。叶培建同志说："只要到学校来时有饭吃、有地方住，就足矣。"担任航天学院院长以来，叶培建同志为南航、航天学院的发展和人才培养倾注了大量心血。他坚持每月到校工作一次，来到学校就深入课堂、实验室、学生宿舍一线，给学生做报告、给青年教师上示范课，主持召开各类会议，对航天学院的学科建设、教学科研、专业设置、人才培养、重点实验室建设等进行深入探讨。向叶培建同志学习，就是要学习他淡泊名利、甘于奉献的精神境界，履职尽责、厚德仁爱的师德风范，爱生敬业、忠诚教育事业的人格魅力和学识风范，不断汇聚起立德树人的强大正能量，为培养具有航空报国情怀的时代新人贡献力量。

学校党委号召，全校各级党组织要结合"不忘初心、牢记使命"主题教育，深入学习贯彻习近平总书记重要指示精神，把学习好宣传好叶培建同志先进事迹作为贯彻落实习近平新时代中国特色社会主义思想的重要举措，作为贯彻落实党的十九大精神和学校十六次党代会精神的重要举措，切实抓紧抓好、抓出实效。开展向叶培建同志学习活动，要与深入贯彻落实全国教育大会精神、落实立德树人根本任务结合起来，与贯彻落实学校教育思想大讨论总结大会精神结合起来，与全面推进"双一流"建设和深化校内综合改革结合起来，大力弘扬爱国奉献的时代精神，在全校上下形成团结一致、共同奋斗的浓厚氛围。大力选树像叶培建同志那样的先进典型，在思想、工作和生活上关心爱护长期在艰苦岗位甘于奉献的同志，积极主动帮助他们解决实际困难，树立起新时代奋斗者的价值导向，为推动学校改革发展提供强大精神力量。全校广大党员干部和教职员工要以叶培建同志为榜样，不忘初心跟党走，牢记使命再出发，为加快建设航空航天民航特色鲜明的世界一流大学、实现"两个一百年"奋斗目标和中华民族伟大复兴的"中国梦"做出新的更大贡献！

■中兵航联在我校航天学院设立奖学金

南航新闻网

本报讯　10月23日下午，南京航空航天大学航天学院"中兵航联奖学金"签约仪式在泰兴举行。"人民科学家"、中科院院士、南京航空航天大学航天学院院长叶培建，泰兴市委书记刘志明，市委副书记、代市长张坤，市委常委、常务副市长刘荣华，市委常委、组织部部长鞠林红出席了签约仪式。

中兵航联科技股份有限公司是泰兴市重点军工企业、高新技术企业，中兵航联在南京航空航天大学设立"中兵航联奖学金"，进一步拓宽了双方的产学

研合作，通过设立奖学金以支持南航航天学院人才培养，携手为国防军工事业和地方经济建设做出更大贡献。

叶培建指出：南京航空航天大学航天学院要办好本科专业和新增设的一级学科，很重要的一个途径就是要面向社会、面向国际发展、面向国家重大需求，要和企业相结合。中兵航联在南航设立奖学金，通过产学研合作，帮助企业提升人才素质、提高技术水平，把中兵航联的技术向前推进一步，让师生、教育更加面向实际，共同努力把中国的航天事业、兵器事业、教育事业做好。

张坤在致辞中指出，近年来，泰兴市委、市政府高度重视军民融合发展工作，引导支持军工企业与国内一流院校深化产学研合作，借智借力提升企业核心竞争力。希望中兵航联奖学金的设立，能够成为双方产学研合作的良好纽带，实现南航人才培养、技术研究与中兵航联技术升级、产品提质的双赢效果。

航天学院常务副院长陈金宝与中兵航联总经理叶楠签署"中兵航联奖学金"捐赠协议书。

发展联络部部长、教育发展基金会秘书长间浩代表南航教育发展基金会接受中兵航联的捐赠，并向中兵航联副董事长叶学俊颁发捐赠证书。

叶培建一行还参观了中兵航联、晟楠科技，了解企业人才培养、产品研发等，并提笔写下"建站十年，成绩斐然；继续努力，再创辉煌"寄语中兵航联院士工作站。

■身边的榜样　前行的力量

航天学院党委副书记、常务副院长　陈金宝

9月29日，习近平总书记亲自为航天学院院长叶培建院士颁授"人民科学家"国家荣誉称号奖章。消息传来，我内心激动澎湃，久久不能平静。

我与叶培建院士相识已有10个年头，在叶院士带领下工作也已一年有余。在与叶院士的交往中，他总是平易近人，关心青年人成长。叶院士担任学院院长后，作为学校第一层次引进人才，学校本想按照相关政策为他落实住房等待遇，他得知后婉言谢绝。他说："只要到学校来时有饭吃、有地方住就足矣。"叶培建院士淡泊名利、不追求物质条件的精神境界令人动容。

叶培建院士到任后，立即召开了学院建设与发展研讨会，指出要建成南航的一流学院，学院必须做到教学和科研齐头并进。尽管叶院士还承担着国家航天重大工程，任务繁忙，他仍不顾旅途奔波，坚持每月来校一次，轻车简从，在学院学科布局调整、系所整合、新生开学、毕业季、年终总结等重要节点，亲临学校、亲自指导、亲身传授、亲力亲为。

叶院士重视人才培养。他说："我的第一个观点就是要搞好本科教育""一个学校的声誉是由其毕业的学生在社会上的表现来增光添彩的"。为了进一步牢固确立人才培养的中心地位，学院不断完善创新人才培养体系，启动航天类专业大类培养，打造新工科品牌课堂等一系列教育教学改革。每次来学院，他都深入课堂一线，听青年教师授课并进行点评，亲自为青年教师上示范课；独自到研究生实验室查看，摸底学院研究生培养工作；主持召开专业设置等涉及学生培养会议，对学院人才培养等工作亲自把关。他还联系企业在学院设立奖学金，助力航天人才培养。

叶院士重视思政工作。他两次领学校院、院院联合中心组学习，把习近平总书记对航天事业建设的殷切嘱托带给广大师生。他主讲"爱国奋斗·南航担当"院士思政公开课，并带领孙泽洲、高珊等校友回校讲授嫦娥四号研制团队校友思政公开课，在他的身先垂范下，学院在上海航天控制技术研究所、中科院空间应用中心设立"课程思政教育基地"。学院大力培育航天文化，初步凝练构建了以院训"求真善美、立天地人"为核心的学院精神文化体系，切实增强学生对学院、专业的归属感和认同感，弘扬航天精神，树立报国壮志。

叶培建院士重视科研工作。他要求学院把服务国家重大战略需求作为科研工作的使命担当，亲自带领学院领导班子赴航天科技集团五院谋发展。在他的大力支持下，学院正式承担了火星探测器信标系统研制任务，该项目的顺利研制有望极大提升学院乃至学校在国家航天领域的影响力。在叶培建院士

三、教书育人　甘当人梯　培养人才

的带动下，学院积极动员、组织教师申请重大研发计划、装发预研及科技委预研基金等各类基金项目，参与基础加强等国家重大项目研究工作，不断对外开拓，加强与航天院所的科研协作关系，先后组织教师赴航天科技集团七院、国防科技大学第63研究所进行对接，与瑞士洛桑理工学院电子与信号处理实验室进行对接，帮助老师与对方建立起点对点联系。学院领导班子也将继续积极走访各大航天科研院所及国防军工单位，开拓产学研合作模式，争取多方支持，为学院的特色发展创造良好的外部条件。

叶培建院士为学院的建设发展把方向、谋大局、促改革、汇资源，倾注了大量的心血。学院几乎每一件大事的背后都有叶院士的谋划、推动。他的敬业精神、人格魅力深深感染了航天学院师生。在叶院士的言传身教下，学院教风、学风不断改善，正步入跨越式发展的"黄金时期"。

短短一年多时间，在叶培建院士的带领下，航天学院面貌焕然一新：学科布局更加合理，牵头建设光学工程一级学科，重点支撑航空宇航科学与技术一级学科，实现了学院牵头建设一级学科零的突破；本科专业设置更加合理，实现光机电一体大类培养；科学研究提质增效，服务国家重大战略，火星信标项目获得立项并正在推进，"航天进入减速与着陆"国家级重点实验室正在筹备，"深空星表探测机构技术""空间光电与感知"2个工业和信息化部重点实验室获批，并与航天院所共建多个联合实验室。学院在航天行业内的影响力不断提升，为学院发展汇聚了众多的行业资源。

站在新的历史起点上，学院将在已有发展的基础上，不忘初心、牢记使命，当前和今后一个时期重点抓好几件大事：筑牢理想信念根基，全面加强党的建设；大力提升教育教学质量，落实立德树人根本任务；做好新一轮学科评估准备工作，努力使光学工程学科评估上新台阶；提升学院科技创新水平，做好国家、省部级重点实验室等大平台的后续建设；做好学院搬迁至将军路校区新大楼的准备工作，努力将空间的拓展转化为发展的增量；推动综合改革各项措施落地，激发发展活力。

相识叶培建院士并能在叶院士的带领下工作,是我人生莫大的荣幸。高山仰止,景行行止,虽不能至,然心向往之。叶培建院士对党忠诚、坚守信仰的政治品格,胸怀祖国、情系航天的爱国情怀,唯实创新、攻坚克难的奋斗品质,淡泊名利、潜心育人的师德风范,带给我宝贵的精神财富,将让我终身受用。我坚信,在学院党委的正确领导和叶培建院士的带领下,航天学院一定会取得新的更大的成绩,为中国航天事业贡献应有的力量!

■ 高山景行读大师　顶天立地树新人

航天学院党委书记　季海群

在学校"不忘初心、牢记使命"主题教育先进典型报告会上,聆听叶培建院士的发言,庆祝中华人民共和国成立70周年系列庆典活动历历在目,深受触动、感慨颇多。

早在2600年前,中国就有句话叫:"国之大事,在祀与戎。"祀就是祭祀、仪式或庆典等,是为了统一价值体系和国家意志;戎就是军事、国防和战争等,是为了保障价值体系和国家意志。从某种角度讲,人类的几千年文明史就是在不断地重复和演绎这八个字,而近期我对这句话的感受更是刻骨铭心。前不久进行的庆祝中华人民共和国成立70周年庆典全球瞩目、隆重热烈,中华民族的自信心得到很大提升,中华民族的凝聚力空前提高,"四个自信"得到了极大的增强。恭逢盛世,每个中国人都觉得骄傲和自豪,每个单位都希望能为国家、为庆典做出贡献。尤其是当看到我们的院长叶培建院士和校友李中华在天安门城楼上观礼、当看到郑书记代表学校在天安门广场上观摩、当看到南航研制生产的无人机从广场前驶过、校友主持设计的直升机和大飞机从空中飞过,全体南航人都觉得特别的光荣和自豪,同时也感到作为南航人在"祀与戎"、在统一和保障国家意志的事业中责任重大,我们更深感航天学院在守初心、担使命,建设共和国航天伟业中任重而道远,需要以"钉钉子"精神落实叶培建院士的办院理念,需要在很多工作方面作出不懈努力!下面就从顶天、立地、树人3个方面概述之：

顶天：瞄准国家重大需求

国庆前夕，航天学院院长叶培建院士获得"人民科学家"国家最高荣誉称号，并受到习总书记亲切接见和颁奖，习近平总书记嘱托叶院士"再立新功"。国庆日叶培建院士荣登天安门顶楼观礼。这些活动给我们学院、给师生带来了天安门的画面、传来了中南海的声音，拉近了全院师生和祖国心脏的距离，对全院师生来讲都是不可替代的激励和榜样。

叶培建院士到任以来，非常强调航天学院的发展方向要瞄准和紧跟国家重大需求。现在叶院士坚持每个月至少来南航一次，每次来院的日程都排得非常紧张。即使不来南京，与学院班子成员也是不分节假日每天保持联系。航天学院基本每天都有人去北京、去国家航天部门联系工作。学院还制定了一条规则：新教师入职先到航天五院挂职。这样我们就能快速、便捷地得到、理解航天领域的重大需求，了解到航天发展的重大规划、指南，参与到航天科教的各种学术组织中。学院承担的火星信标项目，与航天五院共建、年底即将试运行的航天器进入、减速与着陆国防重点实验室等都是这方面的探索。通过这些探索，让我们仰望星空、脚踏实地。

立地：汲取南航深厚学养

南航原校长胡海岩院士曾讲过，南航办航天的优势就是可以借助南航航空的底子和老牌的学科。郑永安书记和聂宏校长在2018年年初的干部教师大会上曾号召全校在学科建设中"要克服困难，打破壁垒"。航天学院也在努力推动建设"学科共同体"。2019年1月，学校决策光学工程一级学科由航天学院牵头建设，从此，学院有了自己的学科阵地。目前，光学工程学科、专业、人员的划转都已经平稳、有序、顺利结束了。为进一步明确光学工程的内涵，航天学院论证自主增设了光电信息工程、光电探测技术与仪器两个二级学科。学校和相关学院历来都给予了航天学院很大的支持，可以说航天学院13年来的成长史就是学校和各兄弟学院支持、帮助航天学院发展的历史。在叶培建院士的带领下,学院的事业近期有了一些突破和亮点,但学院总体上还是处于发展的初级阶段,学院的发展,尤其是学科建设、专业建设方面仍然需要机关部处、相关学院从办院资源、办院思路等方面给予一如既往的支持。学院办学底蕴、人才培养更需要一个长期积累、薪火相传的作用和过程。

树人:坚守"立德树人"本职

目前,学院达成了共识,通过3项措施落实立德树人根本任务:

一是充分提炼航天精神,融入课程思政、人才培养中。航天系统是一个精神宝库,航天精神是我国价值体系的重要组成。学院将在办学中不断挖掘和提炼航天精神,坚守"立德树人"的本职,努力回答好立什么德、树什么人、怎样立德树人这三个问题,让航天学院和中国航天事业共命运、同成长。"立德树人"需要做好三件事:读书、读人、读社会,三者各有千秋、不能替代。叶培建院士到任一年多以来,让全院师生都深刻感受到院士的学识和阅历、人格和胸怀本身就是一本厚重的书,值得我们细细品读、持久修炼。

二是注重产教融合,新工科一流专业与一流行业协同育人。学校航天学院与航天科技集团五院、航天科技集团八院分别签订了实习基地协议,并在这2个单位挂牌成为学院的"课程思政教育基地"。设立了总师课堂,邀请五院的总师来学院开设短期课程。

三是专业建设方面,在叶培建院士的主持下我们在人才培养方面作了调整。纵向上,推行本硕博贯通培养(贯通三者培养体系、提高本科生数理的要求、保研的大四本科生提前进入硕士阶段的学习)。横向上,把原来的四个专业整合成大类专业,压缩整合成光机电一体的大类培养专业,根据航天科技的发展和产业部门的需求,消除专业和课程的碎片化,在学校的统一规划下如果时机成熟推进大类招生。

学院坚守立德树人本职,培养共和国航天精英,达成这样的共识,与叶培建院士的重视、提倡是分不开的。叶培建院士虽然长期在工业部门工作，但是每次来航天学院谈得最多的、关注最多的还是人才培养工作。叶院士为航天学院工作的起色可以说是领军人物、居功至伟，但叶院士却虚怀若谷，他经常说的话就是："我在航天学院人才培养工作中做的一点事，只是尽了我对航天人才培养工作的一点责任。我从人民大会堂一出来，就想到要赶快投入新的工作中去。"

航天探索宇宙中生命的起源和归宿，是对生命的尊重与敬畏，与开篇所讲的"祀"有异曲同工之妙；航天在军事中是战略制高点，可以说就是开篇所讲的"戎"，从这个意义上讲，航天装备很多是"国之重器"，航天事业必然是"国之大事"，航天领域中走出"人民科学家"是实至名归。求真、求善、求美，是航天学院师生的初心，顶天、立地、树人，是南航航天学院的使命。"求真善美，立天地人"，是南航航天学院的愿景和追求。高山仰止，景行行止！相信在学校党委的领导下、在叶培建院士的亲自率领和精神感召下、在全院师生的自身努力下，叶院士所希望的我国航天人才辈出的局面一定能够实现，我们的追求一定能够实现。

■校长聂宏、中科院院士叶培建与青年教师面对面

南航新闻网

本报讯 12月3日下午，我校召开校长院士面对面暨青年教授学术沙龙。校长聂宏、"人民科学家"叶培建院士出席座谈会，部分青年教师代表参加座谈交流。

校科协秘书长刘双丽代表科协对两位领导莅临指导表示衷心感谢，第六届"青联"会长潘时龙教授从多方式交流学术、多渠道推荐人才、多方位开展外联、多成员联合承担重大课题等方面，汇报了本届青联工作成果与目标展望。

与会青年教师代表围绕学校"双一流"建设目标，聚焦感兴趣的万有引力、时空弯曲、小行星探测等科学问题，结合自身研究方向，与叶培建院士、聂

宏校长畅谈了个人成长发展，并表示将认真学习叶院士"忠诚、执着、朴实"的鲜明品格、情系航天的爱国情怀，争做新时代的接续奋斗者，紧密围绕"三航"特色，为国防科技事业贡献力量。

叶培建院士勉励青年教师充分利用好"青年教授学术交流联谊会"平台，通过学术交流碰撞出更多思想火花和创新灵感，进一步促进情感交流、人文交流，增进彼此友谊，勇挑学校改革发展重任；积极深入社区、走进中小学开展航空航天科普讲座，主动承担社会责任。

聂宏指出，青年教师要牢记叶院士的谆谆教诲，珍惜眼前大好时光与工作环境，共同打造好南航文化，为新中国航空航天事业攻坚克难、奋发图强、再立新功。

■叶培建院士主持航天学院教学科研工作研讨会

6月6日上午，航天学院在明故宫校区3号楼318会议室召开教学科研工作研讨会。此次研讨会由航天学院院长叶培建院士召集并主持，航天学院全体领导班子成员、系所中心负责人、教授代表参会。

会上，叶培建院士首先指出，航天学院成立较晚，积累不足，在南航没有足够的显示度。在目前基础薄弱的情况下，我们"要不要""能不能"及"如何做"才能将航天学院建成南航"三航"特色的重要支撑。叶院士将整个学院的运行比喻成一辆马车，教学和科研分别是马车的两个轮子，这两个方面必须要协调发展，马车才能行得稳、走得快。而人才则是联动轮子的车轴，领导班子和系所中心负责人是拉车的马。因此他强调，想要建成南航的一流学院，学院必须首先解决"两个轮子"的问题，要做到教学和科研齐头并进。

围绕叶院士提出的问题，与会的系所中心负责人、教授代表展开充分研讨。他们分别从各自单位的教学工作和科研工作开展的现状、面临的困境、对出路的思考等几个方面，交流心得，提出观点。

在听取系所中心负责人、教授代表的研讨后，叶院士表示：在人才培养方面，一个学校毕业生在社会上的表现才是衡量一个学校水平的根本指标。我们如何通过充实和完善现有的专业培养方案来提升人才培养质量，如何对教学任务重的教师们进行积极的正向评价，是摆在学院发展道路上亟待解决的重要问题。在科研方面，只有做好科研工作才能和国家的战略主战场紧密联系，同时通过科研项目来实现知识结构的不断更新，通过资源、经费、声誉的积累来支撑学院的长期发展。学院要加强与工信部、科工局、军委科技委等重要部委之间的关系，同时从加强与航天五院的联系开始，深化与各方的合作关系，从而推动科研工作的开展。

学院领导班子一致表态，打铁还需自身硬，很多问题都是人才的问题，学院将按照叶院士提出的发展思路及前进方向，想办法调动广大教师的积极性、主动性与创造性，为真正将航天学院建设成为学校"三航"特色的重要支撑而不断努力。

最后，党委书记季海群总结表示，会后学院将把此次研讨会的内容整理成文，将研讨会精神传达给全院的师生员工，将叶院士布置的任务落实到人、明确时间节点，推动教学工作和科研工作真正扎实有效开展，为支撑学校"双一流"建设做出贡献。

此前，叶培建院士于6月5日晚召集学院青年教师代表召开座谈会，已初步听取了学院青年教师代表们对学院教学工作和科研工作的意见和建议。

■叶培建院士全面督导航天学院年度工作

1月14日至17日，航天学院院长叶培建院士通过参加学院领导班子述职述廉大会、召开党政联席会、听取科研项目汇报、走访学生宿舍等形式，对航天学院2018年工作进行了全面检查和指导。

15日上午，航天学院召开领导班子述职述廉大会，班子每位成员和各系所负责人分别汇报了2018年工作完成情况和2019年工作计划。叶院士认真听取了大家的汇报，在最后的总结讲话中充分肯定了学院一年来所取得的成绩、大家付出的努力，指出"不会教学的学院不是好的学院"，提高教学质量还有

很多工作要做。希望全院教师在新班子的带领下提高整体水平,对重点建设的航空宇航、光学工程两个学科要有更大的支撑和提升。

16日下午,叶院士来到将军路校区新生宿舍,与学生们亲切交谈,了解询问大家期末考试及返乡情况。在座谈中,叶院士向同学们讲述了航天工程成功背后许多不为人知的艰辛故事,向学生们强调了团队协作的重要性,有位同学提到"遇上叶老,三生有幸!"随后叶院士将自己的《走在路上》一书逐一写好寄语赠送给学生。叶院士写道"探索宇宙,薪火相传""学好知识,建设航天强国""仰望星空,脚踏实地",鼓励同学们一定要多读好书、学好知识、脚踏实地，共同建设航天强国。

随后叶院士前往一分钟视频工作室，看望慰问了工作室的同学们。叶院士认真观看了《一分钟嫦娥系列》视频，对同学们的成果和创意表示肯定，在留言簿上题写"一分钟的内容其意义和影响都是长远的，有生命力的"，激励大家在航天科普的事业上继续奋斗。师生之间一个半小时的交流留下了欢声笑语、留下了激励和期待！

当天下午，叶院士又来到学院重点实验室听取了"火星探测3公斤有效载荷"项目组的汇报，详细了解项目的进展情况，希望学院抓住这一难得机遇，参与到国家重大工程中，做出学院的亮点，带动学院整体科研水平。

17日上午，航天学院召开党政联席会，叶院士听取了学院学科建设、本科教学质量提升和大类培养方案的汇报，针对每个议题，叶院士都给出了具体的指导意见。

叶院士受聘航天学院院长以来，在国家重大航天工程任务非常繁重的情况下，多次来到学院，在学院未来发展规划、学科方向凝练、本科教学质量提升、系所机构调整等重大决策上都提出了具体意见，为学院引方向、谋发展，极大地鼓舞了全院老师和学生，为建设好航天学院增添了精神动力和信心。

■叶培建院士来宁来校开展政产学研合作和人才培养等系列工作

近日,中国科学院院士、我校航天学院院长叶培建受邀参加2019"南京创新周"开幕式,并来校开展系列工作,有力地促进了航天学院政产学研合作、人才培养等工作。

6月26日上午,叶培建院士受南京市政府的特别邀请,参加了2019"南京创新周"开幕仪式——紫金山创新大会,全球45个国家和地区的6位诺贝尔奖获得者和近180名院士出席了这场全球性创新盛会。会上叶培建院士与南京市、中科院南京分院、秦淮区、浦口区等单位,就支持南航航天学院办学进行了友好的洽谈,努力为学院争取学科建设、设备经费的支持。

在航天学院的倡议下,6月27日上午,航天学院联合电子信息工程学院、计算机科学与技术学院召开党委理论中心组学习,叶院士领学"人工智能时代信息类和航天类学院的创新融合发展",三个学院理论学习中心组成员等二十余人参加了此次学习会。会上,叶培建院士首先谈了深空探测人工智能技术的应用与未来发展,电子信息工程学院常务副院长吴启晖、计算机科学与技术学院院长陈兵、航天学院常务副院长陈金宝作交流发言。

下午,叶培建院士做客"问天科学讲坛",为三个学院的师生带来了《深空探测人工智能技术应用与发展策略》的报告,航天学院党委书记季海群主持报告会。叶培建院士从人工智能技术发展现状及其在航天领域的应用、深空探测人工智能技术应用内涵、深空探测任务人工智能技术应用需求分析与发展建议等方面详细论述了人工智能在航天领域中的应用。他指出,航天领域的发展离不开人工智能,但同时人工智能在航天领域的应用还存在很多限制。因此,发展人工智能要认清深空探测的需求和现状,在具体应用中要结合具体任务应用场景,权衡性能提升与系统资源消耗之间的关系,深入分析与评估。

讲座结束后，同学们就专业学习、择业选择、科研困惑等向叶培建院士踊跃提问，叶培建院士结合具体实例和自身经历，对这些问题一一作答，叶培建院士的精彩回答赢得了老师和同学们的阵阵掌声。同时，他对同学们提出了希望和要求：脚踏实地学好基础知识、从小事做起、培养团队合作的精神，为祖国的航天事业贡献自己的一份力量。

报告会结束之后，叶培建院士主持召开了航天学院研究生座谈会，航天学院领导班子以及四十余名学生代表参加了座谈会。研究生代表们畅所欲言，就科研潜力、课程设置、国际交流、社会实践、创新创业、日常生活等方面提出了建议。对于同学们提出来的建议，航天学院领导班子现场给予了解答，对于暂时无法彻底解决的问题学院将继续商讨详细的解决方案。叶培建院士对座谈会进行点评：作为硕士生和博士生，要有自信做国家的栋梁和祖国发展的动力，赋予自己更多的责任感和使命感。学院在积极开展学科建设、为同学们提供良好的学习科研环境的同时，每一位同学都应该做好充分的准备，积极钻研科研文化知识、努力提高自我价值，争取为中国航空航天事业多出一份力。

在国家航天重大工程任务繁重的情况下，叶培建院士本学期多次来到学校，为航天学院与南京市科技经济社会发展搭建桥梁，充分体现了叶培建院士对学院发展和航天人才培养的重视和关心。叶培建院士此次来宁来校开展系列工作，必将有力引领、促进学院的各项事业发展。航天学院全体师生将在学校党委的带领下，为将学院早日建设成为航天特色鲜明的高水平研究型学院砥砺奋进！

■ "寻星揽辰，梦启航天"航天学院2019级新生见面会圆满完成

9月9日，"寻星揽辰，梦启航天"航天学院2019级新生见面会在将军路校区一号楼四楼报告厅隆重举行。航天学院院长、中国科学院院士叶培建出席会议，学院全体领导班子、各系所中心负责人、学院全体老师、2019级全体研究生及本科生参加会议，会议由航天学院党委副书记庞小燕主持。

大会在学院一分钟团队制作的《航天精神》《中国航天史》等视频中拉开帷幕，回顾了祖国航天事业从无到有、由弱到强的发展历程，充分展现了航天人不怕吃苦、攻坚克难的精神。

航天学院常务副院长陈金宝为新生就学院概况、人才培养、科学研究和协同创新四个方面进行了介绍。陈金宝指出，航天学院作为学校最年轻、最有活力的学院，一直以服务国家重大战略需求为导向，为国家的多个航天工程做出了重要贡献，航天学院出国升学率、就业率等均居于全校前列，能加入航天学院是一件幸福的事！

诗朗诵环节，5名新生班主任及10名本科生新生献上一首气势磅礴的《航天赋》诗朗诵。辞赋与朗诵的珠联璧合，充分回顾了祖国日新月异、不断繁荣的航天事业，也彰显了中国作为一个大国的使命担当。

在班主任聘任仪式上，学院党委书记季海群为班主任颁发聘书。接受学院党委聘任的老师肩上立德树人的重任也更加沉重，带着这份重任，班主任们为新同学送上寄语，新生也用高亢的口号声以表对老师的感激！

主题发言环节，新生代表唐明明和李康，分别代表2019级研究生和本科生分享自己与南航航天学院结缘的故事以及励志航天报国的担当。

航天学院常务副院长陈金宝、副院长于敏为2019级航天学院新生代表佩戴院徽，台下全体新生共同佩戴院徽，宣告自己真正成为一名南航航天人。

航天学院院长、中科院院士叶培建为新生赠送亲笔签名的《走在路上》一书，并代表学院为新生致辞。叶院士对新生提出了三点要求：一是"学做好人"，要爱祖国、爱自己、爱事业、爱父母，要成为有道德、高素质的航天人，当国家需要的时候，要身在第一线，舍弃个人利益；二是"要有好的身体"，健康是革命的本钱，要多注重锻炼，强身健体，为今后的奋斗打下稳固的基础；三是"好好学习"，本科生要用心学习、掌握方法，研究生要学会在已有的四年知识基础上独立解决问题。最后，在教师节来临之际，叶院士带领全体同学向老师致敬。

伴随着叶培建院士的寄语，航天学院2019级新生见面会落下帷幕。通过此次大会，新生的大学适应能力得到进一步提升，对学院的自豪感和归属感也得到进一步增强。

■**航天学院院长叶培建院士带队赴北京参加第一届全国高等学校航空航天类专业教育教学研讨会**

为贯彻落实新时代全国高等学校本科教育工作会议精神和全国教育大会精神，推进我院航空航天工程新工科专业建设、航空航天工程教育教学改革与研究和内涵式发展，进一步提升教育教学质量，实现航空航天工程专业人才培养的目标，10月19日至20日，航天学院院长叶培建院士带队，赴北京参加由教育部航空航天类专业教学指导委员会主办的第一届全国高等学校航空航天类专业教育教学研讨会，航天学院副院长盛庆红、航天系统工程系主任王寅、副主任方美华、航天控制系主任吴云华、胥彪一行共五位老师参加了此次研讨会。

会上，航天学院院长叶培建作为院士代表讲话，叶院士认为：教育要适应国家科学技术的发展，当前航空航天类专业教育教学工作取得了诸多的成果，但是在培养新时代的航空航天科学家、工程师或科学工程师方面尚存在很大的差距和不足，要首先重视教学工作，认真研讨，做好人才培养工作。

盛庆红副院长围绕"新工科产教协同育人——南航508所校企合作"做了发言，强调校企合作是新工科专业建设的必由之路，重点阐述了南航航天学院航空航天工程新工科专业与508所建立的校企合作平台的建设及建设成效，同时实现了青年教师和专业学生的工程实践能力的培养。

胥彪老师围绕南京航空航天大学航天学院本科生课程"航天器姿态动力学与控制"和"运载器飞行力学与制导原理"的教学现状，做了题为"基于智能无人机的飞行器控制实验教学改革"的发言。针对航空航天类课程知识覆盖面广，具有知识点多、综合性强以及与工程联系紧密，而目前教学过程中硬件仿真难的特点,提出了引入人工智能和无人机领域研究的成果,搭建智能无人机实验平台,改进和完善了飞行器控制实验教学内容。

此外,在会议小组讨论会上,参会的各位老师与北京航空航天大学、北京理工大学、西北工业大学以及复旦大学相关领域的专家进行了友好交流和经验分享。

■叶培建院士督导航天学院年度工作

为贯彻落实习近平总书记"再立新功"的殷切期望,12月3日,航天学院院长叶培建院士专程来院,督导学院2019年度工作,为学院领导班子召开民主生活会奠定基础。航天学院领导班子、系(中心)负责人、党支部书记参加会议。

上午,叶培建院士听取学院领导班子工作汇报。学院党委书记季海群作了题为《从严治党、引领方向》的工作汇报,他从写好"四篇文章"、做好几件大事、加强组织建设、开展综合改革、推进文化建设等方面介绍了学院党委一年来的工作。学院常务副院长陈金宝从师资、学科、教学、科研、学工、外事等方面总结了学院一年来的工作,分析了工作中存在的问题并进行了剖析,提出了下一步工作思路:大力提升教育教学质量、做好新一轮学科评估准备工作、提升科技创新水平、确保江宁校区新大楼投入使用、抓紧落实综合改革举措。学院副院长盛庆红从专业建设、产教融合、中乌合作等方面回顾了一年的工作,并提出后续将推进航空航天工程专业建设、加快课程资源建设。学院副院长朱旭东介绍了一年来学院制度建设、科研工作和航天大楼建设情况,并表示后续将加强实验室建设、外部资源拓展和完善制度建设。叶培建院士在听取汇报后,对每一位院领导的工作进行点评,指出工作中存在的问题以及今后的努力方向。院领导纷纷表示,叶院士高屋建瓴,一针见血地指出了问题,后续将按照院士的意见,认真开好民主生活会,谋划好新一年的工作。下午,学院各系(中心)负责人汇报了一年来的工作和今后的工作计划,叶院士进行了逐一点评,并勉励各系(中心)抓住发展契机,乘势而上,期待各系(中心)取得进一步的发展。

此次叶培建院士专程来院督导学院工作,对学院一年来的工作把脉,体现了一位"人民科学家"对航天人才培养的重视,同时为学院领导班子召开民主生活会奠定了良好的基础。

在诸多工作中,有几件事我认为值得再深述一点。一是在看了教材和听了课后,感到有的教材太过时了,技术发展如此迅速,航天领域更是如此,在打好基础和通识的前提下,应及时、系统地把新的技术、发展纳入教学,使学生出校门时和时代非常贴近。学院在盛庆红副院长主持下为此专门组织人员编写了"航天系统工程"教材,还在中国空间技术研究院2018版《空间技术科学与研究丛书》(23册)的基础上编写相应课程教材,这些教材一定会在今后的教学中发挥作用。二是强调教学与实践相结合,开设"总师课程",邀请国内在航天技术上一流的总师、专家们来学院授课,他们都理论扎实、工程经验丰富,讲的课很受学生欢迎,除了我自己讲"航天系统"大课外,我们先后请了海洋卫星总师张庆君、测控总师李海涛、发动机专家洪鑫总师、遥感专家黄巧林等人来讲课。目前,我们已把"总师课程"办成特色,要长期坚持下去,并处理好这些课程与学分课程之间的关系。三是帮助学院承担国家重大工程中的项目,这些项目是最能反映学院水平、锻炼人的,因为它是要在全国人民、全世界人民面前展现的,而不是一两篇论文、一个实验就可交差的。在我国第一个火星探测器天问一号研制最后不到两年的时间里,学院得到国防科工局、探月中心、航天五院的支持,发挥自身在飞行器可靠性和着陆装置上的先期积累,承担了应急信标的研制工作,这个信标的作用非常巨大,如果天问一号安全落火,它可以发出在落火前记录于它中间的相关数据,关键是如果天问一号不能安全落火,硬着陆摔坏了,其他部分不能正常工作,人们就不知天问一号是否落火。我们对于我国第一次火星着陆既要有信心,但最坏的打算也是要有的,如遇到这个情况,这个信标就如同飞机上的"黑匣子",摔不坏、砸不烂,能在规定的时间中发出信息,告知人们:我们中国的第一个火星着陆器已到达火星了!研制这个信标的时间短、要求高,学院组织了以王寅副院长为首的青年团队,夜以继日地工作,失败了再来!疫情下他们也做到防护要做好、工作也不停,终于赶上了进度,拿出了产品。在赴文昌发射基地前,我专门用语音设备和他们进行了远程战前动员,在落火关键时刻,我和季海群书记都在指控大厅他们的身后。幸运的是,天问一号落火安全、完美!我们的设备"没用上",没用上是好事,用上不是我们全体人员的企盼,一旦用上还要过硬。由于这个团队的优异表现,2021年"五四"青年节时,他们被评为江苏省"五四"青年奖章团队,这是南航全校历史上第一次获得此殊荣。四是发挥我自己长期在航天领域工作所长,广泛交朋友,建立合作关系。如推动航天五院和南航共培博士生,为每个博士生聘一个学校导师、加一个研究院导师,使其知识更加扎实、丰富、贴近当前技术发展;推动我院设有"院士工作站"的江苏省泰兴某民办企业与学院共培在职硕士生,为民营企业培养人才,并向学院和企业两方面都提了最高要求:学生入学标准要严,不合格者不能入学,入学后要认真学习,企业要给予充分的支持,毕业时"一个也不能少!"为加快加强学院第一个一级学科光学一级学科的建设,主动和地方政府沟通、寻求帮助。诚请各个有实力的老单位出手帮助,在航天系统、科学院系统募集到不少仪器设备以充实教学使用;建立学院和航天研究所共同承担的国防重点实验室(筹),充分发挥两家所长,打造好国内唯一的飞行器进入、减速和着陆技术实验室;在不同层面、不同领域介绍和推举学校、学院的优秀青年人才、争取科研项目,等等。这些活动很大程度上拓展了学院的教学、科研,提升了学院的知名度。

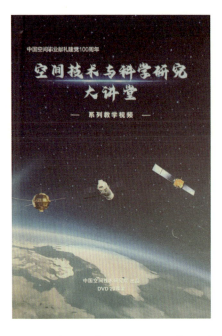

2.育人不仅仅在学校

育人是全社会的事,不仅仅是从小学到大学的学校教育,我虽当过中国空间技术研究院两任教育委员会主任,但自己感到工作没有做好,没有多少作为,也就没有可写的东西,只是在近两年中,借助主编23册的《空间技术与科学研究丛书》,开设了大讲堂。书是出了,但如何传播与学习,我和主管教育的同志们研究后认为,由每册编写者对书做一个2~3小时的讲课,叙述思路、内容和重点,会对读者,尤其是中、青年科研工作者起到"导读"的作用,便于抓住要领,深入学习,更好理解,所以我作为主策划组织了23讲,讲前还请每位作者做了PPT和试讲供我审查,提出共性和个性的改进意见,第一讲时我还到场做开场演讲。每个作者都十分认真,做到精心、精致,23讲都大受欢迎,每次讲课时都坐满了人。为更好地用好这个资源,我们还把这大讲堂的23课做成了一套视频资料。我近水楼台先得月,已准备在尊重知识产权的前提下,把这材料引入南航去作补充教材,效果一定会好。

我也看到,国家重大科技战略工程为我国各行各业造就了许多人才,但也同样需要人才的不断输入,不仅是院校,也包括社会,这个双向的流动是必须的,要始终加以关注。为此,我也在《科学与社会》发表文章并在相应的研讨会上宣传这个观点。

知识的教育与传授很重要,传统与精神的传承更重要。我出身于一个父母都是新四军的家庭,从小就受红色教育和先辈们的言传身教。过去很长时间对这种传承认识很不够,从未有意识地去做一些事,这些年看到一些社会现象和问题，越来越感到优良作风传承的重要性，且这种传承光是靠学校的思政课和组织一些活动是不足的、不够的，需在日常工作、生活中点点滴滴地体现、浸润和感化。所以近几年虽工作很忙，年纪也一天天大了，但参加"正能量传播"的事还是做得更多了。作为新四军北京研究会的一名会员，我多次参加研究会组织的活动，并牵头组织了会员同志来航天城参观、学习航天精神；为会员同志做专门讲座，宣传航天科普知识和宣扬"两弹一星"精神。参观航天城后，研究会名誉会长、陈毅元帅之子陈昊苏同志还作诗一首。

《参观航天城》

陈昊苏　2019年4月22日

京城上地话航天，
伟业辉煌捷报先，
梦想成真凭实践，
时光辽阔耀空间。
敬他宇宙繁星众，
爱我中华胜利篇，
战友勋劳青史赞，
百年荣誉万斯年。

在文昌基地执行任务时，主动去"渡海先锋营"烈士墓祭奠、纪念；2021年清明节时，去浙江台州"一江山岛登岛纪念馆"参观，为解放一江山岛而牺牲的烈士们敬献花篮和祭奠；为2020年黄桥决战胜利80周年写纪念父辈战友的文章；借出差之机，到父亲曾待过的、参加过抗美援朝的老部队看望新一代战士，等等。通过这些活动，首先是教育了自己永不忘本，同时也对参加活动的同志以及同行的同志有很大教育！

与某集团军60旅同志合影

（其中一人为旅政治部副主任，一人为营长，一人为连长，他们是原志愿军60师某团某营某连的后人，该连在朝鲜荣获"尖刀第五连"称号）

2021年9月15日，北京新四军暨华中抗日根据地研究会在北京组织召开了"纪念陈毅元帅诞辰120周年座谈会"，并在前一天进行了歌曲、诗词朗诵会以纪念。座谈会参加的人很多，有几位老新四军战士，还有陈毅元帅之子陈昊苏、陈丹淮、彭雪枫将军之子彭小枫等许多二代、三代人参加。座谈会由现任会长张云逸大将之孙张晓光同志主持，会上有三个主发言，一个发言介绍了陈毅元帅在井冈山时期的斗争，一个发言介绍了他在新四军和华东战场任主帅的经历，陈昊苏同志的发言则着重从政治家、军事家、外交家、革命诗人的角度作了全面介绍，使与会同志再一次学习了党史，学习了陈毅同志的高贵品质和革命精神。座谈会上还朗诵了有关诗词，使座谈会更加激扬和活跃。陈毅元帅在抗战时期由江南东进黄桥地区时，曾到过我的家乡宣家堡，并在宣家堡小学召集了地方人士座谈会,讲抗日形势,动员人民抗日,赠送了书籍,我父亲曾就读宣家堡小学,并且在新四军东进后参加革命。

3.浙江大学120周年校庆活动

■ **参加浙江大学120周年校庆活动记**

浙江大学到今年走过了120年了,学校上下、内外早就为庆祝学校两个甲子而做准备。去年11月,我在浙江义乌开会,原来的副校长顾维康(做过我们年级助教)和信电学院党委书记钟蓉戎同志来义乌看我,就参加学院成立60周年(原无线电系)庆祝大会和校庆有关事宜做了沟通。按照他们的要求,我为学院60周年题了一个词,写了一篇文章——《我在浙江大学的六年》,并承诺做一个学术报告,在院庆大会上代表校友发言。

时间过得很快,到今年3、4月份,吴朝辉校长和张美凤校长助理与我在北京见了面,事前、事后也通过电话,他们希望我在全校庆祝大会上代表校友发言。后来经与学院协调,决定由我代表校友在全校庆祝大会上发言,我顿感压力很大，怕讲不好。老校长、同出何志均老师门下的学友潘云鹤还鼓励我，说一定能讲好！经与学院沟通，考虑到我国正在实施第一次火星探测任务，我又在其中担任总设计师、总指挥顾问，决定学术报告为《我国的第一次火星探测任务》。

考虑到去一次杭州完成一件事一般需花两天，就做了一个策划，把原答应的在杭州及周边的几个活动一起做了统筹安排，这样一次虽多花几天，但比再去两次还是省了时间。今年任务很重，要发射嫦娥五号到月球采样返回，时间对我来说还是很宝贵的资源。

5月17号下午由北京飞杭州，第二天（18日）上午到杭州崇文实验小学为孩子们做了个科普报告，这个小学习主席主政浙江时去视察过，是个很有特色的、以素质教育为主的民办学校。讲了我国探月的三步走，给孩子们讲，要风趣、通俗、易懂，为此我费了不少心思。用大小皮球表示太阳、地球、月亮和卫星，用纸板代表太阳帆板，用小花伞表示天线（伞柄指向就是信号指向），几个纸杯代表飞行器的不同模块。效果很好，孩子们听懂了，也很认真，还问了不少有趣的问题。午饭后我就到玉泉饭店去入住，18日下午，小班的同学（无线电623班）就陆续来到玉泉饭店集中，傍晚去"天外天"（在玉泉景区里面）喝茶、就餐，主菜是"千岛湖大鱼头"，也是该店的招牌菜。距上次嘉兴聚会又过去三年了，班里来了21个人，还有几位家属，餐桌上气氛热烈，会喝两口的同学们也畅饮了几杯，尽兴而归。

19日上午大班（无线电621、622、623）的同学们去参观G20会场，我没有去。信电学院章献民院长、钟蓉戎书记等人来和我对接了一下院庆的细节，谈了一些工作。后来在杭州的几个高中同学在姜佩佩同学一家张罗下，又到"天外天"相聚，喝茶、吃饭，既是高中同学，又是同系同学的倪国荣也来了，餐后他正好去他们电真空专业班集中的地方去会大学同学。下午我们年级大班同学集中，见到不少人，二班田设富给我看了他们班做的毕业50周年相册，很好（后来他寄了一册到北京给我）。晚上在玉泉饭店大厅，三个班同学同聚会餐,由史定张主持活动。浙大常务副校长宋永华、信电学院章院长来看望大家并讲了话,根据史定张的安排,我简要介绍了一下今后我国深空探测的发展项目和设想,聚餐十分热闹也非常开心! 19日晚上,同系不同年级的几个朋友陈清洁、董尧德、蒋继红及电机62级白同平等来拜访,相谈甚欢!

20日上午,在玉泉校区永谦活动中心,信电学院举行了隆重的建院60周年庆祝大会,气氛热烈,"浙大心信电情"溢满会场,在会场见到了荆仁杰、梁慧君等老师,遗憾的是再也见不到何志均、姚庆栋、张毓昆等老师了! 20日下午,学院组织校友们去三分部旧地重游。我利用这个时间在报告厅给信电学院(也有其他学院师生参加)的同志作了学术报告《中国的第一次火星探测任务》,兼顾技术和普及公众知识,反响很热烈。晚餐前浙江理工大学校办同志到来,因我十年前曾在该校做过报告,并接受兼职聘书,他们希望我为学校明年120周年纪念题一个词(该校前身是"浙江蚕桑学校")。

21日上午,众多嘉宾和校友齐聚紫金港校区,到处是照相的、热烈交谈的人群,既有白发老人,也有许多青年人。浙江大学120周年大会在体育馆举行,参加会议的有国内外84位院士、50余位国内外大学校长、许多来贺单位领导、浙大发展之路上做过贡献的地方代表。当浙江省领导、前几任老校长们用轮椅推着十几位三四十年代浙大校友进入会场时,令人感动。当他们入场时,原我院院长、现任浙江省代省长的袁家军同志正好经过我旁边,简短地打了个招呼。大会上吴朝晖校长和各方代表作了讲话,作为唯一的校友代表,我做了一个七分钟的发言,表达了对母校的情感,对校友的祝愿!整个大会简朴、隆重、热烈,除主会场外,各校区都设立了分会场。

会后,我即乘坐前来会场迎接的浙江德清县委车子去了德清,德清是我上中学时的湖州市下属一个县,离杭州很近。当天傍晚参观了"地理信息小镇",令人震撼!一个与地理信息系统(GIS)并无关系的地方却"无中生有"地建成了一个世界级专业小镇和永久会议会址,不可思议!参观之后,我也根据自己对GIS的理解和了解向王县长和有关方面提出了一些问题和建议,王县长说问题都很准确、有价值。其实我院也有相应业务，我就促成我院恒星公司和他们沟通，探讨合作。晚上与当地同志在县委食堂共进晚餐，湖州市领导也出席了。在杭州聚会时知沈启逵同学当天也回他家乡德清，就请他一同来聚。湖州中学黄校长和老同学、原德清县领导姚兴荣也过来相见。

22日上午，应县领导要求，给县委、县政府、各乡镇干部上了一节党课，讲了"中国的空间事业"，介绍了中国空间事业的发展和航天精神，在互动时也介绍了自己的一些经历、感受和"航天梦"，大家都很爱听，书记同志和组织部部长都说这是最生动、最感人的一次党课，如是这样，我大老远地来讲一次也就很值得了。

讲完课，即在德清乘高铁，于当晚七时回到北京，中国的高铁真是太值得夸奖了！此次赴杭参加浙大120周年校庆活动顺利结束，节奏紧张，人虽累，但是却很充足、愉快！

第二天，我就带队去卫星制造厂进行嫦娥五号出厂前的独立评估……

2017年6月5日

■ **在浙江大学120周年庆祝大会上的发言（代表校友）**

尊敬的各位领导、各位校友、老师们、同学们，大家上午好！

能在浙大120周年大会上代表校友发言，我感到无比荣幸和十分激动，而我能否代表校友做好这个发言，则又深感十分忐忑！

我们有一个共同的名字："浙大人。"我1962年进入浙大无线电系学习。1968年夏离校，毕业后，一直在航天战线工作至今。今天，由我代表几十万校友发言，表明了浙大对中国航天事业的关心与厚爱！55年来，始终得到浙大、信电学院领导和老师的关心，得到校友们的厚爱。我对浙大充满着感谢之情和深深的眷恋。

我们的母校是一所历史悠久、人文璀璨、英才辈出的著名大学。一所大学的声誉，源自它拥有的深厚文化底蕴和优良的办学传统，更要靠它培养的学生，也就是校友们来充分体现它的社会价值，产生社会影响。120年来，从求是书院到今日的浙江大学，在这块深厚的土地上，已哺育了数十万的有用之才，其中不乏众多的文化名人和科学大师。它在一百多年的办学中形成了堪称典范的求是精神。"求是"是母校的校训，也是我们一代又一代浙大人百年来不懈的追求和实践。

所谓"求是"，就是"求真、求善、求美"。求是精神就是革命精神、科学精神、奋斗精神、牺牲精神和开拓创新精神。

正是这种求是精神激励着校友们始终为国家的富强和民族的振兴不懈追求、努力实践，奉献着每个人的或大或小的能量，发扬光大着求是精神。我正是得益于"求是"校训的熏陶，在长期的航天生涯中逐步培养了"坚持真理、勇于攀登"的精神和"严、细、慎、实"的工作作风。从而能够在我国第一代传输型对地观测卫星从无到有，从单星到多星组网运行；继东方红一号卫星、神舟五号载人飞船之后，实现我国航天第三个里程碑，即嫦娥一号绕月探测；在嫦娥二号、三号、五号试验器之后，今年嫦娥五号将实现月球采样返回，圆满完成我国探月"绕、落、回"三步走战略；为实现重大科学发现而研制的空间科学卫星保驾护航；将多项空间技术成功转化为国民经济服务；及航天信息化技术开发与应用等方面做出一些贡献。今后将继续发扬这种精神，为实现我国第一次火星探测，世界上第一次月球背面软着陆，走向更遥远的太空而努力！

今天，全国人民正为实现伟大的民族复兴、实现"中国梦"而努力奋斗，浙大走进了第三个甲子。在这个征程中，浙江大学一定能站立在前沿，深化综合改革，朝着更创新、更国际、更人文的目标前进，建设成拥有多个世界一流学科的世界一流大学。她一定会培养教育出更多的优秀学子。这些后来者会成为将来我们国家发展壮大的铺路石、螺丝钉，在平凡的岗位上做出不平凡的事业；其中也一定会涌现出众多杰出英才、名师大家。这些未来的校友一定让浙大更加声名远播，更加辉煌！

120年的历史是漫长而厚重的，今天的相聚是欢乐而短暂的，我想在这短短的发言的最后一部分中表达几个祝愿。在校的小同学们，祖国的未来是你们的，浙大的未来要靠你们去书写，你们中的许多人都会迎接浙大的第四个甲子，希望你们珍惜这美好的在校时光，学会做人、学好本领，祖国的需要就是你们的选择！祝愿你们每个人都有着一个美好的前程和幸福的生活；现在仍在工作岗位的校友们，你们或是仍很年轻，或是已过中年，祝愿你们在工作中不断创新、事业更上一层楼！已经退了下来的校友们，你们已经为国、为民、为家庭贡献了大半生，辛苦了。祝愿你们现在能发挥余热的就尽力发挥余热！但更祝愿你们身体健康，安度晚年，你们的健康就是我们全体校友的幸福！

校友们，我们承载着不同时期的求是血脉，凝聚着我们对国家、对民族、对母校的赤子之情。在新的一个甲子里，全体校友一定会和母校在一起，不忘初心、永不懈怠、永不自满、与时俱进、开拓奋进！在这个甲子时期，曾有着"东方剑桥"美誉的母校，一定会成为真正的世界一流大学。

谢谢大家！

2017年5月20日于杭州

■浙江大学120周年校庆感谢信

感 谢 信

尊敬的叶培建学长：

  在您和社会各界的关心支持下，浙江大学圆满举行了建校120周年系列纪念活动，展示了办学成就，彰显了文化底蕴，提高了国际声誉，得到了广大师生、校友和与会嘉宾的充分认可。在此，谨向您表示衷心的感谢！

  您是浙江大学60万校友的杰出代表，是践行求是创新校训的典范，为我国第一代长寿命传输型对地观测卫星的研制、首次绕月探测工程的成功研制，做出了重大贡献。您代表全球校友，在浙江大学120周年校庆纪念大会上的发言，在海内外中引起热烈反响，广大师生、校友深深地被您的"坚持真理、勇于攀登"的精神，"严、细、慎、实"的工作作风及对母校的拳拳之情感动和鼓舞。

  在跨入第三个甲子的历史新起点，浙江大学将以建校120周年为动力，加快建设中国特色世界一流大学，力争为国家富强、民族振兴和人类进步作出新的更大贡献，一定不辜负您的殷切期望。

  衷心祝您身体健康，阖家幸福！

浙江大学建校120周年庆祝活动筹备委员会
2017 年 5 月 31 日

通讯地址：浙江省杭州市西湖区余杭塘路866号 浙江大学紫金港校区校友活动中心一楼华家池厅　邮编：310058　电话：0571-88982018　Email:120xqb@zju.edu.cn　http://120.zju.edu.cn

附　录

附一:《序》之集

近些年来,在我熟悉的大同行、小同行中,有越来越多的人拿起笔写起书。过去,他们中有的人只是"干活",多干少说,只干不写,写个科技报告也就算不错了。但现在大家都更懂得了一条道理:实践要上升成理论、分散的活动要梳理、经验与教训要总结。为此写书是最好的办法,写书的过程本身就是一次再认识、再提高。加之现在对于写书有不少渠道可以资助,积极性也就越高,写的人多了,书也就多了。

书一多,也有些同志希望我给写个"序",对书加以评价和介绍,陆陆续续我写了一些"序",从中贯穿着一个特点,每一个作者我都是很熟悉或比较熟悉的。在"序"中我一定会交代我和作者的关系,为什么我就给他做序?

今收集已有的大部分"序"于此,便于查找和理解。

叶培建
2022年1月

《月球和火星遥感制图与探测车导航定位》

作者：邸凯昌　　科学出版社

深空探测是人类航天活动的主要领域之一，是探索宇宙的必然选择，对于科技进步和人类文明的发展具有重大意义。早在20世纪50年代末，美苏已开始实施深空探测任务。迄今为止，人类已对太阳系所有大行星和一些小行星、彗星进行了探测。21世纪以来，各主要航天大国纷纷开展了新的深空探测任务，掀起了新一轮深空探测热潮。其中，月球和火星是各国探测最多的天体。我国的无人月球探测计划于2004年正式启动，分为"绕""落""回"三个阶段，目前已胜利完成前两个阶段和第三阶段试验器的任务，取得了举世瞩目的成就，火星探测工程也已启动。

遥感制图是深空探测工程任务及科学研究中的一项基础性工作，是获取形貌和构造信息的基本手段，也是选择着陆区的重要支撑技术。探测车的导航定位是着陆巡视探测中的关键技术，直接决定着探测车行驶安全性和执行任务的效率。因此，深空探测遥感制图与探测车导航定位成为深空探测领域的前沿和热点，具有重要的科学意义。国际国内学术界对此进行了大量研究，所研发的部分成熟可靠的技术已成功应用于工程任务中。

由于月球和火星等地外天体环境的特殊性，遥感制图和探测车导航定位具有很大的难度和挑战性。如何提高遥感制图的精度和多源数据制图的一致性？如何提高探测车长距离行驶导航定位的精度、可靠性和自主性？都是仍需深入研究和解决的问题。只有很好地解决了这些问题，才能更好地支持未来深空探测工程和科学应用研究，使工程任务实施更加安全和高效，从而获取更多的科学数据和获得更多的科学发现。这需要本领域科研人员和工程技术人员的共同努力。

我多年来从事月球探测工程任务、规划和拟定火星探测方案，在与我的博士生研究火星车的过程中，都与邸凯昌研究员有不少接触，得到不少帮助。他长期从事火星和月球遥感制图以及探测车导航定位研究工作，在美国工作期间参加了勇气号和机遇号火星车探测工程任务。回国后，在国家863计划、自然科学基金、973计划和中国科学院"百人计划"等项目支持下，他带领团队继续在此领域深入研究，取得了一系列创新性的成果，并将部分成果成功应用于嫦娥三号工程月球车的遥操作任务中。在大量学术积累和重要工程实践的基础上，邸凯昌研究员和其团队成员撰写了这部专著。

  该书系统阐述了月球和火星遥感制图与探测车导航定位的理论、方法和技术，综合介绍了月球和火星遥感制图与导航定位技术和产品在我国嫦娥三号月球车以及美国勇气号和机遇号火星车探测工程任务中的应用。该专著具有较强的学术性，对理论方法的研究比较系统和深入，适合于相关领域的研究人员和研究生参考和学习；另外，理论与实践相结合是其一大特色，包含了作者的实际工作经验和成果，也很适合工程技术人员和工程管理人员参考。

  我相信，此书的出版将会对深空探测遥感制图与导航定位领域的科学研究起积极作用，对于未来月球和火星探测工程任务的应用也会有重要的参考价值，对参与这方面工作的同志会有很有益的帮助。因此，除我自己要学习外，也很高兴地向广大读者推荐此书。

叶培建

2014年11月28日

《深空探测器自主天文导航方法》

作者：房建成　宁晓琳　西北工大出版社

探索星空，遨游宇宙是人类永恒的梦想和追求。2007年嫦娥一号绕月探测工程的成功，是继地球卫星、载人航天之后实现我国空间技术领域发展的第三个里程碑，标志着我国已跨入了世界上为数不多的具有深空探测能力国家的行列。根据我国中长期科技发展规划中重大专项的有关内容，我国月球探测二、三期工程将在2017年前后实现月球软着陆、月面巡视和无人月球采样返回，同时载人登月、火星探测等项目的规划和论证也在进行之中。一幅令人神往的深空探测画卷已经展开，它的进步必将推动我国航天技术的飞跃和经济的发展，并吸引更多的年轻人投身这项事业，为之奋斗！

与近地航天任务相比，深空探测具有任务更复杂，飞行时间长，通信距离远，从而时延很大、信号微弱、日凌时间长等特点。为提高深空探测器的安全性和可靠性，自主导航和控制就成为深空探测中必须解决的关键技术，而天文导航是深空探测器自主导航方式之一，将会在深空探测任务中发挥重要作用。本书针对我国月球探测、火星探测等深空探测工程的迫切需求，在大量参考国外资料及工程背景的前提下，与我国的工程实践紧密结合，系统、深入地研究了深空探测器自主天文导航技术，比较充分地反映了国内外深空探测器天文导航技术的飞速发展状况及其最新技术成果，是国内第一部系统介绍深空探测器自主天文导航方法的学术专著。

作为北京航空航天大学的兼职教授和"新型惯性仪表与导航系统技术"国防重点学科实验室学术委员会主任，我对本书作者房建成、宁晓琳同志是了解的，他们一贯敬业，工作勤奋，在航天领域的相关活动中都很积极，并颇有成就。他们带领的学术团队于20世纪90年代末开始从事该方向的研究工作，该书是他们多年教学、科研成果的总结与提炼。尽管由于认识与实践还有差距，书中内容可能还有种种不足之处，但相信该书的出版能够为我国从事深空探测相关领域的科研人员，尤其是新加入航天科技研究队伍的年轻人提供有价值的参考，并为我国深空探测器自主天文导航技术的发展起到积极的促进作用。

叶培建

2010年3月18日

《航天器电性能测试技术》

作者：王华茂　　国防工业出版社

当前航天器研制模式正在悄然发生转变，航天器产业化能力提升与转型升级已正式提上日程。对于航天器任务来讲，其核心测试需求就是对航天器进行充分的测试验证。我是从一名计量、测试人员走向航天器总设计师岗位的，深知航天器电性能测试是航天器系统研制过程中的重要环节之一，承担着航天器系统"体检"的重要任务，既是评价航天器系统研制质量的重要手段，也是提升航天器产业化能力的重要支撑，其技术水平的高低直接影响航天器研制的质量和效率。

《航天器电性能测试技术》是一本关于航天器电气性能测试验证的工程技术专著。该书由中国空间技术研究院的两位专家共同创作，是他们对过去几十年卫星、飞船、月球探测器研制中，航天器电性能测试工程实践的经验总结和提炼。作者参阅和吸取了相关书籍的部分内容，融入了很多新的技术，体现了航天器电性能测试技术的发展现状和趋势。书中全面、系统地介绍了航天器电性能测试的基本概念、测试目的与要求、可测试性设计、测试方案设计、测试系统设计、测试原理与测试方法、测试技术流程、测试用例设计、测试实施过程组织、测试故障分析方法、测试结果评估等，几乎覆盖了航天器AIT阶段电性能测试的各个要素，反映了航天器电性能测试技术的最新研究成果和发展趋势，是从事航天器电性能测试的广大工程技术人员不可多得的一本专业参考书。

该书既有航天器测试的基础理论，又有航天器测试的工程实践经验，理论与实践密切结合，具有很高的工程实用价值，能够帮助读者系统、全面地了解和掌握航天器测试需求分析、测试设计、测试实施、测试诊断、测试评估分析等基础理论与工程方法。以年轻人为主要成员的一线科研人员写成此书，我曾和他们共同工作与攻坚克难，所以对该书的出版表示由衷的高兴和祝贺。电测好比一门武功，流程方法是套路，设备工具是武器，有简单的"花拳绣腿"，也有深奥的"少林武功"，玩好必须下苦功夫。相信该书的出版必将对促进航天器电性能测试技术的持续、快速发展产生积极而深远的影响。

叶培建

2016 年 10 月 11 日

《载人月球基地工程》

作者：果琳丽等　中国宇航出版社

人类发展的永恒动力来自对未知世界的不断探索，而探索的最终目的是加深人们对自身环境的认识和对资源的开发与利用。认识是无止境的，而地球资源终究是有限的，人类在自身不断发展、取得一个又一个伟大成就的同时，也在消耗着地球有限的资源，各种资源都存在枯竭的危险，因此能源问题成为当今国际上的热点问题，也是各国纷争的焦点。随着科技的进步，人类早已把目光投向了浩瀚的宇宙，特别是对月球这一"陌生又熟悉"近邻的兴趣愈加浓厚，不仅将其视为探索宇宙的起点与训练场，更希望能在这里开枝散叶，获得延续人类发展的宝贵资源。

尽管当前人类对月球的认识还很有限，月球资源是否可以利用还有争论，但所谓"先到者先受益、先开发先利用"，未来月球一旦成为战略重点和资源争夺的热点，我国将如何维护国家的利益？如何保障资源的安全？有人道："一年建陆军，十年建空军，百年建海军。"我们的航母已晚了约百年，那试问，多久才可以建成满足月球开发利用的基础设施呢？中国在近代的落后已直接影响了海军的发展，造成了如今海洋权益维护的被动局面。那么在新时期面向"太空地理探索"的浪潮，就不能再次落后于人。因此，尽早开展载人登月活动，建立有人/无人月球基地，研究用于探索、开发月球的相关技术是十分必要的。

《载人月球基地工程》一书的作者们是一群富有激情与梦想的年轻的航天人，他们参与了中国的载人航天工程，是挺起未来中国航天脊梁的坚实力量。本书各章内容体现了他们对国际航天先进技术动向的掌握，也体现了他们对航天工程实践的经验总结和技术提升。相信本书既可以为从事月球探测和深空探测的工程技术人员提供参考，也可以作为高等院校相关专业的教材或参考书,为我国持续深入地开展月球探测与资源开发利用研究提供有益的借鉴。作者年轻,研究对象具有探索性,本书肯定存在不妥之处,我愿意与他们共同进步、共同提高!

叶培建

2013年3月

《航天器着陆缓冲机构》

作者：杨建中　　中国宇航出版社

深空探测活动是人类走出地球,进一步了解宇宙、认识太阳系、探索地球与生命起源及其演化规律的重要手段,它的开展能够有效促进地球与行星科学、空间天文学、空间物理学、空间材料科学、空间环境科学等基础学科的交叉渗透与创新发展,促进空间资源的开发和利用。我国开展深空探测活动,必将为国民经济的可持续发展注入新的活力,为实现"中国梦"增添正能量。

深空探测技术是国家综合国力与科技水平的集中体现,也是各航天强国竞相角逐的航天技术的新高地。在深空探测领域,地外天体软着陆探测已经成为最重要的探测方式之一,而着陆缓冲机构是实施软着陆探测的一种常用缓冲装置,其性能是否可靠直接关系到软着陆探测的成败。我国"嫦娥三号"探测器在月面软着陆探测任务的圆满成功,充分体现了近年来我国深空探测技术的快速发展,展示了我国在航天领域所取得的突出成就。而着陆缓冲机构技术的突破、发展及应用,为"嫦娥三号"月面着陆探测任务的圆满成功奠定了坚实的基础。

航天器着陆缓冲机构主要用于缓冲航天器着陆时的冲击,防止着陆过程中由于冲击过大而导致人员的伤害或仪器设备的损毁。除此之外,它一般还应具有压紧收拢、展开锁定、长期支撑、着陆指示等多种功能,是一种典型的、复杂的多功能航天器机构。它的研究一般涉及机构构型综合、运动学、动力学、材料学、摩擦学、土壤力学、传感器与测量等多个学科,属于典型的综合性交叉学科领域,具有较大的理论与技术难度。

该书是作者及其团队十余年研究成果的结晶,是我国第一部全面、系统、深入地介绍航天器着陆缓冲机构的专著。书中概述了航天器的着陆方式、着陆特点以及着陆缓冲机构的基本研究内容，指出了当前技术发展中存在的问题及未来技术发展的主要方向并重点介绍了着陆缓冲方法、着陆缓冲机构设计方法与制造过程、地面验证方法、着陆过程仿真分析方法等内容，可为未来新型着陆缓冲机构的研究与工程研制提供有力指导。

作者长期工作在第一线，通过在实践中发现问题、解决问题、总结提高而写成此书。因此，该书既有一定的理论水平，又有着很强的工程实用性，是一部值得肯定和阅读的专著。该书的出版将对我国航天器着陆缓冲技术的稳健发展起到有力的支撑和促进作用，同时也将为我国载人航天和深空探测技术的进一步发展奠定坚实的理论与技术基础。

作为一名老航天人、作者的同事，我很愿意看到这样的专著出版。这不仅体现了近年来我国航天技术的持续、健康发展，也从一个侧面标志着又一代航天人从成长走向成熟。他们不仅能出科研成果，也能出学术著作。我相信在今后我国航天技术更快、更好的发展历程中，更加年轻的一代航天人又将快速成长起来。

叶培建

"嫦娥一号"月球探测器总指挥、总设计师

2015年1月1日

《空间电子仪器单粒子效应防护技术》

作者：王跃科　　国防工业出版社

作为一个卫星总设计师，曾多次经历空间飞行器成功的喜悦，但也承受了一些任务失败的痛苦。在失败或部分失效的空间飞行器中，有相当一部分是由于空间环境，特别是空间单粒子效应造成的。多年来我们为解决这一问题做了很多努力，在摸索中前进，但苦于相关参考文献匮乏。今天，看到了国防科学技术大学王跃科教授等人的这本专著，十分欣慰。

通常的防护手段多数都关注于器件底层加固，如工艺、材料等，细读之后，发现这本书并没有把注意力放在这些技术细节上，而是在此基础上选择了器件的系统应用这一独特的研究视角，在故障特性与模型、检测与加固技术、测试验证理论与方法等方面进行了较为深入、系统的研究，令人耳目一新，填补了国内相关领域专著的空白。其技术途径也符合我国国情和工程实践的具体情况。

可以看出，这本书蕴含了作者多年积累的空间电子仪器的设计经验，更为难得的是与空间应用结合紧密，已成功应用于多台空间电子仪器，随着卫星在太空经受住了恶劣辐射环境的考验。希望这本书能成为航天电子系统设计的使用参考，同时能对国内相关领域的研究起到推动作用。

叶培建

2011 年 8 月 25 日于北京航天城

《"嫦娥一号"探月卫星揭秘》

作者：孙宏金　中国青年出版社

孙宏金同志是中国空间技术研究院的一名干部，我与他的相识是在他由部队转业到中国空间技术研究院的时候。十多年来，孙宏金同志在新闻宣传战线上勤奋耕耘的同时，作为一名科普作家，他还努力学习了解航天专业知识，追踪国内外航天技术的发展，常有航天科普书籍问世，并撰写了百万字的科普文章，宣传普及航天科学知识，让神秘、深奥的航天知识走到读者面前，其中，不少作品还在全国获奖。作为一个不是从事航天专业技术的同志，能为宣传普及航天知识而不懈地工作，能写出大量的有一定水准、通俗易懂的航天科普文章，实在是难能可贵。

适逢"嫦娥一号"月球探测卫星发射成功之际，孙宏金同志经过长期准备而编著的《"嫦娥一号"探月卫星揭秘》一书出版了。该书运用大量的资料深入浅出地介绍了月球有关知识，全方位地展示了人类月球探测活动的发展和取得的成果，较系统地介绍了我国"嫦娥工程"和"嫦娥一号"卫星的概况，描绘了我国"嫦娥工程"的未来发展等，涉及的内容十分广泛，文字生动流畅，文图并茂，具有一定的史料性和感染力，许多知识是广大航天爱好者所希望了解的。该书的出版发行，对于广大青年、学生和航天爱好者等，都具有较高的价值，相信读者一定会从中受益。

由于孙宏金同志不是航天专业技术人员，再加上科普书籍写作本身就是一个有一定难度的创造性劳动，因此，书中的一些地方也许会有疏漏，也许会有不太全面、表述不太准确的地方，但这都是可以理解的，其积极宣传航天科学知识的精神和勇气是难能可贵的，也不会影响本书宣传人类月球探测的伟大壮举，宣传我国开展的"嫦娥工程"，宣传航天科学知识的主旨。相信读者也会见谅。

愿《"嫦娥一号"探月卫星揭秘》一书成为广大读者的良师益友。同时，也希望孙宏金同志继续笔耕不辍，为普及航天科学知识做出更大的贡献。

"嫦娥一号"卫星总指挥兼总设计师

中国科学院院士叶培建

2007年9月

《月球软着陆探测器技术》

作者:于登云等　　国防工业出版社

月球是地球唯一的天然卫星,既是深空探测的起点,也是世界航天传统国家和新兴国家竞相探测的重点。随着我国探月工程的发展,我国在2007年实现了嫦娥一号卫星的绕月探测,在2013年实现了嫦娥三号的月球软着陆探测,未来还将实现月球样品的取样返回。

着陆在星球表面的探测,使我们可以近距离探测,更清晰、更深入地了解这个星球,同时也可以利用这个星球独特的地理和环境特性开展对太阳系及其他天体的观测活动。月球软着陆探测肩负着"探月、测地、观天"的科学探测使命。

从地球起飞着陆到月球表面,不是一段轻松的旅程。38万千米的漫长旅途后要稳稳地站在月球表面,要适应月面高低起伏的地形和松软的月壤,要面对月尘和高、低温昼夜交替等复杂环境,月球着陆器需要突破一系列新技术才能完成自己的任务。月球软着陆探测任务的实施标志着航天技术水平迈上了一个新台阶。

《月球软着陆探测器技术》是国内第一部全面、系统、深入地介绍月球着陆器技术的专著。参与本书编著的作者是我很熟悉和器重的一群中青年科技人员,他们中的不少人从21世纪初就和我共同参加了嫦娥一号的研制工作,后来分别承担了嫦娥二号、嫦娥三号的研制工作。可以说他们都是在探月工程一线多年担任重要岗位的技术人员,具有较为深厚的理论基础和丰富的工程研制经验。作者从月球着陆器所面临的环境、总体设计、分系统设计、总装、测试、地面试验验证等多个方面,对设计方法、典型技术、验证方法等内容,结合嫦娥三号任务的工程实践进行了系统的阐述。

《月球软着陆探测器技术》可为月球及深空探测领域的航天工作者提供

技术参考，也可为高校等相关研究部门的研究人员提供相关知识。该书的出版将对总结积累我国月球探测领域的工程经验、推动深空探测任务的持续发展提供有力的技术支持。

叶培建

中国科学院院士

嫦娥三号探测器首席科学家

2014 年 11 月

《问天科学》

作者：南京航空航天大学科学技术协会编　科学出版社

黑格尔说过，一个民族有一群仰望天空的人，他们才有希望。中华民族是一个伟大的民族，在其历史长河中，从飞天梦想、万户实践、冯如飞翔，到现代新型飞机、大型客机、东方红卫星、神舟飞船、嫦娥探月、天宫巡天、墨子与悟空探索物质本质，再到火星等深空探测，都取得了辉煌成就。继往开来，空间技术、空间科学和空间应用更需要全面发展。在2016年4月24日首个"中国航天日"，习近平总书记指出："探索浩瀚宇宙，发展航天事业，建设航天强国，是我们不懈追求的航天梦。"

2010年9月，中国科学院技术科学部和信息技术科学部共同在南京航空航天大学主办了首届"航空航天"技术科学论坛暨第四十三次学术报告会。金秋金陵，大家云集，钟山论道，学府问天，近50位两院院士和专家莅临这次航空航天技术科学盛会。除报告会以外，还举办了院士校园行、院士企业行，以及南航校园"问天鼎"揭幕。砚湖边，院士林，问天鼎，报国志，为大学校园增添了浓厚的学术文化氛围。如此盛会，我因任务在身，未能前行，实为遗憾。好在2012年，南航60周年校庆之际，南航科学技术协会以"问天"为题，设立了"问天科学讲坛"，邀请两院院士来校讲学授课。我承诺每年来校一讲，至此有时一年两讲，从未间断。五年来，南航航空报国、用天于民的精神感动了我，南航青年学生和老师的求知热情感动了我，南航科学技术协会孙建红秘书长、刘双丽副秘书长、小刘、小顾等青年人的热忱服务感动了我。每年之行，有如回家之旅。

"问天科学讲坛"一晃五年，时逢2016年100期之际，南航没有举办纪念活动，没有大肆宣传，而是不忘初心，继续前行，从100期院士报告中摘其秋华，以"问天科学"为题，将航空、航天、信息等领域7位院士报告整理成文、汇编成集。一则让学校每年的新进学生能汲取营养,二则也为航空航天科学的社会传播拓展渠道,尽社会之责,此为益事。因此我欣然应南航科协孙建红教授之邀,为《问天科学》书序。

一个民族要有一群仰望天空的人,一个民族也要有脚踏实地的人。愿《问天科学》后续不断出版,能为中国航空航天事业发展宣传,为南航科协和南航人的工作鼓劲。

叶培建
2017年1月于钟山

《空间技术与科学研究丛书》（共23册）

主编：叶培建　北京理工大学出版社

2018年，中国的空间事业已经走过了60多年！这些年来，中国的空间事业从无到有、由小到大、正在做强！以东方红一号卫星、神舟五号载人飞船、嫦娥一号月球探测器为代表的三大里程碑全方位代表了200余个空间飞行器的研制历程和丰富内涵。这个内涵既是人文的，又是技术的，也是管理的。从人文角度看，"两弹一星"精神在新一代航天人身上传承、发扬，他们在推动中国空间技术发展和壮大的道路上留下了锐意进取、顽强拼搏、砥砺前行的清晰足迹；从技术角度看，一批新理论、新技术和新方法不断被提出、被验证和采用，一次又一次提升了我国空间技术水平的高度；从管理角度看，中国空间事业孕育了中国特色的管理理念与方法。这些年，产生了一大批科技报告、学术著作与论文、管理规范、软件著作权、技术专利，等等。但遗憾的是这些成果分散在各个不同的单位、不同的研制队伍、不同的专业里，有待进一步提高其系统性、完整性和受益面。中国空间技术研究院的领导、专家和总师们认为很有必要进行系统地梳理、凝练、再创作，编写出一套丛书，用于指导空间工程系统研制和人才培养，为国家、为航天事业，也为参与者留下宝贵的知识财富和经验沉淀。

基于此，在中国空间技术研究院与北京理工大学的共同推动下，决定由中国空间技术研究院第一线工作团队和专家们亲自撰写，北京理工大学出版社负责编辑，合力出版《空间技术与科学研究丛书》。这是我国学术领域和航天界一件十分重要而有意义的事！这套丛书的出版也将成为纪念中国空间技术研究院成立50周年的一份厚礼！

如此一套丛书，涉及了空间技术、空间科学、空间应用等许多学科和专业，如何策划丛书框架和结构就成为首要问题。经对空间技术发展历史、现状和未来综合考虑，结合我国实际情况和已有的相关著作，几经讨论、增删、合并，确定了每分册一定要有精干专家主笔的原则，最后形成了由23本分册构成的《空间技术与科学研究丛书》。丛书共有23本分册，具体名称如下:《宇航概论》《航天器系统设计》《空间数据系统》《航天器动力学与控制》《航天器结构与机构》《航天器热控制技术》《航天器电源技术》《航天器天线工程设计技术》《航天器材料》《航天器综合测试技术》《航天器空间环境工程》《航天器电磁兼容技术》《航天器进入下降与着陆技术》《航天器项目管理》《卫星通信技术》《卫星导航技术》《卫星遥感技术(上下册)》《载人航天器技术》《深空探测技术》《卫星应用技术》《空间机器人》《航天器产品保证》《航天器多源信息融合自主导航技术》。丛书围绕中国空间事业的科学技术、工业基础和工程实践三条主线，几乎贯穿了空间科学、空间技术和空间应用的所有方面，并尽量反映当前"互联网+"对航天技术的促进及航天技术对"互联网+"的支持这两方面所取得的成果。正因为如此，它也被优选为"国家十三五重点出版项目"和"国家出版基金资助项目"。

如此一套丛书，参与单位众多，主笔者20余人，参与写作者百人以上，时间又较紧迫，还必须保证高质量，精心组织和科学管理就是必需的。我们用管理航天工程的方法来管理写作过程，院领导亲自挂帅、院士专家悉心指导，成立以总体部科技委为主的日常工作班子，院科技委和所、厂科技委分级把关，每一分册都落实责任单位，突出主笔者负责制，建立工作信息交流平台，定期召开推进会以便交流情况、及时纠正问题、督促进度，出版社同志进行培训和指导，等等。这些做法极大地凝聚了写作队伍的战斗力，优化了写作过程，从而保证了丛书的质量和进度。

如此一套丛书，我们期望它成为可传世的作品，所以它一定要是精品。如何保证出精品，丛书编委会一开始就拟定了基本思路：一是理论与实践相结合，它不是工程师们熟悉的科技报告，更不是产品介绍，应是从实践中总结出来，经过升华和精炼的结晶，一定要有新意、有理论价值、有较好的普适性；二是要处理好过去和现在的关系，高校及航天部门都曾有过不少的空间技术方面的相关著作，但这十年来空间技术发展很快，进步很大，到2020年，随着我国空间站、火星探测、月球采样返回和月球背面探测、全球导航等重大工程相继完成，我们可以说，中国进入了航天强国的行列。在这个进程中，有许多新理论、新技术和新事物现在就已呈现，所以丛书要反映最新成果；三是处理好别人的和自己的成果关系，写书时为了表达的完整性、系统性，不可避免要涉及一些通用、基础知识和别人已发表的成果，但我们这次的作品应主要反映我们主笔者为主的团队在近年来为中国空间事业发展所获的成果，以及由这些成果中总结出来的理论、方法与技术，涉及他人的应尽可能分清、少用，也可简并。作品要有鲜明的团队特点，而团队特点应是某一领域、某一专业的中国特点，是中国货。从写作结果来看，我认为，丛书作者们努力实践了这一要求，丛书的质量是有保证的，可经得起历史的检验。

丛书可以为本科生、研究生以及科研院所和工业部门中的专业人士或管理人员提供一个涵盖空间技术主要学科和技术的专业参考书，它既阐述了基本的科学技术概念，也涵盖了当前工程中的实际应用，并兼顾了今后的技术发展，是一套很好的教科书、工具书，也一定会成为书架亮点。

在此，作为丛书主编者，一定要向为这套丛书出版而付出辛勤劳动的所有人员表示衷心感谢！尤其是中国空间技术研究院张洪太院长、余后满副院长，北京理工大学校长胡海岩院士、北京理工大学出版社社长林杰教授，各分册主笔者和参与写作的同志们。没有中国空间技术研究院总体部科技委王永富主任和秘书处团队、北京理工大学出版社社长助理李炳泉女士和出版团队的辛勤、高效工作，丛书也不可能这么顺利地完成。谢谢！

中国科学院院士
叶培建
2018年1月

《太阳系无人探测历程第一卷：黄金时代（1957—1982年）》
《太阳系无人探测历程第二卷：停滞与复兴（1983—1996年）》
《太阳系无人探测历程第三卷：礼赞与哀悼（1997—2003年）》

翻译：李飞、何秋鹏、杜颖等　　中国宇航出版社

旅行者一号离开地球40年了，向着太阳系边际飞行，已到达200亿千米以外的星际空间，成为飞得最远的一个航天器。与旅行者一号一起飞离太阳系的还有它携带的一张铜质磁盘唱片，如果有一天地外文明破解了这张唱片，将会欣赏到中国的古曲《高山流水》。地外文明何时可以一饱耳福呢？以迄今发现的最接近地球大小的宜居带行星开普勒452b为例，它距离地球1400光年，而旅行者一号目前距离地球大约0.002光年。如果把地球与宜居行星之间的距离比拟成一个足球场大小的话，那么旅行者一号飞行的距离还不如绿茵场上一只蚂蚁迈出的一小步。这还是旅行者一号利用了行星170多年才有一次的机缘巧合、特殊位置的机会，进行了木星和土星的借力，飞行了40年才实现的。由此可见，对于人类的很多太空梦想，即使是一个"小目标"都很困难。航天工程是巨大的、复杂的系统工程，而深空探测更是航天工程中极其富有挑战的领域，它的实施有如下特点：经费高，NASA的好奇号火星车，是迄今最贵的航天器，造价高达25亿美元；周期长，新地平线号冥王星探测器，论证了10年，研制了10年，飞行了10年，前后30年耗尽了一代人的精力；难度大，超远距离导致通信、能源这些最基本的保障成为必须攻克的难题，飞到木星以远的天体已无法使用太阳能，只能采用核能源供电，或采用潜在的其他能源。

再来看看中国的深空探测的发展。在人类首颗月球探测卫星、苏联的月球一号发射将近50年之际，中国的嫦娥一号于2007年实现了月球环绕探测，2010年嫦娥二号实现了月球详查及对图塔蒂斯小行星的飞掠探测，2013年嫦娥三号作为地球的使者再次降临月球，中国深空探测的大幕迅速

拉开。但同国外相比，我们迟到了将近50年，可谓刚刚起步，虽然步子稳、步子大，但任重而道远。以美国为代表的航天强国已经实现了太阳系内所有行星、部分行星的卫星、小行星、彗星以及太阳的无人探测，而我们还没有实现一次真正意义上的行星探测。

"知己不足而后进，望山远岐而前行"，只有站在巨人的肩上，才能眺望得更远；唯有看清前人的足迹，方能少走弯路。中国未来的深空探测已经瞄准了火星、小行星和木星探测，并计划实现火星无人采样返回。为了更可靠地成功实现目标，必须要充分汲取所有以往的任务经验，而《太阳系无人探测历程》正是这样一套鉴往知来的读本。它深入浅出地详细描绘了整个人类深空探测发展的历史，对每个探测器的设计、飞行过程、取得的成果、遇到的故障都进行了详细的解读。如果你是正在从事深空探测事业的科研工作者或者准备投身深空探测事业的学生，此书可以说是一本设计指南和案例库；如果你是一名对太阳系以及航天感兴趣的爱好者，那此书也会给您带来崭新的感受和体验。

本书的引进以及翻译都是由我国常年工作在深空探测一线的青年科研人员完成，他们极具活力和创新力，总是在不断探索、奋进！他们已把对深空探测的热爱和理解都融入这本书中，书中专业名词的翻译都尽可能使用中国航天工程与天文学领域的术语与习惯，具有更好的可读性。

纵然前方艰难险阻重重，但深空探测是人类解开宇宙起源、生命起源、物质结构等谜的金钥匙，是破解许多地球问题的重要途径，人类今后必须长期不懈地向深空进发，走出太阳系也只是第一步，而离走出太阳系仍很遥远。最后想说的是，通过阅读本书，总结人类这几十年来深空探测的历史，对从事深空探测的科学家和工程师实践的最好注解是NASA对他们三个火星车的命名：好奇、勇气和机遇。

叶培建

2018 年 1 月

《太阳系无人探测历程第四卷：摩登时代（2004—2013年）》

翻译：黄晓峰、李飞等　中国宇航出版社

　　1977年8月20日旅行者二号出发，紧接着在9月5号旅行者一号出发，它们向着太阳系边际飞行，至今，旅行者一号已离开地球40多年，距离太阳超过200亿千米，成为飞得最远的一个航天器。与旅行者一号一起奔向远方的还有它携带的一张铜质磁盘唱片。如果有一天地外文明破解了这张唱片，将会欣赏到中国的古曲《高山流水》。地外文明何时可以一饱耳福？以迄今发现的最接近地球大小的宜居带行星开普勒452b为例，它距离地球有1400光年，而旅行者一号目前距离地球大约0.002光年。如果把地球与宜居行星之间的距离比拟成一个足球场大小的话，那么旅行者一号飞行的距离还不及这个绿茵场上一只小蚂蚁迈出一步。这还是旅行者一号利用了170多年才有一次的机缘巧合、行星特殊位置的机会，实现了木星和土星的借力，飞行了40多年才得以实现。由此可见，人类的"一小步"要面对多么大的困难。航天工程是巨大的、复杂的系统工程，而深空探测又是航天工程中极其富有挑战的领域，其特点为经费高、周期长、难度大。

　　再来看看中国的深空探测的发展。在人类首颗月球探测卫星、苏联的月球一号于1959年1月发射将近50年之际，中国的嫦娥一号于2007年实现月球环绕探测，拉开了中国月球与深空探测的大幕。2010年嫦娥二号实现了月球详查之后，再对图塔蒂斯小行星开展了飞掠探测。2013年嫦娥三号作为地球的使者，时隔37年后再次降临月球。2019年，嫦娥四号作为人类首颗造访月球背面的探测器，揭开了月球背面南极-艾特肯盆地的古老面纱。2020年，嫦娥五号在时隔44年之后，又一次带回了月球的土壤。2021年，中国第一个行星探测任务——天问一号火星探测任务取得圆满成功，人类首次通过一次任务实现火星环绕、着陆和巡视，祝融号火星车驰骋于红色的乌托邦平原。中国的月球与深空探测不断突破首次，夺取成功。同国外相比，我们迟到了将近50年，虽然步子稳、脚步大，但依然任重而道远。开展太阳系内所有行星、部分行星的卫星、小行星、彗星以及太阳的无人探测，对我们而言，征程才刚刚开始。

"知己不足而后进，望山远岐而前行"，只有站在巨人的肩上，才能眺望得更远；唯有看清前人的足迹，方能少走弯路。中国未来的深空探测已经瞄准了月球科考站、小行星和木星探测，并计划实现火星无人采样返回、太阳系边际探测等更具挑战的任务。为了更可靠地成功实现目标，必须要充分汲取所有以往的任务经验，而《太阳系无人探测历程》正是这样一套鉴往知来的读本。其深入浅出地详细描绘了截至书稿成书之时，整个人类深空探测发展的历史，对每个探测器的设计、飞行过程、取得的成果、遇到的故障都进行了详细的解读。如果你是正在从事深空探测事业的科研工作者或者是准备投身深空事业的学生，此书可以说是一本设计指南和案例库；如果你是一名对太阳系以及航天感兴趣的爱好者，那此书也会给您带来崭新的感受和体验。

本书的引入以及翻译都是由我国常年工作在深空探测一线并做出巨大贡献的青年科研人员完成，我和他们已经共同工作20多年，他们极具活力和创新力，总是在不断探索、奋进和成长！这一系列丛书目前共有四卷，在工作之余，完成这套译著确实并非易事。我很高兴看到他们以从事航天工作的严谨、执着与坚持，历经6年，终于将整套丛书呈现给读者。他们已把对深空探测的热爱和理解都融入这本书中，书中的专业名词的翻译都尽可能使用中国航天工程与天文学领域的术语与习惯，对于国内读者一定具有更好的可读性。

纵然前方重重艰难险阻，但深空探测是人类解开宇宙起源、生命起源、物质结构等谜题的金钥匙，是破解许多地球问题的重要途径，人类今后必须长期不懈地向深空进发，迈向太阳系边际也只是第一步，而离走出太阳系仍很遥远。最后想说的是，通过阅读本书，如果要问这几十年深空探测的历史初心是什么？NASA从事深空探测的科学家和工程师给出的回答体现在他们三个火星车的命名上：好奇、勇气和机遇。而2021年，中国人在航天强国的征途上也在火星任务上给出了自己的注解：天问！希望有越来越多的年轻人加入中国深空探测的行列，用自己的青春和智慧去点燃人类走向深空的灯塔。

叶培建

2021年7月

《空间科学概论》

作者：吴季　科学出版社

空间科学就是利用空间飞行器平台开展科学研究和实验，是航天事业的必然选择，也是其重要活动之一。对中国而言，在综合国力逐渐提升、科技创新成为发展的主要驱动力之后，大力推进空间科学的发展也就成为国家科技发展的必然选择。伴随而来的，一定是它对空间技术的强烈需求和拉动，以及对空间应用发展提供的理论指导和支持。

本书的作者吴季教授我认识很久了，作为多年的科学院空间中心的主任、中国空间科学学会的理事长，他为中国空间科学的发展做了大量的工作和重要贡献，是近年来推动我国空间科学发展的核心人物之一。在我国航天事业发展的基础上，吴季教授集多年来的经验和体会，吸纳了国际空间科学先进国家和机构的做法，编写了这本适合科学家、工程师以及管理者阅读的深入浅出的好书。本书也可作为相关大专院校的教材和相关课程的参考书。

首先，对于刚刚从事航天事业的青年学生，需要了解航天事业或空间事业的起源和背景。在继承和发扬"两弹一星"精神，推动中国空间技术、空间应用的同时，本书将背景延伸到了人类认识宇宙和太空的起源，从科学的发展来谈人类探索太空的初衷，关注空间科学；并将克服地球引力进入太空的火箭技术作为核心，以介绍空间技术的发展历史。这会大大地拓展初次接触航天领域的青年学生的视野。

对于工程师背景的航天人来讲，本书的第三章和第四章也非常具有特色：在全面而宏观地介绍了空间科学几个重要分支领域之后，画龙点睛地简述了各分支学科的重要科学前沿。这些前沿问题可以极大地激发读者和学生的好奇心。即使他们今后不从事具体的科学研究，仅仅是作为工程师或管理者参与这些空间科学任务，也会为能够从事如此有趣的科学前沿的探索而自豪。因此，这些背景知识的介绍，对于参与空间科学任务的所有人都是十分必要的。

在介绍了人类探索太空的必要背景知识以后，本书深入浅出地概述了航天技术的几大系统，其中特别突出了轨道、运载和航天器或卫星系统的知识，并着重讲述了执行科学任务的有效载荷与轨道、运载和飞行器之间的关系。无论是对参与空间科学任务的科学家还是工程师，这些知识都是非常必要的。对工程师而言，需要了解科学任务的需求和有效载荷；对科学家而言，需要知道轨道、运载火箭和飞行器的工程约束和边界在哪里。

与纯粹讨论科学和技术的专著不同，本书的特色之一还在于，用大量的篇幅讨论了空间科学任务的管理问题。吴季教授多年来和我们合作，在多次重大航天任务特别是空间探索任务中既承担着具体的技术工作，有所突破；又担负着重要的组织管理工作，具备丰富的系统工程经验。在本书中介绍的这些管理问题和经验，有些是基于我国航天60多年来的经验，有些则是他本人在他亲身领导和执行的重大空间科学任务的经验和体会。阅读和学习这些章节，可以从一个管理者的角度，俯视一个科学任务从规划、预研、遴选、立项、研制、发射运行到评估的全过程。而一个贯穿始终的大纲，就是对科学产出最大化的要求。本书中，作者把这一大纲阐述得淋漓尽致。我认为从事空间科学任务的人，如能细细品味、学习和认真地做好，则受益匪浅。

最后，作者用非常精炼的语言和图表，将空间科学、空间技术以及空间应用三者的关系进行了论述。可以看出，这三个最为重要的空间活动是相互需要、相互支持和相互促进的，也是密不可分的。

总之，这是一本非常好的书。它是作者在我国航天和空间事业60多年的发展中，对一个领域的总结和概述；是所有希望参与和从事空间科学任务的科学家、工程师和项目管理人员应该读的一本书；同时也会成为即将从事这项事业的青年学生的入门教材。希望这本书的出版能够为我国空间科学事业注入新的动能，促进这项事业更快、更好、可持续地发展。

叶培建

2020年5月

《空间技术与科学研究丛书》（外文版）

主编：叶培建　北京理工大学出版社、Springer出版社

China's space technology and science research have earned a place in the world, but have not been compiled into a series of systematic publications yet. In 2018, the series *Space: Science and Technology* edited mainly by me and coauthored by the leading figures in China's space industry was published in China, when China Academy of Space Technology was celebrating the 50th anniversary of its founding. This collection contains 23 volumes in Chinese, only 10 of which have been selected, recreated, and translated into English. In addition, each English volume has been recreated at the suggestion of the Springer, by deleting the contents similar to Springer's existing publications and adding the contents that are internationally advanced and even leading, and bear both Chinese characteristics and worldwide universality. This series fully reflects the knowledge and engineering experience recently accumulated by Chinese scientists and engineers in space technology and science research.

As Editor-in-Chief of this series, I always insist that this collection must be of high quality, either in Chinese version or in English version. First, the contents of this series must be condensed and sublimated based on the combination of theory and practice, so as to provide both a theoretical value and engineering guidance. Second, the relationships between past knowledge and state-of-the-art and between other people's work and our own new findings should be properly balanced in the book contents to ensure the knowledge systematicness and continuity and to highlight new achievements and insights. Each volume intends to introduce the readers something new. Third, the English version should be customized for international exposure and play a solid supporting role for China to contribute to the world's space field.

This collection consists of 10 volumes, including Spacecraft Thermal Control Technologies, Spacecraft Power System Technologies, Spacecraft Electromagnetic Compatibility Technologies, Technologies for Spacecraft Antennas Engineering Design, Satellite Navigation Systems and Technologies, Satellite Remote Sensing Technologies, Spacecraft Autonomous Navigation Technologies Based on Multi-source Information Fusion, Technologies for Deep-Space Exploration, Space Robotics, and Manned Spacecraft Technologies.

Spacecraft Autonomous Navigation Technologies Based on Multi-source Information Fusion takes deep-space spacecraft as application object and focuses on the method of multi-source information fusion and its application to autonomous navigation in the deep-space explorations. This volume focuses on estimation theory, fusion algorithm, performance analysis, autonomous navigation technique based on information fusion, and ground simulation test technique.

This volume is the fruit of the author's painstaking efforts and wisdom borne in his working practice. He has long been committed to the research of autonomous navigation technology of deep-space spacecrafts. He participated in the design of autonomous navigation scheme of Chang'e lunar exploration project. He has solved a series of key technical problems and made a number of breakthroughs. The autonomous navigation scheme for lunar exploration based on the research results of this volume has been successfully applied to the exploration missions of Chang'e series and will be applied to subsequent lunar and Mars exploration missions. Therefore, high practical value is one of the features of this volume.

Another feature of this volume pays close attention to the organic integration and later application of estimation theory, fusion theory, and autonomous navigation-technology. The book follows the principles of integration and simplicity, gradually unveils the theory of estimation fusion, and builds a bridge between theory and engineering technology to help readers embark on the road leading to spacecraft autonomous navigation.

The publication of this series adds a new member to the international family of space technology and science publications, and intends to play an important role in promoting academic exchanges and space business cooperation. It provides comprehensive, authentic, and rich information for international space scientists and engineers, enterprises and institutions as well as government sectors to have a deeper understanding of China's space industry. Of course, I believe that this series will also be of great reference value to the researchers, engineers, graduate students, and university students in the related fields.

Peijian Ye
Academician
Chinese Academy of Sciences
Beijing, China

《Transactions of NUAA》期刊"空天智能"专刊

人工智能（Artificial Intelligence，AI）技术的核心目的是用机器模拟人的思维过程，进而代替人完成相应的工作。到目前为止，关于人工智能定义也无一个统一的说法，仁者见仁，智者见智。但从基本内涵上可概括为："使机器可以像人类一样地感知、思考、认知、行动，让机器做只有人类的智能才可以做的事情。"AI技术的发展历程经历了三起三落，重要的阶段有：1956年，达特茅斯会议标志着人工智能学科的正式诞生，以冯·诺依曼、图灵为首的科学家试图通过符号化编程实现人工智能；20世纪60年代以来，随着相关技术领域的发展，人工智能研究在瓶颈与突破中曲折前进，到80年代进展很快，并且有了应用；20世纪末，对AI的发展要求更高，但由于硬件能力不足、算法缺陷等原因，人工智能技术陷入发展低迷期；进入21世纪以来，大数据、云计算等信息技术给人工智能技术发展带来了新的机遇，成本低廉的"大规模并行计算、大数据、深度学习算法、类脑芯片"等催化剂使人工智能技术的发展出现上升趋势，与此同时，新一代人工智能技术与工业领域深度融合，开始走向产业应用。纵观60多年来的发展脉络，可以看出人工智能技术发展起伏、现状火热、应用广泛、进步很大，但仍有局限，其前景很好，但也应审慎评估并深入分析。

《Transactions of NUAA》本期专栏主题为"空天智能"，关注AI技术在航空航天领域的发展及各类应用。在航天领域，AI的主要应用场景包括：航天飞行任务的计划与调度；飞行器本身的遥感、通信、探测，控制系统的故障诊断、结构重组和智能化；飞行器获取信息的智能化处理、相关的应用软件和系统等；空间和地面一体化测控等。其核心目标是提高飞行器的"自主能力"。只有针对具体场景开展细致、系统的研究，才能明确AI在航天领域发挥的具体作用。对于此，我有如下几个观点：

AI发展几起几落，但仍被追捧，说明AI是很好的技术，但不是万能的。

AI最初始的应用是在语音识别、文字识别、机器翻译、图像理解等方面，发展到现在仍然在很多领域不能从根本上解决问题。比如，无人驾驶汽车技术已经比较成熟，但并没有人真正敢开无人驾驶汽车。一讲起AI，人们常常会谈到AlphaGo对李世石围棋赛的完胜，说人和机器下围棋会输给机器，但这一例子也不能说明问题。AlphaGo之所以能够在围棋博弈中战胜人类，在于它摒弃了以往记忆棋局知识库的方式，转而结合深度强化学习和自我博弈训练得到策略网络与价值网络，并结合蒙特卡洛树搜索来学习。在这种方式下，AlphaGo实际上是将记忆的人类棋局和自我博弈积累的棋局结合起来进行自我训练，海量的对局使AlphaGo实现了自我进化，也就是说机器把许多人的智慧结合在一起，然后人再和机器比赛，就像人造了汽车又去和汽车比赛跑步一样，显得很滑稽和可笑。国内AI专家谭铁牛院士也曾谈过，至今机器翻译也不能译出"那辆白车是黑车"这样的句子。

AI本身的发展有一个循序渐进和完善的过程，并不是一蹴而就的。目前，引入深度学习的人工智能技术已经取得了长足的发展，并逐步转向实用，而实用性又推动了其快速发展。但是，人工智能技术距离好用、易用尚有一定差距，主要差距体现在：现阶段人工智能算法并非通用算法，特定算法仅在特定领域或应用场景有较好的效果；人工智能技术的成熟度相对有限，由于不需要专业人员设计系统参数，对参数意义不了解，对可能造成重大影响的参数事前控制能力不足；大数据、复杂的算法使其在应用中对资源的需求较大，限制了其应用场景；在有人参与的系统中，人工智能的控制权限设置过高，导致人机协同出现问题，波音公司的飞机似乎就出了这个问题。

航天和地面有所不同，其可用资源非常有限。AI在航天领域并不是万能的，有些场合传统技术比AI更有效。因此不能简单地把地面的环境和需求照搬到航天领域，一定要从根本上考虑和解决问题，然后决策是应用AI还是采用传统技术。AI应用的有效性和可靠性离不开学习过程，而学习就需要有样本。但是，航天器最大的特点是飞行次数很少，以至于样本很小，AI没有样本可学习，越是深空领域的任务越是复杂，也越需要AI，而恰恰此类任务全世界也不多，这是AI在航天领域应用的巨大瓶颈。所以AI在航天领域的应用要有所为有所不为，要针对AI技术的具体应用，充分分析实际任务需求，综合硬件资源、软件能力和地面协同能力等，系统评估人工智能技术带来的效果、好处和代价，使人工智能技术应用得到良好的发展。

要尽可能地把地面上民用和工业已有的AI一流成果转化应用到AI航天领域，不能从头开始，要从普通到专业，从专业到一般。也就是说，要把地面AI一流的应用成果，根据航天应用的专业化场景，找出解决的办法。航天领域多次专业化后，再找出航天领域应用的共性和通用性，这是好的发展道路。此外，由于航天领域的应用环境和地面不一样，航天AI应用要有相应的硬件研制措施。

对于AI在航天领域的应用，根据我自己几十年的航天实践和近40年的AI接触感受，我认为有以下几个方向需要深入研究：（1）始终把握AI的目的是稳步提高航天器自主性能；（2）利用各自专业优势，适度发展应用型深度学习算法；（3）使航天器软/硬件能力的协同发展发挥最佳功能；（4）充分借鉴地面人工智能技术发展经验，探索航天AI"通用—专用—通用"的发展应用路线；（5）加强国际、国内合作，充分积累航天数据样本，构建地面数据支撑与仿真验证平台。

上述是我对AI在航天领域应用的一些观点，其在航空领域应用优势和发展瓶颈估计也大致类似。在AI研究如火如荼的今天，《Transactions of NUAA》出版"空天智能"专刊具有现实意义和长远眼光。本期专栏包括了飞机智能除冰、智能飞行控制、智能参数预测、智能目标识别、智能航域规划等方向十余篇文章，相信这些高质量论文能够促进航空航天领域科研工作者对于"空天智能"技术的研究和交流，共同努力提升AI在航空航天领域应用的深度和广度；助力我国航空航天科技的快速发展，为建设航天强国做一份贡献。

叶培建

2021年8月

《揭秘火星》

作者：肖龙

浩瀚宇宙，灿烂星空，是人类共同的诗和远方。嫦娥奔月的神话故事寄托了中华民族数千年对月球的好奇和向往。诗人屈原的《天问》更是问出了中华儿女对浩瀚宇宙奥秘的苦苦思索。如今，我国的嫦娥探月工程已经圆满实现"绕、落、回"三步走的目标，成功从月球取回了样品，实现了九天揽月的梦想。

显然，中华儿女的飞天之梦不仅仅是月球，还有更为遥远的天体，那里有很多未知需要我们去探索。太阳系的天体与地球几乎同时形成，但是它们现在的面貌却大相径庭，为何只有地球上出现了生命，火星上是否有生命？即使火星现今不具备生命生存的条件，火星是否曾经具有过形成生命的条件呢？如果人类真想走出地球这个摇篮，火星会成为我们新的家园吗？我们有没有能力将火星改造成适宜人类居住的星球？人类为解开这些谜团，已经从早期的遐想，到望远镜时代对火星表面的观察，发展到如今可以发射探测器去对火星进行全面的科学探测的新阶段。作为火星探测俱乐部的新成员，中国的"天问一号"火星探测任务的成功实施，为人类火星探测注入了新的强大动力。

如今，我国的"天问一号"火星探测器已经成功实现"环绕、着陆和巡视"火星的三大工程目标，在这个载入史册的时刻，《揭秘火星》图书的出版，可谓适当其时，也是给"天问一号"的工程献礼。

本书的作者肖龙教授和他的团队，这些年来一直和我们紧密合作，参与了嫦娥探月工程的一些基础研究、工程实践及科学数据的开发应用，是个很有专业水平的团队，他们能热心航天科普，在工作之余写下本书很值得称赞！我感到高兴的是近几年有越来越多的专家和团队关心航天科普并积极投入，我所知的已出版了十余本（套）有关月球和深空的科普书籍，特别是为青少年而写的科普书更受欢迎，这是个好现象，值得大力提倡。

本书全面回顾了人类火星探测的历程，总结了火星探测的历史和取得的成果，清晰展示了火星表面各种奇妙的地貌、地质特征，特别是着重介绍了我国"天问一号"和"祝融号"的情况，更感亲切和振奋，并展望了未来对火星探测的期许。

我相信读者会喜欢这本书，并期待更多的青少年读者心怀梦想，将来为中国的深空探测事业贡献力量，助力中华民族的伟大复兴。

叶培建

2021年9月

附二：关于开展小天体探测的建议

1　前期研究概述

在目前已有共识的我国深空探测路线图中，小行星是四次规划任务之一，"十三五"国家重大专项中列入了"深空探测"且火星探测任务已经立项，我们应积极主动地开展小行星探测任务立项的前期工作。根据这个思想，几年来课题组在五院院士基金课题、院科技委发展研究课题等支持下，持续跟踪国际发展动态，深入调研与分析，先后开展了"小行星监测与防御技术""小天体策略研究（含目标选择）""小行星资源开发与利用技术"等课题研究，均已顺利结题。开展各课题研究的主要目的在于研究小天体探测的技术和科学需求、定位和相关热点技术，梳理小天体探测关键技术体系，开展典型小天体探测任务技术途径分析，为我国后续深空探测发展梳理思路，提出小行星探测发展路线和建议。

从研究内容上说，"小天体策略研究（含目标选择）"课题为总纲，提出了我国后续的小天体探测发展路线建议；"小行星监测与防御技术"和"小行星资源开发与利用技术"分别结合小天体探测最具发展前景的热点技术方向，开展了重点的专项研究。研究主要内容及成果包括三个方面：

(1) 小天体策略研究（含目标选择）

在我国迄今还没有明确的小天体探测整体实施规划的背景下，对小天体探测策略开展研究，主要包括以下工作：

(a) 高起点、高要求制定了我国小天体探测三步走的发展路线图。第一步：返回（可达性），第二步：操控（主动性），第三步：利用（全面性）。

(b) 提出了发展路线图中第一阶段和第二阶段任务的技术途径和初步方案。第一阶段任务突破伴飞、附着、采样等关键探测技术，比如可通过一次发射，实现对近地双体小行星 65803 Didymos 的交会，实现主星采样探测和从星附着探测。从主星采集小行星样品返回地球，通过从星的长期驻留和表层探测，获取其精确轨道特性和成分结构信息，实现近地小行星防御技术的演示验证，通过短期的撞击和长期的离子束牵引等防御技术进行小行天体防御技术验证；第二阶段任务为当未来地外天体轨道可能与地球交会时，可以大量拖延小行星撞击地球的时间或直接将小行星转移至安全地带，从而保护地球。

(c) 研究了"目标选择""主动防御""主动操控"和"地球撞击危害评估"四个专项技术。分析总结了目标选择的光谱类型、尺寸分布、物理特性、轨道特性四项关键要素；以高危小行星 Apophis 为例对不同防御技术途径进行了效能分析比对；给出了主动操控的约束条件、目的地选择以及任务流程的分析；提出了小行星撞击地球评估体系。

(d) 梳理出了我国发展小天体探测需要重点关注的共性关键技术。主要分析了探测目标星选择、轨道设计、导航控制、先进推进、表面操作等技术的主要特点和内容。

(2) 小行星监测与防御技术

课题聚焦小行星探测的三大目标之一"试验减缓近地小行星撞击地球风险的方法"，对小行星监测与防御技术开展研究，主要包括以下工作：

(a) 研究了小行星监测预警与防御领域政策。分析了"联合国和平利用外层空间委员会近地天体行动小组"等5个国际组织以及美国等多个国家相关政策。

（b）梳理分析了地基和天基小行星监测预警系统技术发展趋势和关键技术。重点梳理总结了天基预警的大口径望远镜、光学载荷望远镜设计、新型材料及结构设计、高精度远程姿态/轨道控制、高精度热控等技术，给出了基于动平衡点的天体预警组网观测可行性研究。

（c）深入研究了小行星防御技术途径。选择了核爆、动能撞击、引力牵引、聚光烧蚀、拖船、太阳光压、质量驱动、离子束牵引等8项小行星防御技术途径开展了研究，并进行了比对分析。

（d）初步建立了小行星防御效能评估体系。分别对都灵危险指数小天体撞击威胁评估体系和巴勒莫小天体撞击危害等级评估体系进行了分析，提出了评估体系的作用效果、反应时间、探测器任务需求和技术成熟度4个维度，对各技术途径进行了效能评估。

（e）以阿波菲斯小行星为实例，开展了高危小行星主动防御技术概念方案设想。通过环绕器伴飞，演练引力牵引或离子束牵引技术，通过附着探测提供的主动信标，实现Apophis的轨道精确测定和引力牵引评价。

（3）小行星资源开发与利用技术

"小行星资源利用与开发"是小行星探测的高级阶段，课题围绕"选、探、控、用"四个方面进行重点研究，分析并梳理了各方面涉及的主要技术问题，针对性地提出了技术发展重点。

（a）小行星资源开发与利用趋势发展分析。主要趋势包括：小行星探测任务围绕三大科学问题中的太阳系起源与演化、对地球灾害影响来推动开展；小天体资源开发价值日益凸显；小行星探测已拓展至操控阶段；趋向国际合作，民营公司活跃，致力于资源开发。

（b）"选、探、控、用"的主要技术问题梳理与分析。"选、探、控、用"符合小行星资源开发与利用的发展规律，由易到难，层层递进。首先是对待开发利用的小行星进行选择，存在从发现到识别等一系列问题；然后需发射探测器，首先进行近距离探测，对小行星环绕探测，测绘并分析资源分布；并释放着陆器或移动机器人对小行星表面物质进行采样分析，为后续开展资源开发利用提供数据，存在小行星到达以及近距离探测的问题；接着对小行星运动状态的改变、轨道特性的改变以及对小行星地形地貌的改变，存在捕获的诸多问题；最后给出了利用的资源开发、星际航行、防御进攻等平台的构想，存在着资源利用、科学研究、载人探测以及法律法规相关问题。课题对梳理的各问题都进行了分析。

2 小行星探测意义

太空是人类继陆地、海洋和大气之后开拓的第四活动空间，是探索科学新发现、增进与展示新技能、特殊资源开发与利用的国际竞争制高点。小行星，特别是近地小行星，是近期太空探索最有价值的目标之一，是人类进一步发展航天深空探测能力、拓展航天任务范畴的重要宝库。人类探索和开发小行星的设想，早在百年前就已经提出。随着科学技术的发展，现在人们已经具备使该设想变为现实的技术。

发展小行星资源开发与利用技术，充分利用小行星自然天体资源，可为我国推动"物质构造、意识本质、宇宙演化"等基础科学研究，发展小行星防御，走出外太空，实施太空资源开发等方面积累关键技术。其意义主要包括：

（1）揭示生命起源，促进基础科学发展

小行星是46亿年前太阳系初期形成的行星体，其独特的物理、化学特性和矿物质特性，将成为揭示太阳系起源及演化过程等重大科学问题的关键。科学探测与研究将是小天体探测任务的主题，以科学需求为牵引也成为美国、欧洲、日本等国家和地区后续小天体探测规划的主要出发点。

通过小行星探测可探测小行星内部结构和组成成分，对探索小行星的起源和形成机制、探索小行星母体内部的熔融分异机制、探索地球生命起源以及探索恒星演化和行星形成关系、评估近地小行星撞击地球的威胁等具有重要的科学意义。其原创性科学成果，将对我国地球与行星科学、太阳系演化、空间物理学、空间材料科学、空间环境科学等学科的原始创新和发展起到极大的促进作用。

（2）利用天然资源，促进太空工业发展

利用太空资源是实现永久太空开发的唯一方式。每年有900多颗小行星与地球擦身而过。小行星比重偏低，特别是C型小行星，可能含有20%的水。除水以外，小行星还蕴藏其他稀有金属和矿产资源，成为潜在的"地外矿藏"，可以为人类开发利用。金属M型小行星多蕴含铁和镍元素，含量中约90%为铁，其余约10%为镍。此外还可能含有铂、钴、铑、铱、锇等珍稀金属。可以预见，随着相关技术的发展和成熟，小行星上的金属和燃料能够扩展太空工业发展，可作为人类开发矿产资源的下一个目的地。

（3）保护地球安全，建设行星防御体系

一直以来，地球面临着地外天体撞击的巨大威胁。远古时期的恐龙灭绝，就是由于小行星撞击造成的灾难性后果。2013年2月15日，一颗小行星以每秒30公里的速度进入大气层，并在车里雅宾斯克地区上空约30公里高度发生猛烈的爆炸。据评估陨石直径约为15至17米，质量7000吨至1万吨，爆炸当量约350万吨，相当于1945年广岛原子弹爆炸当量的30倍。而就在这次袭击18小时之后，另一颗小行星2012DA14从与地球相距3.4万公里的地方高速掠过。这些均为人类敲响了警钟，都在不断地提示着全人类应该高度重视并采取有效措施建立小行星防御体系。

目前全世界对于小行星的起源、飞行轨道、物理特性、内部构造等的了解还处于初级阶段，仅仅通过地面观测和若干无人探测获得了有限的认知。实施小行星资源开发与利用，逐步突破小天体目标监视、地外天体操控等技术，建设、健全地基和天基监测与防御体系，这些发展起来的技术和基础设施体系可促进近地物体探测、跟踪和识别能力的发展，提前发现来自太空的撞击威胁。同时,小行星操控技术具有明显的军事应用潜力,可以控制小行星或陨石实施对地打击,目标以高速再入地球,目前所有的防御手段均无法防护,可大大提升战略威慑力。

(4) 推动技术进步,带动新兴技术转化

实施小行星探测与资源开发利用,其工程难度与显示度有着量变向质变的提升。完成地外天体探测、捕获、操控与开发,在复杂轨道设计实现、自主导航控制、深空探测与通信,复杂热环境条件下热控、新能源利用、先进推进等方面的大量难点问题,也是我国后续走向外太空必须要解决的关键技术。通过实施小行星资源开发与利用,可带动空间机器人技术、天文导航、新兴材料制造、新兴电源制造、极限高低温热控保障、地外天体结构成分识别等众多新兴技术的发展。同时,新兴材料制造、新兴电源制造等技术还可转化应用到新能源汽车等众多民用产业当中,带动相关行业技术的发展。

(5) 开辟新兴疆域,彰显航天强国地位

小行星资源开发与利用对国家未来抢占深空探测主动权和制高点有着不可估量的战略意义。操控一个地外天体并对其进行资源开发与利用,足以为人类探索空间开辟新的纪元。小行星资源开发与利用是一个巨大的系统工程,是国家综合国力及科技创新的综合反映,可极大地彰显航天大国地位,促航天强国转变,具有显著的政治意义。

3 小行星探测技术挑战

小行星探测在工程实施和科学研究方面将面临多个关键技术问题,按照任务的发展脉络,在"选、探、控、用"等方面涉及诸多关键核心技术。

(1) "选"的问题:针对小行星资源利用与开发任务的特点,需解决小行星目标的选择问题,包括小行星目标的发现、小行星目标的参数识别与分析、小行星目标的科学价值评估与工程可行性分析等。

(2) "探"的问题:针对选择的小行星目标,需解决探测器到达小行的问题,包括大质量探测器的发射、长时间星际飞行电源与燃料供给、深空暗弱目标自主导航、弱引力天体捕获、近距离探测、小行星目标物理信息获取、弱引力天体的着陆与附着、弱引力天体表面运动等技术问题,即解决探测器对小行星目标的可达和初期探测问题。

(3)"控"的问题:针对选择并到达的小行星目标,需解决如何在近距离实现小行星的操控作业问题。包括:通过初步探测与参数识别,实现对小行星自旋状态、轨道运动状态以及局部地形地貌的操控,包括对小行星消旋,将小行星整体轨道偏移或转移至目标区域,将小行星部分切割并转移等。

(4)"用"的问题:针对操控后的小行星目标,需解决无人或有人参与的小行星资源利用与开发问题。开展小行星的资源开采与综合利用,包括小行星资源的实地利用、小行星自然平台的利用、小行星基地的建设与维护以及涉及载人登陆小行星探测等技术问题。

为实现小行星资源利用与开发,需面临的技术体系如下图所示。

小行星资源利用与开发技术体系图

4　小行星探测规划建议

结合国内外小天体探测构想、规划和任务，以及我国现有的技术储备和未来技术发展趋势，提出我国小行星资源开发"探、控、用"的三步走发展策略。

第一步：探（可达性）

我国探月工程的稳步开展，为后续深空探测任务奠定了坚实的基础，所以为了更快地跻身世界小行星探测领域的先进行列，我国小天体探测的第一步应以"高起点、高要求"为原则，拟通过一次任务，实现以近地小天体采样返回为主，以主动操控技术演示验证为辅的任务目标。在任务开展过程中，突破轨道借力、长寿命电推进、非合作目标交会、弱引力天体采样和第二宇宙速度返回再入地球等关键技术，并通过短期的撞击和长期的离子束牵引等防御技术进行小行天体防御技术验证。

第二步：控（主动性）

将小行星操控至月球或者日地拉格朗日点轨道，更有利于后续对小行星的开采和利用。因此，我国小天体探测第二步以近地小行星为目标，实施接近、伴飞、主动操控变轨至日—地L2点，发展天文导航、大范围轨道机动与控制、新型材料制造、新型电源制造、极限高低温热控保障、非合作目标姿态轨道识别、地外天体结构成分识别等新兴技术，形成对外太空非合作目标的主动操控能力。

通过小行星主动操控计划，同时也构筑小行星防御体系，消除地外天体撞击对人类家园的致命威胁，具有巨大的应用意义与开发潜力。

第三步：用（全面性）

通过前两步走，我国应已全面掌握了小行星探测的所有共性技术，后续应以小行星的"资源利用"为目标进行任务的规划。小天体探测第三步可选择一颗具有特殊资源的小行星，通过机器人开采探测，或者主动操控通过改变其轨道，使其成为一颗地球或者月球卫星，以载人或者无人方式对其资源进行开采。

5　后续建议

小行星探测任务是一项大的系统工程，将面临更多的新技术挑战，前沿性和基础性问题更多。我国目前技术基础及相关研究与国际先进水平相比差距较大，与工程实施相关的基础技术和瓶颈技术尚未得到国家层面的支撑和安排。为后续有效地支持和推动我国的小行星探测活动，提出建议如下：

(1) 统一目标，加强各方合作，成立专职队伍推进各项工作

习近平主席指出"从全球范围看，科学技术越来越成为推动经济社会发展的主要力量，创新驱动是大势所趋。新一轮科技革命和产业变革正在孕育兴起，一些重要科学问题和关键核心技术已经呈现出革命性突破的先兆。物质构造、意识本质、宇宙演化等基础科学领域取得重大进展，信息、生物、能源、材料和海洋、空间等应用科学领域不断发展，带动了关键技术交叉融合、群体跃进，变革突破的能量正在不断积累。"

实施小行星探测，逐步开展资源开发利用是解决生命起源及太阳系演化等重大科学问题，研究撞击地球防护等人类关注问题的有效方法，既有利于推动我国深空探测、空间科学的发展，填补我国乃至国际空白；也可以在全社会广为传播科学知识、科学方法、科学思想、科学精神，激发年轻一代探索追求精神，达到为我国的科技发展提供强大的基础和后劲。因此建议加强工程研制、科学研究、政府部门等之间的统筹协调与密切沟通，统一思想，充分认识实施小行星探测的工程、科学、战略等意义。

因此为更好地开展小行星探测，应集合我国各航天院所的工程技术优势，以及中科院和高校的科学研究储备，他们中的部分单位已经在这个方面做了一些有意义的研究和工作。需要充分加强多方合作，成立专职的研制队伍齐

（2）创新驱动，深化顶层规划，尽快推动首次任务立项实施

《中国制造2025》中把航空和航天装备制造列为中国大力推动突破发展的重点领域，并明确指出中国航天业发展的要求是："发展新一代运载火箭、重型运载器，提升进入空间能力……推动载人航天、月球探测；适度发展深空探测；推进航天技术转化与空间技术应用。"

针对《中国制造2025》中提出的对航天发展要求，我国深空探测活动目前以月球及火星探测为主线，后续实施小行星探测需进一步做好系统顶层谋划，综合考虑任务定位及创新点，利用有限的探测次数获取更大的科学及技术成果，持续、协调地开展机器人探测与载人探测衔接，推动探测活动向太阳系深处拓展，牵引新兴技术发展。结合实际现状，任务实施上建议可尽快实施规模小、成本低的近地小行星监测望远镜等前哨任务，及早建立、完善国内小行星监测和跟踪体系，保护不受小行星任何潜在的自然或者人为的威胁，并在首次小行星探测任务规划中实施操控技术项目在轨验证，为后续小行星资源开发奠定技术基础。

（3）持续研究，加强基础技术，提前储备各项核心技术

针对小行星资源开发与利用涉及的诸多技术，建议后续通过国家自然科学基金、重点研发项目等渠道给予支持，建立长期稳定的人力、物力资源投入机制，重点对需要提前开展的基础技术进行支持，加强研究力度。开展与高校、研究院所等技术合作，通过合作借用各方资源，推动相关学科交叉和发展，研发高优先级技术，提升技术能力和竞争力；充分发挥能力驱动优势，分阶段实施，提升进出空间、地外生存等核心能力，为工程发展创造更大主动性和灵活性。五院作为空间技术的主力军，深空探测路线图实施者，应有主人公意识，及早开展工作。

6　结束语

小天体数量众多，目前人类对其认识还非常有限，国际上已将小行星探测同月球探测、火星探测作为未来深空探测的热点，而国内诸多科研院所在小天体探测领域已开展了相关关键技术的攻关，尽早抢占先机，为后续任务早做谋划，竞争日趋激烈。

我国作为一个世界大国和主要航天国家，在月球探测、火星探测之后，更应在小天体探测这一战略高新科技领域占有一席之地、有所作为。未来小行星等此类天体一旦成为战略重点和资源争夺的热点，将面临如何维护国家利益和保护安全等众多问题。因此，尽早开展研究用于探测、探索、开发小行星的相关技术十分必要；而五院作为深空探测的主力军，理应代表国家，尽早地有计划、有步骤地开展小天体探测的预先研究，推动小天体任务的立项。

附三：小行星操控和地外天体资源开发利用技术体系研究及发展策略建议

1 前言

随着人类活动范围的进一步扩大，在陆地、海洋、天空之后，太空便成为一个新的可考虑空间。为了使人类在地外天体具有长时间的生存能力，并实现太空的可持续探测，使人类具备脱离地球的生存能力，就需不依赖从地球进行物质和能源补给，为此亟需开展太空资源利用的研究和实践。月球、火星、小行星等地外天体上都含有人类生产、生活所需的水资源和矿物资源等。可以预见，随着进入太空的需求和技术水平的发展，地外天体资源开发与利用将会提上日程，并可能催生地月经济圈、地外天体采矿、太空制造等新兴商业领域发展；富含资源的地外天体将成为新航海时代大国拓展发展空间、争取更多资源、竞相关注的"太空岛屿"。目前国际上某些国家虽然从各个层面在推动地外天体资源开发利用，但相关活动多停留于概念探索阶段，尚无实质性进展。对其的主要争议集中于地外天体资源开发利用的必要性和可行性：①长期的战略性意义分析不足，未围绕人类的发展需求，探讨采集地外天体资源的实际价值，即太空资源对人类发展的价值未形成有力的结论；②分析均通过理论模型开展，且模型基于大量的假设，可行性分析存在不确定性，且技术路线不清晰。

而小行星操控技术是小行星资源开发利用和小行星防御的重要支撑技术。在以月球、火星、小行星为代表的富含资源的地外天体中，小行星数目众多，是地外天体资源开发技术在轨验证的天然试验场。而另一方面，近地小行星撞击是影响人类生存发展的重大威胁之一，可能引发地震、海啸、火山爆发，甚至造成全球性生物灭绝和文明消失，因此需要重点针对小行星资源开发利用和小行星防御等方面加以统筹考虑，优先攻克小行星操控技术。国际上现已经开展了大量小行星操控的原理验证，目前主要的研究方案聚焦于改变小行星现有运行轨迹，使其偏离或将小行星整体或局部带回地球附近。有关国家计划通过以小行星为目标对象，逐步发展对外太空非合作目标的主动操控能力。尽管开展小行星操控技术研究至关重要，当前也提出了若干技术途径，但是缺乏量化分析，更无实践案例，需要结合技术成熟度、效费比等开展对比与分析。

我国作为一个大国，进入太空是必然的，在现有基础之上，关注这个领域是必须的，也是刻不容缓的。针对以上问题，本报告主要开展以下4方面的研究内容：

（1）围绕火星、月球和小行星，开展地外天体资源开发利用的内涵分析，结合战略意义、任务收益和面临的挑战，给出技术发展的必要性分析；

（2）针对火星、月球和小行星资源开发利用的特点，开展关键技术分析，提出亟需解决的关键点和难点，形成技术发展体系建议；

（3）围绕小行星操控技术，建立典型应用场景，开展不同的技术途径对比分析，结合工程实施难度、效费比等因素，给出可行性分析；

（4）从顶层规划小行星操控与地外天体资源开发利用技术重点发展方向，提出符合我国国情的发展策略建议。

2 概念与内涵

目前围绕地外天体资源开发利用，国际上相关组织、主要研究机构提及较多的术语包括太空资源、原位资源利用、地外天体采矿等。

太空资源（Space Resources）：国际上，"太空资源"尚无统一的定义，美国《2015太空资源探索与利用法》给出的定义为：太空资源是在外空原位发现的任何种类的自然资源；海牙国际空间资源治理工作组给出的定义为：太空资源是在外层空间可采的原位非生物资源。

原位资源利用（In-Situ Resource Utilization，ISRU）：旨在通过勘测、获取、利用地外天体的天然或废弃资源，增强人类在地外空间的自给自足能力，最大限度地减少对地球供给的依赖，从而使人类真正走出地球，迈向深空，实现可持续发展。具有ISRU价值的包括水、星壤中的矿物和火星大气资源等。

地外天体采矿（Extraterrestrial Mining）：暂无官方定义，多见于国际上一些商业公司的战略目标及研究机构的学术研究报告中。主要是指在地外天体采集地球上稀缺的资源，并将其携带回地球，利用其商业价值获取利益，并供人类所利用。具有开采价值的矿产主要包括月球的氦-3、小行星的铂族金属与地外天体的稀土金属等。月球上具有开采价值的主要包括氦-3和月壤中含有的稀土元素、铀、钍；火星的矿产资源不是焦点，主要聚焦在火星大气和水资源；金属质小行星可能富含有稀有金属资源，主要包括铂族金属与稀土金属。

3 调研概况

3.1 各国技术发展现状

3.1.1 月球

阿尔忒弥斯月球探测计划。2020年9月，NASA正式公布了美国阿尔忒弥斯月球探测计划，根据其任务规划，将于2021年开展月球无人探测，在2024年前运送美国宇航员重返月球，在2025—2030年建立环月轨道空间站和月球表面基地以实现美国月面持续驻留。目前看，这些计划都有延后的可能。阿尔忒弥斯计划的月面技术创新激励是一项针对机器人和宇航员月球探测的技术综合提升项目，包括月球资源开发、月表挖掘制造与基地建设等。

技术发展现状。美国及加拿大等国开展了多次地面演示验证试验，实现了利用月壤模拟样品进行水资源、氧气资源（效率9.5%~10%）等的制取，充分验证了月球ISRU的可行性。

3.1.2 火星

毅力号火星探测器。由MIT和JPL联合研制的火星氧气原位资源利用试验装置在2021年4月实现了将火星大气中的二氧化碳转化为氧气，生产效率为每小时产生10g的氧气。

技术发展现状。火星ISRU主要集中在利用火星气体制造氧气、甲烷，其中氧气制取计划在现有火星在轨验证的基础上，进一步推动工程化；甲烷制取正在开展地面验证试验，目前产率为32g/h。

3.1.3 小行星

小行星重定向任务。美国在2010年提出小行星重定向任务，计划实现人类历史上首次小行星抓捕，并将其转移至月球轨道，随后运送航天员对其进行勘探和开采。在2017年6月，该任务无限期推迟，主要原因为任务的真正目的不明确，与载人登火目标联系不紧密，任务成本和技术风险巨大。

技术发展现状。主要集中在小行星表面挥发物的收集和提取，Honeybee Robotics公司通过钻取和加热采集冰土来提取小行星蕴含的水，目前技术成熟度在TRL5；TransAstra公司提出了聚光加热+口袋抓捕的方式，目前技术成熟度仅在TRL1~2。

3.2 各国政策法规

国际法律政策。2015年至今，为了进一步在国际层面得到法律方面的支持，由美国安全世界基金会和深空工业公司为主资助的海牙国际空间资源治理工作组积极寻求制定新的空间软法。预计未来美欧将继续以海牙工作组为依托，在联合国外空委之外形成太空资源探索与利用的新的国际法框架,力争在其他国际法中寻找依据,突破《外空条约》和《月球协定》的限制,以保证商业企业的利益,促进有关产业的发展。

各国政策。考虑到在现有政治外交环境下难以达成外空领域新的国际法,无法通过国际法为商业化空间资源探索与利用活动提供法律保障,美国和卢森堡先后通过国内法的形式明确了私人企业对所开采的空间资源的"所有权"/"财产权"。由于美国在航天领域、太空资源探索与利用领域具有较强的技术优势,因此该系列政策可以说是旨在推进太空资源"私有化"进程,利用其技术优势率先抢占战略制高点,进一步巩固美国的太空霸主地位。

3.3 国内基础

在多个重点项目支持下,国内多家机构正在开展水冰资源采集技术、地外人工光合技术、原位增材制造技术、原位储能发电技术等原位资源利用方法的探索研究,并积极推动空间飞行试验验证。

3.4 基本结论

基本结论如下:

(1)目前国际上以美国为主的有关国家对于地外天体资源开发利用开展了一些支撑技术的研究,月球的ISRU技术完成了地面实验验证,美国的火星氧气原位资源利用试验装置首次成功实现了将火星大气中的二氧化碳转化为氧气。现阶段,月球和火星的探索技术基础相对更为成熟,相比之下,小行星的资源开发利用大多为一些概念研究与技术探索,曾经提出的小行星重定向任务任务计划也遭遇搁置。

(2)目前以美国为首,通过推动国际立法和在本国制定国家法律等方式,试图跳出联合国外空委框架来为美欧企业"合法"开展地外天体资源探索与利用活动提供国际法依据,为商业活动的实施提供法律保障,发挥导向性作用,推动投资和开发空间资源探索与利用相关活动。

(3)美国牵头提出了阿尔忒弥斯计划,企图建设一系列的地月空间基础设施及月面基地使得持续长期的月球探测和月球资源开发成为可能,目的是对内树立国家威望,对外彰显美国航天实力,涉及范围和参与主体广泛,有助于形成以美国为首的深空探测开发同盟。

4 地外天体资源利用必要性分析

4.1 月球

综合我国的航天发展战略,应注重地月空间、月球资源和月球本身的战略意义。月球是离地球最近的地外天体,是人类进入太空的"跳板",一方面着眼于月球的重要地位,另一方面围绕月球探测活动要有主导国际规则的话语权。

我国开展月球资源利用的必要性包括四个方面:

一是在月球探索与开发中占有重要一席。美国积极发展地月空间基础设施及月面基地,地外天体资源开采将成为太空博弈的新战场。月球基地的建设必将帮助实现在地月空间的力量延伸,在月球探索与开发中占有重要一席。

二是建立深空探测的前哨阵地和中转站,拓展人类的生存空间。利用月球表面资源实现人类的长期居住、生产、试验甚至建立发射基地,必将帮助人类实现地外空间的可持续发展,最终探索更加遥远的外太阳系,建立未来的太空大航海时代。

三是建立国际"朋友圈",具有主导国际规则发展的话语权。月球资源利用实施规模庞大,需在支撑政策的扶持下,通过双边、多边的方式开展大协作,营造有利的国际合作环境,建立与巩固国际"朋友圈",同时,具有主导国际规则的话语权。

四是作为火星资源利用所必需的技术验证平台。月球表面的低重力环境和高真空状态是天然的技术试验场,可以作为资源利用技术的验证平台,在以月球为平台催熟了相关技术的基础上,人类可以逐步再克服火星表面的暴风和沙尘环境所带来的技术挑战,为未来任务实施奠定技术基础。

4.2 火星

火星是人类征服太阳系、继而征服银河系的第一步。国际太空探索协调组先后出版了多版全球探索路线图,为各国政府在人类航天探索方面的国际合作确定了"从地球轨道空间站,以月球轨道和小行星为跳板,最终实现载人登火和建设火星基地"的发展路线图。火星资源开发利用可以降低成本,提高任务安全性,是载人登火和建设火星基地必不可少的支撑技术。

4.3 小行星

小行星数量众多,其资源"先取先得",是地外天体资源开发技术在轨验证的天然试验场;另外,近地小行星撞击是影响人类生存发展的重大威胁之一。小行星资源利用涉及发射、运输、操控、防御等环节和活动,可抢占战略制高点,大力推动航天技术发展。

5 地外天体资源利用可行性分析

针对月球、火星、小行星等天体,主要围绕资源分布、任务收益和技术成熟度三方面开展可行性分析。

5.1 月球

月球上可以利用的资源主要包括月壤、水冰和氦-3。月壤物质具有防辐射和隔热等特性,可对其进行采集并加工为月球基地所需的建筑材料,也能获得建设基地所需的塑料、硅、金属等物资。水可用于维系人类在月球上的生存,还可以用于制取氧气。氦-3是源自太阳风的月壤挥发物,主要通过对月壤直接加热而提炼获得,氦-3核聚变反应能够产生巨大的能量。

可行性分析主要结论如下:

(1) 资源分布。月壤中钛等矿物的相对丰度和绝对丰度在不同地区是有变化的;稀土资源主要分布在克里普岩中,而月球正面风暴洋区域可能就是克里普岩的分布区域;水冰可能存在于两极永久阴影区域;氦-3主要存在于全球月壤颗粒中，Apollo-11岩石样品氦-3浓度为9.5ppb（十亿分之一）。月球的矿物全球分布相对确定，仍需开展局部勘查确定资源的详细分布。

（2）任务收益。利用月壤、永久阴影区的水进行ISRU，可以帮助降低发射质量和发射成本，是当前主要的技术发展和应用方向；氦-3核聚变反应可以产生巨大的能量，具有运输回地球的潜在价值，但氦-3对于采集的条件要求相对严格，且地面通过核聚变来产生能源的技术距离实际应用也存在不小的差距。受技术水平限制，当前阶段运输氦-3返回地球的收益还较为有限。

（3）技术成熟度。国际上部分国家在资源原位利用演示样机方面开展了相关工作，通过地面演示验证试验，实现了利用月壤模拟样品进行水资源、氧气资源等的制备，验证了在月球表面资源采集原理的可行性，但仍然需要克服极低温生存、低光照下的能量供给、资源采集和转换各个环节的系统效率和可靠性等技术挑战。

5.2 火星

火星资源包括火星大气、水、风力资源等，可以对其进行提取制取氧气、甲烷、水以及储备电能；火壤和月壤化学成分类似，主要差别在Al_2O_3和SiO_2的占比，亦可用于火星基地的建设。

可行性分析主要结论如下：

（1）资源分布。火星大气中二氧化碳的占比约为95%；水主要分布于两极和中高纬度区域，含水量预估大于90%，但是通常位于1~3m的地下，表层火壤中含水量较低；在某些环形山周围可能存在马蹄形大气涡旋，导致较高的风速，可供风力资源的开发利用；美国好奇号火星车曾在火星夏普山附近发现可能存在矿脉，并存在硫酸钙、硫酸镁、氟和少量的铁等，还有待后续任务进一步确认。目前来看，火星矿产资源并不是火星资源利用的重点。

（2）任务收益。相比月球，火星距离地球更远，火星ISRU技术的优势在于能够显著减少人类进行长期火星探测的推进剂运输需求。

（3）技术成熟度。氧气和甲烷制取具有一定的可行性，并已进行了试验验证；水由于分布在地表较深处，对其开采难度极大；风力资源利用的可行性尚需论证；月壤和火壤化学成分类似，因此材料提取和加工方式类似，由于火星的工程实现代价更大，目前国际上还是以攻克月壤的提取和加工为主。

5.3 小行星

目前小行星资源利用的主要目标聚焦在水资源和稀有金属，C类小行星可能富含水分，理想情况下可提取的水的质量比能够达到10%甚至20%，某些金属类小行星上可能含有稀有金属。

可行性分析结论如下：

（1）资源分布。小行星资源含量差异极大，目前采用的模型分析法表明，50m直径以下的大量小行星尚未被发现，而已发现的小行星中的资源含量难以确认，小行星可利用的资源分布存在极大的不确定性，资源勘查是制约小行星资源利用的瓶颈之一。

（2）任务收益。目前国际上虽有学者开展了小行星资源利用的经济效益分析，但均通过理论模型开展分析，且模型中存在较多假设，实际任务的经济收益仍存在极大的不确定性。

（3）技术成熟度。小行星探测表面特性与行星区别大，地面试验验证涉及星表状态的动力学、微引力、真空环境等，如何实现星壤特性的等效模拟、机构的高精度微重力模拟都是必须解决的难题，环境的地面模拟是制约小行星资源开发利用关键技术发展与验证的瓶颈之一；小行星表面的稳定附着是小行星资源利用的重要前提，而参考在轨实施的隼鸟二号和欧西里斯任务，富含水的C类小行星表面抗压强度较低，更加大了微引力附着技术的实现难度。总体来看，小行星资源利用技术目前还主要处于前期概念研究阶段，技术成熟度都很低，且与小行星的目标特性紧密耦合，距离实际应用尚存在巨大差距。

小结。ISRU技术成熟度比较高的项目包括NASA已完成火星大气氧气原位制造的在轨验证项目，和美国计划依托阿尔忒弥斯计划推动的月球表面制备水的在轨验证项目。月球和火星的特性相对明确，容易针对性地开展ISRU技术的地面试验验证，小行星表面特性难以模拟是制约小行星ISRU技术发展的重要瓶颈。

地外天体采矿技术基础薄弱，且商业价值难以评估，当前阶段应以ISRU为主，为未来地外天体采矿奠定技术基础。

6 地外天体ISRU技术体系分析

6.1 发展设想

地外天体ISRU可以分为三大阶段，包括资源勘查、资源采集制取和表面建造。

资源勘查。构建地外天体的资源勘探系统，发现暗弱目标的小行星并对其进行表征，确定潜在的开采目标；针对月球和火星开展精细尺度的勘查，确定资源分布和具体的资源丰度。

资源采集和制取。原位收集和制取水氧气等航天员所需的太空消耗品，原位制造甲烷和氧气等燃料，减少地外天体开发对地球资源的依赖性，降低空间发射的质量、成本和任务风险。

表面建造。建立供人类在外空生存的阵地，实现在地外天体上的增材建造以及对矿物进行采集和提炼。

6.2 技术评估等级

以地外天体资源开发规模和效果作为对标参照，结合技术发展规律，我们提出了地外天体ISRU的技术评估等级划分标准，方便后续技术发展程度的整体评估。

表1 地外天体ISRU划分标准

等级	等级名称	描述	子等级划分		
			Ⅰ	Ⅱ	Ⅲ
L0	地面验证	通过地面试验验证关键技术	\	\	\
L1	资源勘查	实现对地外天体资源类型、分布的全面评估	遥感勘查	原位勘查	采样返回
L2	资源采集和制取	能够将提取的原位资源进行储存和加工处理	短期少量处理	短期生存	长期生存
L3	表面建造	能够实现地外天体表面设施的原位建造	人工阶段	半自主阶段	全自主阶段

（1）L0：地面验证

在发展初期，主要开展地面验证，该阶段的主要目标包括：对关键技术、功能及运行情况进行演示；确认关键工程设计因素和环境影响因素；强化未知因素及地球测试环境的局限性（模拟物、微/低重力以及污染物等）。

（2）L1：资源勘查

该阶段分为3个等级：第一个等级为利用遥感探测手段，进行远距离初步感知和探测，确定地外天体包含的资源类型及储量分布；第二等级为进行原位勘查，就地探测地外天体表面资源；第三等级为进行采样返回，将采集样本运回地球，进行进一步分析和验证。

（3）L2：资源采集和制取

该阶段分为3个等级：第一个等级为短时间的资源采集和制取，该阶段是初步研究阶段，能够实现短期内少量资源的处理；第二等级为短期生存阶段，保证资源利用可持续，具备一定的维系生存的能力；第三等级为长期生存阶段，能够维系整个处理流程合理、有效的长期运行。

（4）L3：表面建造

该阶段分为3个等级：第一个等级主要为人工阶段，需要基本依赖人工参与、机器人配合才能够实施表面构建工程；第二等级为半自主阶段，能够较多依赖于机器自动生产和建造；第三等级为基本全自主阶段，表面建造工程主要依赖于机器人操作、必要时有人干预，极大地解放人工成本，提高生产规模和效率。

6.3 技术需求与体系分析

6.3.1 资源勘查

主要技术需求如下：

暗弱目标发现技术（小行星）。月球和火星的遥感探测技术比较成熟，而小行星数目众多、目标暗弱，对其进行目标搜索在现阶段还是需要攻克的技术难题。具体包括地基小行星目标勘查技术、天基小行星目标勘查技术等。

物理特性研究技术（小行星）。对小行星的资源开发利用依赖于对目标自身物理特性的解译，不同的大小、材质、内部结构、力学强度均决定着资源利用手段的实施途径。具体包括光度识别技术、雷达识别技术等。

表面勘查技术。表面勘查技术用于确定局部区域资源的详细分布和含量，地外天体表面地形复杂，如火星的次表层具有水冰、月球地下有熔岩洞、火星表面有大气、风和尘暴，需要针对性地设计侵彻式勘查探测、狭小封闭空间自适应移动技术、在稀薄大气中的飞行探测技术和利用风移动的探测技术等。

资源组成和含量分析技术。通过测量光谱的某些特征，定性或定量地反演矿物在地质体中相对含量；通过放射性探测识别元素种类并测量元素的丰度。主要包括光谱识别技术、放射性探测技术等。

6.3.2 资源采集和制取

（1）资源采集

地外天体环境适应能力。需要克服火星的沙尘、月球永久阴影区的能量不足、小行星的微引力等环境带来的技术难题。主要包括火星沙尘环境的防护技术、月球永久阴影区的能量供给技术、小行星微引力下的可靠附着技术等。

火星二氧化碳CO_2采集。利用火星大气中的CO_2可以制取O_2和CH_4，由于火星大气稀薄、具有多元组分且布满尘埃，因而在CO_2进入转化系统之前需要先对大气进行除尘、组分分离和压缩。

水冰采集。挥发分采集技术，利用加热的方式获取水等表面的挥发分。次表层挖掘技术，地下水冰的含水量较高，但是大多位于m级以上的深度（如火星上的水冰大多位于地下1~3m），需要使用次表层挖掘设备。星壤挖掘技术，将星壤收集后转运到集中的处理设备进行处理。微引力疏松颗粒收集技术，星壤都相对疏松，且在月球和小行星上收集设备均工作在微引力环境下，需要围绕颗粒的动力学特性设计效率高的星壤收集设备。

矿物采集。矿物采集的难点在于其硬度大，开采困难。涉及到的相关技术包括岩石切割技术和岩石粉碎研磨技术。

（2）资源制取

氧气O_2制取。火星大气中的CO_2固态电解或RWGS和电解水的联合过程来获得氧气。水的电离产生O_2和H_2。从金属氧化物中提取氧气。主要包括CO_2固态电解技术、水电解技术和金属提炼技术。

水H_2O制取。包含对矿物水化物加热提取结晶水和加热冻土收集汽化的水两种技术手段，两者均使用加热提取的方式，差别在于加热的温度不同。

火星甲烷CH_4制取。主要包含三类手段，提取火星大气中的CO_2对其加氢；CO_2固态电解和电解水制O_2，由固态电解的产物CO加氢制CH_4；由CO_2和H_2O经电化学Sabatier反应装置制取O_2和CH_4。

6.3.3 建立供人类在外空长期生存的阵地

智能机器人技术。此阶段利用智能机器人技术实现资源的大范围高效率采集，对机器人的智能化程度提出了较高的要求，要求有效提升机器人对周边目标场景感知水平、提高复杂场景控制效率、增强对关键事件的学习及决策能力，可以应对地外天体表面非结构化的环境和较多不可预知因素，可以通过故障诊断与自转维修保障长期在轨运行。涉及到的技术包括深度学习的机器人智能算法、恶劣环境下的任务规划与控制技术、故障诊断与自主维修技术。

原位加工与制造技术。利用原位加工与制造技术建造基地，主要包括星壤陶瓷烧结技术、星壤混凝技术和3D打印成型技术。

能源长期供给技术。利用表面能量利用技术为基地提供长期能量供给。月壤储能技术，采用温差电源在月夜期间提供电能。火星风力发电技术，火星某些环形山周围可能存在马蹄形大气涡旋，火星风力发电通过风能转换系统将部分移动大气粒子的动能转化为电能、热能或机械能。

金属冶炼技术。对矿物进行冶炼，得到建造和生活所需的铁、钛、铝和硅。主要包括真空热分解技术、氢还原技术、碳热还原技术、熔盐电解技术、熔融氧化物电解技术。

航天员长期生存生命保障技术。航天员（包括在空间工作的各类人员）要在地外天体长期驻留生存，首先要保证空气、水、食物的持续供给，以及废物的有效处理。主要包括植物栽培技术，研究空间栽培植物品种筛选、空间环境对植物光合作用效率影响等；废物处理技术，采用生物处理技术对废物、废水、废气进行处理和资源回收利用，可以实现物质循环完全回路闭合和生物再生式生命保障系统功能；生命保障系统集成技术，解决封闭系统长期运行时物质生产、废物循环和系统物质流动态平衡调控问题。

7　小行星操控场景与技术途径分析

通过小行星操控可以改变其运行轨道，避免其撞击地球而产生危害，并可对其进行资源开发利用获取所需的水和矿物等资源。因此需要重点针对小行星资源利用和小行星防御等方面加以统筹考虑，优先攻克小行星操控技术。

本节结合一个预想的案例，围绕技术成熟度、效费比等开展小行星操控技术途径对比与分析。

7.1 典型任务场景描述

选定任务场景如下,结论主要在分析后才能做出:

(1)从地球出发,抵达小行星采集水资源,并将水资源带回地球附近;

(2)任务预计在2030~2040年间实施,任务周期6~10年;

(3)C类小行星可能富含水分,理想情况下其含水质量比(包括结构水等)能够达到10%甚至20%,考虑可获得水资源总量>1000t,选择尺度大于50m的C类小行星;

(4)要求从地球附近(脱离地球引力)抵达小行星速度增量不大于3km/s,任务总速度增量不大于5km/s。

筛选出直径180m的2011AK5作为第一目标。任务的总速度增量为1870m/s,任务周期4.2年。

对目标小行星操作按可能可分为两类:第一类为抓捕并搬运小行星的本体或其部分至地球附近,然后开展资源利用;第二类为原位资源利用。

7.2 抓捕技术途径分析

小行星抓捕过程大体可分为三个阶段:

(1)靠近并调整:探测器抵达停泊点,识别小行星自转特性,并完成姿态调整;

(2)释放抓捕装置:完成抓捕装置准备,调整姿态实现与小行星旋转匹配,实施抓捕;

(3)抓取及拖拽:抓取目标,实施小行星消旋并拖曳。

7.2.1 抓捕设想

对于直径数米、质量达几百吨的小行星,使用机械臂、大型口袋或者飞网飞爪进行捕获,潜在的技术难点包括:

(1)小行星特性未知,抓捕方案难以针对性设计;

(2)从隼鸟号、隼鸟二号和欧西里斯等任务探测结果可知,小行星表面松散,固定、抓捕技术难度大;

（3）由于小行星处于旋转状态，导致一方面通过机构抓捕旋转目标具有较大的难度；另一方面抓捕过程的姿态控制非常复杂。

提出绳网飞行器设想，绳网的顶点质量块是能够独立飞行的微纳卫星，具备轨道与姿态机动能力。在绳网飞行器捕获目标后，探测器释放绳系机械爪，具有机动能力的机械爪寻找合适的绳网结点，并实现抓取。详见图1。

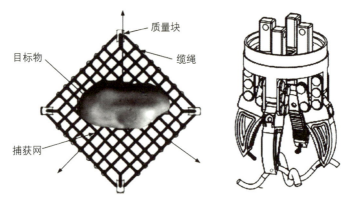

图1 绳网飞行器示意图（左），机械爪抓捕绳网示意图（右）

仿真结果表明：抓捕2m的小行星，绳网飞行器重量预计40kg；绳网飞行器重量随小行星尺寸增长呈现2~3次方增加。针对5m级小行星，飞网方案有一定可行性，百米级目标难以通过飞网进行抓捕。

7.2.2 消旋设想

对探测器推进消旋和动量交换式消旋进行了分析对比：

探测器推进消旋：与小行星实施固定结束后，探测器启动化学推进系统，对小行星与航天器的组合体进行消旋处理。根据美国凯克空间研究所的研究，对500t的小行星进行消旋需约300kg推进剂，对目标小行星（直径180m）消旋需百万吨的推进剂。探测器推进消旋代价巨大难以实施。

动量交换式消旋：通过绳系释放小卫星，将小行星的角动量转移至小卫星上。对于10m级（百吨）以内小行星消旋需消耗百公斤级燃料，其代价尚可接受；100m级小行星的消旋对应的小卫星质量约100t，该代价目前难以接受,绳系控制也是该技术难点。

目前不具备对100米级小行星消旋能力,可考虑在100米级甚至更大小行星表面抓捕较小的石块来代替对小行星的操控。

7.2.3 技术途径总结

以目前技术水平,百米级小行星消旋、抓捕等过程代价过大,对技术要求太高,无法实现,仅能考虑5米级大小的小行星或者小行星上石块的抓捕。对于设想任务场景的目标2011AK5,由于其尺寸和重量大,经过评估以目前的技术能力难以实施抓捕,考虑原位(在小行星附近或附着于表面)进行资源开发和利用更为合理。

7.3 原位资源利用技术途径分析

原位资源利用为小行星任务另外一种典型场景。以水资源提取为例,水资源不同存在形式对应不同开发方式:

星壤中的水/冰提取:由于太阳辐射,含水/冰的星壤只能存在小行星的次表层,需要通过撞击、挖掘或者钻探等手段接触到含水/冰的星壤,通过加热、导流、冷凝等手段便可将水提取出来。

结晶水提取:结晶水指的以OH^-、H_3O^+等形式存在于矿物晶格中的"水分",加热仍是有效的提取方法。大部分情况下100~200℃高温加热可从矿物晶体中获得结晶水。

元素提取:需要人为从矿物中提取氢、氧并合成水。原理上可以通过化学方法还原、高温加热裂解(≥900℃)或者电解熔融矿物,获得金属、氧气以及其他产物,并根据实际需求开展利用。

上述水资源提取的技术途径目前在实验室开展了概念研究与原理性试验,原理可行,重量代价大。若要在小行星微引力表面实施,还必须解决能源、热控、可靠连接、资源收集及废料处理等问题。

7.4 小结

小行星抓捕与操控方面,目前仅能对5米级小行星实施抓捕与消旋;资源利用方面，难以针对性开展资源提取方案设计，小行星原位资源利用相关技术有待发展。

8　发展策略建议

（1）以任务收益较为明确的月球为主线，同步开展小行星和火星资源开发利用的技术储备。

小行星资源分布差异大，不同目标有用资源含量差异极大，少量小行星可能包含了人类感兴趣的可开采资源，但受限于目标识别与勘查技术，目前大量的小行星地面仍未发现，且已发现的小行星中资源含量难以确认，导致小行星资源开发利用的任务收益存在极大不确定性；火星距离地球较远，且表面环境恶劣，导致资源开发利用的收益受限。建议当前以收益较为明确的月球为主线开展地外天体资源开发与利用研究和技术储备工作，列入2030年后系统级规划任务中；同时地面同步开展小行星和火星资源开发利用的技术储备和关键技术攻关，克服小行星所特有的微引力和火星多沙尘带来的技术难题，为未来任务实施奠定技术基础。

（2）推动小行星操控空间演示验证任务实施，提高相关技术的可行性和成熟度。

小行星操控技术既是小行星资源开发利用的重要支撑，也是应对小行星防御的有效手段，是当前亟需掌握的关键技术，而且与国外基本处于一个起跑线上。我国在2025年前后实施的小行星探测任务，可望首次实现在地外天体的稳定附着，建议在2030年后系统级任务规划论证中选择合适的探测目标，基于我国小行星探测任务的技术路线，开展小行星操控关键技术攻关，并择机完成在轨任务试验与验证，为小行星资源开发利用提前布局，同时牵引小行星防御相关技术的发展。

（3）分阶段发展ISRU技术，为未来地外天体采矿和火星探测奠定基础。

基于ISRU的技术特点、现状和在未来深空探测活动中的核心作用，采用分阶段发展思路进行技术发展布局：发展初期，主要开展技术验证，确认关键工程设计因素和环境影响因素，强化未知因素及地球测试环境的局限性；在发展中期，提升或扩展ISRU的能力，确认ISRU生产效率、可靠性和长期运行特性；在发展后期，根据需要和可能开展ISRU的应用和较大规模的实施。

（4）做好政策法律研究和储备，支撑产业发展。

建议采取务实的态度来对待空间资源探索与利用立法问题，相关立法要符合我国制度和国情，有利于我国的长远利益。在空间资源探索与利用领域，目前我国的有关活动尚处在萌芽阶段，不宜借鉴某些国家的做法。建议一方面要积极参与国际立法，争取话语权，一方面绝不能被他人的"法"所限死，也不能被自己的"法"把未来限死；一方面密切跟踪国际发展，提前做好政策法律研究和储备，准备好空间资源探索与利用的政策或法律文件草案。若形势发展需要，可较快地出台有关文件，及时支撑我国产业发展。

附四：AI 技术及其在航天技术中的应用

一、前言

近几年，人工智能研究已形成一个非常高的热潮，热点的研究方向有很多，大家都在抢占技术制高点。有人说中美不相上下；有人说美国第一，中国第二。目前，国内的各个行业都在大力发展人工智能。我想说的是，人工智能说的这么热乎，成果是可以预见的，但是在预见成果的时候，一定要看到问题仍旧存在。人工智能涉及面非常广，我没有精力也没有能力去进行全部的研究。但是，我是个航天人，所以我要对航天方面涉及的人工智能进行研究，比如飞行器任务中有什么人工智能。飞行器任务又很大，这些年来深空探测是一个很重要的方向，所以我又把它聚焦到深空探测的应用场景。一涉及深空探测我们就发现，深空探测的飞行器，它的资源很受限，条件也很受限。因此，我们在深空探测方面，对人工智能到底有多大的期望值，我们客观的需求和可能怎么样，都有待我们去研究。

我们知道，月球及深空探测正在稳步发展。年初，嫦娥四号已经到了月背。现在玉兔和嫦娥四号都已经被唤醒，开始进行第七天的工作。2020年，我们就要发射中国的火星一号，一步实现月球的"绕落巡"。也就是说，我们通过一次任务就要对火星进行全球的观测，同时还要落到火星，还要将月球车开出来。如果能够实现，用一次任务完成"绕落巡"，这将是一个任务创新，全世界第一次，美国人也没成功过。将来，我们还要通过非常少的探测活动，大大提高探测器的自主能力。因为我们将来要在深空探测方面实现快、精、高、远。将来我们要去木星，还要去小行星等。目标探测会越来越远，火星就已经四亿公里，到小行星的探测，我们是准备了两个阶段，即附着采样返回和彗星的探测，任务十年。我们要到火星去取样返回，还要飞到木星，更要飞到一百个AU。目标很遥远，飞行时间会越来越长，几年、十几年、二三十年。那么远的地方，未知的环境很多，这将是我们研究的对象，考虑的场景。发送一个通讯，时延月球才一秒多一点，将来要达到近两个小时，所以会遇到很多难点。我们上传的指令延迟很大，数据传输率很低，因此我们几乎不可能对其进行实时操控，发现问题也不能及时抢救。而在那么远的地方，地面的测控精度也会很差，而我们预先设计的轨道、目标位置，也会因种种情况的变化都不能达到，这就要深空探测器自主运行。但是如何使深空探测器自主运行做到非常可靠和安全，这就很难了。可能发现不行时已来不及；或者是飞行器越飞越远，而飞行器又做不大，因为大了，火箭带不动。一个火箭打一个近地轨道，可以打得比较重。比方说，长征五号是目前我们最大的火箭。打地月转移轨道只有8吨，打地火转移轨道只有5吨，再打更远时质量就更小。到了天上以后，也可能由于种种情况的变化，任务会发生变化，这种变化只能由探测器自主规划。所以，这个任务的规划需求就很强。这些难点问题带给我们的是我们有需求，要去研究人工智能，通过人工智能实现高度自主。人工智能，从大家熟悉的，如计算机的视觉问题、图像的问题、语音的问题等，到深度学习，提供了很好的基础。可以这么认为，当前大规模并行计算大数据、深度学习算法等已经是我们人工智能的技术，能够被我们实实在在地应用。人工智能发展出了一个良好上升的趋势，这对我们来说是一种有用的技术手段。

　　刚才我讲了我们的需求，我有了一个想法，就是把人工智能和我们的需求结合起来。在深空探测当中，人工智能的基础是薄弱的。受器上资源等多方面的约束，人工智能的应用需结合具体任务的应用场景，权衡性能提升与系统资源消耗之间的关系，要深入分析与评估。不是说人工智能就是好的，好到样样能用，其实并不是这样的。人工智能在航天、在生活中怎么用？围绕这两点，我们课题组做了点探索，试图回答两个问题：总结、提出对深空探测人工智能技术应用内涵的理解；梳理了后续深空探测任务对人工智能技术应用的需求。

二、人工智能技术发展现状

人工智能，到现在的定义我说不上来，我也找不到一个很权威的说法，但是我知道人工智能已发展很长时间了。从1956年年底，达特茅斯会议到现在，科学家们提出了很多的见解。很多科学家我是当面交谈过的。比方说麻省理工学院（MIT）的Winston，我是见过他的。也曾经有很多科学家写过书。所以，我认为在人工智能发展如此迅速的时候，几十年了，1956年到现在一直存在着不同。我们往往在一个事情特别火的时候，要多听听不同的声音，这对我们技术人是有好处的。我们看看发展历程：1956年以后，发展得很快。但是到了六十年代到七十年代，十年，由于任务失败，目标落空，进入了反思发展期。到八十年代前后，由于专家系统以及其他的一些应用，人工智能转向使用，我本人在这段时间出国留学就被这个浪潮卷了进去。我在国外读博士时，专业是模式识别和信息处理，也做了这方面的一些工作。比如，你们现在手机上就写一个字，就知道什么汉字了，其实是有我研究的东西在里面的。我做手写的字符识别在全世界还是比较早的，得到了当时国际上很有名的华人科学家K.S.Fu（付京生）的夸奖。今天上午的报告中讲到，我们信息学院对模糊数学的研究非常好。1985年，在西班牙开第一次世界模糊大会上，我在会上作了报告，是处理文字的一些算法。到了九十年代，发现很多东西进展很缓慢，根本用不起来，包括语音、图像。经过这些年来互联网的推动，计算机的发展和不断的创新，人工智能到了一个发展期。但是，我认为人工智能并不能一直处于上升状态。既然中间有两次跌落，那么我觉得后面也不可能是永远上升，可能还会碰到一些比较困难的事情。

1.主要研究内容

这些年来，对人工智能的研究，核心是在三个问题上，即学习、感知和交流。比方说两个人，即一个机器人和一个姑娘，学习：水杯？人？怎么动？感知：水杯在哪儿？手在哪儿？交流说：要我干什么？

2.主要成功应用案例

这些年来有很多成功的案例，最成功的案例是博弈（但实际上这不是一个好案例），比方说围棋。第二个比较成功的案例是无人驾驶汽车。无人驾驶汽车解决了已知特征图像识别技术，已知环境下不确定态势的抉择。但是走到今天，实际应用水平也就是三级水平。也就是说，在特定环境内实现有限条件的自动驾驶，如高速公路、厂区。假如把自动驾驶分成五级，目前也就是三级的水平。还有，很长时间以来，人们把模式识别里面很多内容都看成是人工智能。如果这么认识是对的话，那么语音识别、语音的合成和语音的翻译应该讲是有一些突破的，但是还是有很大的瓶颈。随着计算机技术的大幅提高和人工智能在自然语言处理上的应用，文符识别及翻译取得了相当大的进步，但距离理想的"全自主、高质量"的目标还有很远的差距。主要面临的问题在于，歧义的处理和灵活的意译。比如，这辆白车是黑车，机器就翻译不出来；我请陈院长吃饭，说："陈院长，你能吃多少就吃多少。"机器它搞不清楚，怎么还能吃多少，它也搞不清楚。当然还有很多其他的案例，我把它归纳为"智能+"，有智能交通、智能机器人、无人机、穿戴式的智能联网设备、搜索引擎、新闻写作等，不一一列举。

3.人工智能的瓶颈

虽然人工智能给我们带来了很多便利，但是它的瓶颈我们也应该要看到。当前人工智能处于从"不能实用"到"可以实用"的技术拐点，但是距离"很好用"还有很多瓶颈。典型的例子，波音737 MAX，里面有人工智能，人工智能的控制级别比驾驶员还高，结果呢，最后飞机没回来。

4.小结

我们认为，人工智能从达特茅斯到现在，发展起伏，应用广泛，现状火热，进步很大，还加一句，前景慎重。千万不要以为啥都可以人工智能啊。我们把人工智能的发展阶段分为单纯的控制到传统的人工智能，到引入机器学习的人工智能和高级的引入深度学习人工智能。当然，人工智能有不同的特点。到目前为止，大量的人工智能还是引入机器学习的人工智能，还没有进入深入学习的阶段。瓶颈就在于即便是在我们地面（和太空相比）的情况下，资源非常丰富，但瓶颈也是明显的。

三、人工智能技术在航天领域的应用

下面，我们就慢慢过渡到航天人谈的航天。航天本身，不是一个什么很特别的东西。我们上学的时候没有学专门为航天的知识，我学的是无线电。很多技术是通用的，看用在哪里，自然在不同领域就会有不同的要求和特点。今天所谈我们的信息、我们的电子、我们的计算机，都是指我们航天技术专业，因此我这儿讲的航天，这个词儿实际上是与在座的每个人都很有关系的。

这么多年来，我们梳理了一下人工智能在航天里面的应用。

（一）地面系统中的应用

1.地面系统

地面系统用得最好的是图像处理。目前我们可以基于深度学习的空间天文图像进行分析。也就是说，Kepler望远镜获取很多图以后，经过大量的地面处理，才能得到科学的结论。战场态势图片拿回来以后，基于深度神经网络，即使非专业人员进行导弹发射场定位也有90%的准确率。过去我们的图片拿回来以后是要有专业人员去看，那怎么行啊？如果在战场上，把你控制在一个地方，发几张图片给你都看不出来，这太专业化了。所以，用计算机图像处理的办法可以帮助我们识别哪一个是导弹，哪一个是坦克。人工智能通过大量应用于深度学习来帮助遥感卫星的图像分析。

2.任务规划

任务规划有两种，一种是这种地面的离线自动规划系统，是地面的；还有一种是星载的，星载的有完全的自主。NASA曾经研制过一个航天任务规划调度系统（ASPEN）。它是一种地面自动任务的规划系统，已经应用于很多任务中了，比如，用于南极的测绘，快速实现了地面的规划；空间星载，例如用于罗塞塔去探测小行星，实现了动态的科学规划。

（二）航天器中的应用

1.地球轨道卫星

在飞行器中应用得比较多的是地球轨道卫星。它可以对已知特性目标进行识别。通过演示编队飞行及在轨自主性技术进行多星编队，实现软件的升级，但是其根本内涵还是目标识别，例如2006年的技术卫星-21。2009年，战术卫星-3主要进行了故障检测和诊断在轨试验。应该讲，飞行器故障在轨诊断和故障处理，到底算不算人工智能，我们有不同看法。但是，由于星上人上不去，所以故障检测和诊断这个试验证明了可以利用高精度的仿真数据进行人工智能的训练。

2."深空1号"探测任务

"深空1号"探测任务，在自主导航、自主远程决策、自主软件测试、自动代码生成方面都采用了一定程度的人工智能技术，实现了一定程度的自主规划、诊断和恢复能力。通过这个卫星，还是做了些自主规划与调度系统的技术验证，也再度验证了他们开发的一个自主故障终端软件。

3.地外天体着陆与巡视探测任务

地外天体着陆巡视，也就是月球车、火星车在着陆探测任务中，由于在着陆前，我们地面获取的这个天体的图像都是很遥远的，它不是那么清楚，所以在着陆靠近以后，目标检测技术由基于底层的像素、纹理及其他形态学特征发展到更加抽象的高层表示属性。针对面向地外天体着陆的目标检测，结合人工智能技术构建适合行星障碍物检测是未来行星探测的趋势，也就是研究怎么样由工智能的介入来判别障碍。在巡视探测任务中，需要有更强的探测能力、更快的移动速度、更好的地形适应能力。我们现在这个月球车速度是很慢的，每小时最快也就200米。它需要一些自主能力，这里用自主能力，而没有用人工智能。自主能力主要表现在地形导航、视觉定位、绝对方位测量和目标探测方面。在这一方面，我们看到2016年5月好奇号火星探测器装载了一套器载智能软件，能够从导航图像中识别出科学目标，并使用相机对其进行测量，全程无须经过与地球的往返通信。

我们这次嫦娥四号有一天在走的时候，突然照相机发现有个石头很有意义，好像有一点价值在里面，它把图传回地面，科学家看了以后认为不错，于是嫦娥四号不走了，要对这块石头进行观测。所以，后来从这块石头上得到了很多科学成果。应该讲我国的玉兔和他们一比有差距。我们玉兔月球车，具备自主实现移动过程中的导航定姿定位、环境感知、避障规划、紧急避障、运动协调控制等能力。但出于工程实施可靠性考虑，目前在任务当中，我们还都是要加上人工干预，收到搜索地面的判断意识再执行，我们准备到任务后期，再完全放手，让它自己执行。

4. 科学探测与遥操作

在科学探测任务中，主要的需求是利用智能目标辨识来辅助这种规划。在遥操作任务中，目前主要发展的趋势是利用增强现实、虚拟现实以及混合现实等相关技术，构建探测目标环境，使科学家能够身临其境地探索目标。否则很遗憾，探测一个小行星，飞过去了，飞了好几年，到了那里以后，由于我们对这个目标识别不是很清楚，结果所探测的科学意义不大，那就太可惜了。所以，一定要找一个具有很大科学意义的目标来进行探测，而且这不可能事先选定。那种小行星谁也没去过，所以这就要利用人工智能的各项技术来辅助它。

（三）概念技术热点

1. 群智能技术

当多个智能体单独或协同完成探测任务，比方说美国的小行星勘测任务，计划发射千余颗纳卫星，让一千颗纳卫星去围绕着一个小行星进行探测。有的是去探它的形状，有的去探它的自转速率……在发现了有意义的事情以后，再集中上百颗来进行观测；通过每颗星上的人工智能系统，开展单颗航天器或团队层面的控制活动。因为你用一个小的行星探测器，是装不了那么多可探测的设备，你抓了很多又可能没有用场，我发射一千颗，各有各的用场，最后把它的优势发挥起来。那么一千颗卫星怎么进行控制？这个就是群智能技术，是我们所要研究的。

2. 人机协同

人机协同是有人系统与无人系统之间，如何在组织决策、规划、控制、感知等方面各自进行独立的计算、存储、处理，又通过自发且平等的交互共融，达成共同目标的群体行为。根据我所看到的资料，波音737MAX就是没有处理好有人与无人之间的配合，把无人、人工智能的权限设置得太高。

（四）小结

我们的自主技术起步还是很早的，布局也很广。因为我们的航天器最大的追求目标是自主，所以慢慢地有了一些人工智能在里面。但到目前为止，我们认为在航天领域，人工智能应用方向还是很少的，深度也不足。具体来说有三条：第一，目前多应用于环境及态势感知方面，如模式识别、导航天文图像识别、地形地貌识别与建模、故障诊断以及任务规划等。第二，当前航天领域的应用主要在单机或者子/分系统层面，如自主导航、避障等，严格来说并不属于人工智能范畴。第三，由于空间的将来的群越来越多，甚至还有我们讲的载人登月，人机交互多，所以空间的群智能和人机交互的技术逐步成为热点。这就是我们对当前航天领域应用的一个总结。

四、深空探测人工智能技术应用内涵

(一)深空探测人工智能技术应用内涵分析

1.相关术语的内涵认识

从2001年开始,我们这个团队就一直在研究深空探测。所以,我们对这个人工智能研究就不能够泛泛而论。我们要看看深空探测里面到底人工智能技术应用内涵是什么。首先我们有几个术语要进行交流,即自动、自主和人工智能。我们认为,自动是指通过预先规划好的指令序列,对设备、过程或系统进行自动控制;自主是指系统具备不依赖外部控制而能够独立操作完成目标的能力。而NASA 2001年定义:自主远远高于自动化,是一种老练的系统级决策,可以应对不可预期的形势。人工智能技术是使系统能够推理并执行合理操作完成特殊目标的技术。

2.对术语间关系的理解

它们之间的关系,大家可以讨论。首先很多东西是有人操作的。自动控制技术,自动是实现自主的基础,而自主的最主要特征在于在一定范围里自行决定和自给自足。而人工智能技术是实现、更多是提升自主能力的一种技术途径。在航天器里面,我们认为人工智能不是我们的终极目标,而自主才是我们的终极目标。我们的要求并不高,我们并不追求现在各种人工智能书里所宣传的,我们讲的人工智能只是提高航天器的自主能力。但是有这个需求,所以我们要看看在深空探测领域要应用人工智能有一些什么约束。

3.深空探测领域应用的主要约束

我们认为,不仅要考虑是否在该应用方向上系统需要具备自主能力,还要考虑人工智能技术应用所带来的资源消耗,也就是需求和应用可能性。首先我们来看看有几个资源约束。飞行器的质量、功耗,影响了我们的各种设备。设备不够,能力不强,就影响态势感知能力,影响任务决策能力,影响故障诊断及处理能力。第二,飞行器上的运算及存储能力。由于运算及存储能力的受限,我们就无法实时完成系统更新。不能实时完成系统更新,就难以持续优化系统。第三,测控数据码速率也非常有限,所以就会造成延时、带宽、窗口。这些都是我们深空探测里面想应用人工智能,所以就必须要考虑我们获得的好处和付出的代价。

4.对深空探测人工智能技术应用范畴的理解

我们认为,在深空探测任务的规模、测控、能源等器上资源受限的条件下,采用人工智能技术使探测器具备一定的学习和推理能力,能够在陌生的、未知的不确定环境中实现或提升局部的自主功能。我们讲一定的能力,是局部的自主功能。有了它,我们实现自主自然是好事,我们可以应用人工智能技术实现提高探测器的自主能力,但是这种提升是局部的,是要付出资源的,所以它是受限的。所以,我们觉得应该一步步慢慢思考。首先看看我们深空探测器自主能力需求的场景是什么,有了场景就要看需求的具体方向是什么,有了具体方向后,在这个方向能用的人工智能的技术方案是什么。然后把它们结合起来,就能得到人工智能的应用方向。

(二)深空探测自主能力需求场景

有自主需求或提升自主能力的具体场景,可以用人工智能技术。比方说我们需要时效性,决策制定要求的速度超过了通信约束,决策时效强(控制、健康和生命维持很急),就必须由器载系统来决策。那么这时效就要求强。决策和决定要依赖样本,样本在哪儿呢?就必须带着器载。所以,器载丰富的数据能够获得更好的决策样本。有的时候期待决策,机器要重新调,系统也要重新调整,以促进鲁棒性的提高。某个部分要降低系统结构复杂性,就要重新进行优化设计,这个就需要人工智能。或者是我要降低系统的消耗,但要提升性能,这就要进行权衡。像提高时效性、提高样本的可靠性、优化设计、更好地进行权衡,这些场景我们认为是深空探测中所需要的场景。

（三）深空探测自主能力需求梳理

我们来看看深空探测的哪些能力是需要人工智能的。这里我们参考了NASA。NASA出版了一个新版的空间技术路线图。这个新版路线图里有16个具体方向，应用到自主技术方向共有七大类46个子类、101个子项。经过梳理，可以考虑应用人工智能技术的共34个。

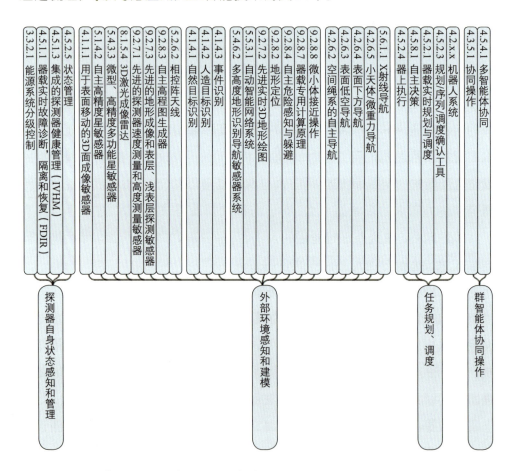

（四）深空探测人工智能应用方向

将上述34项技术根据功能分类，归纳起来就四个大方向，第一个是探测器自身状态的感知和管理。你要干活，需要知道自己身体好不好，需要自主状态感知和管理。你是在深空、在月亮、在火星、在木星，需要感知外部的环境和建模。任务随时都可能进行调整，要优化任务的规划和调度。要靠集体的力量来工作，即群智能体协同操作。因此，我们把这34项技术归纳成任务、感知、决策和执行这四个方面。

既然讲了自身外部的环境感知、任务的规划等，我们就来看看工作重点应该放在哪儿。从任务的时间性，它的逻辑关系来讲，首先，对探测任务，人工智能用得上。第二，感知。对环境的感知、对状态的感知，人工智能用得上。第三，决策。行动决策、处置决策用得上。第四，执行机构"？"。执行机构这里打个"？"，不是说不用，是要权衡。我们认为，通过传统的自动控制理论和方法，执行机构能够完成任务规划得到的命令要求，够了，到目前为止，我们还没有认为它不够。所以，在深空探测资源受限的条件下，这些是否采用人工智能技术、需要什么效果和资源消耗等，需要进行认真权衡，不是说到处去用人工智能。所以，在整个任务、感知、处理、执行方面，我们只说前面这几个。

（五）深空探测人工智能应用层级

人工智能可以在局部范围实现或提升系统的自主能力。在应用层面上分为四个层级：任务级、系统级、分系统级和单机级。最低级，即单机级，如双目相机，在单机级可以采用图像辨识技术。分系统级可以完成环境建模、三维地形重构。系统级，如巡视器，它可以在未知环境中自主移动，完成机器人操作等。任务级，比方说在月球科考站，那么多机器人，怎么工作？其中某些机器人坏了以后，如何对科学目标重新规划？如果一个小行星探测器，想让它飞到A星，结果由于种种原因，飞到B星去了。歪打正着到B星去了，那就要立刻调整任务，像这些我们认为是任务级的。

五、深空探测任务人工智能技术应用需求分析

我们国家将来要开展的目前已经比较有把握的就是探月四期工程，也就是建立月球科考站；要进行我国的首次小行星探测，分十年，前三年完成

小行星的伴飞等；接下来是火星取样返回；木星系和行星际。预计2030年左右，我们要发射木星探测器。也就是在2030年之前，我们基本上要完成几个任务的开端，如火星的首次探测（2020年）、月球的四期工程、火星取样返回、小行星、木星等，这是我们可见的任务。

（一）小行星探测

在小行星探测任务第一阶段，我们要对这个近地小行星2016 HO3进行探测，并且要取样。它的飞行阶段很多，任务非常复杂，有轨道转移、借力、伴飞、接近、附着，采了样还要再飞起来，最后一部分还要返回地球。所以，任务非常复杂，我们准备三年。完成三年的任务以后，回到地球，把该送的送回来，再重新建立并飞向主带去探测彗星133 P。

整个过程中探测的对象物理特性非常特殊且未知性强，如形状不规则、引力微小多变、表面地形未知。一个着陆器怎么着陆，它找不到一块地方？这就要求我们实施高精度定点的着陆。但是它恰恰不具备实时测控的通信条件，于是对全自主的操控要求很高。小行星探测任务难点这么多，所以带来了一些技术问题。首先，自主导航与控制技术，包括自主任务规划、多阶段任务控制、自主故障诊断。其次，附着过程障碍识别技术，包括地形数据的建模、图像识别、环境感知。最后，导航敏感器，包括大范围运动过程中的数据获取能力、目标小天体物性的信息感知能力、附着采样过程中的制导决策能力。所以，我们就要用机器学习的办法产生智能和知识，要在轨运用知识，从观测结果中直接生成决策或其他操作动作，而不是事先定好的。这种模式在目标物性未知和不确定环境中的空间操作具有一定的可行性，这对我们来讲是非常有用的。

潜在的需求是利用人工智能技术实现在轨的目标识别、导航制导及操作任务。主要应用在单机和分系统层面，比方说下面五个方面：基于多源观测信息的高精度自主导航技术，自主抵近与附着、取样等主动操控技术，自主环境感知与障碍识别技术，精确定点着陆自主控制技术，系统级自主故障诊断与重构技术。

（二）火星取样返回

我们要去月球，本来 2017 年就能实现，因为长征五号不太理想，拖到 2019 年，但 2019 年也不行，2020 年肯定行。这也符合我们给中央的报告。2003 年我们给党中央的报告讲了 2020 年前完成无人探月三步走：巡、绕、落，取样返回。火星的采样返回要比月球的复杂。我们可以看这张图，由于我们的大火箭比较难，所以我们的火星取样返回还要进行两次发射。我给大家透露一下，我们用长征五号打一次，打一个规范组合体达到火星，然后用长征三号 B 把着陆器和上升器也打到火星。到火星以后，着陆、采样、上升、交互、对接、回来，这个过程非常复杂。带来的问题就是：一体化智能机器人多点取样、复杂未知环境下高效移动技术、可适应多取样形式需求的轻巧型模块化设计、自主智能管理技术等一系列机器人、智能控制技术。其实最关键环节的是两个，一个是样品采集环节，另一个是交会转移环节。人工智能的潜在需求：

第一，样品采集。

受复杂环境及测控条件的约束，采样机器人需要对工作环境和自身状况进行智能判断，通过器载的状态管理和对外部环境感知建模，分析并实时确定，调度探测器执行自主进行目标的修订和任务决策，在保证探测器安全的情况下完成取样封装任务。

第二，交会转移。

由于火星离地球太远，神舟飞船和天宫的交会对接才有 300 公里；月球的嫦娥往返的交会对接，在 40 万公里之外；火星的上升在 4 亿公里之外。而测控反馈需要几十分钟，上升器本身从火星起飞以后，入轨精度也很有限，所以轨道器需要配备更宽测量范围的敏感器，用于搜寻上升器，并自主导航完成与上升器的交会。交会以后，都要采用无对接捕获机构，同样受测控限制，所以轨道器需要配备测量精度很精的敏感器，完成高精度的捕获和样品的转移过程。

(三)后续无人月球探测

月球时期,要开展月球资源的原位利用,为太空资源利用打下基础;要开展新技术验证,支持更远的深空探测;要开展月基科学的研究,推动空间科学的发展;要为载人登月提供短期驻留环境和技术验证;还要成为国际合作、军民融合的基础平台。所以,我们还会有嫦娥六号、七号、八号来完成这些任务。也就是后续的无人探月,要从探索型向应用型转变。它的难点体现在三个地方:第一,探测器在未知、恶劣的环境下如何适应和生存;第二,多探测器组网的信息交互;第三,机器人需在地外天体上短时间内完成复杂的操作任务。这是后续无人探月,建立一支科考站以后遇到的一些难题。它的潜在应用需求很清楚:第一,将实现对月球极区撞击坑内永久阴影区进行飞跃就位探测,需探测器具备自主避障、自主决策、自主路径规划和智能操作等功能;第二,规划了智能机器人勘察巡视任务,机器人将承担极区月面恶劣地形环境下的大范围移动、载荷布置、精细操作等任务,为完成以上任务需要机器人具备一定的智能水平;第三,三次极区探测任务将使月球极区同时有八个探测器在工作(着陆器、巡视器、飞跃器、轨道器、中继星等,再加上N个机器人),需要实现多器协同操作。所以,我们可以利用人工智能技术,来模拟月面环境,对飞跃探测器和勘察机器人建立先验知识库,优化软件,提高硬件的性能,采用系统级封装(SiP)和系统级芯片(SoC)等集成技术来降低资源的消耗。

(四)载人月球探测

最终我们是要实现有人探测月球的。尽管国家现在对月球探测的任务还没有定,但是在做月球的先期攻关技术工程中国家已经在经济方面给予了大力支持。现在,我们已经进入关键技术的深化研究阶段,将全面掌握载人天地往返运输、交会对接、出舱活动、载人长期飞行和载人空间服务等技术。这是我们对载人月球的一个想法。

载人探测有载人的优势。首先在决策判断上，人的能动性远远优于人工智能等技术，在面对未知情况时可以做出快速合理的选择。但是现有的技术无法达到实时测控与通信，机器只能通过预先设定的程序进行决策判断，决策判断速度很慢，而且可能由于考虑不全，从而对信息收集不全面。人通过直接或者间接的参与，可以使机器近实时地完成操作，人类直接获得第一手的数据和感受，使得探测效益最大化。这就是载人探测的优势。另外一个优势是可以维修维护。人能够直接或者间接地参与机器，使机器能够获得更好的维护，长时间保持系统的探测能力。有人参与的故障诊断和系统重构优于计算机自动处理的结果，对于某些前期故障，可以及时排查维护，避免故障加重以致损坏。

当然，载人探测也面临很多问题。有了人以后，我们的落点精度就要更高，冲击的载荷要小，最后还要安全可靠返回地球。这个难度非常大，尤其是增加了维系人类生存的系统，比如居住系统、生保系统等。有了人，人在里面说话，他的家里人想看看他，于是通信、图像传输数据率就要求更高。另外，还要支持人类在地外天体上大范围地探测和作业。所以有了人以后，像这些要求就必须要提出来，还要适应地外天体空间环境，免受月尘、空间辐射等影响。同时，安全性、要求性、可靠性都要高，还有应急救生的要求。

这些问题产生以后，我们认为载人月球主要应该是以人机联合作业的模式，充分发挥航天员的主观能动性，提升探测系统的判断力、决策力和执行力。我们对人机联合作业，输入了一些智能方面的需求。第一，有人参与的时候，人应该是司令员，机是智能兵。在人机协作系统中，人行使决策的权利，机器具备智能完成决策的能力。只要有人参与，千万不要让机器单独决策。第二，智能机器人与自主控制技术。我们认为，要重点研究高集成度的、灵活的末端操作技术，要"类脑"的智能机器人技术。第三，先进人机交互技术。既然有了人是司令员，机是智能兵，就要重点研究全方位信息显示技术、先进的语音交互技术以及脑-机接口技术。就让人和机器在一起，但是要觉得自己带的是几个活生生的兵,讲的话大家能听得懂,最好眼睛、眼神还能看得懂。这样,人就能发挥最大的作用。

(五)木星系及更远边际探测

我们还要去木星系,去更远边际探测。我们准备在2030年发射一个探测器飞到木星,然后到二零三几年时,即在快飞离木星时,我们要分离一个穿透器,主星继续飞向木星。对木星捕获以后,对木星进行观测,然后再对木星中感兴趣的卫星进行观测。木星的卫星很多,也非常有科学意义。与此同时,那个分离出来的穿透器要继续向太阳系边际飞行。我们准备2020年发射中国的火星一号,想在2021年,也就是建党一百周年之前,落在火星并进行火星勘测。我们在2030年前后发射去木星,目前我们希望在2049年,也就是中华人民共和国成立一百周年的时候,能飞到一百个AU。美国旅行者号已经发射好几十年了,肯定走在我们前面,但如果我们能在2049年飞一百个AU,那么也能位于世界第二。

木星系以及更远边际的探测,主要的难点在于距离更加遥远。因此,所有的测控都只能是大延时的。对于探测器的导航、健康管理及科学任务规划都没有办法及时处理。因此,对木星这样的探测,重点开展探测器自主运行技术研究,确保探测器具有整个任务阶段的自主管理、自主导航能力。这里,自主性是第一位的。同时还要注意,要利用人工智能技术使探测器能够自主发现可能出现的、有意义的科学现象,自主开展科技探测(不是我们事先设计好的),并能够进行长期的自主科学任务规划,让探测器具有未知环境中的科学探知能力,丰富任务的科学内涵。总之,必须具备两条,即生命要顽强,还要和人一样聪明,能干很多事情。这就是我们要对木星及更远边际的探测。

(六)小结

根据深空探测人工智能技术的应用方向,对我国后续深空任务的具体需求进行了分析,结合任务的目标和主要难点,对人工智能技术的应用发展需求和路线提出了初步梳理,如下图。

附四：AI技术及其在航天技术中的应用

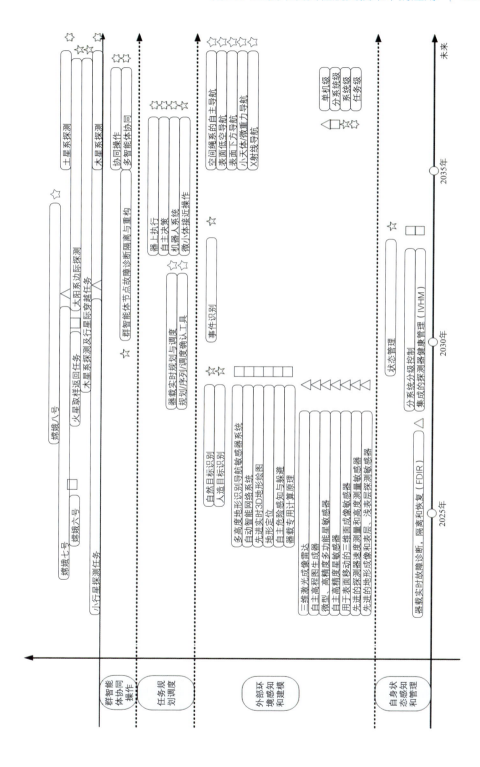

从这幅图可以看出，自2025年以后，我们按照自身的状态感知和管理、外部的环境感知和建模、任务的规划调度、群智能体的协同操作这四大块，根据不同的任务，提出了在不同阶段的发展需求。比如，对自身状态，首先要解决器载适时的故障诊断、隔离和恢复。然后对于外部环境，我们要三维的激光成像雷达，自主的高程图生成器，微型、高精度、多功能星敏感器，自主高精度敏感器等。在不同的阶段，提了不同的任务。这幅图是我们整理出来的，可供我们中国空间技术研究院同志们参考。这就是我们要发展我国目前制定的这几项深空探测任务。

六、发展建议

我国人工智能技术提出得比较早，只是一开始发展比较缓慢，但后来的发展还是比较快速的，当前势头很猛。我这次从北京来的时候，旁边坐了个以色列人（以色列的人工智能技术是很发达的），我们俩谈起人工智能，他夸我们国家：现在美国第一，中国第二。虽然中国的人工智能技术发展比较快速，但距离好用还有很多瓶颈技术，特别是在航天领域应用，还相对较弱。

自主技术是深空探测任务面临的核心技术，涉及的要素有人、地面的自动化设备、器上的智能自主设备、探测环境，要把这些要素结合起来。所以我们要针对人工智能技术的具体应用，要充分分析实际需求，综合考虑器上的资源、地面的能力约束等，深入梳理与分析具体需应用的环节，评估人工智能技术所带来的效果、好处和代价，有所为有所不为，使人工智能技术得到良好的发展和应用。我个人觉得这句话对其他行业也非常适用，任何行业发展人工智能都需要认真地评估，不要人云亦云。为此我们提了几个很具体的建议：

第一，稳步提高探测器的自主性能。

探测器，尤其是深空探测器，后续的主要需求仍是自主化，具体聚焦于环境感知、状态感知、任务规划等方向。所以，提升自主性能是未来深空探测器发展的重要方向。而自主性能，不是通过后面去加，而是从探测器方案构想设计之初就要从任务的需求出发，根据先验知识和对任务不确定性的预估，优化设计环境及状态感知的探测设备，使之能够适应探测器的自主性能需求，更有效地支持相关软件和算法。换句话说，要对环境比较清楚，但又不十分清楚，要清楚设备既能应付你想到的情况，又能应付你想象不到的情况。

第二，牵引器载软/硬件能力的协同发展。

深空探测器应用人工智能的瓶颈在于器载硬件设备性能的约束。在采用专业知识和适当降低精度的方式简化算法的同时，要充分利用各类深空探测器对人工智能技术应用的需求，牵引器载软/硬件设备的能力提升，逐步解决深度学习的大规模计算量问题。

第三，利用专业优势，充分运用深度学习算法。

以深度学习算法为代表的人工智能算法，其特点在于由计算机总结特征，有足够大的"样例"即可，不需要太多专业人士的人力投入，就能够总结出大量人类认识不到的特征，准确率高，但需要大量样例。深空探测领域应用人工智能，应充分利用深空探测多年来国内外的发展经验和专业知识（这里为什么强调国内外，是因为大样本的深空探测任务全世界加起来也不多，所以必须利用国内外的经验和知识，否则，我们的样本会很少很少），采用传统的算法处理各系统中确定的部分，采用深度学习算法处理不确定部分，降低算法的复杂程度和对样例的需求。

第四，充分借鉴地面人工智能技术的经验，以"通用—专用—通用"的路线发展应用。

前面讲了，我国航天深空的人工智能还是比较薄弱的，但是地面人工智能技术发展得比较好。所以，我们要充分借鉴地面人工智能技术的经验，走"通用—专用—通用"的路线。也就是利用地面发展人工智能芯片，根据探测任务约束和具体需求，对地面人工智能的算法进行简化、移植和应用；将地面应用的"通用成果"，转化为探测器专用的器载软硬件。等有了一定的基础以后，把地面上通用的软硬件根据深空探测条件，逐步发展专门适用于深空探测的软硬件，使其由地面转化的专用软硬件，转化为普遍可适用于深空任务的通用化探测器软硬件。这就是我们提出来的发展路线。

第五，充分积累深空探测数据样本，构建地面数据支撑与仿真验证平台。

因为样本再多也是有限的，所以地面的知识仿真非常重要。人工智能技术发展主要的驱动是大数据样本的支持。而深空探测任务的数量、种类和数据样本相对匮乏，所以建议充分利用各方资源（包括国际合作），逐步建立覆盖系统、分系统、单机各级的设计数据、地面测试数据、在轨数据的全周期、全流程的系统支撑平台。在任务执行前，充分利用地面或空间装置获取探测目标的特性和模型数据，逐步建立接近真实任务场景，获得大量样本供人工智能系统学习，以更好地支撑任务设计与实施！

附五：如何结合硬科技讲好航天科普

1 问题的提出

2019年春节上映的科幻电影《流浪地球》，堪称国产科幻电影里程碑式的作品，由于电影涉及的科学知识非常多，如"太阳的变化、推进地球的动力、为什么要靠近木星、点燃木星、比邻星是否是合适的家园"，这些科学问题引发了一股强烈的科普热潮。众多媒体发表了相关主题的文章，如"讲给孩子听的《流浪地球》中的科学奥秘""专家解读《流浪地球》中的科学知识"等。观众也对相应的天文学、物理学、人类生存价值观等话题进行了饶有兴趣的探讨，如"太阳的寿命究竟能有多长？""如果小行星撞击地球，该如何保卫地球"等等。虽然《流浪地球》是一部科幻电影，但却对普通民众起到了迄今少有的科普作用。航天领域作为当今世界最具代表性的高科技类别，面对《流浪地球》这个现象级的科普事件，不得不引发针对航天科普工作的深入思考。

近年来，随着我国航天事业的快速发展，航天发射活动越来越多，通过各类媒体的报道，公众对航天事业的关注度也不断提高。鉴于有关航天的新闻报道多会涉及公众比较陌生的技术名词和概念，无论是纸媒、广播电视等传统媒体还是互联网、"两微一端"等新媒体，在进行新闻报道的同时，大多要做科普性的解读。因此，各类媒体对航天知识的传播，成为航天科普传播最重要的渠道。除了媒体传播外，科协系统、航天系统有关单位以及社会上的一些机构也利用重要航天发射活动的时机开展了面向公众的多种科普活动，使航天在公众中的影响不断扩大。这些科普活动，是航天科普传播的另一个重要途径。

总体来看，航天科普传播起到了一定的效果，但是也存在着各种各样的问题，如航天科普人才匮乏、政策倾斜不够、无长效机制、内容深度不足等等，同我国目前航天事业的迅猛发展现状严重不匹配。针对这些问题，本课题主要开展航天科普"谁来做、怎么做、做什么"的探讨与研究，为推动后续中国航天科普工作更好开展献言献策。

本课题的研究目的包括：

（1）分析梳理出我国航天科普的当前形势，比较分析得到同美国等航天强国在科普工作上的差距和不足；

（2）结合公众关注的深空及更远行星际探测活动，结合一些特殊任务和场景开展科普实践；

（3）从航天科普的人才队伍、政策、制度、形式、内容等方面，系统性地提出后续开展航天科普工作建议。

2　研究意义

近年来，科普在我国的重要性日益凸显。2016年，习近平总书记指出，"科技创新、科学普及是实现创新发展的两翼"，把科普工作的重要性提到了全新的高度。我国最早于1994年颁布了《关于加强科学技术普及工作的若干意见》。1999年，国家多个相关部门开始将科普政策列为重点规划事项，由9个部门联合制定的《2000—2005年科普工作纲要》正式发布，这是对科普工作正式开始长期规划的标志。2002年颁布的《中华人民共和国科学技术普及法》是科普类法律条文的奠基之作，这是专门针对科普制定的具有时代意义和象征意义的重要法律，标志着我国科普工作正式进入法制化轨道。

2007年，多家单位联合发布了《关于加强国家科普能力建设的若干意见》，加强国防科普工作。统筹规划，整合资源，充分利用现有航空、航天、核、兵器、船舶工业的科普资源，在保持原有特色的基础上，拓展其功能并增加现代化的高新技术展示手段，在科普宣传内容和形式上不断创新。

在我国科普发展的新形势下，本课题基于当前中国航天科普的发展态势，有效地借鉴国内其他领域科普工作以及国外航天科普工作的先进经验，探讨我国航天应如何开展科普工作。课题研究的意义主要体现在以下方面：

（1）牵引未来人才培养

党的十九大报告强调，"人才是实现民族振兴、赢得国际竞争主动的战略资源"。对我国的航天事业的发展来说，培养本土的尖端科技人才，需要厚植全社会科学土壤。科普工作是促进全民科学素质提升以及全社会形成学科学、爱科学氛围，培育优良学术土壤的关键推手。

对航天事业未来发展而言，人才培养是重中之重。根据金伯斯职业发展三阶段理论：在11岁之前兴趣期，儿童考虑自身未来职业完全依赖兴趣，不考虑客观条件与自身因素；11岁到17岁则开始考虑社会地位、社会需求与职业意义；17岁以后才能够正确把握自身能力，协调自己与社会需求，开始职业规划。对青少年的科普工作，是促进其了解航天事业，将航天事业纳入自己职业思考的重要手段。航天科普的发展能够使更多的青少年未来投身于航天事业，使我国航天能够不断地补充新鲜的血液，人才队伍建设后继有人。

（2）取得社会各界的理解和支持

我国科技项目立项需专业主管部门的审核，不像美欧国家，航天项目立项需要议会公开审核，因此科普宣传迫切性较美欧更弱。但长期来看，航天事业仍将处于研究与探索阶段，需要国家的投入支撑，获得公众理解与支持十分必要。每次在完成有影响力的航天任务后，总有"航天是面子工程，人民中还有很贫困的人"的声音，虽然其不是主流，但对其反驳多集中于科学探索投入必要性，适用于每项科学研究，不能体现航天价值与特色。这反映了目前公众对航天事业意义认识不足，无论是支持者与反对者，需航天从业人员对外输出航天事业价值与收获，争取公众舆论上的支持。

(3) 扩大航天主力军影响，巩固和提升领先地位

以航天科技集团为代表的航天主力军长期以来一直是中国航天的"国家队"，但近年来其"领头羊"地位受到挑战，甚至在一些优势领域也逐渐式微。主要原因在于一些国有大型企业单位发展势头迅猛，中科院等具有较好航天基础的单位也加入卫星平台的竞争中，此外，还有诸多商业航天公司如雨后春笋般涌现。在这种形势下，除了继续在硬科技上下功夫以外，还要争取公众对于航天主力军的认可，进而对未来卫星竞标带来更为有利的社会环境。在这方面，与时俱进的航天科普将会比传统意义上的任务宣传发挥更为重要的作用，大大提升主力军的"软实力"。

3 国内外航天科普现状分析

研究对国内科普总体态势进行了分析。分别对科普经费、科普场馆、科普人员、科普活动及科普传媒几个方面进行了调研、梳理和统计；公众对航天科普的需求是旺盛的，对航天类话题有很大兴趣，对航天重大活动很是关注；社会上青少年、大学生及高学历人才和普通公众是热心航天科普的三个主要群体；从事航天科普工作的专业和非专业人才及热心的航天工作者虽有热情、干劲，但总体力量偏弱；列出了当前在航天科普上比较活跃的团体、机构和网络；也对存在的问题做了一定程度及深度的分析。同时，为了借鉴他国经验，也对国外航天科普的情况做了调研，以美国、日本为主要对象，对他们的航天科普内容、分类、宣传制度和传播渠道、人才队伍、组织机构一一进行了分析。

通过对国内外航天科普的调研，可以得到如下结论：

(1) 从传统的纸媒向"互联网+"方向发展。新媒体、传统媒体与新媒体融合下的航天科普传播已成为未来发展的重要方向。

（2）航天科普机构百花齐放。从政府背景的政府部门、企事业单位到民间背景的民营企业公司，移动社交媒体的发展让中青年航天工作者以个人自媒体的形式进行航天科普宣传，成为一支新兴的力量。

（3）兼顾科学与普及集于一身的科普人才匮乏。专职科普人员对于航天技术理解不深，而一线人员由于任务繁重、无制度保障等原因参与科普的热情不高。

虽然航天科普取得了一定的成绩，但是存在诸多问题，调研分析如下：

（1）结构性问题

我国航天科普的发展由国家整体经济、科技的发展水平所决定，同我国科普整体的发展趋势一致。因此，总体而言，航天科普存在的问题是结构性问题，是系统性问题，这些问题也普遍存在于其他科普领域；但航天科普的发展也有其自身的特点，一些如过度保密限制科普发展等也是一些敏感领域所特有的问题。

（a）政府部门和研究机构对科普工作的重视不够。

从绝对数量来讲，国家资助下各种研究项目的经费数额相当可观。不过，换算成科研工作者的人均经费占有额度，同发达国家差距较大。估算来说，中国人均科研经费占有额度大概是美日德等国的五分之一，基本相当于人均 GDP 的差距。因此，在资源有限的大背景下，国家对科普的投入仍然十分有限；对于一线的航天科研单位，专项开展科普的经费更是连申报渠道也没有，完全无法依托科研经费开展。

更新网站科普内容版块要不要雇人？网站、媒体平台和公众号的建设和美化要不要投入？举办公众开放日一类的社会活动要不要花钱？NASA、JAXA 等科研单位的网站制作极为精良，科普栏目包罗万象，形式和内容都秒杀中国同类机构，最根本的原因还是我们所能投入的资源只有人家的几分之一。当然，如何从有限的资源中挤出相应的部分来支持科普工作，取决于机构的领导者对于科普的认识。航天科研单位还是以"保成功"为核心目标,以型号研制为主要任务,如航天科普这种无法直接带来经济效益的工作被边缘化,无政策、无激励、无组织,完全靠个人,靠兴趣,靠热情。处在科研第一线的科研人员并没有科普宣传途径,或者历经环节过多,且缺乏资金支持。久而久之甚至广泛存在"科普是不务正业"的氛围,进一步打击了科研人员从事科普的积极性。如何让科研人员意识到科普的重要性,且真正调动他们的积极性并予以一定支持,是当务之急。只靠官方媒体,效果极其有限,也无法发挥类似NASA的科普宣传"杠杆效应",进一步调动社会资源自发科普,形成正循环。

(b)科技工作者对成果宣传推广的意义认识不足。

作为科普作者主力的科技工作者们,现阶段更多的是依靠自己的兴趣和热情进行小批量的创作,真正以此作为事业并发展顺利的人数还稍显不足,毕竟在中国这样一个发展中大国里,生存的压力还是要大于来自兴趣的动力。市场需求达不到预期,待遇跟不上所付出的时间跟精力,作为供给方的科普作者们自然缺乏足够的创作动力,也很难拿出足够多的优秀作品,这又会反过来压抑科普读者们的阅读需求,最终难于形成双方良性促进的局面。

(c)群众对科普内容兴趣的薄弱。

中国发展阶段尚落后于发达国家,各项社会发展指标也处于相对较低的水平,其中尤其突出的就是高等教育的毛入学率和接受过高等教育的人数占总人口数的比例。高等教育毛入学率代表接受高等教育的人口数在适龄人口(18~22岁)中的比例,对于发达国家来说,这一指标最高可以达到95%以上,而中国的这一数据在2019年刚达到48.1%,同期美国约为75%。接受过高等教育的人数占总人口的比例则更低,发达国家能够达到50%左右,中国目前的数据大概是10%。接受过高等教育的人群对科普内容兴趣度更高。然而,中国这样的"优质"科普受众却仅仅只有总人口的10%,很多优秀的科普作品在其作者眼里没有获得应有的价值和影响力也就并不奇怪了。不能否认,国内民众对科普内容功利性要求高,花时间阅读科普内容很大程度是为了获取有用信息，特别是医疗保健的相关知识。发达国家民众普遍受教育程度高，对科普内容的阅读普遍功利性要求低，属于吃饱穿暖之后的高层次需求，与听音乐、看电影一样带有获取精神层面愉悦的动机。

综上，中国所谓的科普难，归根到底还是社会整体发展水平不足下的暂时后果。随着中国的飞速崛起，科普市场自然会相应地扩大，机构对科普事业的关注和科技工作者对科普事业的参与必定会尽快向发达国家靠拢。此外，中国的很多数据，比率再低，总量也是可观的，占总人口10%的高等教育人口就已经超过了日本的全国人口数，且与教育普及相关的数据仍然在逐渐接近发达国家水平，科普市场在这一过程中成长壮大的前景应该是相当积极乐观的。

（2）航天科普存在特有问题

（a）航天属于国防事业的一部分，其相关的信息为涉密信息，因此在如何把握科普的尺度上存在较大的困难。没有立法确定科研成果的公开程度（版权问题、数据开放问题），也没有专业的科普教育和对外媒体宣传部门，导致很多社会资源处在"担心涉密被处罚"但又没有任何明确的单位和个人予以指导，反而导致他们为"保险起见"转向宣传国外的航天成就。与此同时，掌握第一手资源的官方媒体宣传内容往往过于死板"通稿化"，导致传播覆盖面广，但与科普受众的互动更少，影响力很低，总体上效果并不好。甚至一些官方媒体编辑的科学素养并不高，导致抓不到重点甚至闹出乌龙。

（b）要意识到科普人才也是一种科研人才，而不是"宣传人才"。好的宣传对于科研结论的社会影响力提升极其重要，这部分也应该纳入各类项目和绩效考核中，而非口头强调但实际氛围反而抑制。

（c）航天科普作为国家整个科普工作的一部分，其宗旨归根结底是提高国民科技素质。目前我国的航天科普仍以普及航天知识和宣传航天创新精神为主，而通过航天科技说明科技和人文、科技和社会的相互影响等方面，还有所欠缺。

（d）航天科普的"精品"仍然较少，其内容上偏重于运载系统和航天器的总体知识，较少涉及包括轨道力学、飞行控制、空气动力学、材料工艺、电子信息系统、空间科学等关键学科的内容。

（e）目前适合大学生、研究生的更高层次的科普活动较少。他们是未来科技创新的主力，而我国大学的专业相对较细，学生的知识面较窄。因此，有必要让他们了解航天这门综合学科的基础知识和多学科的综合集成方法，以培养他们的科技创新意识和跨学科思考的能力。

（f）在科技传播的形式上，目前较多用纸质媒体和展览会等传统形式，对新媒体的传播，虽已开始，但力度不够。

（g）为了促进我国航天科普更上一层楼，需要国家顶层设计或从政策入手，将航天科普放到更重要的位置，用更多精力与更多投入，去关心和培育航天科普工作者。

4 我国航天科普的发展建议和措施研究

4.1 人才队伍

科普人才是科普工作的核心，航天科普工作究竟由谁来做是最重要的问题之一。结合我国航天事业发展的特点，本节提出我国航天科普人才队伍的组成和建设的建议。

（1）人才队伍主体

航天科普人才应该是航天领域的科学家和工程师等科研人员，特别是具有多学科综合素质的总体设计人员为主，具备科普专业知识的人员作为科普工作的管理者和组织者。

科学家做科普的优势在于能够传递科学的思维方法，这是他们与普通人的区别。科学的思维方式与具体的科学知识同样重要，甚至更加重要。科学研究是科学传播的源头，而科学家就是科普的"第一发球员"。因此，无论是一线从事科学研究的科学家，还是从事项目工程研发的工程师，都理应成为科学传播的重要力量。

（2）人才队伍培养

从个人的角度，加强科研人员的普及意识，对科普这项公益事业倾注更多的热情；让科普工作者加强专业学习，不断更新自己的知识结构，跟上时代前进的步伐。有潜力的科研人员通过参加短期的科普培训班或者脱产攻读科普硕士，进行系统的科普训练，从而真正成为兼顾科学与普及于一身的科普人才。

科普形式多样，决定了科普人才培养需求与培养形式也是多样性的，可紧跟现代社会发展趋势，培养网红模式科普人才，为航天领域知名人物以"公开课""直播"等形式开展科普活动提供服务与便利。

（3）人才队伍结构优化

由于科普形式的多样化，为了利用新媒体更好地开展航天科普，需要多方面的人才形成科普团队，以团队的形式开展科普工作。一个完整的科普团队应该包括航天研制人员、航天科普工作者、多媒体制作人员和宣传推广人员。从团队的角度，让科研人员、科普工作者以及艺术设计等专业人员形成互补创作团队，系统化地开展科普工作。科研人员负责提供"食材"，科普工作者负责"加工"，艺术设计人员负责"包装"，宣传推广人员负责"吆喝"，四个步骤迭代开展工作。航天设计师可以为航天领域的院士、总设计师、主任设计师和主管设计师等；科普工作者主要为各单位负责政工宣传人员；多媒体制作由平面设计、动画制作、视频剪辑等多媒体专业设计人员组成。其中，航天设计师、航天科普工作者应为航天研制单位人员，多媒体制作和运营不是航天单位的主要业务，可以外协相关商业公司。

打造航天科普新媒体专业团队，促进航天科普产业化发展。航天科普人员作为科普传播新形态转型的重要力量，应具备一定的专业知识积累、互联网知识储备，并了解媒体传播理论，熟悉新媒体营销方式及手段。一方面，航天科普工作人员要掌握新媒体的特点，在及时互动中了解受众的关注点和需求,为进一步的科普知识传播和营销打下基础。另一方面,随着传播手段日新月异的发展及受众的细分,要采用受众喜闻乐见和易于接受的方式,让他们有兴趣、看得懂、愿参与、乐参与。同时不断创新科普宣传机制,建立起更加广泛的宣传渠道,通过开发航天文创产品,更好地促进航天科普的产业化发展。

形成科普人才梯队,并按照科普能力进行分类,例如,院士、总师、科普网红等大师级科普人员,主要面向广泛的受众,如电视媒体、大学、科技馆等;中青年等普通科普人员,主要面向相对小范围的受众,例如中、小学校等。

4.2 组织机构

科普的组织机构是科普工作进行的重要保障。针对当前中国航天的科普形势,本节提出国家层面和航天研制单位层面设立组织机构的建议。

(1)国家层面

中国航天多头管理,缺乏航天科普教育的总体协调管理部门,航天科普教育多由社会力量自发进行,不成规模,难成气候。需要国家赋予航天管理部门进行航天科普教育的职能,投入一定经费,整合社会力量,多元投资,兴建权威性的代表国家水平的航天博物馆和航天科普教育基地。

(2)单位层面

要建立专业的航天科普组织机构。对于从事航天事业的科研单位,应该投入人力物力,建立专职负责科普的部门,负责单位的科普管理工作。

(a)针对每一个航天任务,特别是载人航天和深空探测等展示度高的任务,任务研制团队要在任务设计初期专门配备一个负责科普的团队,由一线的研制人员作为任务科普的主体,负责制定任务全周期的科普策划,思考、设计、管理、协调科普项目在航天任务设计中各个环节,将科普工作在航天任务设计中常态化,将科普与宣传的需要有机地结合在一起。

(b)承担单位社会责任,积极应对突发性的高舆情事件,一方面配合宣传,做好辟谣工作;另一方面,专注公众注意力高度集中时段,适时推出针对性的高质量科普作品,达到事半功倍效果。

对于人员较少或难于制定科普专职部门的单位,可以将科普管理工作由单位负责宣传的政工等部门负责,但需要专人负责。对于依然无法由专人负责的单位,建议成立科普协会,机构包含专业科普(宣传)人员与技术人员,可以同上一级单位的科普部门对接。

4.3 长效机制

有力的政策措施制度是推动科研和科普有效结合的关键。本节提出我国航天科普工作在合作机制、项目管理机制、激励机制等长效机制的建议。

从多方面建立长效机制,建议如下:

(1) 数据发布与版权授权机制

目前我国航天领域的图片、视频等数据发布存在时效性差、管理混乱等问题。建议在任务研制同时并行开展数据发布相关管理办法的制定,明确统一管理单位、发布时机、发布内容等。对于不涉密的资料尽早发布,对于涉密资料结束保密期后,由统一管理单位组织解密,尽早发布。明确任务所有资料的版权所有方,指定相应的管理部门,并欢迎各企业、公司购买版权进行产品开发。

(2) 合作机制

作为航天科研单位,其在媒体、宣传、推广等方面存在一定的不足,因此可以同社会专业的团队建立长效合作关系,共同开展航天科普工作。

(3) 项目管理机制

在航天项目管理里,可以增加"科技传播与普及"工作任务,并在适宜承担科普任务的科技项目中加以明确。明确科普任务的经费比例要求,并作为项目立项和结题的重要考核指标,如科普经费占总项目支出的1%~3%;明确项目承担单位和科研人员的科普义务,规定增加科普任务的计划项目范围;在规定项目的申请书、任务书、中期报告、验收报告中,设置科普栏目和具体要求,建立项目科普任务执行情况和科普绩效的考核评价体系,强化项目承担者的科普主体作用。

（4）激励机制

逐步完善科研工作评价体系，将科普工作绩效正式纳入科技评价体系。一方面，推进科技管理制度改革，将科普工作加入科技项目成果评估体系；另一方面，推动研究并制定科研人员参与科普工作绩效的认定、考核及评价办法，将科研人员参加科普工作纳入科技人才专业技术等级评定范畴。例如，可以让具有一定影响力的科普文章在职称评定中应该和学术论文具有同等权重，在国家、省（部）、集团等各级报奖中设定专门的科普奖项。在评价体系上，使科普工作真正和科研工作处于同等重要的位置。

鼓励老科学家、高校师生等参与科普志愿服务。推动建立科普志愿者社团组织，开展科普志愿者交流、培训、经验推广等工作。通过项目引导和组织培训，推进高校的大学生科普社团建设。发展离退休科普志愿者队伍，建立应急科普志愿服务、激励机制。

推动建立多元化科普奖励模式，加大科普表彰、奖励的力度和范围，政府重视科普奖励，鼓励和推动社会各界设立模式多元化的科普奖项，充分发挥科普奖励在推动科普工作方面的激励和导向作用。

提高科普奖项的地位，设立国家级科普奖项，奖励在科普方面做出突出贡献的科技、教育、传媒工作者和科普工作者。

在国家科技奖励中加大对优秀科普作品的奖励力度。在国家科技进步奖中扩大科普奖励的比重与范围，除科普图书之外，逐步将科普影视、科普新媒体和科普展教具等科普作品纳入国家科技奖励范围。在现有的科技奖励评选办法中，增加对受评人从事科普工作情况的评估内容，使科学创新和科学普及双重目标在科技奖励中体现出来。

科学技术部、教育部、中国科协等相关部门进一步加大对科普做出突出贡献的集体个人的奖励。鼓励和引导科技团体等社会力量设立公益科普奖项。以评奖、作品征集等方式，加大对优秀原创科普作品的扶持、奖励力度,鼓励社会各界参与科普作品创作。特别加强对新媒体科普、科普创新的奖励。

(5)科普与保密工作的协调机制

科普工作经常会涉及资料信息的公开问题。航天行业的特殊性,决定了多数一线科研人员会涉及涉密项目与工作。目前对于期刊、会议以及书籍出版已经有完善的审核机制,但对于公众号、社区类网站等新媒体,目前缺乏适当的保密规定与政策,鉴定科研一线人员是否能够参与、是否能够以个人/组织身份参与科普工作,如何完成相应保密审查。

如果没有长效的保密工作协调机制,则由组织或个人运行的相关新媒体可能存在保密政策上的风险,而且相关科普平台与工作机制容易受到保密政策冲击。

4.4 传播渠道

在"互联网+"时代,紧跟时代发展步伐,摈弃传统的照本宣科模式,本节提出我国航天科普的传播渠道的发展建议。

(1)建议依照需求理论多层次开展科学传播

按照马斯洛的需求理论,人的需求包括生理需求、安全需求、社交需求、尊重需求、自我实现需求五个层次。一方面,现阶段大多数公众的科普需求内容主要集中在健康医疗、食品安全和生态环境方面,体现出人们对生存质量、生存环境和自身健康的密切关注和担忧,属于生理和安全层次的需求。另一方面,在培养公众的创新和创造能力、培养科学理性精神等方面的科学普及和传播,尚未得到公众较为广泛的关注。其中的原因之一是这些内容相对于前者属于较高层次的需求,其与获得他人对自己的认可与尊重、成就自我价值以及发挥个人能力到最大限度等存在相关。从各类科普需求来看,所有公众处在一条正态分布曲线上。因此,在开展科普工作的时候,不应只限于公众需求的最高领域,还需要充分考虑到公众科普需求的多层次性。此外,大多数公众的科普内容需求具有实用化的倾向,这种倾向存在一定局限性;科普工作者还要充分考虑社会发展对公民的责任,开拓公众视野,发挥科学启迪明智的作用。

(2)建议线上线下优势互补开展科普

科普工作者们已经认识到互联网是开展科普工作的重要平台。伴随着科普信息化建设的实施,线上科普的重要性将进一步提升,而其便捷的泛在性、自主选择性、广泛的覆盖性、表达方式的多样性都使之颇受大众青睐。要将航天科普网络化,建立长效可靠的互联网航天科普馆。在这方面,NASA的官方网站应该是最值得学习和借鉴的实例。以手机移动端为切入点,开发适合我国国情的航天科普博物馆,借助我国手机移动端的庞大受众群体,开发相应的应用程序。

虽然截至2019年上半年12月,我国网民数量达到了8.54亿,互联网的普及率为61.2%,这个数字仍然在不断攀升,但还有一部分公众,尤其是边远贫困地区的公众以及老年公众还期望能通过传统的科普方式来推送科普。另外,线下科普真实互动的切身体会和现场体验感,也是线上科普所难以比拟的。因此,我们倡导通过线上线下科普进行优势互补。

(3)开展全方位、立体的航天科普传播

"互联网+"时代,航天科普可以借助新媒体的传播优势,实现科普资源的多元化应用,不断扩大优秀科普作品的共享范围。例如,构建集专业性与科普性于一体的航天科普传播权威网站、微信公众号、微博等,搭建知识资源库,及时发布新鲜、多样的航天科普知识,满足不同类型的受众需求。美国NASA在科普传播中,实行了"立体传播",即"分众科普"。NASA的官方网站可以看作是一个航天科普的全媒体网站,其官网上特别设立了针对不同受众群体的内容导航路径,既包含针对儿童受众设立的虚拟航天俱乐部,主要以动画和线上游戏为主;又包含面向媒体受众的滚动新闻、相关视频及资料文件;还包含面向教育工作者的内容,主要为其提供教学资源等。同时,在产品呈现方式上,也不仅局限于文字,相关科普视频、音频等时常被字幕组、科普工作者翻译成中文后在国内各大社交媒体上广泛流传。此外，还有一些线上实验、互动游戏等新颖有趣的科普形式也在网络平台上占有一席之地。可以看到，"分众科普"的优势即在于可进行更有针对性的传播，面向不同的受众群体，展开不同的新媒体手段，从而有利于形成多层次、立体化、多元化的科普传播体系。

要将最新的传播媒质与航天科普相结合，发挥最大的传播效果。动画片、手机游戏是广大群众，特别是青少年最喜闻乐见的媒体传播形式。在未来重大的航天任务中，开展立体的宣传模式，委托相应的单位开发与航天任务相切合的动画片、宣传片、动画玩偶、手机游戏等，寓教于乐，让人民群众用喜闻乐见的形式，潜移默化成为航天科普的最大受益者。同时也应该看到，尽管新的传播媒介发展迅速，但纸质读物由于具有较好的阅读体验，还是在青少年中占有较大的比例，同时为了保护青少年的视力，传统的纸质科普读物还是需要有一定的占比。

4.5 科普内容和产品

进一步开发我国航天领域的科普资源，本节提出我国航天科普的内容和产品的发展建议。

（1）航天科普体系化开发

航天科普开发要循序渐进，从内容到产品，从产品到品牌，从品牌到产业。

在内容上，同比国外的科普，除了内容本身要具有"硬科技"的内核外，还要在故事性、艺术性、创新性等方面多下功夫；科普不单要讲过去，讲现在，还要讲未来，将科普与科幻适度融合，对于未来具有一定可行性的航天科技进行前瞻性的科学普及；针对我国航天项目，特别是载人航天和深空探测等展示度、开放程度较高的项目，首先应进一步提高科普内容的深度；其次根据不同受众制定不同层次的科普内容；然后在内容上应有一定的延续性，不能让科普传播跟着热点新闻走。

在产品上,加大中国的航天科普设施的开发。一方面,建立类似美国太空营这样的专门的航天科技教育培训基地;另一方面,加大对非涉密的航天设施的开放力度,通过专业的设计,提高观众体验与感受。此外,针对中小学生,五院作为中国航天的"国家队",建议后续应寻找渠道,和教育有关单位合作,编写适合我国教育发展形势的专业权威的航天科普教材,并向全国推广。同具有产品推广经验的企业合作,采用市场化手段大力推广航天科普品牌产品。

在产业上,通过对国家航天任务包装、宣传和推广,通过 App 下载、版税、纪念品、文化周边、玩具购买等多种形式最终达到盈利,将航天科普与市场经济相结合,形成航天科普产业,达到共赢的效果。

(2)采取多媒介整合多样化经营的方式

一方面,应当保留传统媒介平台作为新媒体的辅助,尝试将传统媒介载体的产品做成精品、经典甚至是藏品。另一方面,考虑到碎片化阅读的趋势,新媒介平台特别是移动端平台应当丰富推送形式,保证多种平台和多途径的可获得性,用来满足不同平台使用偏好的群体。在新媒体平台上的内容应当满足"及时获得、快速浏览、体验反馈、改进更新"的特点,力争可以保持在该领域持续的竞争力。

当下科普的形式多种多样,可以是社交媒体的互动,如微博、微信公号发文章、录视频;也可以是在线知识平台的共享,如在知乎开 LIVE(直播)、MOOC 或是 TED 上面挂课程等。当然,借助信息媒体平台的泛载与便利,也直接催生了一批科普"网红",虽然偶有鱼龙混杂的情况,不过能让更多的人接近关注科普,至少趋势是好的。科学的准确性和科普的吸引力之间始终是有张力的,尤其是就某个话题接受采访时,这种张力最明显。科学家在媒体面前经常有一种无奈:说得专业、准确,对方听不懂;做个形象的比喻,又损失了准确性。

(3)加强内容的排版和设计,优化文字风格

国内大部分原创的"科普读物"大都存在重文字轻图片、重逻辑轻体

验、重内容轻形式的特点。不论是纸媒体还是数字媒体,图文搭配不仅有助于理解阅读内容还能提升阅读的新鲜感。除此之外,灵活的排版形式也很重要,科普读物不是专业论文集,内容的科学性和客观性很重要,但也要关照读者的体验和文字习惯。

(4) 内容碎片化,结构深度化

碎片化阅读并不意味着排斥深度阅读和系统学习,虽然看起来碎片化阅读强调短小精悍不受时空环境限制因而无法深入,但可以用大量的引用和参考来源延伸阅读。克服了这一点,一旦用户发现对某个话题感兴趣,他就可以根据相关链接继续追问,这些链接中有专业文献也有其他的科普文章。科学越是朝向纵深发展,越需要通过科普搭建不同学科、知识体系、原理之间沟通的桥梁,越需要深度阅读。通过形成完整的文章链条,优化整体结构,可以避免在阅读时过分碎片化而缺乏全局把握造成"一叶障目"的结果。

碎片化同时也兼顾系统性,编制科普类教材,引导学有余力的青少年在兴趣推动下提前开展适应自身年龄段特征的学习与实践。

(5) 世界是多元的,需求要个性化

中国科协曾经提出了"精准科普"的概念,在新媒体环境下,"精准科普"似乎显得更有必要和更加可行。如同我们的广告能够准确找到对产品感兴趣的用户,科普也需要利用各类数据平台实现精准科普和定向推送。如同市场上购物消费一样,用户要享受"逛街"购物的慢节奏,更需要能够快速找到自己要购买的"商品"。这是新的市场空间,也是媒介分化的未来走向,即:要保证专业化和深度,又需避免孤立学习和缺乏全局视野。这种趋势不仅是亟待提高科学素养来满足工作和生活需求的群体要做的,也是对"专家"进行科普的必要性所在。

青少年以引导为主,增加兴趣的内容为主;大学生及以上的高学历以较为专业、系统的科普知识为主;而针对公众可多借用航天热点事件开展科普。

（6）创新科普传播形式，发挥最大传播效果

目前，直播技术、VR/AR 虚拟现实技术蓬勃发展，可将这些最先进的技术手段与航天科普相结合，在传播过程中增强在场感和互动性，或联合外部互联网公司、动漫公司进行跨界合作，共同开发科普游戏、科普 App 应用等。以北京海鹰科技情报研究所航科公司为例，其在科普动画、科普纪录片等影视领域以及 AR/VR 动感体验等文创活动方面有过多次成功的尝试，例如其品牌旗下的"万户飞天"IP 文化产品系列便是围绕中国古代航天第一人的精神内核，深入挖掘、精心策划而形成的一套内容丰富、形式新颖的文化产品，由此衍生的《万户飞天》动画短片、"万户飞天"VR 动感体验产品等，均获得了不错的传播效果和社会反响。

在创意传播方面，美国 NASA 也有过多次成功的尝试。2019 年 5 月，NASA 的"洞察号"火星无人着陆探测器再次飞往火星执行任务，为了给予民众亲密接触火星的机会，NASA 在全球范围进行了姓名征集活动，民众可通过网站报名，获得一张写有自己名字与唯一编号的"登机牌"，让自己的名字随"洞察号"携带的微型芯片一同登上火星，展开一场虚拟的太空旅程。这一活动共征集到了 240 多万人的名字，"洞察号"因此获得了前所未有的关注，受众也对火星探测有了更加深刻的了解和认识，这种极具趣味性的互动性传播方式，值得我国航天科普借鉴。

（7）引入"云科普"概念，建立虚拟航天科普展馆

所谓"云科普"，即将线下的科普平台或科技场馆、博物馆数字化，实现与移动城市的对接，开启三网融合时代科普资源在教室课堂、赛博空间、移动传媒等的综合性全方位应用。其可以让既往神秘莫测的传统科技场馆走下神坛，鲜活生动地展示在渴求科普知识的公众面前。

随着全景技术、VR/AR 等虚拟现实技术的日益发展，具体到航天科普领域，也可以深入研究线上科技展馆的设计模式，以手机移动端为切入点，开发相应程序，结合最新技术，为受众构建具有我国航天文化特色的，可获得临场感、参与感的航天网络展馆。

（8）开放并公布全面航天影像产品

对于我国嫦娥工程，也在航天影像产品免费公布方面开展着积极的尝试。嫦娥一号和二号获取并公布的全月面图像、嫦娥二号拓展任务的图塔蒂斯小行星图像、嫦娥三号着陆器和巡视器对月面的图像和互拍的图像、嫦娥五号飞行试验器的地月合影图像均是对航天科普的积极尝试和探索，也是我国航天任务设计从仅仅完成自身任务目标逐渐过渡到兼顾展示与科普要求的一种转变。

对于未来我国航天任务，在航天影像产品公布方面应该开展以下几点工作。

首先，要在航天任务中为科普"主动"获取图像。在未来的航天任务中，在不影响主任务的同时，专门安排一些拍照环节，获得更多有新意、视角独特且科普效果好的航天影像资料，将影像资料的公布由"要我公布"转变为"我要公布"。

其次，获取的影像资料公布要更加"透明"。如果航天爱好者想研究月球表面的地形地貌，他们可以没有任何困难地从网站免费下载到 LRO 的原始图像数据进行研究，而想从网络直接获得嫦娥一号和二号的数据显然就没有那么容易。因此，我们要制定相应的制度，开发相应的工具和网站，打通这层壁垒，让航天科学数据服务于更广泛的人群。

最后，要建立专业的数字影像数据库，对过往任务的影像产品进行管理和发布。要学习美国 NASA 网站的先进经验，建立专业的航天任务数字影像网络平台，由国家相关部门持续稳定地投入资金，引入百度、腾讯、阿里巴巴等大型互联网企业的先进技术，努力成为既往航天任务和未来航天任务数字影像的唯一权威发布机构，大幅扩大航天影像产品传播的范围，提升其影响力。

（9）提高民众在航天任务设计中的参与度

2015 年 7 月 14 日，新地平线号（New Horizons）探测号飞掠冥王星，为世人所振奋。除了紧锣密鼓的观测外，探测器上还搭载着一个神秘的载荷，这就是冥王星发现者克莱德·汤博的骨灰，美国NASA以此纪念这位冥王星的发现者。除了骨灰外，"新地平线"号上的搭载物品还包括一枚写着"冥王星还未探索"的1991年的美国邮票、一个刻有数十万人名字和"新地平线"号任务小组成员的照片资料的光盘、美国国旗等在内的各种物品。欧空局也开展了在全球范围内为"罗塞塔"彗星探测器的着陆点命名的活动。

我国的航天任务在科普搭载方面也开始进行尝试。嫦娥一号搭载了30首我国的乐曲；神舟六号搭载了包括书画、邮票、国旗等大量物品；嫦娥三号开展了月球车全球征名活动，并最终获名"玉兔"号。

但我国航天任务在搭载项目的设计上还相对单一，尚没有万众签名的相关项目；搭载内容涉及的范围还较窄，仅局限在国内，并未在世界范围内开展工作；可供命名的探测器还较少，目前仅"玉兔"巡视器一个。

首先，在航天科普项目的设计上要有创新性。目前我国的航天科普项目的设计大多由航天科技人员负责，由于精力、角度和观点等原因，不免造成科普项目存在创新性不强，搭载纪念品等常规做法缺乏新意的问题。所以，要在未来的航天任务中，设置若干由民众设计的航天科普项目，向全国甚至全世界人民通过互联网全面征集好想法、好点子，将科普任务的设计权真正交给大家，最大限度地调动广大民众"万众创新"的热情，使得科普的影响和效果大大提升。

其次，要建立专业的航天科普团队。对于我国未来的航天任务，特别是载人航天和深空探测等展示度高的任务，要在任务设计初期专门配备一个负责科普的团队，负责思考、设计、管理、协调科普项目在航天任务设计中的各个环节，将科普工作在航天任务设计中"常态化"。

最后，要将航天科普变为航天任务研制要求的一部分。由国家航天局为代表的用户单位对航天任务设计提出明确的科普项目，并体现在研制总要求和各个系统任务书中，这样可以有效地从顶层提高各个研制单位对科普项目考虑的优先级。

（10）利用新媒体开展全方位立体的科普宣传

美国 NASA 联手经典游戏《愤怒的小鸟》，让未来的航天计划被公众所熟知，甚至影响全球数百万人。目前我国的航天科普还处于科技馆的展示、航天专家办讲座、航天员与中小学生互动等初级阶段。在互联网时代，这些科普方式作为重要的组成方式虽然不能被取代，但用互联网思维来看，它们对科普知识的传播范围、传播速度和持续效果可能已经满足不了人们的需求了。

我国的航天科普也要搭上互联网这辆"快车"，努力做到跨越式发展。具体建议在以下几个方面开展工作。

首先，要将航天科普网络化，建立长效可靠的互联网航天科普馆。在这方面，NASA 的官方网站应该是最值得学习和借鉴的实例。我们要深入研究 NASA 官方网站的设计模式，以手机移动端为切入点，开发适合我国国情的航天科普博物馆，借助我国手机移动端的庞大受众群体，开发相应的 iOS 和 Andriod 应用程序，达到事半功倍的赶超效果。

其次，要将最新的传播媒质与航天科普相结合，发挥最大的传播效果。动画片、手机游戏是广大群众，特别是青少年最喜闻乐见的媒体传播形式。我们要在未来重大的航天任务中，开展立体的宣传模式，委托相应的单位开发与航天任务相切合的动画片、宣传片、动画玩偶、手机游戏等，寓教于乐，让人民群众用喜闻乐见的形式，潜移默化地成为航天科普的最大受益者。

最后，要形成一支航天新媒体科普的专业团队，将航天科普产业化。要依托航天任务的重大影响力，以航天科普为目标，与媒体和互联网企业合作，打造一支航天新媒体科普的"国家队"。通过对国家航天任务包装、宣传和推广，通过 App 下载、版税、玩具购买等多种形式最终达到盈利，将航天科普与市场经济相结合，形成航天科普产业，达到共赢的效果。

航天科普依托航天任务的巨大民众影响力，在我国科普领域一直起着重要的作用,也获得了相当良好的效果。我国航天科普起步良好,发展潜力巨大,但与国外的差距也是明显的。未来我们要充分借鉴美欧等航天科普发达国家的先进经验,借助"互联网+"的优势,迎头赶上,实现我国航天科普的跨越式发展,为科普事业的发展做出积极的贡献。

附六：相关报道（部分）

记叶培建院士二三事

北京理工大学出版社副社长　李炳泉

"人是要有一点精神的，往往在最困难的时候，甚至几乎挺不住的时候，就是依靠这点精神才能克服困难，达到一个新的境界，生活和工作都是如此。"

——叶培建院士《走在路上》

叶院士的这段话被我当作座右铭，并在我的提议下成为叶院士的传记《走在路上》一书封面文案。因为工作的缘由，我为多位两院院士及其团队出版过他们的心血之作，这些"大咖"们是我工作上的良师，有的甚至成为朋友。叶培建院士正是其中的一位特殊的"大先生"。2015年的夏天，由胡海岩院士引荐，我们北理工出版社邀请叶培建院士出任《航空航天科技出版工程》丛书译审委员会副主任，因此我有幸结识叶院士。六年多来，在叶院士的指导下我和出版社的事业均取得了跨越式的发展。叶老的言传身教令我受益良多，他对我的影响内化于心外化于行。叶院士的新作《永不停步》即将付梓，十分荣幸担纲该书的策划编辑和责任编辑，借此机会也通过新书向读者们分享下我在叶院士身边学习和工作的故事。

一、《空间技术与科学研究丛书》（中文版、英文版）诞生记

2016年11月25日《航空航天科技出版工程》（中文版）新书发布会在京举行。丛书入选"十二五"国家重点出版物出版规划项目、国家出版基金项目，由北京理工大学、南京航空航天大学、北京航空航天大学等国内从事航空航天领域研究的高校和科研院所联合翻译（丛书原为英文版，由美国WILEY出版集团和AIAA美国航空航天学会联合出版）。

叶培建院士和杜善义院士为《航空航天科技出版工程》丛书揭幕

新书发布会上，叶院士高度评价《航空航天科技出版工程》的同时，慷慨激昂地宣布："中国航天人要有一套中国人自己的航天丛书。中国空间事业蓬勃发展，已经成为航天大国并正在跻身于航天强国，为什么不能出一套中国人自己的空间技术领域丛书呢？"经过慎重思考，叶院士提出由中国空间技术研究院与北京理工大学出版社合力出版一套中国空间技术领域权威

著作。时至今日，回忆起这段往事，我还记得叶院士当时那坚定的眼神和挺拔的身姿。

半个月后，也就是 2016 年 12 月 12 日，《空间技术与科学研究丛书》编写正式启动。丛书编纂的宗旨就是"要为国家、为航天事业、也为参与者留下宝贵的知识财富和经验沉淀"。叶培建院士作为《丛书》主编，亲自策划并不遗余力地推动《丛书》编写工作。《丛书》23 分册，每个分册的编写负责人、每一个分册的编写大纲和部分重要内容叶院士都会亲自审定，针对关键节点、风险事件，他总是出面协调多方关系，解决了诸多难点和瓶颈问题，确保工作无遗漏。时任中国空间技术研究院院长张洪太研究员、副院长余后满研究员不仅担任《丛书》副主编，还亲自负责了《航天器项目管理》《航天器产品保证》等分册的编纂。最令我动容的是叶院士在生病手术的恢复期间依然坚持组织落实《丛书》的编纂工作，逐一为每个分册"体检"，确保每一本都是"国货精品"，他带领的编写团队以"功成不必在我"的胸怀和"功成必定有我"的担当迎难而上，以航天项目管理的方法扎实推进《丛书》出版工作。此外，叶院士还逐一为每一个分册做序，把他对每一个分册作者团队的期许和对未来该领域发展的思考融在字里行间。

2018 年 4 月 27 日《空间技术与科学研究丛书》在中国空间技术研究院 50 周年院庆典礼上正式出版发行。《人民网》评价："丛书的出版发行，对于加快推动我国航天强国建设具有重大的理论价值和现实意义，为中国航天事业的蓬勃发展增添了浓墨重彩的一笔。"

《空间技术与科学研究丛书》一经出版，深受许多许多航天专家和科研工作者的喜爱，我校校长张军院士将《丛书》置于办公室书架，时常翻阅。航天专家们将《丛书》奉为工作上的"高参"，对年轻的科研人员来说《丛书》更像是一位"向导"，指引年轻人不停进取、不断钻研。《丛书》也迅速得到了国际同行的关注，Springer Nature 出版集团最先表达了希望出版《丛书》英文版的意愿。在叶院士的反复斟酌后，从中挑选了最具中国航天特色的11个分册进行英文版出版工作。Springer Nature 专门为叶院士领衔的编写团队开辟了一个新系列《Space Science and Technologies》，2020年10月26日《空间技术与科学研究丛书（英文版）》11个分册由 Springer Nature 出版集团和北京理工大学出版社面向全球出版发行。

　　叶院士在《丛书》发布会上讲到："在从航天大国向航天强国迈进的过程中，应该更加重视国际话语权的提升。《空间科学与技术研究丛书》英文版作者团队几乎覆盖了中国航天各领域的领军科学家，《丛书》内容具有中国特色、代表中国实力。科学家们应该出版更多好书，不断为全球航天技术发展提供有力支撑，为人类和平利用太空、推动构建人类命运共同体贡献更多中国智慧、中国方案、中国力量。"

叶培建院士、葛玉君副院长、丛磊社长共同为《空间技术与科学研究丛书（英文版）》揭幕

《空间技术与科学研究丛书（英文版）》是中国首套成系列"走出去"

的航空航天类科技著作,它的规模化出版成为国际同行了解中国航天事业的重要窗口,长期位居Springer Link空间科学类图书下载前列,电子书累计下载量55万余次,国际同行评价颇高,初步实现了叶院士在英文版《丛书》序中期望的:"丛书的出版为国际空间科学与技术出版物大家庭增添了一员,并在促进航天领域学术交流和空间商业合作方面发挥重要作用,为全球航天科学家和工程师更为深入地了解中国航天提供全面、真实和丰富的信息,也是中国智慧的集中体现。"

二、*Space*:*Science & Technology*期刊诞生记

叶院士早年在瑞士留学,博士毕业后毅然归国报效祖国的事迹相信许多读者都知道。我眼中的叶老不仅是科学家,更是科学家中的战略家。他的许多思想是具有战略高度的。他说:中国航天事业在世界的地位和取得的成果与中国本领域的国际学术期刊建设、宣传和发言权严重不符,*Space*:*Science & Technology*(空间科学与技术,以下简称"SPACE期刊")作为新时代期刊,一定要回归期刊服务科研创新的本源,要成为记录中国和世

《鲁健访谈·对话叶培建》节目

界航天科技发现与激发创新思想的重要平台。继《空间技术与科学研究丛书（中、英文版）》把中国航天科技阶段性成果面向国际同行分享后，叶院士带领国内外科学家共同组建SPACE期刊，开启了中国航天与国际同行的高端化、常态化学术交流。

2021年11月《鲁健访谈·对话叶培建》节目中叶院士专门向鲁健和广大观众讲述了他主编丛书和创办SPACE期刊的心路历程。叶院士始终心系我国航天高水平学术成果的积淀、传承、创新和发展，不断为中国航天科学家们搭建更大的"舞台"。

SPACE期刊是北京理工大学（BIT）、中国空间技术研究院（CAST）和美国科学促进会（AAAS）/Science共同打造的综合性高水平国际化英文科技期刊，也是美国科学促进会（AAAS）自1880年创建Science期刊以来的第一本航天领域的伙伴期刊。SPACE期刊是从2019年下半年启动创建，得到了北京理工大学张军校长、赵长禄书记、胡海岩院士、项昌乐院士和中国空间技术研究院时任院长张洪太研究员、赵小津书记及现任院长林益明研究员的大力支持。2020年7月入选中国科技期刊卓越行动计划高起点新刊，SPACE期刊不仅是那一届唯一的校企联合创办的新刊，更是目前为止卓越行动计划高起点新刊中唯一的航天类综合平台期刊。

"高起点期刊"答辩的准备过程如今想起依旧记忆犹新。那一年的"高起点期刊"答辩受疫情影响改为在评审系统中上传申报材料和陈述文件，在指定时间在线回复评审专家提问。答辩准备期恰逢端午节假期，叶院士一直没有休息，约定时间给他送最新材料时雨下得很大，打不到出租车，约定的时间越来越近，我心里十分焦急，因为我知道叶院士平日繁忙，特意在假期期间来做材料准备，他一定会准时在单位门口等我（叶老一向守时）。就在焦急的时候，恰好遇到警察在执勤，他们用警车迅速把我送到叶院士单位。后来我才知道这位警官是北京榜样"最美警察"王俊青，于是也有了新中国"最美奋斗者"叶培建院士和北京最美警察王俊青警官见面的一段经历。书归正传，从答辩材料内容架构，到提炼陈述重点，再到答辩陈述视频的准备，叶院士全程亲力亲为，反复修改、完善材料，前后反复迭代四次有余。这份高度认真和倾情投入以及周密的准备最终也赢得了专家评委的一致支持。后来有些同行问我，为什么北京理工大学在建的五种英文期刊能在激烈的竞争中脱颖而出（每一年全国的高起点新刊仅有30种），先后入选中国科技期刊卓越行动计划高起点新刊？有什么经验？我的回答是，我们的杀手锏就是像叶院士这样高度负责、倾情投入的主编和编委们，他们作为期刊的"灵魂"，是期刊卓越发展的"法宝"。

SPACE期刊从文章上线至今正好一年，出版4个月时被全球开放获取数据库DOAJ收录，出版7个月被NASA-ads数据库收录，不久前被全球著名的科技文摘数据库INSPEC收录。期刊先后刊发了"嫦娥五号""天问一号""鹊桥中继星"等一系列我国重大航天工程进展的重磅文章。SPACE期刊已经成为在国际航天舞台不断发出中国声音的重要力量。如同叶院士所期待的："这份期刊是一艘特殊的'航天器'，必将在开放和共享中国航天科学发现和创新性成果方面发挥重要作用。"

作为期刊主编，叶院士一直在为期刊的卓越发展殚精竭虑，专刊特刊的邀约、年度的重大选题策划、期刊的国内外推广都会躬行践履，期刊的国际推广带来更多国际同行的关注，有多个国际媒体通过SPACE期刊邀约中国航天科学家访谈。期刊逐步成为中国航天对外宣传的又一张重要名片。

在叶院士的悉心教导下，我和出版社的工作取得巨大的进步，航空航天类图书和期刊的出版影响力在国内外持续攀升。叶院士带我们完成了我国航空航天类首套系列丛书规模化版权输出，首个中国科技期刊卓越行动计划高起点国际化航天类平台学术期刊建设。叶院士高瞻远瞩的战略思想、科学严谨的治学态度、涵养深沉的家国情怀、精业乐业的工作作风和风趣率真的人格魅力影响着我们每一个人。正如叶老的格言："个人命运始终与国家命运紧密相连，把个人的成长放在国家发展和利益的大局中，才能发挥作用、做成事情、有所贡献……"他带领着我和团队从中国出发,一步一步走向世界舞台。我和团队也必定将自己的编辑职业生涯融入到航天强国建设和科技强国事业之中,为中国的出版事业多做些有意义的事情,也必将在身边的榜样叶院士的指引下,只争朝夕,永不停步。

《叶培建"嫦娥一号"与四大精神》

中国科学技术协会编辑出版了《见证百年的科学经典》一书,以典型的成就和人物描绘了中国百年的科学发展史,为建党100周年献礼!该书分为梦想起航、中流击水、伟大变革、崭新擎画和百年梦圆五节,在伟大变革一节中记述了《叶培建"嫦娥一号"与四大精神》,现收录于此。

中国的探月计划经过长期准备、十年论证,于2004年2月13日经国务院批准立项,被称作"嫦娥工程"。"嫦娥一号"(Chang'E 1)是中国自主研制、发射的第一个月球探测器。北京时间2007年10月24日18时05分(UTC+8时)左右,嫦娥一号探测器从西昌卫星发射中心由长征三号甲运载火箭成功发射。卫星发射后,将用8天至9天时间完成调相轨道段、地月转移轨道段和环月轨道段飞行。经过8次变轨后,于11月7日正式进入工作轨道。11月18日卫星转为对月定向姿态,11月20日开始传回探测数据。2007年11月26日,中国国家航天局正式公布"嫦娥一号"卫星传回的第一幅月面图像。

"嫦娥一号"工作寿命为一年,计划绕月飞行一年,执行任务后将不再返回地球。"嫦娥一号"发射成功,中国成为世界第五个发射月球探测器的国家、地区。"嫦娥一号"虽然比国外晚了几十年,但是这个探测器的水平完全可以和当今世界上的月球探测器水平相媲美,而且这颗卫星用钱不多,只用了相当于修两公里地铁的钱,即仅仅用了14个亿。

中国首次月球探测工程主要有四大科学任务:(1)获取月球表面三维立体影像,精细划分月球表面的基本构造和地貌单元,进行月球表面撞击坑形态、大小、分布、密度等的研究,为类地行星表面年龄的划分和早期演化历史研究提供基本数据,并为月面软着陆区选址和月球基地位置优选提供基础资料等。(2)分析月球表面有用元素含量和物质类型的分布特点,主要是勘察月球表面有开发利用价值的钛、铁等14种元素的含量和分布,绘制各元素的全月球分布图,月球岩石、矿物和地质学专题图等,发现各元素在月表的富集区，评估月球矿产资源的开发利用前景等。（3）探测月壤厚度，即利用微波辐射技术，获取月球表面月壤的厚度数据，从而得到月球表面年龄及其分布，并在此基础上，估算核聚变发电燃料氦-3的含量、资源分布及资源量等。（4）探测地球至月球的空间环境。月球与地球平均距离为38万公里，处于地球磁场空间的远磁尾区域，卫星在此区域可探测太阳宇宙线高能粒子和太阳风等离子体，研究太阳风和月球以及地球磁场磁尾与月球的相互作用。

根据以上四项科学任务，在"嫦娥一号"上搭载了8种24台件科学探测仪器，重量为130千克，即微波探测仪系统、γ射线谱仪、X射线谱仪、激光高度计、太阳高能粒子探测器、太阳风离子探测器、CCD立体相机、干涉成像光谱仪。

"嫦娥一号"探月卫星的发射成功在政治、经济、军事、科技乃至文化领域都具有非常重大的意义。

从政治领域来看，"嫦娥一号"发射成功体现了中国强大的综合国力以及相关的尖端科技，是中国发展软实力的又一象征，表明了中国在有效地掌握和利用太空巨大资源、实现科研创新、凝聚民心、增强国家竞争力等一系列远大目标的决心与行动。嫦娥奔月的成功，还将意味着在国际空间开发和探测上，中国必将占有一席之地并且具有发言权。这也是中国在发射"嫦娥一号"探月卫星后，要求成为国际空间站第17个成员国的原因所在。

从经济领域来看，将带动信息、材料、能源、微机电、遥科学等其他新技术的提高，对于促进中国社会经济的发展和人类社会的可持续发展具有重要意义。月球上特有的矿产资源和能源是对地球上矿产资源的补充和储备，将对人类社会的可持续发展产生深远的影响。月球表面具有极其丰富的太阳能，月壤中蕴藏的丰富的氦-3也能提供新型核聚变的材料，应用前景广阔。

从军事领域来看，表明我国的导弹打卫星和激光摧毁卫星的技术已经日臻成熟。虽然这次"嫦娥一号"卫星没有携带任何与军事有关的设备，但是中国的运载火箭可以在发射出现故障时实施紧急关机,飞船和卫星可以在外太空实施数次变轨,当卫星发生故障,可以用弹道导弹或者激光予以摧毁,显示我国如果要在外太空实现军事用途也并非难事。

从科技领域来看,将促进中国航天技术实现跨越式发展和中国基础科学的全面发展。月球探测将推进宇宙学、比较行星学、月球科学、地球行星科学、空间物理学、材料科学、环境学等学科的发展,而这些学科的发展又将带动更多学科的交叉渗透。

从文化领域来看,"嫦娥一号"的发射成功具有重要的启蒙意义。探月给人类本身带来了社会发展理念的"颠覆性改变",人类第一次将思维与身躯同时挣脱地心引力的束缚,进入到地球以外的无限宇宙空间中,实地接触了月球表面,人类之前所摸索出的各种科学理论得到部分验证或反证。

为什么我们能取得今天这样的巨大成就呢?是由于我们党和国家领导人的高度关怀。我是分配到中国空间技术研究院(建于1968年)的第一个大学生。经过这几十年的努力,我充分体会到,我们能获得成功,是毛主席、邓小平和现在的领导人的关怀与全国人民支持的结果,但同时也是我们航天人努力获得的成果,得益于我们这支年轻的队伍。我们这支队伍组建的时候,除了我年纪比较大之外,平均年龄不到30岁——我的副总指挥才31岁,副总设计师才32岁,很多主任设计师都二十多岁,干出了这么漂亮的成绩。为什么我们这支队伍能够在短短的三年多获得这样的成绩?我认为,最重要的是有四个精神,即爱国主义精神、积极向上的精神、团队的精神、奉献的精神。下面我想根据自己的理解,结合事例,讲一讲这四个精神,有不对之处,请大家原谅。

(一)爱国主义精神

爱国主义精神是什么?我觉得爱国是最起码的,也是最重要的。自古以来,我们这个民族就讲究一种爱国主义精神。我家里有本书——是红旗出版社出版的,叫《中国精神》。它从三皇五帝开始讲起,讲到现代,讲了中国人的文化，也讲了爱国主义精神。文天祥、岳飞，现代的各个英雄，讲得很多。我受这本书的影响很大，但我们一些年轻人不一定知道。我们中国空间技术研究院有一万多人，院部在北京，有一个单位在上海嘉定。大概是前年，我去嘉定出差，带了几个年轻人。嘉定有一个孔庙，孔庙前面有一潭水，叫"汇龙潭"。有一天吃了晚饭以后，我跟几个年轻人散步，走到孔庙前面，我就问几个年轻人，我说："你们知道这里发生过什么事情吗？"没有一个人能答得上来，都说不知道。我就给他们讲，清兵入关的时候，明朝的部队节节败退，但是有几个地方，发生了非常壮烈的抗清斗争。在江南，有两个地方：一个是江阴，一个是嘉定。当清兵打到嘉定附近的时候，那些当大官的都跑掉了，嘉定县一个小小的典吏，却带领全城人民抵抗清兵，抵抗到最后，在清兵即将破城的时候，嘉定城凡是有功名的人——秀才、举人，他们自己也知道，没有力量去抵抗清兵的进来，因此整个嘉定城的全体文人在孔庙前，拜过孔子以后，集体投"汇龙潭"而死——殉国。我认为，这就是爱国主义精神。古代的士大夫就有这种精神。我们这些年轻人听了以后很受感动。我们的祖先当民族危亡的时候，就有这种精神。

我是改革开放以后1978年第一批研究生，然后准备出国去瑞士留学。去瑞士前在北京语言学院集训，当时的教育部有个年纪大的副部长给我们讲话，他有一段话，我终生难忘。当时我的工资是每月46元，一般的工人是每月30多元。我去瑞士留学，国家每个月要给我七百瑞士法郎。当时的瑞士法郎兑换人民币几乎是一比一。这位部长说："你们好好想一想，全国十亿人，有多少人能够上大学？有多少人出国留学？你们一个人一个月，路费什么的都不算光生活费要七百法郎，要有20个工人在辛勤地劳动才能供得起你一个人。你们是站在多少人的肩膀上在国外学习，你们就知道自己的担子有多重！"这段话非常朴素，但是我记了一辈子。我在国外学习的时候，总是记着这段话。后来有家瑞士的报纸采访我的时候说，你怎么从来不去咖啡厅，从来不去看电影啊？我说，我就记住这段话。我们出来的很不容易，国家等着我们回去呢。所以,在我回国的时候和回来以后,包括现在,也包括今天上午,总是有记者问这个问题,说,瑞士条件那么好——瑞士是世界花园啊,我在那儿拿七百法郎一个月生活费,当时一个助教就可以拿到八千法郎啦,你为什么回来?你是怎么斗争的?我说,这个问题问得有点俗,我没有斗争,我真的没有斗争。我从来就没有想过要留在那儿。我是五月份做完博士论文答辩,在瑞士论文答辩要两次,后来七月份,又做了一次公众答辩,面向整个社会的,我八月份就回国了,因此,我没有斗争。关键是,我还有一个很特殊的情况。我的父亲,是抗战的时期参加革命的,后来当了一个小干部,在"文化大革命"的时候被造反派打死了。而我出国的时候,我夫人也在国外。当时是我先走,她后走。我夫人到了瑞士以后就带给我一个消息说,他们都说,你不会回去了。因为你在国外,然后我也来了,咱爸又是被人打死的,肯定为这个不回去了。我讲,咱们不要去解释,你现在去解释没任何作用,等到我们回去的时候,到我们单位的大门口一站,一切流言蜚语就都没有了。因为我相信,尽管"文化大革命"那么混乱,很多老同志都死于当时那种情况下,但是我总觉得我们的国家是个伟大的国家,我们的民族是个伟大的民族。我们党,我们的国家,我们这个民族,完全有这个能力,自身净化,能够克服自己所犯的错误,能够克服我们前进道路上的困难。因此,我五年一学完,做完博士论文,马上就回来了。

当时有一句流行的话,就是国外好,但是金屋、银屋,不如我的茅草屋,茅草屋是我自己的家。我这里不想批判什么人,我们有很多留学生在国外,现在或将来也有很多同学要出去。我主张大家有机会出去走走,学一点先进的东西,但是有一种观点我很不赞同:如有的人不回来,说是因为国内太穷,如回来的话,可能我想做的实验室也没有,住房也很小,等等,说的都是事实。但我想:我们国家是穷,虽然现在比我们那时候好多啦,但现在同样存在这个问题。可能,你要是从国外回来,你会感到,住房比较小,不能马上开上一辆车,试验条件也不好,怎么来改变这个状况?难道国家花了那么大的力量,送你出去学习了,然后你说,国家困难,条件不好,我先待在美国,等到别人建设好了我再回来?首先,无论哪一天回来,参加建设,都是值得欢迎的。但是我个人认为,作为一个有真心的人,你是这个国家的一员,这个民族的一员,难道等别人把条件创造好了,你才来干吗?你为什么不来改变这种状况呢!我们有很多同志是这么做的,我认为,这就是爱国主义精神。有了这种爱国主义精神,人的根就能扎得比较深;心呢,就能够稳。

在20世纪60年代,中国人发展航天事业的时候,老一点的同志都知道,要勒紧裤腰带。陈毅元帅说,把裤子当掉,也要搞!勒紧裤腰带,要发展我们的原子弹,发展我们的氢弹,发展我们的导弹——原子弹和氢弹算一弹,叫核弹,第二弹是导弹即"两弹一星"。陈毅元帅当时任外交部长,还说,没有这个东西,他当这个外交部长说话不硬气!因此,我们孕育出了航天精神。航天精神是周总理亲自总结的,三句话,即热爱祖国,无私奉献;自力更生,艰苦奋斗;大力协同,勇于攀登。我们老一辈的航天人就是这么过来的。我们五院——空间技术研究院,有着863计划的创始人杨嘉墀先生,有我国863计划第一任的空间的首席专家屠善澄先生。杨先生已经去世了,去世的时候87岁。我们现在的王希季先生也是80多岁了,都是80多岁的老人,每天早上上班都比年轻人到得早;该加班,也加班。他们都是20世纪50年代从美国回来的。还有钱学森先生,钱老是我们中国空间技术研究院的第一任院长。钱老有一个手托腮沉思的半身铜像,立在我们院门口。这些前辈就给我们树立了一个很好的榜样,他们是怎么热爱祖国、无私奉献的,后来,在搞载人航天的时候,我们又发扬光大了航天精神。江总书记给我们总结了四个"特别",说我们航天人,"特别"能吃苦;"特别"能攻关;"特别"能战斗;"特别"能奉献。我们就是秉承航天精神和四个"特别"的载人航天精神来搞我们"嫦娥一号"的工程的,没有这种精神的支配,我们不可能用三年多时间来完成这个任务。

我们在北京,已经是非常幸福了,可是我们有很多航天人是在戈壁大沙漠。在这些地方，都是高科技单位，有很多大学生，很多还是名牌大学的大学生，他们大学毕业就到山沟里面去，一干就是几十年。在那里，他们自己要干一辈子，那儿没有很好的中学，教育也是问题，他们的子女到哪儿去上学呢？没有很好的中学，他们就考不上大学。人要结婚，这是人之常情，结了婚，你要不去部队，夫妻就长期分居；去了，在山沟里面，在沙漠里面，怎么给他（她）找工作？因此在我们这个行业，我们北京人是很幸福的；在山沟沙漠里面的同志们，他们要献出自己的青春，还要献自己的子孙。如果你们将来有机会去酒泉基地，去山西岢岚基地等，你们都会看到有一个墓地，在这个墓地里面长眠着历年来为航天事业而献身的同志。其中，有在戈壁沙漠里站岗放哨，由于大风沙，迷失了方向而集体牺牲的战士们；有在卫星测试中，爆炸的时候，当场献出自己生命的同志。神舟飞船非常漂亮，可是大家知道吗？我们试验第一艘神舟飞船的时候，我们试验队的队长，一位四十多岁的、很有前途的年轻人就牺牲在戈壁大沙漠里面。因此，我们不要忘记这些同志，是他们，给我们对航天精神和"两弹一星"的精神做了一个最好的注解。我想，这就是我理解的爱国主义精神，是这种爱国主义的精神在激发着我们。

（二）积极向上的精神

除了爱国主义精神，这支团队必须还有积极向上的精神。目前社会处在一个大转型时期，应该讲，这是一个好事，但是，同样应该看到，还有另外一个方面：诱惑很多。当时我们大学毕业分配，分到哪里就到哪里。社会发展到现在，外面的世界很精彩，机会很多，人们可以双向选择；再加上现在许多年轻人又都是独生子女，家庭生活条件很好，处于一种比较优越的环境，尤其在浙江，在宁波地区，经济比较发达，生活水平也比较高，这一方面是提供了一个很好的条件，使我们学到了很多东西。但另一方面我们也要看到，有很多负面的影响。由于这些负面的影响，就可能使我们一些青年同志认识上产生偏差，因为我们也是生活在社会之中，我们也要每天接触外面的世界，因此怎么让我们这支团队始终保持一个积极向上的精神,就成为我们这些老同志一个重要的工作任务。所幸的是,我们这支队伍确确实实保持了一个积极向上的精神。我想,一个积极向上的精神其实很简单:锁定一个目标。锁定一个目标以后,就要不懈地努力去做它,对外面的任何诱惑视而不见。

我讲讲我自己。我是浙江省湖州中学毕业的。高中毕业的时候,我填报志愿时,当时我们要填五个志愿,我的前面几个志愿全是航空。为什么?我父亲参加过革命,到过朝鲜,跟美国人打过仗。我们虽然取得了朝鲜战争的胜利,但是我们的损失非常大。因为我们入朝的时候,装备很差,尤其是没有空军。我们白天不能行军,美国人的飞机在头上,运输线被美国人炸得七零八落。因此,我是想学航空,第五志愿才是浙江大学,但后来被浙大录取了。到了大学毕业的时候,我知道我被分配在北京,很不满意。为什么?我在填分配志愿的时候,是想去新疆的马兰基地,就是我们的核试验基地;或者是去酒泉的发射基地,但都没有分配去。后来我才知道是因为当时我的父亲正在受批判,政治条件有一点点问题,就没有让我去那个地方,但是我是希望去。现在你们肯定是认为我吹牛,说你怎么北京不去还要去新疆、去甘肃。如果你们不相信,可以在浙江大学找出当年的档案来,上面看到我写的"想去新疆,想去甘肃"。为什么?我就觉得投身于国防是最光荣的。但是后来,一种缘分,我干了航天。干了航天,我就有一个信念:航天,是一个国家利益的行业。它所干的每一件事情,都是和国家、政治相结合,和国家的经济相结合,和维护我们的主权相结合。无论是在国防上、政治上,壮国威、壮军威上,我们航天人都是要为它去做贡献的。有了这么一个基本思想,干上一辈子也不离开它。那么大家会问,你经得起诱惑吗?我说,我经得起诱惑而且有证据。我这里举个例子,过去咱们中国只有两个股票交易所:一个是深圳,一个是上海。过去做股票是打电话。你电话打进去了,可能就做成了。后来就发现这个不行,深圳交易所就在全国范围内找合作伙伴,找到了我们。我作为第一任的设计师,帮深交所搞了一个系统,叫VSAT(Very

Small Aperture Terminal,甚小口径的终端系统)系统。也就是说,把深交所的各个业务和计算机网络与卫星连接起来,在全国各地每一个做交易的地方,也包括宁波,让每一个股民做股票的时候是通过计算机。通过计算机的好处有很多,更好的是,它不是凭电话打进去,电话打进去,你就占住线了。那么这种情况怎么办?我们在卫星信道里面把一个信息,比方说,这个信息是一千个比特,分成了五百份,每一份就是两个比特。这样,给你发送两个比特,给拉萨也发送两个比特,到了深交所以后,再进行撮合。这样可以使每个股民做股票的机会均等。而且空中传输时间非常快,这里面有很多技术,不具体讲了。这个项目做得很好,获得了科技进步一等奖。当时我就是这个股票交易的国家卫星通信系统的第一任设计师。这个项目从1992年开始搞,1995年投入运行。现在深交所的卫星股票的交易系统是全亚洲最大的,九千个站。项目完成以后,深交所就希望我到他们那里去,1993年我的工资大概是一千多块钱,当时深交所给我出的年薪是40万,用40万的价格来跟我们院谈判:让叶总到深交所当总工程师。我谈都没有谈,而且也没有斗争。因为既然你已经锁定航天这个目标,要为航天事业做事情,那么,就要一心做到底。我现在很庆幸,当时没有被40万所吸引,我算了一笔账,算给大家看,大家看我这个账算得是不是有点傻:当时是40万,就算后来涨了,涨到50万,到现在算十年,一年挣50万,十年就是500万。那么我在这十年当中干了些什么事情呢?第一,我曾经搞过一个中国资源卫星二号,实现了"三星高照",是我们国家第一次有三颗同样的卫星在天上运行,发挥了很好的作用。第二,完成了"嫦娥一号",这个第三个里程碑。我想问一下大家,一个人挣了五百万,和替国家建立了一个非常重要的"三星高照"的系统以及完成了一个第三个里程碑,这两个,你们选哪一个,哪个值?我认为我的选择是对的!

(三)团队精神

团队团队,必须要有团队精神。人是社会的人,但是,人是离不开集体的。一个伟大的事业是要靠集体来完成的,个人努力是其中很小的一部分。一个团队搞好了,我们的事业才能搞好。尤其是我们航天,它是个系统工程。我们要完成"嫦娥一号",要有卫星系统、火箭系统、发射场系统、测控系统、应用系统等。今天早上一个记者问,说你们有多少人?我说,回答不上来。说大了,千百万人,因为我们的很多工作是要靠全国人民来做的。说小了,核心当然不多。我们一个卫星,分十一个分系统,结构、热控、自导导航控制、供配电、测控、有效载荷、总体等,缺了哪一个分系统,卫星都搞不成。卫星上有四百多台仪器,七万多个元器件,32台计算机。任何一个东西出了问题,卫星就要完蛋。因此我们搞航天的人有一个非常正确的算法:$100-1=0$。如果说我们已经完成了"绝大部分"任务,"基本"很好,在我们这儿,这句话是没有用的。一百件事情里,有一件没有完成,整个工作就是等于零。那么,我们有了团队精神,才能够去把每一件事情做好。每一件事情都要做好,靠哪个人都不行,就要靠一种"团队"。因此,我们中国空间技术(研究)院,提炼了一个我们自己的文化,叫做要用生命来铸造辉煌!那不是说用工作来铸造而要用"生命"来铸造辉煌。因为事实证明,你没有这么一种精神,你是铸就不了一个辉煌的工作的。那么这个团队怎么形成?我们有自己的一个文化,就是用事业吸引人才,用工作来锻炼人才,用机制来激励人才和用文化来凝聚人才。大家知道,在很长一段时间里,有一种说法:搞导弹的不如卖茶叶蛋的。当时这个说法很普遍,因为我们的收入很低,工作也很辛苦。那么这些年来,我们的收入在逐步提高,生活条件也在逐步改善。但是同样水平的人,如果到外企去、到地方去,他的收入会更高。因为经过航天锻炼的人,他们的工作能力、思维能力和动手能力都是很强的。我曾经想定量地来衡量一次,我有个基本估计,在我们这样的系统,只要我们的收入能够达到外面的外企、合资企业的百分之五六十,剩下来的百分之三四十,就是靠航天精神,就是靠团队精神在支撑。因此在我们这个团队里,每一个人都要甘做一枚小棋子,而每一枚小棋子又都是一个全局。我现在举一个"嫦娥一号"在靶场发生的例子，是个非常惊险的例子。在靶场测试的时候，当时"嫦娥一号"卫星是空运的，先要在北京用汽车运到南苑军用机场，在南苑机场把卫星装上飞机，飞机飞到西昌机场降落的时候撞击还是蛮厉害的，然后又从西昌机场运到大山里头。经过这样运输以后，我们要对卫星做全面的检查，其中有一个很重要的设备，叫"应答机"，就是通过它来跟地面进行对话的，当然不是人讲话，是数字信号。我们有一位工人去检查的时候就发现有一个高频插头的螺母有点松动，他就报告给我了。这在我们那儿就是不得了的事了，这个插头螺母松动，松动了多少呢？这个螺母是五扣，松动了一扣。你不仔细摸，摸不出。就是这么一件事情，如果这个工人检查的时候不仔细，放过它，很可能在发射过程当中这个螺母再进一步地松。如果这个插头脱落下来，那么卫星通讯将会中断。由于他发现了这个问题我们就要进行处理，我们的处理很严格，叫"归零"。最后我们查出来，是承担这个设备的单位在最后的两道工序当中，操作的人员没有按照操作工艺用力矩扳手拧紧，而且没有按照最后的要求，点胶把它给封死。为了这件事情，我们把整个卫星拆掉，将所有有螺钉螺母的地方全部检查一遍。这件事情如果没有查出来，如果上了天，发生了问题，一百减一，就是等于零。但由于这位同志工作的认真，一百减了一，他又加了一，又等于一百。从这么一件小事情可以看出，一个全局当中如果有这么一点小问题，就会导致失败。所以说只有靠这种团队的精神，才能够把工作做好。我们一颗卫星，是一个大系统，下面有十一个分系统，每一个分系统有很多单机。我们应时时刻刻想到自己是这个团队的一分子，而每一分子又组成了这个团队。所以说，没有这种团队的精神，只想干自己的事情，不管别人的事情，不为集体着想，那是肯定完不成"嫦娥一号"这么一个重大的任务的，这是一个大协作的任务。而且这种团队精神，不单体现在我们内部，和外面也有关系。所有的协作配套单位、元器件的提供单位都要有这种精神才行。刚才在外面的时候，有几个孩子拿这个（指卫星模型）问我，我跟他讲，这个太阳翼，上天的时候不是这样子的,如果是这样的话,火箭是没法装的(卫星模型的太阳翼是展开的),它是三块,是折起来的。到后来,它不是要弹开来嘛,我用七个螺钉把它固定住,然后在螺钉底下都装了一个爆炸装置,一个火工品。到了天上以后,要按一定的顺序炸开。因此,在西昌发射的时候,负责火箭的同志已经在欢呼了——打上去了,我还没有欢呼,我就在计算机那儿看,就看这个螺钉,"嘣",好,炸了一个,炸了七个以后我很高兴,这个太阳翼就展开了。这个火工品是四川的一个兄弟单位提供给我们的,它是没法试验的,只能用一次,一次有效。你想想看,光这个太阳翼上就有14个火工品,有一个失效,这个太阳翼就展不开。因此,提供火工品的单位是要绝对地保证它的这个火工品是要百分之一百可靠的。所以我讲,搞这么一个大型的工程,"团队精神"是必不可少的,个人在这个团队当中才能成长。

"嫦娥一号"成功以后,国家给予我们很高的奖励。党中央在人民大会堂开了庆功大会,我代表科研工作者在大会上做了发言。现在"嫦娥一号"正在申报今年的国家科技进步特等奖;然后,以最快的速度,全国总工会给了我们一批全国"五一劳动奖章";全国妇联给了我们"三八"集体单位、"三八红旗手";团中央给了我们"五四"青年奖状、"五四"个人奖,我们这个团队被评为去年全国的"创新团队"。我们有一百多个人得到了国家人事部、中国科学院、总装备部、国防科工委等的联合表彰。我这里不是说得到了表彰就怎么样,我这是讲,当你个人在这个团队当中尽了自己的努力,这个团队取得成功的同时也是你个人的自我价值得到了实现和能力得到充分展现的时候,你没这么一个团队作依靠,你得不到这些,也做不成这些。

(四)奉献精神

最后谈一下要有奉献精神。奉献,从小事做起。我觉得每一个人,将来可能都会做很大的事情,但是,一定要有个踏实苦干的精神。社会发展很快,有许多良好的机遇和环境,能够造就各种人才。但是,各种人才的成长绝不是说一天两天就行的,都是要通过一个长期的积累。要做到安心从小事做起，踏实苦干。这样的例子很多，惠普公司那么有名，两个人就是从车库开始做起的。现在，我观察到有这么一种现象，很多人愿意一上来就做大事，不愿意做小事。很多人，也包括在我们单位，愿意做点研究性的事情，不愿意去做一些操作的事情。很多人愿意在上层机关做一些管理的事情和指挥别人的事情，不愿意在基层得到磨炼。还有很多人愿意三天两头要做个新东西，不愿意去做重复性的事情。也有不少的人干了没几天，职务没有得到提升，薪水没得到增加，就满腹牢骚，就要跳槽，我觉得这都不可取。我认为，要安心做一些小事，要安心在基层做，安心做些操作性的事情，要沉下去。我给我的研究生、博士生上课，首先跟他们讲，到我们航天来，要有这么一种精神，要沉得下去。沉多少时间呢？三五年、七八年，好好地磨炼自己，从小事做起，锻炼自己，培养自己，从这些小事情、基层的事情、操作的事情当中来吸取各种知识，来培养和熏陶航天人的一种文化。这样你才能在工作当中体现自己的才干，一步一步地去从一个普通的设计师，做到主管设计师，做到副主任设计师，做到主任设计师，不是一上来你就可以做的。我说我的这个副总设计三十多岁，很年轻，但是他也是一步步走过来的，是踏踏实实在那儿干的。只有踏踏实实地做许多小事情，沉下心来，甘于做这些事情，积累起来，你才能被人们所公认。是金子，早晚要闪光。你没有七八年的沉淀，干了三年，不满意，跳单位，重新开始，别人还是不认识你，再跳一个单位，两次一跳，你年龄也不行了。如果你安安心心地做一件事情，在当中，你越积越厚，到了一定时候，你就能够跨越，你的才能就会被大家所公认，就可以委予你重任，就可以挑起重担，我们航天就是这么培养人的。大家知道，我们神舟五号、四号、三号、两号、一号的总设计师是戚发轫院士，总指挥是袁家军同志，和咱们宁波的巴音书记很熟悉，都是全国青联的，当总指挥的时候，才三十多岁，后来当了我们的院长，现在当了我们集团公司的副总经理，中央候补委员，今年也不过42岁。神舟六号的总设计师张柏楠同志，44岁，总指挥尚志同志，今年42岁。前不久，我国替尼日利亚打了一颗卫星，打得非常成功，总设计师42岁。我们的嫦娥二号、月球探测工程二期的两位总师，一位42岁，一位37岁。这些人都是通过七年八年的积累，然后才走上这样的岗位，因为他安心先做这些小事情。我们航天有这么个特点：细节决定成败。我们航天有成功，也有失败。所有的失败，都是失败在细节上。因此，我给我的每一个主任设计师送了一本书，是汪中求先生写的——《细节决定成败》，就是强调要从小事情着手，要注重每一个点点滴滴。一定要安心做一个能够得到大家公认的事情，不要一下就想做精英。这次政协开会，我们这个组有好几位大学校长，在会上讨论教育的问题，我发现就形成两种观点。我们那个组就有清华大学顾秉林校长、中南大学的黄伯云校长、北京工业大学的张泽副校长，都是院士。我们就说，你们学校扩招那么厉害，他们说我们扩招有什么什么好处，然后顾秉林校长发言，他的观点挺有意思。他说，第一，我支持扩招；第二，我清华大学绝不扩招。为什么？他说，我国的高等教育现在一定要从精英教育走到大众教育。在全国范围里，大学要实行大众教学，但是必须要有几个大学是培养精英的，清华的任务就是培养精英，因此清华不扩招。我把他们两种意见综合起来，我做出一个结论：要一定先安心做好大众，先做好大众，才能成为精英。

我认为在我们航天团队里头，爱国主义精神、积极向上的精神、团队的精神和这种甘于从小事做起的奉献精神，就是一个航天人所应该有的素质。

"向着璀璨星空不断前行"

国务院国资委党委宣传部组织编写了《大国顶梁柱——"央企楷模"报告文学作品集》，在第三辑中介绍了部分"最美奋斗者"的事迹，其中有"向着璀璨星空不断前行"一文介绍了叶培建，现收录于此。同时，该作品集也有一篇专文《可上九天揽月——"最美奋斗者"航天科技集团五院"嫦娥"团队风采录》

人物小记：

叶培建，江苏省泰兴县人，航天器总体、信息处理专家，中国空间技术研究院研究员、中科院院士。

矢志航天奋斗不止是叶培建投身航天事业以来的真实写照。他把中国航天事业的发展和自己人生追求的目标紧紧地连在一起，先后担任了我国第一代传输型对地观测卫星总设计师兼总指挥，我国第一颗月球探测卫星嫦娥一号总设计师、总指挥，我国第一个月球软着陆无人探测器嫦娥三号探测器系统首席科学家，嫦娥二号、嫦娥四号、火星探测器总师总指挥顾问，为我国空间事业发展做出了系统性、创造性的重大贡献。

一、坚守信念献身国防　学成归国建设祖国

1945年，叶培建出生在泰兴市胡庄镇海潮村，父辈参加抗日救国运动、解放战争、抗美援朝的实际行动在他心中留下了深深的烙印，让叶培建很早就把勇于为国承担责任，在国家需要的时候挺身而出，作为一辈子的坚守。

1967年，从浙江大学无线电系毕业后，叶培建被分配到原航天部的卫星总装厂，在工作之余，他始终坚持学习，为建设祖国积蓄着力量。

1978年，我国恢复了高考，打开了出国留学的大门。为了学习国外的先进知识和理念，振兴民族工业，叶培建没有犹豫立刻报名，并顺利考取了中国计量科学研究院和502所两个研究生，后来又通过了出国资格外语考试，赴瑞士纳沙太尔大学微技术研究所攻读博士研究生。

"早日学成归国，用自己的行动来改变祖国的面貌"，这话在叶培建心里始终像一团燃烧着的火。留学期间，他鲜少娱乐，几乎把所有的闲余时间都拿来看书和工作，舍不得浪费一分一秒的时间，别的学生去酒吧休闲消遣的时候，他依然伏案苦读，在学好信号与系统、电子电路、数字信号等学校指定必修科目的基础上，叶培建还着眼于国内工业发展的实际需要，深入学习了计算机语言、模式识别、模糊数学等其他科目的知识，如饥似渴地吸收着丰富的知识。

1982年，瑞士当地报纸特地报道了叶培建的故事，题目就叫《一个北京人看瑞士》。当时外国记者好奇地询问叶培建："叶，你为什么不去玩，甚至也不去喝咖啡？"叶培建告诉记者，中国的经济还比较落后，中华民族复兴任重道远。

正是凭着这股只争朝夕的拼搏劲儿，叶培建用很短的时间就通过了同等资格考试，获得了博士生资格。瑞士国土不大，教育制度很严，大学博士仅有一项：科学博士。1983年他以一篇论文，获得了瑞士纳沙太尔大学颁发的等同法国科学博士的证书。但是他不满足，他要获得一个瑞士的科学博士。又经过两年的努力，他于1985年获得了纳沙泰尔大学的科学博士学位。

瑞士风光秀丽、环境宜人，叶培建刚出国时，就有人议论"小叶不会回来了"，后来他的爱人也到了瑞士，议论越来越多；国外的老师同学们也纷纷劝说他留下来做研究。那时，叶培建对爱人说："咱们现在不需要解释，等将来学成归国，站在单位同事面前时，别人的疑虑就会烟消云散。"

"中国为我付出了很多，我知道自己身上肩负的使命，我应该尽我所能，为这个国家做一些力所能及的事情。"诚如叶培建所说，刚一完成学业后，叶培建没有做任何"走与留的思想斗争"，便毅然决然地踏上了归国路，投身用新知识、新技术建设航天的火热浪潮中，他要用自己的才智报效祖国。

二、勇于创新，敢做"吃螃蟹"的人

学成归国的叶培建以饱满热情投身到他所热爱的航天事业中，打破传统束缚，运用新理念、新技术和新知识来破解难题，勇做攻坚克难、敢于"吃螃蟹"的人。在中国空间技术研究院控制工程研究所，叶培建利用国家特拨的10万元归国留学生启动资金，开始了与模式识别、人工智能等关系密切的陆标敏感器的研究。陆标敏感器当时在国内尚属空白，在其他同志的帮助下，他建立了一个五维的平台和一套微机图像处理系统，取得了一些初步的成果。此外，叶培建还带领团队为我国自行研制的第一代地球静止轨道气象卫星——"风云二号"气象卫星的地面数据接收处理系统（CDAS站）制定了一个比较合理的方案。

在做好卫星测试研发地面设备研发的同时，叶培建作为主要带头人之一，充分发挥中国航天在计算机控制、信息处理、自动化系统等方面的专业优势，研制开发了我国第一代火车红外热轴探测系统，为铁路运输安全提供了现代化的保障。这一系统当时在国内属首创，它利用红外探测原理检查火车运行过程中轴的运行状态，特别是温度状态，防止重大事故"热切"的发生。在这个项目中，叶培建身先士卒，和技术人员一起，背着仪器跋涉在铁路沿线，克服了各种困难，随车采集数据、安装红外探头、调试软件等，保证了项目的顺利完工。1989年，车辆热轴探测系统获得了部级科技进步一等奖，同时也带来了可喜的经济效益。当年的第一代产品不断更新换代，并且实现了智能化发展，产品覆盖了我国的很多铁路局。

上世纪80年代计算机发展势头迅猛，我国计算机应用在各方面也步入热潮。1988年年底，刚履新中国空间技术研究院计算机工程副总师的叶培建大胆地在运用计算机、信息化来推动宇航型号管理和科研生产上进行了探索。叶培建从航天信息化工程建设开始抓起，解决了诸如数据统计、信息报表、资料查询等现实问题，突破了前期应用局限的瓶颈，信息技术开始走入了"寻常百姓家"，在工程管理的各个环节中进行运用，不久后，中国空间技术研究院又在全航天系统第一个实现了 Internet 接连。同时，为实现计算机辅助设计、计算机辅助制造在宇航领域的新跨越，叶培建和同事们一起，从单台工作站到局部网络，再到全院联网；从无到有、从小到大，逐步建立了中国空间技术研究院的计算机辅助设计（CAD）、计算机辅助工艺设计（CAPP）、计算机辅助制造（CAM）系统，并不断扩大其应用范围，逐渐形成集成设计与快速制造系统。除此之外，叶培建还带领团队开发了一批具有自主知识产权的软件与数据库，这些信息化、数字化的体系为我国卫星和飞船的设计制造提供了强有力的支撑。

上世纪90年代是卫星应用发展迅猛的年代，面对国内各行各业对卫星应用的迫切需求，叶培建发挥在卫星应用和计算机领域的优势，大胆创新，作为技术负责人领衔了深圳股票VSAT网的设计。"VSAT"是"非常小口径卫星终端"的英文缩写。此网通过卫星和计算机系统来进行股票交易，更加迅速、更加安全、更加可靠，克服了以往地面通信的许多不利之处。仅用一年多，叶培建带领团队就成功组建了该网，后来它发展成了亚洲最大的VSAT网，使深圳证券交易所通过卫星实现广播和双向数据传输，并能支持3000个双向小站，使交易过程在不到1秒的时间内即可完成，极大地促进了我国证券市场的发展。这是我国卫星应用领域一次开拓性的探索，为此有媒体称叶培建为卫星应用领域"第一个吃螃蟹的人"。之后，叶培建和同事们还一起为云南烟草、水利等部门建立了类似的卫星通信网，取得了巨大的社会效益和经济效益，推动了我国卫星应用领域的快速发展。

三、精益求精，打造中国"智多星"

1992年，接受"中国资源二号"卫星副总师任命后，叶培建转战航天器主战场，参与卫星型号的研制。对于这个任命，叶培建坦言，"心情是既高兴又复杂"。为什么复杂呢？常理来讲，先前叶培建已经是中国空间技术研究院院长助理、科技委常委，属正局级待遇。而型号的副总师只属于副局级待遇，属高职低配。当时很多人不理解叶培建的做法，也有不少同志担心他干不好。可不论别人怎么评论,叶培建已经下定了决心,一定要在宇航研制的主战场干出一点成绩。

"中国资源二号"卫星是我国一颗新型对地遥感卫星,技术难度大、研制风险高,在很多方面都刷新了我国航天器研制的新高度:卫星首次采用由研制方与用户签订合同的方式,率先实现我国卫星制造由过去的计划经济向市场经济的转轨;卫星要有很高的分辨率和数据传输速率,而且星上要配有大容量的信息存储装置,还要具备很高的姿轨控精度和长久的寿命;卫星研制方不仅要对星体本身的技术负责,还要对地面应用系统的技术集成负责,实现星地一体化;作为第一颗进驻北京航天城的卫星,研制队伍将成为中国空间技术研究院实体化改革以及 AIT 一体化的第一批实践者……

面对一个个技术难点,叶培建凭着扎实深厚的理论功底和不懈的探索精神,勇敢地迎接挑战。他把精益求精抓质量作为化解风险、夯实基础的有力抓手,在研制队伍中大力倡导对质量问题要"捕风捉影",对技术上的表面现象要能联想到深层次的问题,把质量隐患彻底杜绝。在型号研制中,他首先提出卫星进入发射场前要进行可靠性增长试验,把问题彻底解决在地面。他还率先实践了把电测与总体队伍分开的做法,既合理分配资源,又为测试队伍的专业化奠定了基础。

1996年,叶培建开始担任"中国资源二号"总师并兼任总指挥一职。他带领团队逐步解决了工程中一系列攻关技术,并亲自参与解决了相机的噪声测量、高精度星敏感器、力学振动试验条件等方面的技术难题。同时,为确保卫星研制各环节的高质量,叶培建始终坚持精益求精,抓大也抓小,甚至细化到卫星的各级技术状态。为了强化发射场"电测"这一关键工序,叶培建编成的"十好歌"在队员中广为传诵:思想状态精神好,岗位责任落实好,口令应答准确好,操作执行无误好,判读数据及时好,表格填写规范好,班前班后会开好,计划调度有力好,问题归零认真好,政策兑现大家好……在这种近乎苛刻的工作要求下,卫星研制各环节工作做得尤为扎实,中国航天系统专家和领导评价说,"中国资源二号"卫星不仅要求水平高,其质量的透明度也是最高的,是"精品卫星"。

2000年9月1号,"中国资源二号"01星在太原卫星发射中心首发成功,第三天即开始传输图像,发挥作用。2002年10月、2004年11月,"中国资源二号"系列的02星、03星相继发射成功。凭借过硬的产品质量,"中国资源二号"01星实现了超期服役,03星成功发射后,01星仍稳定在轨运行,由此也创下了我国不同时间发射同一型号的三颗卫星辉映太空的纪录。三星组网大大缩短了卫星对地观测重复周期,大幅提高了时间分辨率和系统可靠运行,标志着我国太阳同步轨道卫星研制技术取得了重大突破,在卫星长寿命、高可靠性研制上积累了宝贵经验,为促进国民经济发展,提高我国参与国际空间市场竞争能力,立下了汗马功劳,人送美名"智多星"。

但这几颗"智多星"在研制和发射过程中却并非一帆风顺,其中也发生了一些鲜为人知、惊心动魄的紧张事件。

2000年第一颗星发射前夕,叶培建带队经铁路护送卫星前往发射场。不料途中突发重大意外——乘坐的火车在待命出发时忽遭另一列火车碰撞,一列停在岔线上的列车失控滑下,撞到了装有卫星产品的列车,恰好撞在了最重要的部位——装载着卫星的包装箱形成了一个凹洞。惊魂甫定,叶培建首先想到的就是卫星的安危,跳下列车直奔那节车厢而去。站在凹洞前,炎炎烈日下,他冷汗直滴。卫星到底有没有损坏?是继续前往发射场,还是拉着卫星返回?要往前走,就得证明卫星毫发无伤;若往回拉,整个试验箭在弦上,谁来承担这个责任?大家的目光齐刷刷地聚集在叶培建这个领队身上,有如芒刺在背。这一刻,是他一生之中最难下决策的一刻。

然而责任重于泰山,他必须当机立断。首先需要计算包装箱受到了多大的撞击,推算卫星是否受到影响。叶培建和同事们在餐车中经过精密演算、反复测量,认为碰撞力没有超过之前已有的试验测试范围,卫星是安全的。顶着巨大的压力,他下令继续出发。一到发射场,技术人员立刻对卫星进行了检测，结果也证明了叶培建的计算是准确无误的，卫星的确安然无恙。

平安度过途中一劫，2000年9月1日，"中国资源二号"卫星的第一发星顺利升空。发射以后情况一切正常，卫星准确进入预定太阳同步轨道。卫星飞行姿态稳定，星上电源充足，推进系统工作正常，星内环境满足各系统使用和设计要求。

发射任务圆满完成，大家兴高采烈。叶培建也总算松了口气，沉浸在欢乐的气氛中。随即他便从发射基地赶往飞机场，准备搭乘飞机转往指挥控制中心。正当他乘着汽车在大山里行进，在指控中心领队的技术人员突然打来了紧急电话："叶总，卫星进入第二圈突然失去姿态，具体原因不明！……"

这一电话有如五雷轰顶，叶培建的心一下子从天堂掉进了地狱，整个人重重地摔进了冰窟窿。"这是我挂帅研制的第一颗卫星，难道打上去刚飞了两圈就失败了？"他痛苦地扪心自问。在几年后中央电视台的一次采访中，主持人问起叶培建那一刻的心情。他说："当时我真是恨不得汽车掉进山沟里，让我能有个解脱。"可他也深知作为一位总师、总指挥的责任：危急关头我必须振作起来，天大的担子也要顶起来，必须带领团队查明原因解决问题。

临危不惧，更需处乱不惊。他首先在车上找到有关同志，核对卫星能源情况可以支持多久，又马上通过电话安抚现场飞控同志们的情绪，鼓励大家一定要相信自己的卫星，卫星不会有问题，组织大家放下包袱，集中精力聚焦地面来查问题，尤其是看看地面发出的指令有什么问题；查出问题的原因后，要第一时间有针对性地制定抢救方案。

当叶培建到达指控中心的时候，问题已经查清了，原来是地面测控中心发出的一条指令不当。现场的团队已编排了抢救程序。当卫星再一次经过中国上空的时候，他们立刻发出了正确的控制指令。极为幸运的是，在一个平时很易受干扰的地区成功地发出上行指令，卫星随即接收到了正确指令，迅速调整了姿态，一切恢复正常。

"航天有一句话叫100－1等于0，我做得再好的一个东西，你这个小部分没有做好，就可能是失败。所以我是要求我们每一个设计师做每一件事情，都要如履薄冰，如临深渊。你不这么看待，轻描淡写、掉以轻心，就很可能失败。所以说责任大于天。"正如叶培建所说，对科学的敬畏和严慎细实的工作作风，成了叶培建在空间技术发展道路前行的标尺与习惯。他所提出的对待质量问题"捕风捉影"工作作风和"十好歌"等好做法也成为嫦娥系列探测器、火星探测任务等航天型号研制的标配，影响深远。

四、情系深空不了情，中国探月启新篇

2001年，由孙家栋院士牵头组织全国各方面力量，展开了对月球探测的工程论证。探月工程是国家长远大计，空间技术研究院作为中国空间技术的主力军责无旁贷鼎力加盟。虽然当时国家尚未立项，但中国空间技术研究院院领导研究认为，中国目前已具备了拓展航天活动领域的基本条件和需求，开展以月球探测为起点的深空探测是必然选择，并很快成立项目办公室。同时，院领导找到叶培建，希望他能勇挑大梁，担纲月球探测卫星方案论证的技术负责人。

2001年"中国资源二号"02星正处在紧锣密鼓的研制之中，叶培建担心以己之力无暇兼顾。况且6月份，叶培建的夫人刚刚不幸去世，他的心情也非常沉重。但他还是咬紧牙关整装上阵，接过了这一历史性的重担，随即带领团队展开了月球探测卫星方案可行性的论证。

论证工作伊始，要求这个卫星要较快地完成，就必须尽可能利用已有技术基础，完成奔月探月的必要技术攻关，任务艰巨、起步难、工作量大。叶培建和技术人员们一起夜以继日，一心扑在了方案上，攻克了一个又一个难题，月球探测卫星的方案越做越深、越做越细，也越做越好。2002年、2003年连续两个春节，叶培建都没能休息一个完整的假期。

当时国内好几家单位都提供了月球探测卫星方案。但在叶培建的带领下，中国空间技术研究院所做的方案在成熟性、可行性、创新性等方面更优，经过遴选，在各家方案中拔得头筹。中国月球探测一期工程最终确定以叶培建团队制定的月球探测卫星方案为主。

2004年2月，中央正式批准月球探测工程立项，我国月球探测工程全面启动。立项以后，我国第一颗月球探测卫星被命名为"嫦娥一号"，叶培建也被任命为"嫦娥一号"卫星的总设计师、总指挥。多年来，我国已经在应用卫星、载人航天方面取得了巨大的成功，可深空探测方面还是一片空白，没有成熟的经验可借鉴，没有充足的数据可参考，没有试验星，整个工程是一项巨大的挑战。

挂帅卫星总设计师、总指挥的叶培建深知肩上的重任，带领平均年龄不到30岁的研制团队，全身心地投入嫦娥一号的设计研制工作中。

针对我国首次月球探测在轨道设计、GNC、推进、远距离测控、能源、热控、有效载荷的研制、数据的反演、地面验证方法等诸方面都不同于以往的卫星的实际问题，叶培建带领团队又仔细进行了深入分析。如在轨道设计方面，在前期组织全国范围内专家"背靠背"开展设计复核的基础上，又竭诚邀请了三家有能力进行轨道设计的单位共同探讨轨道设计需求，再一次进行多家复核，以确保首发卫星轨道的正确性。在热控方面，叶培建同样精益求精，由于月球表面热环境十分复杂，除了动用自己的力量深入分析、试验验证，通过国际合作，利用外部力量提高了热控设计的正确性。

质量是"嫦娥一号"的生命。除了继承已有的经验，完成型号质量工作中的一系列"规定动作"，叶培建还自定了一套"加分动作"，在按飞行时序做好产品保证链工作、加强数据判读体系的建立等方面勇于开拓和实践。此外，叶培建还在队伍中大力倡导"捕风捉影"，鼓励敢于和善于"找茬"的科学精神，任何细小的迹象都必须"小题大做"。工作中，即使是听说了其他型号的问题，他也会"风声鹤唳"映射到自己的型号身上，带领大家进行全面的清查和补救，深入地举一反三。正是通过严格的过程控制，叶培建确保了"嫦娥一号"卫星的质量问题得到了很好的管理与控制。

2007年8月，叶培建带领团队奔赴发射场。尽管前期已经做足了各项试验、测试工作,可叶培建没有丝毫的放松,以高度的责任心和百倍的严谨,投入"嫦娥一号"发射场各项工作中。在技术阵地,叶培建和团队一起,日夜兼程按照发射场技术阵地测试大纲要求完成了全部测试工作。对测试中发生的质量问题认真进行了归零,对其他型号发生的质量问题进行了快速的举一反三。发射场紧张工作的时刻让叶培建的腰病又犯了,剧烈的疼痛使他不能正常生活,但是他还是坚持工作,每天不离阵地。一些曾经和他一起参加过发射的同志开玩笑说:"以前在发射场只要叶总一腰疼,型号就一定能打成,看来嫦娥一号也一定能打成!"

万事俱备,只欠东风,发射日终于来临了。2007年10月24日18点05分,叶培建带领团队在连续进行了30多个小时的准备工作后,火箭准时发射,并实现了零窗口发射,且准确入轨。一个小时左右后,得知卫星太阳帆板和定向天线都顺利展开,叶培建的心才踏实了。此时,火箭试验队已经开始放鞭炮庆功。而卫星试验队却不敢有丝毫的倦怠,"嫦娥一号"卫星的奔月之旅才刚刚开始。

10月25日,叶培建带领部分试验队员乘专机转场到北京,下飞机后直接进驻北京指控中心。在后来的一个多月中,试验队昼夜值班,完成了卫星调相轨道、奔月轨道和近月制动的控制。11月7日,卫星到达使命轨道,中国人有了自己的第一颗月球探测卫星。由于卫星性能良好,加上测控系统的很好控制,原定的10次变轨只用了8次就完成了预定任务,并且达到很高精度。11月20日,当卫星获取的第一幅月球表面图像传回来的时候,很多同志都流下激动的泪水。

"嫦娥一号"任务的完美实施,标志着中国航天正式迈入深空探测新时代。更为重要的是,"嫦娥一号"任务历练了我国首批深空探测人才队伍,一大批年轻的技术骨干迅速成长,勇挑大梁,为后续月球探测工程二期、三期工程的顺利实施打下了坚实的基础。从"嫦娥一号"开始,叶培建也与深空探测结下了深厚的情缘。

五、坚持真理勇争先，让中国探月屡攀新高

技术创新之路从来不是康庄大道，总是遍布着荆棘与风险。而我国航天事业一直主张"成功就是硬道理"，对任务的稳妥和可靠要求很高，如何权衡处理二者的关系是一道难题。

"中国的探月事业总要向前走，只做别人做过的事情，怎么能创新，科学就是要走别人没走过的路。但创新还要坚持真理、脚踏实地。"作为嫦娥系列探测器的总师总指挥顾问，叶培建用实际行动给出了完美答案，在他的指导和带领下，我国月球探测探索之路走得又好又快，在十多年的时间里就实现了跨越式的发展。

"嫦娥一号"发射成功后，备份星"嫦娥二号"去留未定。当时形成了两种不同意见：一种是包括叶培建在内的观点，主张应该充分利用好备份星，可以用它探测火星，探火不行，也可以干其他的事；当然，还有另外意见，呼声很高，认为"嫦娥一号"已经圆满成功了，备份星就不必再发射了，因为要发射"嫦娥一号"备份星，还要花一些钱，在"嫦娥一号"已经成功的背景下，没必要再进行这笔投入。当时，两种观点争论很激烈，很难决策。为了解决分歧，上级机关组织召开一个专题会议，并邀请了某咨询评估公司来对该项目进行论证评估。

当时，叶培建还在外地开会，但获悉这个消息后，上午就坐飞机回到北京，中午下飞机后直奔会场。在会上发言时，叶培建据理力争："只要花少量的钱，就能获得更多的工程经验和更大的科学成果，为什么要放弃？"他的发言让会议转向，主持会议的领导当即表态，会议不需要讨论要不要发射"嫦娥二号"了，而是讨论怎么让"嫦娥二号"用得更好。这才有了后来的"嫦娥二号"卫星。

更可喜的是，"嫦娥二号"在圆满完成半年的绕月探测任务之后，它的拓展任务至今仍为人津津乐道。它从月球轨道经过变轨，到达了离地球150万公里的"太阳-地球"的拉格朗日（L2）点，日地拉格朗日L2点是天文学家梦寐以求的天文观测的好位置,中国在世界上第三个实现了在这一点进行空间探测。后来"嫦娥二号"继续飞向更远深空,经过精密挑选和控制,在距离地球700万公里的地方,和小行星图塔蒂斯进行了交会,获取了非常清晰的小行星照片。现在"嫦娥二号"已经变成了太阳系的人造小行星,围绕太阳在转。

有了"嫦娥二号"的成功在前,到了"嫦娥三号"发射后,其备份"嫦娥四号"也要继续发射,已经基本成为共识。但飞向哪里,依然引起了争论。

在一段时间内,如"嫦娥三号"一样继续在月球正面软着陆的观点占了上风,因为这一方案安全、有把握。但叶培建主张做更难的事:飞向月球背面。全球还没有一个探测器落在月球背面,但月球背面的地质、资源、天文环境等都有极高的科研价值,虽然不易,值得一去。

2015年某天,国家有关主管单位就"嫦娥四号"任务的问题召开了一次重要的会议,叶培建也受邀参加。会议主持者实际上是带着预定想法来的。在经过一阵讨论以后,主办方决定写会议纪要,纪要主要精神就是经过讨论,与会人员"一致同意"嫦娥四号要落在月球正面。对此纪要,叶培建还是非常坚持自己的想法,他在会上大胆发言:"第一,我服从领导的决定,领导定了去哪儿,我们这支研制团队都会努力完成,并且圆满完成好;第二,落在月球正面,我个人不同意此方案,所以,我也不会在纪要上签字。"

叶培建的坚持延缓了关于"嫦娥四号"的决议。经过一段时间的论证,叶培建的观点逐渐被接受,大家意见逐步达成一致,决定要把"嫦娥四号"发射到月球背面去。同时,采用自主研制一颗中继通信卫星,将其发射到地球-地球的拉格朗日L2点,利用其解决月球背面与地球的通信问题。

2019年年初,"嫦娥四号"成功落月,实现了人类首次月球背面软着陆和巡视勘测,中国航天人在探索浩瀚宇宙的征程中迈出了历史性的一步。

试想,如果没有当时叶培建一次次"较真",把大家意见统一到不发射"嫦娥二号""嫦娥四号"不去月背上来,哪里会得来这样多的深空探测成果？

除了"嫦娥二号"拓展任务、"嫦娥四号"落月背外，叶培建还敢于尝试运用各种新产品、新设备，用创新为航天器注入新动力，星敏感器的使用就是一个典型的例子：星敏感器将会使卫星的姿态测量和控制水平得到很大的改善。在前期卫星方案设计时，面对不同的意见，叶培建下决心在国内卫星上首先采用星敏感器。然而，星敏感器能不能做出来，做出来能不能达到预想结果？那段时间，叶培建经常和同事们一起研究分析，最终突破阻力，上了星敏感器，叶培建的学生阚道宏在星敏感器的软件研制中发挥了重要作用。实践证明，由于星敏感器的采用，使卫星的姿态测量和控制水平都上了一个新台阶。

对于叶培建的这份"较真"，他身边的年轻技术人员感触格外深，用他们的话来说就是："叶总坚守原则，在重大问题上都及时站了出来，以科学、以真理为依据，妥善处理了每件事情，给我们'撑了腰'！"

一次，"嫦娥三号"在试验场做试验过程中突然发生了问题，这个试验能不能继续往下走，对今后的工作影响很大，现场有的领导主张停止试验，年轻的总师不便决策。当时，叶培建正在参加全国"两会"，听到消息后，他立刻赶到现场，在仔细分析后，做出了三点判断：一是试验发生的问题是孤立的；二是采取措施后可以继续往下做，反而是为此不完成试验，将对整个"嫦娥三号"工作进度产生很大影响；三是这个试验即使有发生问题，也不会影响整体。在这三点判断的基础上，叶培建向领导提出了自己的建议：试验应该继续做下去。现场领导最后也采纳了叶培建的意见，试验最终取得圆满成功。

还有一次是在发射场，"嫦娥三号"发射前忽然发现有一台设备信号不正常，使得发射场指挥员对能不能按时发射产生了疑问和动摇。在发射场和北京指挥部两地间召开的关键性视频会议上，叶培建做了科学的阐述，详细解释了这是这台设备出现信号干扰的问题，是由于现场塔架结构形成的一种客观现象，不是故障，过去不止一次遇到过，完全没有必要怀疑设备有问题。上级领导听取了叶培建的意见。后经试验证明，这确实是一个客观存在的现象，"嫦娥三号"最终得以按时发射，非常成功。

有人认为叶培建很"犟"，可正是靠着这股坚持真理、脚踏实地的"犟"劲，叶培建带领团队实现了我国探月工程的五战五捷。党和国家对深空探测团队给予了很高的荣誉：2009年，"嫦娥一号"获国家科技进步特等奖；2014年，深空探测团队获得国家科技进步奖创新团队奖，成为航天第一个获此殊荣的团队；2019年，"嫦娥"团队获中华人民共和国成立70周年"最美奋斗者"团体殊荣。

攻占一个个创新高地的叶培建没有止步停歇，如今，他带领团队正投身我国"嫦娥五号"、火星探测等任务中，向着更远的深空大步迈进。

六、创新无止尽，探索不停歇

近年来，虽然叶培建更多是站在幕后，默默地为年轻人撑腰，可他始终坚守航天报国、航天强国的理想信念，对自己提出了更严的要求——站在国家的高度、立足国际上航天发展趋势而着眼长远，把主要精力放在了考虑航天事业的未来发展上来。

空间科学研究是叶培建重点考虑的问题之一。立足中国空间技术研究院，叶培建不断呼吁要加强空间科学方面的论证。在他的推动下，该院科技委成立了空间科学专业组；同时，以叶培建为首的团队也开展了空间科学如何发展的专门研究。

对于以工程技术见长的研究院，开辟一条空间科学的创新发展道路，难度可想而知。可叶培建坚定执着，这份坚实源自他对国家、对事业的高度责任心。在他看来，第一，空间科学和空间技术应当同步发展；第二，作为我国空间技术发展的国家队，中国空间技术研究院必须有创新意识，提得出自己的空间科学目标；第三，一定要实施我们自己能够主导的，既有空间科学、又有空间技术的任务；第四，空间科学的设想和布局应该是长期的，而且不应该是孤立的，应该联合全国各方面的力量。

空间探测是叶培建重点关注的另外一项重要问题。他这样说："在习近平总书记最近讲话中，提到了创新的重点是物质结构、宇宙演化等，而要搞这些方面的研究，争取有创新成果，空间探测的手段是非常重要的。我们到现在对很多基础性问题都不是很清楚，一定要开展进一步的空间研究，尤其是深空研究。"在做好规划中的嫦娥六号、七号、八号任务的同时，叶培建还把目光放在了小行星研究和探测这一对于人类安全和未来发展极具意义的重要领域。近年来，叶培建利用院士课题经费，先后完成了《小行星资源开发与利用技术研究报告》《小行星监测预警与防御技术发展研究》《小天体探测策略研究报告》《小行星的资源开发与利用》等课题并向上级有关部门提交了综合报告和建议，建议的核心就是尽快制定小行星探测计划，实施工程立项。

此外，聚焦有人参与的深空探测领域，叶培建也积极谋划，牵头完成了《有人参与深空探测任务面临的风险与技术挑战》等课题，从人"怎么去""怎么登""怎么回"，人在地外天体如何工作的问题，以及解决这些问题的技术途径和学科发展等方面做了深入的研究，为我国航天迈向更远的深空打下了坚实基础。

现如今，叶培建75岁了，可他依然语速很快、思维敏捷，只要谈起跟航天相关的话题，参数、术语甚至一些小行星的序号，他都能脱口而出。目前，除了身兼嫦娥系列各型号总设计师、总指挥顾问重任外，叶培建还承担着中国空间技术研究院深空领域所有型号归零的审定、深空领域各型号飞控专家组组长等工作。每当型号在发射、飞控实施的关键时刻，叶培建总会坐镇现场。事实也证明，有他在，一些突发、关键问题都得到了很好的解决。用身边研制人员的话来说："叶总就像'定海神针'，有他在，心里特别踏实。"

为了保持好的工作状态，叶培建在自己的生活规律上严格管控，注意加强运动，即便遇到天气不好，也会在办公楼里走上1万步。看书是叶培建最大的爱好，他爱书，并且书读得很杂，为了保护视力，有些书他便改成了"听"。

"我从工作上来讲,就是和大家在一起建立月球科考站,探小行星,火星取样返回。再干十年还是可以吧。"谈到后续的打算,叶培建干劲十足。

为了表彰叶培建在卫星遥感、月球与深空探测及空间科学等领域的突出贡献,2017年1月12日,国际小行星命名委员会批准,将国际编号为456677的小行星命名为"叶培建星"。自此,"叶培建星"与以钱学森、杨振宁等科学家命名的小行星一样,将中国人的探索精神铭刻在广袤星空中。

七、培养科技人才、播撒航天种子

"我能跻身院士之列,是和许多老科学家的栽培分不开的;同样,培养科技人才、提携青年才俊也是我在工作中义不容辞的责任。"叶培建是这么说的,也是这么做的。

无论是在控制工程研究所,还是调至中国空间技术研究院工作,叶培建都带了一批学生。在叶培建的指导和帮助下,这些年轻的学生很快成长起来,不少都成为我国空间技术发展的骨干力量。比如,阚道宏博士,在我国星敏感器的处理算法、图像处理、模式识别等方面研究颇深,其成果为我国星敏感器软件部分的研制打下了坚实基础;蔡晓东博士已成为火星探测器负责电测试的总师助理、"嫦娥五号"供配电主任设计师,石德乐博士现在是我国无线能量传输领域的重要创新带头人,吴学英博士已成为嫦娥五号副总师,李莹博士正在从事火星和小行星的科研工作。

除了带学生,叶培建也很注重推年轻学者和技术骨干,既让他们挑担子,同时也给他们展现才华的舞台和应得的荣誉,从而激励和鼓励年轻人成长成才。曾在"中国资源二号"和"嫦娥一号"任务中锻炼过后,不少技术骨干现在都担任了各级技术负责人,有总师、副总师多人。如孙泽洲、饶伟、张伍、张熇,等等,也有不少人现在在厂所领导岗位上。在探月工程任务中,每次完成一项重大任务后,由国家层面、部委及集团授予的不少荣誉外,经过叶培建的推介,从其他渠道,团队中不少做出过重要贡献的青年技术骨干都获得了很高的荣誉。如总体部的黄江川获何梁何利奖、孟林智获得了"全国青年科技奖",孙泽洲总师获得了"2016年光华青年奖",510所的成永军获得了"陈嘉庚青年科技奖",504所崔万照获该奖提名人,529厂女青工郝春雨获"中华技能大奖"等。他还积极推荐502所和514所的两项专利获得了"专利金奖"。作为《中国科学·科学技术》编委,叶培建指导帮助一批年轻人在这一中国科学最高水平的杂志上刊发了近百篇介绍我国高水平研究成果的文章,极大地鼓舞了年轻人的创新热情。

为了促进航天人才培养,在系统梳理、凝练空间技术主要领域、专业的理论和实践成果基础上,叶培建主编了《空间科学与技术研究丛书》中英文版,为世界航天发展留下宝贵的知识财富和经验沉淀。同时,叶培建作为主编,促成了中国空间技术研究院与北京理工大学出版社、美国科学促进会(AAAS)/Science期刊的合作,推出了我国航空航天领域的第一本全外文期刊"*Space: Science & Technology*",为加强与国际交流学习、畅通学术资源渠道,打造了良好的创新平台。此外,身任中国空间科学学会副理事长、中国宇航学会的理事,叶培建也经常在这些学会的年会上及各种专业会议上进行本学科前沿知识的学术报告,帮助我国青年科技工作者拓宽视野、快速成长。

应各方邀请,叶培建被聘为南京航空航天大学航天学院院长,还担任了北京航空航天大学的博士生导师,并在清华大学、浙江大学、厦门大学、哈尔滨工业大学等高校担任兼职教授。讲授专业知识之余,叶培建会去宿舍跟学生们聊聊天,还会以"爱国奋斗"为主题讲授思想政治公开课。他说,除了专业知识,自己更希望学生们把航天人的精神传承下去。"我们航天人跟大家一样,生活在社会当中,也有收入、职称问题,家庭、生活问题,但是有一点不同,就是当自己的利益和国家利益冲突的时候,航天人总能把国家利益放在前面。"

不管工作多么繁忙,叶培建每年都会见缝插针、抽出时间到全国各地的政府、研究所、学校进行科普讲座,每年讲座的次数少则十几场,多则二三十场,"宣传普及科学知识,增强青少年们爱科学、学科学的兴趣与素养。扩大航天的影响,使更多的人关心与支持中国的航天事业"是他不遗余力投身此项工作的初衷。港澳地区是叶培建关注的重点,他积极推动两地有关大学参与祖国的深空探测工程,极大地增强了凝聚力。他还多次去香港理工大学和澳门科技大学,向学生大力弘扬航天精神、爱国奋斗精神,被香港理工大学授予2009年度"中国杰出学人"称号,被这两所高校授予"荣誉博士学位"。2008年,叶培建在瑞士参加一个国际会议期间,应中国驻瑞士大使馆邀请,他分别在两所城市的两个大学为当地的华人、华侨和留学生做了报告,介绍了中国航天事业的发展,效果非常好,时任驻瑞大使的董津义说:您做一场报告比我做一年的工作都管用。对航天知识、精神的宣讲绝非仅限于大城市,叶培建经常去一些条件艰苦的偏远地区,比如湖北秭归县、山西省忻州市岢岚县等地,为当地的青少年送去科学的甘露。

值得一提的是,叶培建面向不同的科普对象,都会精心准备,用不同深度的语言去宣传中国的航天事业,用真实动人的事例去讲述航天人的精神。为了提升航天科普宣传的传播力,他还专门做了《如何结合硬科技讲好航天科普研究报告》的课题,从形式、内容、手段等方面做了全方位的研究。不论是两三千人济济一堂,还是只有几十人安静聆听,他事先都会认真准备。由于航天的话题很受关注,而且他的讲解有很多生动的故事,很受听众的欢迎,现场常常座无虚席,甚至走廊都站满了人,远远地看他用皮球、雨伞、泡沫板等道具,演示高深难懂的航天技术。2014年,经中国科协主要领导推荐,他获得了中国科协颁发的"科技发展贡献奖"。

这些年来,身兼科学院学部教育与科普委员会委员、中国科协成员的职务,叶培建更忙了,可他始终关心和积极参与科学普及活动,宣讲航天的步伐更快、更急了,有时头天晚上飞往外地做宣讲,第二天做完报告就要立刻返回投身其他工作,尽管非常累,可他却毫不在意继续坚持。用他自己的话来说:"一个民族素质的提高与科普有很大关系,了解航天的人越多,支持航天的人就越多。今天在年轻人心中普下航天的种子，也许明日就会多一位杰出的航天英才。"

大力宣讲航天知识、弘扬航天精神的叶培建也成了媒体争相报道的焦点。近年来，人民日报、新华社、中央电视台、科技日报、光明日报等中央级媒体和众多行业媒体、地方媒体做了百余次叶培建的专题报道，详细报道了他报效祖国、献身航天的故事，用叶培建的感人事迹来感染、鼓舞更多的人。

2019年，在中华人民共和国成立70周年之际，叶培建获得了习近平总书记亲自颁发的"人民科学家"国家荣誉称号，获得了中宣部组织推选的"最美奋斗者"称号。

谈起获得的殊荣，叶培建这样说："我是人民的一份子，我的荣誉是人民给我的，非常遗憾的是，授予的五位'人民科学家'，其他四位都去世了，所以我还要替他们多做一些事情，继续更好地为人民服务。"

向着璀璨星空不断前行——半个多世纪深耕太空探测的叶培建

《人民日报》（讲述·一辈子一件事）　谷业凯、蒋建科　2020年6月17日

人物小传

叶培建：1945年生于江苏泰兴，空间飞行器总体、信息处理专家，中国空间技术研究院研究员、中科院院士。1989年以来先后担任中国空间技术研究院计算机应用副总师、总师；1993年之后，先后任中国资源二号卫星副总设计师、总设计师兼总指挥，太阳同步轨道卫星平台首席专家，月球探测卫星技术负责人，在卫星研制方面做出了系统性、创造性的重大贡献。

"在困难的时候，我们航天人要做一点事情，去振奋人心、鼓舞士气""疫情防控期间，航天人并没有停工停产""面对只争朝夕的使命，航天人奋发而为，正紧锣密鼓地推进工作进度"……这段振奋人心的讲话，出现在前不久南京航空航天大学航天学院的一次"云上"微党课中，讲者名叫叶培建。

从我国第一代传输型侦察卫星、第一代长寿命实时传输对地观测卫星，到我国第一颗月球探测卫星，甚至包括取代"红马甲"的深圳股票交易卫星VSAT网……作为多个具有开创意义的空间探测器的总师、首席科学家，叶培建在航天领域摸爬滚打了50多年，亲历我国航天事业从无到有、由弱变强，亲身参与我国卫星研制、遥感观测、月球与深空探测的发展。

"如果有机会，我会选择到更艰苦的地方去"

叶培建从小立志航空报国，在高考填报志愿时，一口气填了好几个航空专业。"第一志愿报北航，第二志愿报南航，可最后却被浙江大学无线电系

录取了，"叶培建回忆。

毕业后，叶培建同无线电系的16名同学一起，被分配到原航天部的卫星总装厂，从杭州来到北京，叶培建当时不太满意，"如果有机会，我会选择到更艰苦的地方去。"

如果说前两次都是阴差阳错的安排，那么几年后，他迎来了一次自己选择的机会。1980年，叶培建远赴瑞士纳沙泰尔大学留学。期间，叶培建和同学相处很融洽，他经常用每天15分钟的"咖啡时间"，向外国同学介绍中国的历史文化，大家都亲切地称呼他为"叶"。那段日子里，他鲜少娱乐，几乎把所有的闲余时间都拿来看书和工作。

瑞士风光秀丽、环境宜人，叶培建刚出国时，就有人议论"小叶不会回来了"，后来他的爱人也到了瑞士，议论越来越多；国外的老师同学们也纷纷劝说他留下来做研究。那时，叶培建对爱人说："咱们现在不需要解释，等将来学成归国，站在单位同事面前时，别人的疑虑就会烟消云散。"

5年后的1985年8月，叶培建刚一完成学业，就立刻踏上了回国之路。

"科学就是要走别人没走过的路。走，到月球背面去！"

多年来，叶培建一直从事控制系统、机器人视觉及计算机应用工作，他主持了航天科技五院（中国空间技术研究院）计算机工程和设计"上水平"的工作，推动普及了计算机在卫星、飞船设计及制造中的应用。

而他更为人们所熟知的，则是卫星研制领域的工作。1993年，叶培建任中国资源二号卫星副总设计师；1996年，他又担任了我国第一代长寿命实时传输对地观测卫星中国资源二号的总设计师、总指挥。

卫星研制容不得半点马虎。作为总师，叶培建常说"只要卫星没有加注、没有点火，就要将问题复查进行到底"……在这种近乎苛刻的工作要求下，资源二号成功发射并按时在轨移交，被誉为"精品卫星"。

2007年，在团队一起努力下，嫦娥一号成功绕月，迈出了我国深空探测的第一步。任务成功后,作为其备份星的嫦娥二号该怎么办?团队内一度出现分歧:有人认为,既然已经成功,就没必要再发射备份星;但叶培建果断站到了"反方":"既然研制了这颗卫星,为什么不利用它走得更远?"后来的事实证明,嫦娥二号不仅在探月成果上更进一步,还为后续落月任务奠定了基础。

2013年,当嫦娥三号探测器完成落月任务后,关于其备份嫦娥四号的任务规划问题也曾出现过争论。有人认为,嫦娥四号落到月球正面比较稳妥,背面的风险太大,还涉及中继通信的问题,这时叶培建又一次提出了不同看法:"中国的探月事业总要向前走,只做别人做过的事情,怎么能创新,科学就是要走别人没走过的路。走,到月球背面去!"

有人觉得他"犟",也有人认为正是这股子"犟"劲头,才推动了我国航天事业的快速发展。叶培建说:"不害怕困难,要让困难怕你。认准的事情,就一定坚持下去。"

"年轻人还是要作息规律,用较高的效率把工作做完、做好"

叶培建75岁了,但语速很快、思维敏捷,只要谈起跟航天相关的话题,参数、术语甚至一些小行星的序号,他都能脱口而出……

如今,他仍肩负着嫦娥系列各型号的总设计师、总指挥顾问的重任;不少活跃于一线的科学家都曾是他的学生。"人家跟我说,中国航天发展速度这么快,老爷子您肯定休息不了。"每每讲到这里,叶培建的脸上总透着一股说不出的自豪劲儿。

走进他的办公室,一个摆满书籍的大书柜十分抢眼:除了航天类书籍,还有许多其他学科的专业书。叶培建说,自己最大的爱好就是看书,并且书读得很杂。"这两年眼睛不好了,有些书便改成了'听'。"叶培建说,自己的生活很规律,即便遇到天气不好,也会在办公楼里走上一万步。"年轻人还是要作息规律,用较高的效率把工作做完、做好。"

2018年5月,叶培建被聘为南京航空航天大学航天学院院长。除了讲课,他有时还会去宿舍跟学生们聊聊天。他说，除了传授知识，自己更希望学生们把航天人的精神传承下去。"我们航天人跟大家一样，生活在社会当中，也有收入、职称问题，家庭、生活问题，但是有一点不同，就是当自己的利益和国家利益冲突的时候，航天人总能把国家利益放在前面。"

为了表彰叶培建在卫星遥感、月球与深空探测及空间科学等领域的突出贡献，2017年1月12日，国际小行星命名委员会批准，将国际编号为456677的小行星命名为"叶培建星"。自此，"叶培建星"与以钱学森、杨振宁等科学家命名的小行星一样，将中国人的探索精神铭刻在广袤星空中……

75岁"人民科学家"叶培建——"工作和生活依旧饱满"

《人民日报》（2020特别报道·一辈子一件事） 谷业凯 2020年12月18日

镜头回放：有人担心，嫦娥四号落到月球背面的风险太大，还涉及中继通信难题。叶培建说："中国的探月事业总要向前走，只做别人做过的事情，怎么能创新？科学就是要走别人没走过的路。走，到月球背面去！"

12月3日23时10分，嫦娥五号上升器月面点火，3000牛发动机工作约6分钟后，顺利将携带月壤的上升器送入预定环月轨道，成功实现我国首次地外天体起飞。中国科学院院士、"人民科学家"国家荣誉称号获得者叶培建，和年轻的航天人一起，在北京航天飞行控制中心见证了全过程……那天，他几乎整夜没合眼，而这也是他近期的工作常态。

航天事业是叶培建一生的坚守。在与记者交谈的时间里，75岁的他三句话不离老本行："7月23日，首次火星探测任务'天问一号'探测器成功发射，后续还要完成近火制动、'落火'等高难度任务。未来，我还要继续和年轻人一起努力！"

虽然已于今年年初在中国空间技术研究院办理了退休手续，叶培建依然忙碌。作为南京航空航天大学航天学院院长，他编教材，教学生，搞科研，抓思想教育，一样也没落下。

"作为一名科技工作者，要完成的工作还有很多。"叶培建说，"我们计划与别人合作出一套丛书，给年轻人创造更好的培养、发展平台。"

叶培建格外注重将航天精神传承下去。"航天人要耐得住寂寞，树立为航天强国作贡献的理念。"叶培建说，很多年轻航天人在个人利益和国家利益冲突时，把国家利益放在前面，用成功报效祖国，用成长铸造辉煌，"他们大有希望"。

叶培建经常通宵达旦工作，并保持着阅读的习惯。"总的来讲，工作和生活依旧饱满。"他说，"航天工作、航天教育工作、社会工作，每天都很忙，该加班还是要加班。"

（讲述·一辈子一件事）三次"没有选择的选择"，两次"反对"，一生坚守——叶培建：将探索精神高悬广袤星空

本报记者　谷业凯、蒋建科

人物小传

叶培建：1945年生于江苏泰兴，空间飞行器总体、信息处理专家，中国空间技术研究院研究员、中科院院士。1967年毕业于浙江大学无线电系。1980年赴瑞士留学，1985年获科学博士学位。1989年以来先后担任中国空间技术研究院计算机应用副总师、总师；1993年之后，先后任中国资源二号卫星副总设计师、总设计师兼总指挥，太阳同步轨道卫星平台首席专家，月球探测卫星技术负责人。他长期从事控制系统、机器人视觉及计算机应用工作，在卫星研制方面做出了系统的、创造性的重大贡献。2017年1月，国际编号为456677号的小行星获国际小行星命名委员会批准，被正式命名为"叶培建星"。

"我已年过七十，经历诸多，但此时我的心情很激动。为什么？全世界有75亿人，我们这支骨干队伍只有五六百人。全人类第一次落到月球背面就要由我们来实现！几百人对75亿人，这'千万分之一'的幸运就落在了我们的头上，这是多么光荣与自豪！"这段激动人心的讲话，发生在今年1月的北京航天飞行控制中心，距嫦娥四号发射只有两天，讲者名叫叶培建。

三次"没有选择的选择"，踏上航天报国之路——"那时没得选，如果有，我会选择到更艰苦的地方去"

叶培建这个名字，对中国航天略有些了解的人，都不会感到陌生。从我国第一代传输型侦察卫星、第一代长寿命实时传输对地观测卫星，到我国第一颗月球探测卫星，甚至包括取代"红马甲"的深圳股票交易卫星VSAT网……

作为多个具有开创意义的空间探测器的总师或首席科学家,叶培建在航天领域摸爬滚打了50多年,"亲眼"见证着中国航天事业从无到有、由弱变强的进程,也"亲手"推动着我国卫星研制、遥感观测、月球与深空探测的发展。

许多人不曾想到的是,50多年前,这位总师的入门之路却有些"阴差阳错"。叶培建出生在江苏泰兴一个军人家庭,从小立志航空报国的他在高考填报志愿时,一口气填了好几个航空专业。"我当时第一志愿报的北航,第二志愿报的南航,可是到了最后,却被浙江大学无线电系录取了,"叶培建回忆道。

毕业后,叶培建同无线电系的16位同学一起,被分配到航天部五院,从杭州来到北京。可当时的叶培建却对此不太满意。"那时没得选,如果有,我会选择到更艰苦的地方去。"北京仅仅是他的"第五志愿"。

如果说前两次都是"没得选",那么在几年后他迎来了一次选择的机会。1980年,叶培建远赴瑞士纳沙太尔大学,成了改革开放后第一批出国的留学生。瑞士风光秀丽、环境宜人,叶培建和他人相处也很融洽,他经常用每半天15分钟的"咖啡时间",向同学们介绍中国的历史和文化,大家都亲切地称呼他"叶"。这段日子里,他从不去酒吧,也不大看电影,几乎把周末的时间都用来看书和工作。很多人不解,叶培建回答:"国家派我出来学习,已经为我付出了很多,我知道肩上的担子有多重。"

叶培建刚出国时,就有人议论"小叶不会回来了",后来他的爱人也到了瑞士,疑虑就更多了,国外的老师同学们也纷纷劝说"叶"留下来继续研究。那时,叶培建对爱人说:"咱们不要去解释,等将来回到中关村,站在单位附近那个十字路口的时候,他人的疑虑就都烟消云散了。"

"都不是问题,我没想过这个问题……"这是记者问到叶培建关于"选择"的问题时,得到最多的回答。五年后的1985年8月,叶培建刚刚完成学业,就踏上了祖国的土地,他要把所学尽快用到祖国的建设事业上。

两次"反对",把深空探测推向更远——"我认准的事情,就一定会坚持下去"

多年来,叶培建一直从事控制系统、机器人视觉及计算机应用工作,他主持了航天科技五院(中国空间技术研究院)计算机工程和设计"上水平"的工作,推动普及了计算机在卫星、飞船设计及制造中的应用。他任计算机工程总师的十多年来,五院的计算机应用从设计、制造、生产到管理全面展开,梁思礼院士曾这样评价:"五院计算机工作开展得很好,真正在型号中发挥作用的,是几个院里首先上 Internet 网的单位。"

而叶培建更为人所熟知的,则是卫星研制方面的工作。1993 年,叶培建任主管中国资源二号卫星有效载荷的副总师,开始领导卫星研制工作;1996 年,他担任了我国第一代长寿命实时传输对地观测卫星中国资源二号的总设计师、总指挥和第一完成人。

作为传输型遥感卫星,资源二号可用于国土资源勘查、环境监测与保护、城市规划等领域,在经济社会的发展中有着广泛的应用。卫星研制起点高、难度大,一位航天科技集团的领导曾一连用六个"最"来评价——"最大最重的星,具有最高的分辨率,最快的传输速率,最高的姿态精度,最大的存储量"。

卫星研制容不得半点马虎,叶培建深感责任重大。作为总师,叶培建抓质量可谓事无巨细、精益求精。他常说"对质量问题就是要'捕风捉影',才能'亡羊补牢'""只要卫星没有加注、没有点火,就要将复查进行到底"。在这种近乎苛刻的要求下,资源二号成功发射并按时在轨移交,被誉为"精品卫星"。

2001 年,主管资源二号的叶培建又接到了新任务。这一年,中国探月工程正式进入论证阶段,叶培建加入并成为首批核心人物之一。他们当时制定了"三步走"的计划:2007 年实现绕月飞行、2015 年落月、2020 年采样返回。2004年年初，探月一期工程立项，叶培建担任嫦娥一号卫星总设计师兼总指挥。

2007年，嫦娥一号成功绕月，这是继人造地球卫星、载人航天飞行之后，中国航天事业发展的又一座里程碑，标志着中国迈出深空探测的第一步。任务取得了成功，这时作为其备份星的嫦娥二号该怎么办？大家一度出现了分歧，很多人认为，既然任务已经成功，就没有必要再发射备份星。但叶培建果断站到了"反方"："既然研制了这颗卫星，为什么不利用它走得更远？"后来的事实证明，嫦娥二号不仅在探月成果上更进一步，还为后续落月任务奠定了基础，并实现了中国的首次小行星探测。

2013年，当嫦娥三号探测器完成落月任务后，关于其备份嫦娥四号的任务任务问题也出现过争论。有意见认为，嫦娥四号落到月球正面比较稳妥，背面的风险太大，还涉及中继通信的问题，这时叶培建再次提出了不同的看法："中国的探月总是要向前走的，我们要创新，就要更进一步，到月球背面去！"

"这和我的性格有关。"叶培建说，"我认准的事情，就一定会坚持下去。"接下来，就有那段关于"千万分之一的幸运"的讲话，以及嫦娥四号"翩然落月背"的圆满成功。

一生坚守，把国家利益放在前面——"当自己的利益和国家利益冲突的时候，总能把国家利益放在前面"

叶培建今年74岁了，语速很快、思维敏捷，只要谈起跟航天相关的话题，参数、术语甚至一些小行星的序号，他都能脱口而出。

如今他是中国航天科技集团五院深空探测和空间科学首席专家，仍肩负着嫦娥系列各型号总设计师、总指挥顾问的重任，很多活跃于一线的科学家都是他的学生和后辈。"人家跟我说，中国航天发展得这么快，老爷子您肯定休息不了。"讲到这里，叶培建的脸上透着一股说不出的自豪劲儿。

"1996年，我到新加坡开会，碰到好几个过去在国外的同学，他们说，'叶，我们都比你有钱，但是我们发文章、作报告只能代表我们自己，而你可以代表中国。'"叶培建说。1995年，叶培建作为技术负责人参加了深圳股票VSAT网的设计，这是卫星应用技术的一个开拓性项目，取代了交易所的"红马甲"，这个项目取得了显著的经济效益和社会效益。深交所曾以40万元年薪聘请，却被当时月薪只有2000多元的叶培建谢绝了。五院原常务副院长李祖洪经常对年轻人说："你们这个叶总啊，要不是为了卫星上天，早就是百万富翁了。"

走进他的办公室，首先映入眼帘的就是一个大书柜，里面除了专业书籍，其他各类图书也占据着很大的空间。他说，自己最大的爱好就是看书，书读得很杂。"这两年眼睛不好，有些书也改成'听'了。"叶培建说，自己的生活很规律，一切按部就班，天气不好也会在办公楼里走上一万步，雷打不动。"年轻人还是要少熬夜，白天的效率高一点，也能把工作做完、做好。"

去年5月，叶培建被聘为曾与自己"擦肩而过"的南京航空航天大学航天学院院长。除了讲课、听课，他还会去宿舍跟学生们聊天，他说，除了传授知识，自己更希望把航天人的精神传递下去。"我们航天人跟大家一样，生活在社会当中，也有收入问题、职称问题，孩子上学的问题，但是我们也有一点不同，就是当自己的利益和国家利益冲突的时候，总能把国家利益放在前面。"

为了表彰叶培建在卫星遥感、月球与深空探测及空间科学等领域的突出贡献，2017年1月12日，国际小行星命名委员会批准，将国际编号为456677的小行星命名为"叶培建星"。自此，"叶培建星"与以钱学森、杨振宁等科学家命名的小行星一样，"把中国人的探索精神高悬广袤星空"。

编辑手记：

自律一生步履不停

吴凯

留学瑞士，心无旁骛，刻苦学习只为归国投身建设；带领团队，以身示范，工作参会严格守时追求极致；扎根航天，不图名利，创新思维解决深空探测前沿性课题。作为中国航天事业的见证者，叶培建深耕航天领域50余年，与叶对话，记者对两个字感触最为深切——"自律"。

有人说航天是门苦差事，发射任务重、基地军事化管理、节假日不能休息……叶培建笃定前行。谈及原因，他坦然地说，每个人对快乐的定义有所不同，在我眼中，全国人民能够看到中国的卫星成功上天就是我的快乐。

"思得壮士翻白日，光照万里销我忧。"即将步入75岁，叶培建追逐星河大海的脚步仍未停歇，他给自己定下了3个75岁之前的"小目标"——月壤采样返回、小行星工程立项、做好火星发射……

学习叶培建院士事迹有感

《神舟报》 刘治东 2019年12月6日

第一次知道叶院士是在同"鹊桥"副总师熊亮讨论课题问题的时候,熊总提到他在叶院士那里看到一套《空间技术与科学研究丛书》,觉得对开展课题研究和培养我这个航天新人都有好处,让我买来参考学习。这个时候,叶院士给我的印象还只是一名孜孜不倦的学者。后来,在与"鹊桥"团队的接触中了解到叶院士更多事迹,我对他的认识更加深刻,他在我心中的形象愈加立体和生动。

叶院士有担当。嫦娥二号、四号的任务规划都出现过分歧,嫦娥二号是嫦娥一号备份星,当时有人认为嫦娥一号任务已经成功,没必要再花钱发射备份星,但是叶院士坚持利用备份星嫦娥二号完成了地日拉格朗日L2点探测,以及对图塔蒂斯小行星的飞越探测,取得了珍贵的科学数据。嫦娥二号最后飞至一亿公里以外,也对我国深空探测能力进行了验证。嫦娥四号是嫦娥三号备份星,嫦娥三号成功后同样有人认为嫦娥四号无须冒险,应该落在月球正面。但是,叶院士又坚持嫦娥四号落到月球背面去。2018年5月21日发射的嫦娥四号中继星"鹊桥",成为全世界首颗运行在地月拉格朗日L2点Halo轨道的卫星,据新闻报道,美国NASA甚至提出希望借助"鹊桥"进行登月。嫦娥四号也创造了人类首次在月球背面软着陆。正是叶院士在面临决策的关头,敢于担当,敢于坚持,才实现了这些创举。

叶院士敢攀登。曾有人质疑,为何要花如此大的代价和精力去探索月球和火星以及更深远的宇宙。对此,叶院士深知人类在地球、太阳系都是很渺小的,不走出去,人类注定难以为继。现在不开始探索,以后就要落后,未来就难以争取空间利益。只有先人一步,才能在未来"星际大航海"时代占领先机。而且,航天技术的发展已经造福人类很多方面,比如,尿不湿原是为航天员开发的,后来就成了现在宝宝们的必需品。叶院士还说过:"一个伟大的中国,一个强大的社会主义国家,必然方方面面都要强,要用'航天梦'来托举'中国梦'。未来,随着月球采样返回、火星探测、建设空间站等任务的完成,我们建设航天强国、科技强国的目标一定会实现。"面对航天强国建设的时代重任,以叶院士为代表的航天人并没有退缩,而是在积极地向前推进。正因为他们看得远,才找得准方向,才敢于面对挑战,攀登一座座科技高峰。

叶院士热爱工作。在发射场的时候,叶院士总爱搬个小凳子,坐靠在厂房外面的墙边,看着正前方高高升起的国旗,能坐很久。当时从他身旁经过,我常常会想,在他老人家的脑海里,不知是在追忆自己曾经的战斗伙伴,还是在想着什么"高大上"的项目。结果在一次早上的班前会上,叶老给大家说,他最爱在发射场的国旗下静静地坐着,他说看着国旗,想着身边的同志们在别人游玩、吃喝、出行、睡觉的时间里还在默默地工作、默默地付出,他觉得在这样的队伍里很光荣。无论这个社会现在是怎样的,他觉得他所在的队伍始终有责任感有使命感,有成就感,他很骄傲!虽然叶院士在嫦娥三号研制时就已不再担任一线负责人,让我错过了领略叶院士在一线工作风采的机会。然而,从"鹊桥"团队那里听来的这段小故事,却从侧面生动地反映了叶院士爱岗敬业的高尚品格。

叶院士坚守初心。叶院士为中国空间事业兢兢业业奉献50余年,2019年被授予"人民科学家"国家荣誉称号、"最美奋斗者"称号。但他并不居功,也不自傲,而是想着如何对得起这个称号。他告诫自己,永远做人民的一份子,继续努力为人民服务。他给自己的定位是千千万万个中国航天人的代表之一,只有把今后的事情做好。把队伍带好,才能无愧于人民。回顾叶院士的过往,20世纪80年代拒绝了西欧优越的生活条件,毅然回国;九十年代谢绝了深交所年薪40万的聘请,坚守航天。叶院士用自己的行动,实践了他航天报国的初心。

如今,我们新一代航天人慢慢走上了航天舞台,以叶院士为代表的老一代航天人已经为我们树立了光辉的榜样。就让我们继续传承老一代航天人的优秀品格和良好作风，从融入让叶院士感到光荣的航天集体开始，为早日实现自己的航天梦想而拼搏，为早日赢得自己的精彩和荣誉而奋斗，把中国航天事业继续发扬光大。

"叶培建星"命名仪式暨小行星探测学术报告会在院举行

《神舟报》 郭兆炜 2017年5月12日

本报讯 5月8日,北京航天城会展报告厅"众星"闪耀,孙家栋院士、栾恩杰院士、戚发轫院士、吴宏鑫院士、叶培建院士以及来自中国科学技术部、中国科学院、国防科工局探月与航天工程中心、航天科技集团公司、中国科学院紫金山天文台等单位的领导和专家齐聚一堂,共同见证"叶培建星"命名这一历史时刻,国际编号456677号小行星自此有了"叶培建星"这个"中国本色"名号,与以杨振宁、李政道等科学家命名的小行星一样,把中国人的骄傲和自豪高悬广袤星空。我院张洪太院长、赵小津书记等领导和专家出席活动。

"'叶培建星'命名公告已经发给世界各天文台,至此,国际编号为456677号的小行星将永久地以叶培建名字命名,叶培建的名字正式进入宇宙星空、镶嵌进太空星辰",中国科学院紫金山天文台书记张丽萍宣读了"叶培建星"国际命名公告,掀开了命名仪式的大幕。

活动中,赵小津书记宣读了中国航天科技集团公司、紫金山天文台、泰兴市人民政府贺信,紫金山天文台研究员赵海斌介绍了"叶培建星"发现经过和轨道运行情况,赵小津书记和中国科学院学部工作局局长李婷分别向叶培建院士颁发了"叶培建星"命名证书、命名铜匾。紫金山天文台、我院、叶培建曾学习过的湖州中学、航天科技集团公司、探月与航天工程中心等单位代表纷纷致辞,表达了对叶培建院士获此殊荣的祝贺。

"这项荣誉是对我的极大鼓舞,也是极大的鞭策,在今后的航天工作中,尤其是深空探测工作中,我将发挥自己的力量,努力做出新贡献,用工作实践贯彻落实习近平总书记'探索浩瀚宇宙,发展航天事业,建设航天强国'的伟大号召""说一千道一万,一句话,一定珍惜荣誉,不忘初心,不辱使命,争取在征服茫茫星辰的太空征程中再有所贡献",叶培建院士真挚的话语中折射出继往开来再续辉煌的决心和信心。

院以命名仪式活动为契机,锁定"聚智共谋深空探测领域发展"主题,举办小行星探测学术报告会,叶培建院士、黄江川研究员及紫金山天文台的赵海斌、徐伟彪研究员分别作了主题报告。我国广大小行星探测领域的专家、学者齐聚一堂交流研讨,就科学推动小天体探测步伐达成共识,掀开了我国积极探索浩瀚宇宙、和平利用太空资源的新高潮。

"'叶培建星'不仅是对叶培建院士本人的高度肯定,也是我院历史上的一件大事,更是对我院全体员工的鼓励""我们将携手国内各相关单位,科学规划月球及深空探测领域发展,共谋我国空间技术发展大计,推动空间科学、空间技术、空间应用全面发展,助推航天强国战略目标的早日实现",正如张洪太院长在仪式中所说,院将时刻牢记"探索浩瀚宇宙、发展航天事业、建设航天强国"使命,义无反顾地擎起加快推动我国小行星探测的大旗,通过实施嫦娥五号探测器、火星探测器等深空探测任务,进一步加快我国小行星探测的步伐。

两代"嫦娥"人握手照网络刷屏——总顾问叶培建严苛背后的柔情一面

《泰州晚报》 申莉敏 2019年1月7日

11月3日,嫦娥四号落月的一刻,74岁的中国航天科技集团五院深空探测和空间科学首席科学家、嫦娥一号卫星总设计师叶培建院士走向正在前排工作席的嫦娥四号探测器项目执行总监张熇,两代"嫦娥人"的手紧紧地握在了一起。这张最近在网络上刷屏的照片背后有什么样的故事?记者昨日再度采访了泰州籍科学家叶培建,通过他的讲述,家乡人又一次领略到他严苛而又理性的背后隐藏着的柔情一面。

两代"嫦娥"人握手照刷屏
74岁的他严苛背后藏柔情

1月3日10时26分,嫦娥四号探测器自主着陆在月球背面南极——艾特肯盆地内的冯·卡门撞击坑内,实现人类探测器首次月背软着陆。

在这历史性的一刻,北京航天飞行控制中心内,嫦娥系列总设计师顾问、中国科学院院士叶培建来到嫦娥四号探测器项目执行总监张熇身边,两人紧握双手,神情激动,新华社记者轻轻按下快门,在这个历史性时刻留下了这张暖心的照片,迅速在网络上传播开来。

张熇在接受媒体采访时说:"叶总走过来,拍了拍我的肩膀,说了一句'辛苦了',那一刻,觉得百感交集。"

当晚,在接受媒体采访时,叶培建说:"那一刻,自己忍不住落下了眼泪,这一路,我们走得很不容易,特地走过去和张熇握手,就是想给她安慰和鼓励,接下来,我们还有很长的路要走。"

在这个定格的瞬间中,人们看到了两代"嫦娥人"的不易,更发现了一个平时难得一见的叶培建,在严苛、直言甚至有点火爆之外,74岁的他还藏着柔情一面。

多次接受家乡媒体采访
时刻关注家乡发展

作为嫦娥一号总设计师、嫦娥系列总设计师顾问，一直以来，叶培建是媒体争相采访的对象，而在众多的媒体邀约中，他对家乡媒体始终"有求必应"。多年来，家乡媒体与叶培建保持着密切联系。

1月3日下午，随着嫦娥四号探测器首次月背着陆的消息发布，本报记者立即与叶培建的秘书联系，希望能够采访参与其中的叶培建，一会儿收到回复说：晚上6点半接受采访。

当晚6点半，记者准时拨通了叶培建的电话，当时他还在北京航天飞行控制中心现场，尽管很忙，还是接受了采访。

去年7月，本报推出"改革开放40年40人·家在泰州"系列报道，作为从泰兴走出去的"嫦娥之父"，叶培建是此次系列报道的对象之一。本报记者7月10日与叶培建秘书联系，当天下午就得到答复：同意采访。

采访当日，叶培建特地抽出工作日上午的半个小时，与记者"面对面"。他还手写了一张采访回答要点，这一份严谨与认真让人敬佩。采访中，他的秘书来提醒记者，叶总还要赶往航天城开会，于是，叶培建抓紧最后下楼梯的时间，和记者边走边说，这"匆忙"之中的交谈让记者感受到这位"名气很大"的科学院院士平易近人的另一面。

叶培建说自己时刻关注家乡的发展，这几年，他先后回泰州进行演讲，还在泰兴的一家民营企业建立了院士工作站，把民营企业的一些产品和航天航空结合起来。

永葆工作热情
科研之外还爱创作

虽然每天有一个接一个的会议，还在多所大学做着教研工作，但是，叶培建自己很享受这种"忙",他坦言,很热爱自己的工作,因为有这份"热爱",所以,多辛劳也愿意。

当谈起"何时退休"的话题时,叶培建说,院里有一位90多岁的老院士,现在还每天坚持来上班,这位院士就是自己的目标。为了实现这个目标,工作之余,叶培建始终坚持锻炼:"希望我到他这个年纪,也能这样,身体棒,脑子清楚,继续工作。"

工作之余,叶培建还爱好文学创作,在他办公室的书橱里,除了专业书籍之外,还有许多文学书。他说,平时喜欢写东西,为了向大众普及航天知识,他还主编了一套《空间技术与科学研究丛书》。此外,他爱写散文、随笔,已经出版随笔集,分享自己的一些人生经历和感想。

叶培建:"嫦娥之父"步履不停

《泰州晚报》 申莉敏 2018年8月9日

人物简介

叶培建,1945年出生在泰兴。中国空间技术研究院研究员、中国科学院院士、我国第一代传输型侦察卫星系列总设计师,"嫦娥"系列各型号总指挥、总设计师顾问,首席科学家,国内多所航天高校的院长、教学顾问……作为多个开创性空间探测器的总设计师或相关领域首席科学家,推动了中国卫星遥感、月球与深空探测及空间科学的快速发展。

虽然已年过七旬,但叶培建的忙超出了一般人的想象。刚一坐定,他就说,结束采访后,我要立马赶到航天城,就嫦娥四号做一系列的出厂评审工作。于是,记者也开门见山,话题直接从嫦娥四号切入。

"鹊桥"这个名字
我第一个大力赞成

记者:今年5月,嫦娥四号中继星"鹊桥"升空。许多人好奇,嫦娥四号发射之前为什么要先发射"鹊桥"呢?

叶培建:我们预计在今年年底发射嫦娥四号登月探测器,嫦娥四号是世界首颗在月球背面软着陆和巡视探测的航天器,在此之前,全世界在月球背面还没有一次软着陆。嫦娥四号将完善月球的档案资料。

长久以来,月球背面是个神秘地带,备受瞩目。这里永远背对地球,难以直接观测,而且通信信号也被阻隔。因为通信信号无法穿透月球,需要中继卫星的帮助来实现数据传输。说得形象一点,中继星就是"卫星的卫星"。它所在的位置,既能"看到"月球背面,也能"看到"地球。有了这一座"桥",我们就能实现地球与月球背面的通信。在嫦娥四号软着陆及月面工作期间，可以通过这座"桥"提供地面支持，这在世界范围内是第一次。今后，如果外国想去月球背面探测，也可以通过我们的中继卫星获得帮助，这是中国对世界的重大贡献。

说一个题外话，在给这颗中继卫星公开征名时，有100多个候选名字，也听取了很多专家，包括北京大学古典文学方面教授的意见。"鹊桥"这个名字，我第一个大力赞成，这个中继站相当于为"牛郎"和"织女"见面搭建桥梁，"鹊桥"既通俗易懂，又有中国古代民间爱情故事的浪漫色彩。

亲身参与航天事业是一种幸福

记者：提起您，绕不开"嫦娥"系列，人们把您称为"嫦娥之父"。

叶培建：2004年，我国月球探测计划的第一步——绕月探测工程正式启动。这是继美国、俄罗斯、日本、欧洲之后第五个月球探测计划。面对一个从未探索过的领域，嫦娥任务之艰巨，责任之重大可想而知。没有成熟的经验可借鉴，没有充分的数据参考，没有试验星，要实现"精确变轨，绕月飞行，首飞成功，一年寿命"的探测工程目标是一项巨大的挑战。那时，我带领的研制团队平均年龄30岁还不到，我们用3年时间，稳打稳扎，先后攻克了月食问题、轨道设计等一系列技术难题，最终完成了嫦娥一号卫星的研制。2007年10月24日，嫦娥一号发射成功。

目前已经发射的嫦娥一号到嫦娥三号探测器，还有即将发射的嫦娥四号和嫦娥五号探测器，都属于无人月球探测阶段，又分为"绕""落""回"三步走。目前，我们已经实现了前两项目标，尚未发射的嫦娥五号任务将实现最后一步，那就是无人自动采样返回。

我是嫦娥一号的总设计师、总指挥，现在还在各系列担任总设计师顾问，作为一名航天人，能够亲身参与并见证我国航天事业的发展，是一种幸福。

很多民间技术
都与航天科技密切相关

记者： 嫦娥系列取得了我国探月工程的巨大进步，但在这个过程中，也会出现一些不同的声音，比如"人类还不能解决地球上所有问题，为什么把目光放在太空上去？"

叶培建： 受制于我们生存的空间，有很多问题我们至今无法回答。比如宇宙是怎么形成的？生命是从哪里来的？地球上的生命是地球本身产生的还是外星球的生物带到地球的？我们要知道正确的答案，只有踏上太空去寻找。走向太空是人类不断探索、不断前进的旅途。最开始人类的目标是穿越大气层，接下来就要走出太阳系，再接下来会走得更远。而我们踏入太空不仅是追寻答案，还在为人类寻找新的生存空间。这是我们探索太空最根本，也是最重要的理由。

此外，航天技术是一个高端技术，很多民用技术都与航天科技息息相关，比如我们衣服上用的粘扣，比传统扣子方便很多，这东西就最早在美国阿波罗飞船上使用过。还有就是孩子用的尿不湿，也是阿波罗飞船上最先使用的。

改革开放后
我是第一批出国的留学生

记者： 早在改革开放之初，您就远赴瑞士留学，许多人都以为你不会回来了，你为什么回来？

叶培建： 大学填报志愿时，我选择了北京航空航天大学、南京航空航天大学，没想到被浙江大学录取了，但毕业的时候，还是被分配到航天部卫星总装厂，我想，这是我与航天事业的缘分。在航天部卫星总装厂做了几年技术员之后，随着改革开放的到来，全国恢复研究生考试，我同时考上了中国计量科学研究院和502所两个专业的研究生,还考中了出国留学研究生。1980年下半年去了瑞士,成了改革开放以后第一批出国的留学生。在获得了博士学位后,1985年8月,我决定回国。

我这人民族自尊心很强,在国内干,是为自己国家干的,在人家那儿干,钱挣到了,但是替别人干的,就这么一个简单的想法。在瑞士攻读博士学位时,研究所每半天有十五分钟的休息时间,大家都在这时候喝咖啡,称为"咖啡时间",我利用这个时间跟他们介绍中国。当时外国人对我们不了解嘛,还以为"中国男人留长辫,女人裹小脚",我就告诉他们现在的中国什么样,给他们讲我们的汉字、悠久历史、神秘的西藏……

有一些人也问我,什么时候"退"下来?对这个问题,我想告诉你们的是,我们院里有一位90多岁的老院士,现在还每天坚持来上班,我觉得他就是我的目标,希望我到他这个年纪,也能这样,身体棒,脑子清楚,继续工作。

我身上许多东西
是被家乡影响的

记者: 您的同事们评价您至情至性,追求极致,每年"两会"期间,作为全国政协委员,您的提案与发言也都很"直接",许多网友评价您是一位"热血"院士,您这样的性格是受家庭影响吗?

叶培建: 是的,我这人做事比较正派,做事干脆利落,说话也不拐弯抹角,直言不讳,说到做到。这个我的同事们都很了解,在我们院里,只要说今天这个会是叶总主持的,没有哪个迟到,我自己也从来不迟到。我想这和我的父母都是军人有关,他们对自我的要求、军人做派都影响了我,对我来说,就是要把航天工作做好,说真话,说实话。

我1945年1月出生在我父亲家的那个村子里,就是现在的高港胡庄镇海潮村,我们老家叫海潮子,1946年宣家堡战役,就是苏中七战七捷第一仗,我父亲是泰兴县民主政府的教育督学,后来敌人要来了,他们干部北撤,我母亲也跟着北撤了。我外婆就把我接到了毓秀乡李秀河村，毓秀乡就是现在的根思乡。我在李秀河小学上了一年，所以我还是在老家受的启蒙教育呐。我还记得小学时有一位老师姓杨，我家隔壁有一位同伴姓王，有意思的是，这位同伴现在就在我们研究院附近工作。我们常常见面，聊聊家乡，聊聊小时候的事。

我身上有许多东西是被家乡影响的，有许多习惯到现在都没有改变。比如，我爱吃家乡的酸粥，我回南京开会，晚上，我妈问我想吃点什么，我说我就想吃酸粥，有青菜、毛豆，特别香，我那一天喝了两三碗哦！

我时刻都关注家乡的新闻。前一段时间，中国科协在北京召开了"纪念改革开放40周年、中国科协成立60周年暨百名科学家、百名基层科技工作者座谈会"，全国共有100名科学家和100名基层科技工作者参加，在百名科学家里面，我发现了4个泰州人，这个比例挺大的，这也说明了咱们泰州是出人才的。

这几年，我先后回泰州的一些中学、机关、大学进行演讲，还在咱们泰兴的一家民营企业建立了院士工作站，把我们民营企业的一些产品和我们航天航空结合起来，这个院士工作站前几年还被评为全国优秀院士工作站。

我觉得我们泰州在长江三角洲有很大的优势，经济发展应该转向高新技术产业，发展智力密集型产业，这可能不能在短时间里看到效益，但是"后劲"大。一个40年过去了，我们要在接下来的这个40年"跨"一个大台阶，从追求GDP转向追求知识。

前行万里路，归来赤子心——叶培建院士家乡行纪事

《印象泰兴》第100期　2019年11月

10月24日，适逢金秋经贸洽谈会，人民科学家、中科院院士叶培建应邀回到家乡泰兴。新华社、人民日报，以及省市各大媒体随行采访。作为"印象泰兴"的老朋友、读者、作者，叶院士还是在百忙之中抽出时间接受了我们的采访。

在一般人心中，人民科学家是大人物。但接触过他的人会发现，他不仅有科学家的严谨、细致、大情怀，也有我们普通人的耿直、有趣、热心肠。

万水千山，月是故乡圆

每年能回一次家乡是叶培建的心愿，但他太忙了，上次回泰兴还是在2013年，这次能回家乡看一看他很开心。

这次回乡时间比较紧，为了不影响组织安排的行程，他利用休息时间回到了自己成长的地方——根思乡李秀河村，他在那里度过了自己的童年时光，也是在那里接受了启蒙教育。他说："因为我的秘书经常帮我打东西，他知道我描写的家乡有两条河，我家的房子就在河边上，他就要去看看是啥样。于是我们就走到老家，房子已经没有了，但是，竟然找出我小时候的两个玩伴。一条两泰官河，一条古马干河，和我一块儿上过小学的还有两个人，我们还在一起聊了一会儿。我还记得家乡那些事情，挺开心的，就去看一下。"

要心心念念多少遍，才能让身边人都记得自己的家乡呢？房子没有了，地还有，是对时光流逝的遗憾也是欣慰吧？这片成长的热土还在，对这片土地的眷恋还在。

面对家乡媒体的采访，叶培建动情地说："家乡，是一个不可变更的要素。只要你生在这儿，无论你以后成为一个什么样的人，无论走到世界上什么

地方，这一点是不可变更的。我的父母是泰兴人，我在这里生活了八年，而且上过小学，我的很多生活习惯和我的一些文化基因的积淀，都受这儿影响，它是要影响一辈子的。"

泰兴对他的影响有多深呢？叶院士说了一个自己的小故事："我爱吃家乡的酸粥，我回南京开会，晚上，我妈问我想吃点什么，我说我就想吃酸粥，有青菜、毛豆，特别香，我那一天喝了两三碗哦！"

摘掉荣誉和光环，他把自己当作一个从家乡走出去的普通人，眷恋着故土的人情、风物、饮食。万水千山，月是故乡圆。

这次回乡，叶院士最大的感慨就是家乡变化大，"记得我小时候，因为妈妈当兵去了，我在老家，我们老家的锅灶不是中间有个捂子的，对不对？我外婆有时候放一点点米在里边给我做点饭，那就是很好的日子了。现在的印象就是变化太快，变化太大，我六年前回来过，现在已经大不一样了。"

泰兴变了，根思变了，连李秀河也完全和记忆中的不一样了，这种变化令他惊讶，更令他欣慰。

不计得失，一心一意做航天

我们原本还想采访下叶院士对于获得"人民科学家"称号的感受，他摆摆手："荣誉都是过去的，我们不说这个了。"他为人低调，原则性强，不愿意大家继续"锦上添花"。我们并没觉得尴尬，反而打心底敬佩他，这就是我们心目中科研工作者的样子呀。

有一次回乡，乡亲们开玩笑要他给家乡介绍几个项目，他马上半认真地说：你们搞不搞卫星？有人说他"耿直"，有人说他"热血"，他自己说，不习惯说话拐弯抹角，要说到做到。他希望一心一意搞好航天事业，带领中国航天走向月亮，走向火星，走向更遥远的宇宙。

他曾经说过："搞航天要有一条，不为任何东西所动，一定要安下心来。所以你看我从来不做股票，不买基金，不买房子，我只有一个一百四十多平方米的房子，外面的任何东西都没有干扰。没有打扰，我的手机也没有支付宝，没有微信，我是最原始的。为什么？你有了微信毕竟受干扰，有用没用的消息都会过来，就是要一门心思安下心来干一件事情。干航天没有这种精神，什么也干不好。"

叶院士今年74岁，每天8点准时上班，工作起来比年轻小伙子还拼命。有记者问，叶院士打算什么时候"退"下来？他告诉大家："我们院里有一位90多岁的老院士，现在还每天坚持上班，我觉得他就是我的目标，希望我到他这个年纪，也能这样，身体棒，脑子清楚，继续工作。"

对他来说，在中华人民共和国成立70周年之际获得"人民科学家"国家荣誉称号，同时也被交付了一份更重的责任。叶院士说，中国深空探测的研究还有很长的路要走，"我现在身体还比较好，所以就有一种责任感，想将来和团队一起把事情做得更好。"

探索星空，热血家国情

1985年，叶培建取得博士学位后，从瑞士归国。回国后，很多新闻媒体问他是怎么经过思想斗争后回来的，他说："你们太小看我了，我根本就没想过留在国外，因为我是中国人，我一定要为中国做事。在国内干，是为自己国家干；在人家那儿干，钱挣到了，但是替别人干的。"简单的几句话，却掷地有声。

我们看过一段视频，讲述的是中国科技的发展历程。视频中无论是刚毕业的年轻人还是头发斑白的老教授，说到自己的科研事业，他们的眼睛全都闪闪发亮，饱含智慧火花和对国家的热血赤诚。

这次回乡，叶院士做了一场《向宇宙海洋进军》的专题演讲。围绕"向宇宙海洋进军"主题，从我们为什么要发展航天事业、我国的探月工程及幕后故事、中国航天人的精神等方面，讲述了我国航天事业发展的历程、取得的成绩以及未来发展计划。我们看到叶院士的眼睛里也有那种光亮，科研精神，航天精神，振奋了在场的每一个人。

在采访中，叶院士说："我们是国家的一份子，国家强，我们个人才能有一个安宁的生活环境，只有把自己的成长和国家的命运、国家的大局结合在一起，我们每个人才能做一点事情，才能发挥一点作用。没有国家这个大平台，我们是做不出来大事情的。"

有国的安定，才有家的安康，有国的兴盛，才有家的兴旺。他总结说，我们要继续努力，继续奋斗。

永不言弃——听叶培建院士报告有感

《泰兴科协》 2014年第一期

江苏省泰兴中学 学生 张雨晗 2014年1月

如潮水一般的掌声，久久拍打着整座体育馆。"永不言弃！"我一遍一遍地对自己说。

"卫星失去信号了！"原本在车上长舒一口气的他，心再次揪成一团，"唧喳"的鸟鸣声烦得他鼻上蒙上一层细密的汗珠，一闪而过的树木晃得他有些发晕。为什么？他一遍遍地问自己，明明一切正常，明明发射很成功。怎么办？他按住太阳穴，皱起眉，脑中却一片空白。价值上亿的卫星就这样失踪了，他如何向党、向人民交代？放弃吧，辞职吧，这样就可以放下这些压力。这声音一闪而过，但最终被他赶出门外。不，不能放弃，一定还有转机！就是这一丝渺茫的希望，他抓住了，卫星又一次有了信号，在空工作时间比预期多了两年。

故事结束，雷鸣般的掌声齐齐响起，久久不息。似乎每个人都被打动，他——叶院士，却坐在讲台上，一脸平静地微笑。是啊，无须激昂的语气，无须激动的表情，他淡淡地讲述却鼓舞了每个人。永不言弃，无论遇到多大的困难。

坠入深渊，惊慌、哭泣都是无用的，眼泪不会变成一只拉你上升的手。唯有冷静、沉着，找到那一丝的光亮，朝着它向上攀登，无论崖壁多么陡峭，只要永不言弃，终有重见天日的一天。

感谢您，叶院士。您用最朴实的语言，最生动的事例，告诉了我们一个受益终身的道理：永不言弃，希望之光就在前方。

他——眼眸里的叶培建院士

《泰兴科协》　2014年第一期　江苏省泰兴中学　学生　倪韵琪　2014年1月

世纪的钟声敲响

梦想的火花一触即发

窗外风景独好

阳光翩跃而下

门庭虚掩期待

望穿秋水终来

一步两步三步

声声入耳声声思

我看见白光

在他身后耀出最美的年华

我听见掌声

在他脚下铺就最美的鲜花

我看见笑容

在他脸上刻下难掩的创伤

我听见音响

在他头顶回荡难掩的疯狂

那一刻

他所到之处风起云飞扬

下一秒

他正襟危坐虚怀传谷响

那一刻

他颔首信步沧桑却如画

下一秒
他放飞理想仰望天之大
蓝天承载他的梦
他的思绪轻舞外太空
土地饱尝他的泪
他的双脚扎根家与国
他是天空翱翔的鹰
才华是他坚实的翅膀
他是世间盛开的花
刻苦是他茁壮的根芽
他的笔下
书写中国腾飞的蓝图
他的眼中
只留科技进步的硕果
他的学识似沧海
推动我们驶向成功的彼岸
他的谦逊如春风
激励我们微笑面对成与败
我们曾经一般大
今日他迟迟归来
而你我
正朝气蓬勃青春向上
科技雄风需重振
前人开路后人仿
巨龙抬头发怒吼
莫失你我他

不忘初心奋勇前行——叶培建院士参加建党95周年主题音乐会、庆祝大会活动访谈

《神舟报》 郭兆炜 2016年7月1日

"我不是一个容易激动的人，而且已经71岁了，早已过了容易激动的年纪，但是在人民大会堂参加庆祝中国共产党成立95周年大会，我感到非常振奋、非常激动。"作为"人民大会堂的常客"、近百次步入这一国人心目中"最高殿堂"的叶培建院士，回想起大会现场的感受时仍难掩内心的欣喜之情。

这份激动源自内心的认同，作为共和国成立的亲历者，现代化建设的实践者，有着30多年党龄的叶院士对习近平总书记在大会上作出的"在95年波澜壮阔的历史进程中，中国共产党紧紧依靠人民，跨过一道又一道沟坎，取得一个又一个胜利，为中华民族做出了伟大历史贡献。这一伟大历史贡献在于实现了中国从几千年封建专制政权向人民民主的伟大飞跃，实现了中华民族由不断衰落到根本扭转命运，持续走向繁荣富强的伟大飞跃"论述有着深深的体会。"中国共产党是历史的选择，也是中国人民的选择，在中国共产党的带领下，我们比以往任何时候都要接近中华民族复兴的伟大目标"，叶院士坚定的话语中透出了作为一名共产党员的自豪。

这份激动源自理性的坚守。"今天，我们回顾历史，不是为了从成功中寻找慰藉，更不是为了躺在功劳簿上、为回避今天面临的困难和问题寻找借口，而是为了总结历史经验，把握历史规律，增强开拓前进的勇气和力量""一切向前走，都不能忘记走过的路；走得再远、走到再辉煌的未来，也不能忘记走过的过去，不能忘记为什么出发""我们要从中央政治局常委会、中央政治局、中央委员会抓起，从高级干部抓起，持之以恒加强作风建设"，一条条经典语录被叶总脱口而出，只字不差、令人惊叹。叶院士告诉记

者，习总书记讲话反映出了中国共产党"理性、自省，不断与时俱进"的宝贵品质，也更加坚定了他对中国共产党能"不忘初心，永远为人们服务"的信心。

"高兴之余，我还有些担忧"，叶院士坦言，无论是习总书记提出的"中国人民不信邪也不怕邪，不惹事也不怕事，任何外国不要指望我们会拿自己的核心利益做交易，不要指望我们会吞下损坏我国主权、安全、发展利益的苦果"，还是"我们最大的问题是腐败"都让他对当前的国际国内形势有了更深的了解，也让他深感肩上责任重大。"习总书记的讲话与我国当前面临的很多问题相关，针对性很强，语言不是高深的，都很接地气，我要好好学习，也希望每个党员都认真学习，更好地摸清时代的脉搏，找准前进的方向"，叶院士诚挚地向大家发出了倡议。

当谈到习近平总书记提出的"理想因其远大而为理想，信念因其执着而为信念。我们要自觉做共产主义远大理想和中国特色社会主义共同理想的坚定信仰者、忠实实践者，在实现中华民族伟大复兴中国梦的历史进程中充分发挥先锋模范作用"时，叶院士感同身受，翻出了曾为《湖州宣传》写的《我的中国梦》一文（详见附文），逐字清读，与记者分享了他心中的执着。"航天梦是中国梦的重要组成部分，实现航天梦，就能为铸就中国梦提供有力支撑，对于我们航天人来说，一句话就是'好好干'，我们把手头的工作实打实地做好了，就是替党争光、为国争光"，"作为一名科技工作者，一名院士，既要完成当前任务，又要站在国家的高度、立足国际上航天发展趋势而着眼长远，在当前我所考虑的问题中，'空间科学、小行星探测，有人参与的深空探测'这几个问题摆在首列，我下一步要抓好"，从叶院士铿锵有力的话语中，记者感受到了他对党的无比忠诚、对形势紧迫的清晰认识，对干事创业的火热激情和冲锋在前的十足干劲。

"'功以才成、业由才广'，我们要努力形成人人努力成才、人人皆可成才、人人尽展其才的良好局面"，习总书记对人才的论述也引发了叶院士的强烈共鸣。"革命必须后继有人，航天事业要又好又快地发展下去，坚实的人才队伍是关键,各级领导干部、专家要在搞好工作的同时,注意带好队伍,营造人才辈出、百花齐放的良好局面",叶院士语重心长,向记者说出了他的育人之道。经过了解,记者才知道总体部黄江川获何梁何利奖、孟林智获"全国青年科技奖"、孙泽洲总师获"2016年光华青年奖"、529厂女青工郝春雨获"中华技能大奖"等都是叶院士一手推荐的。此外,叶院士还充分利用其在中国科学最高杂志——《中国科学·科学技术》的影响力,为我院深空探测、载人航天队伍组织了多期专栏,让一批年轻人展示成果,脱颖而出。

50多分钟的采访仿若一次心灵的洗礼,给记者上了一堂生动的党课:"庆祝大会上,坐在我们前面的正好是一些外国友人,他们听得很认真,很多外国人会后还在大会会标处拍照留念""音乐会上,一曲曲红歌动人心弦,听到一些耳熟能详的歌曲,大家都主动用掌声打起了拍子,积极互动,形成了正能量的海洋"……"我在国外留学,在最为富裕的资本主义国家瑞士,向使馆党支部提交了入党申请""党员要讲政治,当年干遥感时,我在试验队办起了一份报纸,开了型号办报的先河,创刊词里这么写'一份好的小报,在战争年代的连队中,顶得上几挺机关枪'""干工作要讲真话、办实事,对于科研工作更是如此"……一个个叶院士讲述的小故事更让记者看到了"不忘初心、不断前进"的共产党员典范。

叶培建院士《我的中国梦》一文节选:

航天梦无疑是中国梦的一个重要组成,去年"五四"青年节时,习总书记就在我们单位接见了全国优秀青年代表,嫦娥队伍的杰出青年,嫦娥三号总师孙泽洲同志代表全国科技青年做了实现航天梦的发言。航天梦实现必然极大地鼓舞全国人民、激发民族自豪感,凝聚世界华人力量,也将推动高科技水平的提升,必定会带动多个经济领域的发展,一定惠及民生、造福于百姓,无疑会极大地增强我国的国防力量!我的中国梦就是在全国人民的关心支持下,与航天队伍的同事们一起,努力工作,为实现我国的航天梦做一份努力；研制和发射更多的应用卫星服务于社会、经济、国防；建立我国自己的空间站，让我们的科学家在太空做实验；继续实施无人探月工程，发射嫦娥五号、完成采样返回任务，不久后的一天，实现中国的载人登月、再向行星际探测进军。

附七：发表的文章（选录）

在庆祝我国首次月球探测工程圆满成功大会上的发言

叶培建　2007年12月12日

尊敬的各位领导，同志们：

作为一名直接参加"嫦娥一号"卫星研制任务的航天科技工作者，此时此刻，我感到无比激动，十分自豪。

"嫦娥一号"卫星是一个全新的航天器，也是我国首次月球探测工程五大系统中最为核心的系统。面对技术难题多、研制时间紧、风险大、队伍新等一系列挑战，我们紧紧瞄准当今国际深空探测技术前沿，高起点设定卫星的功能与性能；积极继承和充分利用中国航天几十年来已有的成熟技术，并进行优化组合；针对新领域中的新问题，突出重点，顽强攻关；独立自主地进行技术上的原始创新、集成创新和流程与管理上的综合创新，突破并掌握了探月轨道设计、制导导航与控制、远距离测控与通信、卫星热控等一大批具有自主知识产权的核心技术和关键技术，把进军深空探测的主动权牢牢地掌握在中国人手中。与国外2000年以后已经发射和将要发射的环月探测卫星相比，"嫦娥一号"卫星的发射质量与干重的比例、载荷与干重比、能源系统和工作寿命等指标，达到了国际上同类水平；制导、导航与控制能力和精度，无深空大天线支持条件下的远距离测控精度以及热控水平等，达到了国际先进水平。

质量是航天器的生命。为了确保"嫦娥一号"卫星万无一失，3年多来，我们始终牢记中央高标准、高质量、高效率的要求，在工作中大力提倡"零缺陷"的工作理念和严细慎实的工作作风，把该做的工作做到极致，把需搞清楚的技术从根本上吃透；着重加强了可靠性试验、验证工作，"嫦娥一号"卫星地面工作时间达到2000小时，是我国目前地面通电考验时间最长的航天器；坚持做到过程控制表格化、数据判读完整化、问题归零彻底化、举一反三快速化，确保卫星不带任何问题出厂、不带任何疑点发射。

拥有一支勇于创新、敢打硬仗的高素质队伍，是完成好首次月球探测工程的关键。3年多来，我们广泛开展"两弹一星"精神和载人航天精神教育，充分发挥老同志的传帮带和指导把关作用，大胆给青年科技人员压担子、交任务，锻炼和培养了一支高素质的队伍，奠定了中国深空探测事业可持续发展的坚实基础。正是这支平均年龄不到35岁的年轻团队，创造了中国航天史上多个第一的纪录。

我国首次月球探测工程的圆满成功，只是我国在深空探测领域迈出的第一步。展望未来，任重道远。我们将以今天的庆祝大会为起点，继续按照高标准、高质量、高效率的要求，谦虚谨慎，戒骄戒躁，一丝不苟、严细慎实地做好会后各项工作，以不断开创我国航天事业新成就、争当创新型国家建设排头兵的实际行动，为实现党的十七大确定的奋斗目标做出新的更大贡献！

后记：2007年10月24日，我国第一个月球探测器发射升空，12月31日进入地月转移轨道奔向月球，几天后顺利被月球捕获，成为月球卫星，在几次轨道调整后形成绕月圆轨道并开始科学探测，嫦娥一号取得圆满成功！12月12日，在人民大会堂召开了盛大的庆祝大会，胡锦涛总书记作了重要讲话，几名科技者作了大会发言，我也是发言代表之一。

在"纪念钱学森诞辰110周年活动"上的致辞——兼记活动

叶培建

在钱学森诞辰110周年纪念活动暨钱学森故居改陈布展和杭州院士巷落成仪式上的致辞

尊敬的各位院士,领导、同志们:

大家下午好!

今天,钱学森诞辰110周年纪念活动暨钱学森故居改陈布展和杭州院士巷落成仪式在这里举行。我们怀着崇敬的心情在这里铭记老一辈科学家,将科技报国、科技强国这一接力棒传递好。

杭州市科协在中国科协首批"科学家精神培育基地"——钱学森故居之畔打造了杭州院士巷。杭州院士巷在钱学森故居方谷园2号前的110米小巷中布设人物浮雕,为纪念以钱学森院士为代表的杭籍以及曾在杭的已故两院院士,感怀他们对杭州、浙江乃至中国的蓬勃发展做出的重大贡献。

习总书记强调,科学无国界,科学家有祖国。长期以来,正是一代又一代像钱学森先生一样的科学家,怀着深厚的爱国主义情怀,凭借精湛的学术造诣、宽广的科学视野,为祖国的科技事业前赴后继、接续奋斗。殷殷爱国情，拳拳赤子心。新时代更需要继承发扬以国家民族命运为己任的爱国主义精神，更需要继续发扬以爱国主义为底色的科学家精神。如今，我们已然告别了老一辈科学家筚路蓝缕的创业环境，但奋斗依然是时代的主旋律。广大科技工作者要继承和发扬老一辈科学家胸怀祖国、服务人民的优秀品质，弘扬"两弹一星"精神，主动肩负起历史重任，把自己的科学追求融入建设社会主义现代化国家的伟大事业中去。

我认为，钱学森故居改陈布展和杭州院士巷落成至少具有以下三个意义：

1. 科技和人文相融合。正如习近平总书记强调的，科学成就离不开精神支撑。要实现中华民族复兴的伟大梦想，需要科技创新，更需要科学家精神。钱学森故居改陈布展和杭州院士巷落成，既是展示院士们曾树立起的一座座科技创新的丰碑，宣传科技创新成果，更是发掘科技创新背后所蕴含的科学家精神，弘扬院士文化。

2. 爱国情怀和科学家精神相融合。一方面展现科学家科技报国的爱国情怀；另一方面，宣传科技工作者攀登科技高峰的奋斗精神，弘扬老一辈科学家胸怀祖国、服务人民的优秀品质，让全社会形成尊重院士、学习院士和关怀院士的良好氛围。

3. 历史和现实相融合。"每一代人有每一代人的长征路，每一代人都要走好自己的长征路。"当今世界正经历百年未有之大变局，我国发展面临的国内外环境发生了深刻复杂的变化，这对科技创新提出了更为迫切的要求。钱学森故居和杭州院士巷的建设必将激励新一代科学家和科技工作者肩负起历史责任，坚持"四个面向"，为建设创新强省和创新强国做出自己的贡献。

钱学森故居改陈布展和杭州院士巷落成是杭州尊重院士、纪念院士和弘扬院士文化的务实体现，是杭州在系统采集、妥善保存科学家成长资料的展示平台，更将成为杭州弘扬科学家精神的教育基地。

我有机会在这隆重的场合致辞，是我的荣耀和终生难有的机遇。我来自中国空间技术研究院,"人民科学家"钱老是我院1968年建院的第一任院长,而我在这年由浙江大学分配至该院,曾亲自聆听过钱老的教导。我们航天人在"两弹一星精神"鼓舞下,遵循钱老"系统工程"的理论和方法,几十年来取得了一个又一个辉煌胜利,已把中国建设成了令世人瞩目的航天大国。今后,我们将永远秉承钱老的精神,努力奋斗,尽快把我国建设成世界的航天强国!以告钱老在天之灵!

最后,祝各位院士、各位领导工作顺利、万事如意!

谢谢大家!

2021年,是我国著名科学家钱学森诞辰110周年,杭州市院士工作站吉莉同志联系我,希望我参加杭州的有关活动,并在"纪念钱学森诞辰110周年活动暨钱学森故居'科学家精神培育基地'挂牌"仪式上致辞,我非常高兴地接受了这一邀请。我自觉与钱老还是很有渊源的,我1968年由浙大毕业分配至中国空间技术研究院,那年这个院刚刚成立,钱学森是我们的首任院长,在他的领导下,努力排除了"文化大革命"的干扰,于1970年4月完成了我国第一颗人造地球卫星的任务,继而是多种多颗卫星的相继成功。经过几十年的发展,我国已成为世界航天大国,正在向世界航天强国迈进。他潜心研究的系统工程论、工程控制论一直指导着航天人走在正确的研制道路上,他提出的"技术科学"概念很好地解决了从基础理论到工程实践的过渡与连接,他是我国航天事业的开创者,是我国空间事业的奠基者,我们永远怀念他!每当看到我们航天城大院内他的座像,看到他深情地注视着我们,我们就油然产生一种动力,要继承钱老的遗志,把中国的航天事业做大做强!钱老是杭州人,他的家老宅在老城区小营巷的巷中巷——方谷园。我在杭州上小学、初中、大学多年,上小学时,就知道小营巷,毛主席在1958年1月5日专程到小营巷看看,因为那里的卫生搞得好,无苍蝇!但那时我不知道钱学森,所以也未把这两者联系起来。等到知道钱学森大名时,才知他的老宅就在小营巷——方谷圆。这次借纪念钱老诞辰110周年之际，杭州市科协做了许多工作，他们在弘扬科学家精神方面主动作为，不断开拓，以钱老故居为核心，打造"科学家精神培育基地"，建造杭州科学家群落，做了一系列有亮点的工作。我因为北京疫情防控要求，11月7日未能到杭州参加现场活动，但做了视频致辞。根据杭州市院士工作站同志后来寄来的活动材料和我的一个亲属到现场的感受，知道整个活动十分庄重、热烈而意义深刻。

浙江省委书记，曾担任过我们第十任院长（也就是钱老的继承者）的袁家军同志对此活动高度重视，做了专门批示。参加活动的院士专家、领导很多，致辞热情洋溢，现场科学气氛浓烈，我还看到了我们"探月工程"的宣传画，感到亲切。

以方谷园为基础新建成的院士巷全长110米，寓意在钱老诞辰110周年之际建成开巷，巷由前言、院士代表浮雕和院士群像三部分组成。钱老、陈建功、竺可桢、茅以升、高小霞、邵象华、林俊德、谷超豪、程开甲、陈清如十位院士代表人物浮雕治学场景栩栩如生，82位与杭州相关的已故院士像以秀美大气的杭州山水建筑映衬，感念他们对杭州和国家做出的卓越贡献，深感创意用心，一定能让人从这些科学家的成长故事、求学经历、科学贡献及人生感悟等多个方面看到中国科学家精神的完整形态，传承这种为国为民的伟大精神！感谢浙江省、杭州市的同志们做了这件大好事。

等到下次去杭州时，一定要去钱老故居参观、接受教育，到院士巷走走、感受体会！

开拓深空探测新领域（开卷知新）

《人民日报》　叶培建、彭兢　2020年6月23日

1957年10月4日，第一颗人造地球卫星成功发射，人类进入太空时代，此后空间探测活动不断拓展。1958年8月17日，人类第一次尝试发射月球探测器先驱者0号，迈出人类深空探测第一步。通过深空探测，人类极大提升航天技术水平，取得大量科学探测成果，加深对地球、太阳系和宇宙的认识，促进对生命起源的探索。

多国推进深空探测
深刻影响社会发展

据不完全统计，截至2020年6月，人类已执行深空探测任务约260次；探测目标包括月球、太阳、大行星及其卫星、矮行星、小天体（小行星和彗星），乃至太阳系以外的天体。其中，飞行距离最远的旅行者一号探测器，距离地球已超过200亿公里。

一般而言，人类深空探测活动可分为三个阶段。第一阶段从1958年到70年代末，以美苏太空竞赛为主导，20多年间发射次数高达174次；以1969年阿波罗11号实现载人登月和1977年旅行者一号、二号发射为代表，载人深空探测和无人深空探测取得重大进展。第二阶段是上世纪80年代，随着载人登月竞赛结束，深空探测相对沉寂；10年内仅发射13次，主要以金星、火星和哈雷彗星探测为主，月球探测完全停滞。第三阶段是从上世纪90年代至今，新一轮以科学发现为主要目标的深空探测活动逐渐复苏，执行发射任务73次；欧洲、日本、中国、印度和以色列等国家和地区纷纷加入深空探测队伍，一些商业机构也开始涉足深空探测。与一般航天任务相比，深空探测具有高风险性，需要在科学探索和技术验证间综合权衡，时

间跨度大，公众和社会关注度高。此外，商业航天的介入带来全新机遇和挑战。

面向未来，各主要航天国家和地区纷纷提出深空探测长远规划或任务计划。从探测对象来看，一般由近及远，月球是起点和前哨站，火星是月球之后主要探测热点；小天体探测日益受到重视；对太阳的探测活动一直未曾间断；火星和金星之外的大行星及其卫星探测活动任重道远；一次发射针对多个目标、实现多种任务、采取多种形式探测，成为深空探测的重要途径。从探测方式来看，一般包括飞越、硬着陆（撞击）、环绕、软着陆、巡视、无人采样返回、空中驻留和载人探测等形式；对月球、火星等热点目标，采取多次不同形式的探测任务交替进行，或在一次任务中采用多种探测手段组合的方式成为主流；科学探索和技术验证相辅相成；载人深空探测是未来制高点和必然方向。深空探测主要关键技术包括行星际飞行技术、深空自主导航与控制技术、深空测控通信技术、智能控制技术、长寿命高可靠性技术、先进能源与热控技术、复杂空间环境防护技术等等。

总结起来深空探测有三大特点。第一，探索太阳系和宇宙的起源、发展和演化是深空探测的科学总目标。具体包括太阳系内各天体的起源、发展和演化，地外生命和水的存在，探索空间资源为后续开发利用做准备。第二，深空探测活动与科技进步良性互动，显著推动新一代科技工作者快速成长，大大提高人类科技发展水平，对整个人类社会影响深远。第三，深空探测对激发探索精神、凝聚国家和民族意志、增强民族自豪感具有重大意义。

我国探月工程稳步推进
共同实现探索宇宙梦想

经过几代人辛勤耕耘与开拓，我国航天事业取得一系列重大成就：建立起完整配套的航天工程体系，积累了丰富的实践经验，在空间科学、空间技术和空间应用三大领域培养造就了一支高素质的科技人才队伍，为开展深空探测奠定了坚实的技术和物质基础。事实证明，我们有能力走出地球、迈向深空！

上世纪80年代，我国科学家开始研究月球探测的可行性。上世纪90年代，成立"863月球探测课题组"对此进行研究论证。2003年，提出探月工程"绕、落、回"三步走战略规划。2004年，嫦娥一号工程立项实施，拉开中国深空探测的序幕。迄今为止，我国已执行5次月球探测任务，进行了6次发射。

嫦娥一号月球探测卫星于2007年10月24日成功发射，这是我国首次进行深空探测，是继人造卫星、载人航天之后，中国航天第三个里程碑，也是我国航天器研制自主创新的典范；实现多项突破，掌握了一大批具有自主知识产权的核心技术，培养了我国深空探测的基本骨干队伍。嫦娥二号于2010年10月1日发射，其主要目标是：获取高精度月球表面三维影像，为嫦娥三号选择落月点打好基础；开展深空探测系列共性关键技术在轨飞行验证。在完成日地L2点和小行星飞越等拓展任务后，嫦娥二号成为我国首颗飞入行星际并环绕太阳飞行的探测器。

嫦娥三号于2013年12月2日发射，12月14日安全着陆于月球正面预选着陆区，成为新世纪人类首个在月球表面软着陆的探测器。嫦娥三号任务实现我国首次地外天体软着陆和巡视勘察，进一步完善探月工程体系，获取大量科学数据，并取得变推力发动机推进、高精度自主导航等多项技术突破。

嫦娥五号飞行试验器于2014年10月24日发射，11月1日其返回器精准安全着陆，服务舱重返地月L2点探测和环月轨道，完成月球引力借力变轨等多项拓展试验。这次任务的圆满完成，证明我国掌握了第二宇宙速度半弹道跳跃式再入返回技术，有能力开展月地往返多目标探测，开拓深空探测新领域。

嫦娥四号中继星于2018年5月21日发射，2018年6月14日成功实施轨道捕获控制，进入使命轨道，成为世界首颗运行在地月L2点Halo轨道的卫星，并为其后嫦娥四号着陆器和巡视器实现月球背面探测提供通信中继服务。嫦娥四号于2018年12月8日发射，2019年1月3日成功实现人类历史上首次月球背面软着陆，不但巩固了我国已经掌握的月球软着陆技术，还实现了在通信中继支持下地外天体着陆和巡视探测的技术突破，获得更多月球地质、资源等方面信息，取得一系列前所未有的科学认识和技术进步。

从嫦娥一号到嫦娥四号，我国已经取得连续执行5次探月任务、6次发射成功的佳绩，不仅次数最多，而且成功率100%。这不但在人类探月历史上绝无仅有，而且确立本世纪前20年我国在无人月球探测领域的领先地位。通过探月一期工程和二期工程，我国已掌握奔月和近月制动、对月球进行环绕、正面和背面软着陆、巡视和月地返回探测等关键技术，同时形成较完整的探月工程体系、配套设施和人才队伍。正在进行的三期工程将为我国实施后续的月球无人科研站和载人登月等任务，奠定更加坚实的技术基础。

在稳步实施探月工程过程中，中国航天展示出的实力引起国际广泛关注，增强了我国在深空探测领域的发言权。与此同时，我们在深空探测中的态度是开放的：嫦娥四号任务实现了广泛的国际合作，收到良好效果，推动实现全人类探索宇宙的共同梦想。

努力实现航天梦强国梦
推动人类和平利用太空

2020年注定是我国深空探测不平凡的一年。按预定计划，我国第一个火星探测器天问一号将于2020年7月发射。经7个月左右的飞行，天问一号将于2021年实现火星绕、落、巡。首次任务即实现三项目标，国际上还没有成功先例。嫦娥五号探测器也将于2020年下半年发射，实现月球无人采样返回，完成我国探月工程"绕、落、回"三步走的最后一步。

本世纪初，我国明确提出深空探测"三步走"战略规划。近20年来，我们按照预定规划，一步一个脚印、扎实推进，才有了现在五战五捷的巨大成果。根据目前最新论证，后续有望进一步开展以下工作：月球仍是最主要的目标，通过探月四期工程和载人登月工程，推动建立无人和有人相辅相成的月球基地，探索、开发和利用月球的宝贵资源；小行星和彗星探测，小行星采样返回；火星采样返回；木星和其卫星探测及行星际穿越。此外，小天体监视与防御、太阳系边际探测和地外生命探测等一系列任务也在深化论证，国际合作的大科学工程——月球科考站也在努力培育之中。

随着我国综合国力、科技水平不断提升，深空探测深度和广度将不断拓展，必将持续带动我国航天技术进步，促进科学认知重大创新。我们将牢记习近平总书记的嘱托："探索浩瀚宇宙，发展航天事业，建设航天强国，是我们不懈追求的航天梦。"继续努力拼搏，为实现航天梦和强国梦，为人类和平利用太空、推动构建人类命运共同体贡献更多中国智慧和中国力量。

（作者叶培建为航天科技集团五院研究员、中国科学院院士、"人民科学家"国家荣誉称号获得者；彭兢为中国航天科技集团五院嫦娥五号探测器副总设计师）

推荐读物：

1.《征程：人类探索宇宙的故事》：叶培建等著；科学出版社出版。

2.《太阳系无人探测历程》第一卷（黄金时代）：李飞等著；第二卷（停滞与复兴）：何秋鹏等著；中国宇航出版社出版。

3.《深空探测技术》：孙泽洲等著；人民邮电出版社出版。

忆三叔——一位关心家乡，对家人充满爱心的人

叶培建　《印象泰兴》第 65 期　2016 年 12 月 26 日

2016 年 12 月 8 日，我三叔叶荣淼与世长辞，他生前所在单位——河南省岩石矿场测试中心为他举行了简朴而庄重的追悼会，我和许多亲友都参加了。在仪式上听到了党委书记的悼词和堂妹春青的追忆，使我有一感悟，一定要写点什么来追忆我亲爱的三叔，用文字记载下他最朴素、最令人难忘的品行，使之留存、传播，告慰他老人家。

2015 年抗战 70 周年，我为《印象泰兴》写了一篇回忆我父亲抗战中办教育的文章，里面谈到当地有不少学生、青年都在他的教育与影响下走上了革命道路。这些人当中就有我母亲和我三叔，我三叔生于 1927 年，他们俩年岁相仿，当时都是泰兴县中学在丁家庄分校的学生，我母亲先入团，是我三叔的入团介绍人。三叔于 1945 年 5 月正式参加革命工作，参加革命后，先在县区任文教干事，1946 年国民党大举进攻解放区，我母亲和三叔一同北撤，三叔随后进入华中抗大学习。学习完成以后，任支前工作员，参与南下豫、皖、苏区委工作，在这个时期，历经战争考验，曾荣立二等功、三等功各一次。从 1948 年起，到河南上蔡县任团县委组织部部长、城关区区长等职，为肃清匪特、巩固新生政权、恢复生产、安定人民生活做了许多艰苦的工作。也就是在这个时期，认识了我的三婶肖荷。三婶出身于当地的一个名门，她父亲肖辅华是日本东京帝国大学学生，因参加爱国学运被捕后驱逐回

三叔——叶荣淼

国,做过民国时的省党部干事、县长等职,是1925年参加共产党的地下党(见大别山区党史《丰碑》),三婶和她大哥肖恕都在解放前就参加了革命。后三叔又从地方支持工业,于1954年到洛阳矿山机械厂工作,这个厂和洛阳拖拉机厂、洛阳轴承厂号称三大厂,都是我国第一个五年计划中的国家重点骨干企业,为新中国的建设立下了汗马功劳。他在这个厂先担任车间主任,后担任科长、厂办主任。而党的优秀干部榜样焦裕禄同志当时也是该厂车间主任之一,我三婶就和焦书记同一车间,所以后来孩子们也就常从他们那儿听到焦裕禄同志的一些"小事、凡事",而恰恰这些小事凡事反映了焦裕禄同志的人格、品德。后来他调至省地质局工作,任多个中层部门的领导,"文化大革命"中下放至河南南阳基层地质队,拨乱反正后回到省局,先后在省测绘队、科研所、测试中心任党组织负责人,直至1983年离休。回想他的一生,有许多事可圈、可点、可写,正如悼词中说:"为新中国的解放事业做出了重要贡献……为河南地质事业的发展贡献了自己毕生的力量……为测试中心的发展稳定做出了重要贡献……"但我下笔时,总想写出他的一个特殊之处——他是一个十分关心家乡,对家人、他人充满爱心的人。

人无完人,坦率地说我三叔脾气并不好,有时也发火训斥家人,但这是他性格所致,而他的内心,则是对家乡、对家人充满关心与爱心。

他很早就离开家乡泰兴外出,但他对家乡的事十分上心,每次和家乡人接触,他都细细了解家乡的情况,对家乡的每一点进展充满喜悦,也常常对听到、看到的一些现象忧心忡忡。在我的记忆中,他回家乡的次数比我父亲多些,而且有时还会争取多住两天。离休后,他曾带我三婶和两个孩子一起回老家住了较长的时间,利用这段时间走访亲友、了解农村改革后的变化和群众的生活,叙家常、谈往事、看未来,据他说这是他最愉快的几个月。他生活在城市里,他和三婶两人的工资要抚养五个孩子,并不宽裕。但几十年来,他为了让家里人生活能有一点改善,所以家里人来不断,不是爷爷来住一段时间,就是请哪位姑姑、哪个亲戚来住一段时间,为他们查体治病，并尽可能地把他们的生活搞得好一点，这在当时是很难的，尤其农村人来没有粮票、油票，就只能家里人每人省吃一点，才能度日。他对家里人如此，对同事也如此，我最小的堂妹爱勤在一篇博文中写道："……在计划经济时期，很多东西都是凭票供应，粮食也定量供应，一家人能吃饱就算不错了，我记得当时就是缺吃，饿的啥都想吃，我家附近的体育场，有沙土地上长的毛毛根，有一点点甜味，我和院里的小伙伴们都挖着吃，把它当作想吃的甘蔗吃了，就在那个物质匮乏的年代，老爸送白糖、送挂面给同事回老家过年，经常资助别人。"1971年春，我父亲在"文革"中受迫害致死，母亲于痛苦之中只身由南京去郑州，然后打算来北京告知我这个噩耗。然而由于身心俱损，在郑州病倒，危急中是我三叔及家人及时把她送到医院救治。那年我也有了一个孩子，当时母亲自己也身受冲击，家庭经济十分困难，还有外婆需她供养，三叔又伸出援手，在经济上资助母亲和外婆。有一段时间，又把我孩子接到郑州抚养，以减轻我工作和经济上的压力。1979年，我妹妹从部队回家，身体不好，也是三叔把她接到郑州休养，我妹妹不止一次跟我说："三叔对我们家是有恩的！"今年春天三叔病重住院时和这次追悼会，尽管妹妹在广东的业务非常繁忙，她都放下一切，来郑州探望并参加仪式。由于三叔的安排，我的堂妹爱平和爱华在我最困难的时候也先后来到北京帮我照看过孩子。三叔不仅在生活上对家人关心，他对家人的教育看得更重，我三婶的妹妹就是他们在上蔡县工作时，在他们的照看下上的中学。三婶姐姐有个女儿黄利，由于其母被打成右倾而失学，又是他们收留，从洛阳到郑州，上小学、上初中、读完高中后离开的。这次追悼会时，黄利和我说："姨夫就如我父亲，没有他就没有我的今天。"三婶大哥肖恕，所在部队医院驻防在辽东某地，教育不便，他的两个儿子肖岗山、肖岗岭都在郑州上过学，岗岭高中毕业考上鞍山钢铁学院才回辽宁。肖恕曾和我母亲说过："老叶对我们家是有功的。"我父亲兄弟四人，还有两个妹妹，我四叔就是随我父亲读书、后随三叔读书而在洛阳参加工作。二叔一人在乡务农，照看爷爷、奶奶，所以三叔对二叔及其后辈也就格外关心，多年来对他们经济上给予了很多帮助。二叔长子的儿子建林从泰兴到郑州上过学，二叔三子夫妇俩因病去世，留下孤儿建伟，又是三叔把这个侄孙带到郑州上初中、上中专，现在他们都已成家立业了。我在浙江大学上大二时，因学的是无线电技术专业，想自己装一台收音机，写信向三叔要了15元钱，有了这15元钱买零件，我自己装了一台三个电子管的收音机，长了不少知识和实践经验。我父亲还为我私自写信向三叔要钱批评了我，其实他们俩都对，一个为了我学习，一个为了我成人，只不过有不同侧重罢了。1979年，我在广州外语学院学习法语，准备出国留学，那时广州供应也不好，我们天天吃空心菜，少见鱼肉，三叔还特意寄了一大包香肠给我补补，这包香肠被我同样缺肉的同班同学一顿就吃了。三叔自己生活十分节俭，除抽点普通烟、喝点普通酒之外，没有任何高档消费，家中也无什么摆设，十分简单，他的第一台彩电还是我1985年从国外留学回来后在北京出国人员服务部买了带去郑州的，但他却对家乡的人总是伸以援手，在他们当中有人有困难时，尽力相助、以渡难关。说真心话，他能如此慷慨对待家人，和我三婶的温良、大度是密不可分的，三婶虽出身名门，但为人十分温顺、善良、大度，对每一个家人都疼爱有加。

对家人关心，对教育看得重、抓得紧，同样三叔对自己的孩子既十分关爱，也十分严格，总是传递正能量。我三叔三婶他们有五个子女，在这几个弟、妹成长的年代，由于时代的局限，都没有机会上过大学，老大向明、老二春青先当兵，后复员工作，其他三人下乡、进厂，没有哪一个人因父母的干预而找一个所谓的"好工作"，都是普通的工人、医务人员、单位职工，但他们由于家庭的教育和熏陶、潜移默化，虽无轰轰烈烈的大事业，但都是正正派派、清清白白、自食其力的人。而五个弟、妹的五个子女因有了更多、更好的机遇，加上自身努力，有四个上完了全日制大学、一个读完了大学函授，其中两个又上了研究生。

三叔虽已仙去，但家乡人，家里人都会永远怀念他，他从泰兴出来，希这篇文章能在乡土杂志《印象泰兴》上发表，以寄托我这个后辈的追忆！

我母亲的十年军旅生活（1946—1956）

叶培建　《印象泰兴》第75期　2017年10月

今年我母亲90周岁，国庆和中秋重叠，我与夫人便从北京回南京陪她老人家过了几天。她精神很好，思路敏捷，记忆清楚，对几十年前的往事记忆犹新，地名、人名都能基本说得出来，就是耳朵听力很差，交流虽然困难，但我们说了不少过去的事，主要是她穿军装十年的故事。我便产生了一个念头，要把这次谈的和过去零散谈及的事串起来，尽可能地还原出一个梗概，既是一个比较真实的故事，更是她的一个重要历程的记录，可以给我们及家人一个纪念。

我母亲周忠秀，1927年端午节后出生于泰兴城北李秀河村（现根思乡李秀河村），我外公是一个盲人，外婆娘家是新庄子（现根思村），一个地道的农村妇女，家中劳力缺乏日子艰难，但是外公外婆还是让我母亲从小进了学堂念书。抗战时期，母亲先读泰兴县中（丁家庄分校），后转泰兴师范，并于1943年加入青年团，局势艰难，没有读完，1944年肄业，从抗日识字班开始了她的革命工作，后担任小学教员并与我父亲相识、结婚。我父亲那时已参加革命工作，担任城区文教辅导和中心小学校长，我于1945年出生。抗战胜利后，她和父亲都在家乡继续从事党领导下的教育工作和与国民党顽固派斗争，父亲已担任泰兴县的教育督学并根据形势和县团一起活动。1946年6月，国民党开始进犯苏皖解放区，到十月时我母亲正参加苏中分区在如东举办的一个教师培训班，形势陡然紧张，培训班领导对参加培训的学员说，一部分立刻北撤至苏北、山东，一部分回原籍坚持斗争。我母亲那时想到我父亲仍在泰兴，我也才一岁，便报名回乡坚持斗争。谁知，在从如东回泰兴的路程中，越走形势越紧张，已无法回乡。而且在路上也遇到了从泰兴北撤的干部，同为县教育督学的倪镇山（解放后在武汉长江日报社工作）说叶蓬勃（我父亲）也北撤了。她们这个回乡的分队只好调头向北，继续北撤。那个年代，回乡坚持处在敌人的势力之中，也是十分残酷和困难的。泰兴人都知道姚王庄突围战，当时的县委书记叶梯青就在突围中牺牲，而县长张鹏举重伤被俘后坚贞不屈，英勇就义，泰兴城中还有为纪念他们而修建的纪念碑。北撤途中，母亲十分担忧，经常哭，思念父亲和我。路上也听说过我父亲的一点消息，但就没见到人。她至今还记得那时的分队领导人的名字和北撤途经的地方，经过曲塘、沭阳。过了沭阳后的一天，她听人说父亲确已北撤，且驻地离她的驻地不远，正好遇休整，她便请了两天假，一个人步行去找父亲，那时她才不到20岁，虽已到了苏北解放区，但兵荒马乱的，她作为地方干部又没有武器防身，还是很危险的。一个人走了小一天，终于找到了父亲，两人都为这样的形势下还能见面而高兴，也为今后形势的发展和还能不能再见面而担心，当然还挂念寄养在老家的我。他们的担心是很正常的，也是现实的。我先是留在泰兴海潮子父亲家中，外婆见到我小小年纪，身无完衣，十分伤心，哭闹着把我接回李秀河，条件虽差，但稍稍好点，她对我厚爱有加。而那阶段国共斗争也十分严峻，有一次国民党军进村，听人说我母亲是新四军，便找上门来，幸亏我们隔壁的邻居，一位王姓小青年，和我们家也是亲戚，当时他和国民党的自卫队有关系，便对来的人说："别听人胡说，这小孩母亲不是新四军，是个呆子，跟着别人跑外乡去了。"我这才躲过一难。后来这青年去了台湾地区，上世纪90年代中期回大陆时还到南京看望过母亲。母亲现在谈起北撤这段往事还十分感慨，她说：如果她在北撤时发生问题，我没了母亲，以后没人培养我，不知会是个什么样子？母亲还记得那天他们睡觉铺的是玉米秸秆和豆角秸秆。第二天，母亲又返回自己的驻地随队北撤。北撤至山东，先进入华中建设大学，结束短暂学习后，她考虑到她不适宜做医务、报务、财务工作，发挥当过教师的特长，到华野一纵教导团担任文化教员，这才脱下便服，穿上了军装！教导团的主要任务是培训基层干部，她们就是给这些能打仗，但识字不多的指挥员教文化。在整个解放战争中，她虽然不在战壕里拿枪打仗，但整个部队却是在严酷的战争形势中,她一样经受着考验。这时期她随着华野一纵参加了鲁南、莱芜、孟良崮等战役,并于1947年入党,到今年入党已70年了!1948年3月至5月,豫东战役前,一纵在濮阳整训,教导团也来了。巧的是,参加豫东战役时父亲所在纵队特务营的教导员刘水德的爱人是我母亲在教导团分队的指导员,教导员就约了我父亲一起去教导团驻地看望亲人,由于路不熟悉,30多里的路竟然走了小一天。那时有一天空闲去探望亲人是多么宝贵的机会,却白白浪费了许多时间在路上!这次整训,朱德总司令也来了,纵队文工团还演了《白毛女》。紧接着,豫东战役打响,父亲所在部队在考城、民权车站阻击战中打得很艰苦,尤其是常郭屯攻坚战中打得最艰苦,连、排干部大部分牺牲、负伤,战士伤亡过半。母亲现在谈起这次战斗还记忆深刻,这是她记忆中父亲在解放战争中最危险的一仗。随后,一纵参加了济南战役,济南战役是1948年的9月16日前后,正好是中秋节期间,济南是我军在解放战争中打下的第一个重兵把守、城防坚固的省会大城市。解放济南后,教导团的四个女同志有机会拍了一张照片(见附照)作为留念,这张照片引出了一个很有意思的故事。

照片上四人,前面右边的人是我母亲,左边的是陆奋阿姨,后左是周芳阿姨,后右是骆静美阿姨,她们四个当时有的是干事,有的是文化教员,解放后

周芳、陆奋、骆静美、周忠秀(自左向右)

实际上就失去了通畅的联系。2007年我担当总指挥、总设计师的我国第一个月球探测器——嫦娥一号成功发射并运行良好，继东方红一号卫星、神舟五号飞船之后，开创了我国航天的第三个里程碑。中央和地方新闻媒体有不少报道，也有的报道中提到了我的母亲周忠秀和她对我的培养教育。这一报道被离休在北京家中的陆奋阿姨正好看到了，她非常高兴，要查寻我母亲，她就问她在航天部门工作的儿媳妇姜萌："你认识叶培建吗？"天下有时很小，姜萌和我原来在一个研究所工作过，不但认识，还很熟悉。姜萌说："认识呀！"陆阿姨就把她和我母亲是老战友的事告知她。这样，很快陆阿姨就和我母亲联系上了，并从她那儿得知骆静美阿姨在济南，周芳阿姨在河北廊坊，四人都健在。不久后，骆阿姨到南京，见到了母亲，并带来了当年她们四人拍的照片！应该说，这故事还是很有戏剧性的，之后一段时间她们有过电话联系，想再聚一聚，但终因年纪都大了，没有聚成。由于陆阿姨在北京，我们之间常有联系，她除了腿脚行动有些不便外，精神也很好，说话、思路都很清晰！济南战役后，母亲随着部队又参加了淮海战役。

  1949年春，部队准备南下，打过长江去，正好一纵（此时已编为第20军）的渡江集结点离泰兴不远，母亲此时在军直工队，请假回老家看望几年未见的我，那时我才四岁，不认识她，也不要她抱，她还是很难受的。大军渡江前的四月初，为扫清正面敌人的桥头堡，父亲所在的军警卫营奉命参加了攻击江都新老洲的战斗，战斗打得很漂亮，我军无一伤亡，并俘敌一百多人。战斗结束后，父亲去看母亲，同在军直的母亲发现父亲的帽子上有子弹打的窟窿，而父亲一点不知，不禁感到后怕。渡江战役后，解放上海，不久抗美援朝，母亲到20军180团直属队担任指导员，父亲随部队入朝作战，母亲在国内留守处，短暂的相聚之后又是分离和残酷的战斗。她告诉我：在此期间，母亲和我们家乡著名的英雄杨根思遇见过，许多人只知杨根思是抗美援朝的"特级战斗英雄"，其实他在解放战争中就已立大功，是一级战斗英雄，部队1950年入朝前的9月份，他参加全国英模大会后经留守处,由于他的乡音(根思乡),母亲一下子就听出来了,还有过交谈,但谈什么已记不得了。没想到杨根思入朝鲜不久,于11月29日的一次战斗中,身为连长的他,抱起阵地上仅有的炸药包,拉燃了导火索,冲入密集的敌群,与敌同归于尽,后被授予"特级战斗英雄","根思乡"的命名也由此得来。1952年下半年,20军从朝鲜回国,我父母才得以再聚,并把我从农村接出,那时我已在李秀河的"毓秀小学"上完一年级,到南京的部队子弟小学继续读书。随着大规模的武装斗争逐渐结束,国内开始了轰轰烈烈的建设,部队也开始精简,大批的干部需要转业,女干部更是首当其冲,大批转业。经过一段时间的等待和安排,我母亲1956年从部队转业至徐州市卫生局纪委工作(因已决定转业,1955年我军授衔时就未授衔)。细算起来,从她1946年穿上军装到1956年脱下军装,在她一生的革命和工作生涯中,有整整十年是在军旅中度过的,2005年和2015年,她先后获得了抗战60周年和70周年纪念章(见附照)。这十年的军队磨砺,培养了她能吃苦、刚强和爽直的品德,支持她渡过了后来生活中的磨难与艰苦,也对子女们有着很大影响,我们有许多特点都是和她很相似的。

母亲——周忠秀

注：为了内容更准确些，尽量避免记忆差错，写本文时参考了《父亲1953年写的总结》《华东战役战争纪实》《陆军第20集团军军史》《泰兴县志》。

偶然、也是必然——向渡海先锋营的烈士们致敬

叶培建　2016年于文昌

去年年末,为今年嫦娥五号进驻海南文昌卫星发射场合练做准备,我乘飞船在该基地合练的时机来此看看,工作之余,去一个离基地才几公里的石头公园参观。该公园就是海滨的许多大巨石,面临大海、水天一色、浪击生花,颇为壮观。在临到海边的路旁,我忽见一墓园,并有一碑,碑下似有鲜花几株。心想,在此僻静之处,何来一墓,还有人敬献鲜花?

仔细一看,是一个明显经人维护的墓地,周围一圈半人高墓墙,墓地以低矮植物覆盖,一片绿地,并有一碑,上书:大字为"渡海先锋营烈士纪念碑",小字为"革命烈士永垂不朽",落款为"文昌市民政局和龙楼镇人民政府"(见照片)。我想,这应该是当地政府为解放海南岛时,由此登陆而牺牲的烈士们修建的墓地。出于对革命烈士的敬意,我向墓地深深鞠躬致敬。站在海边,眺望大陆方向,心中想到的是在解放海南岛时,先辈们如何乘坐木船渡过了这波涛汹涌的、宽阔的琼州海峡!海上有敌舰、天上有敌机、岸上有守军,这一仗该是何等艰难激烈。而没想到今天自己竟站在了当年先锋营登陆的地方。这对于我来说,此事是一个"偶然"的事情。但另一件也很偶然的事情,又让我对渡海先锋营有了更多的了解,并想做点什么。

今年九月初,应中国人民解放军第20集团军邀请,去河南开封军部讲讲中国的空间技术,尤其在现代战争中的作用。因我父母亲都是新四军的老战士,而20集团军是新四军一师发展而来,是他们战斗、工作、生活过多年的老部队,所以现在军里的同志们请我回去讲讲。在两天的交往中,他们也说到这些年来20军在大裁军和军区调整时的变迁和体制调整,当时并未太在意。临走,他们送了我前些年编写的上下两册20军军史。

前几天有空翻翻军史,厚厚两大本,竟赫然看到了"渡海先锋营"几个字,一下子就让我想起了去年我曾看到的"渡海先锋营烈士纪念碑"。这是一件事吗?仔细读了军史,把有关章节抄录如下:

(二)强渡琼州海峡

——为策应琼崖纵队坚持斗争,增强岛上力量,以便接应主力大规模登陆作战,继第四十军三五二团一营首次偷袭渡海成功之后,一二八师三八三团一营奉命担负再次偷袭渡海的任务。3月9日,全营完成了渡海作战的一切准备,开赴硇州岛启渡场,待机出发。10日,天气突变,阴云密布,风向、风力均对偷渡有利。当日13时,一营1000余人分乘大小船只21艘,从启渡口出发,按预定队形、方向航行。20时,突起大风,一排排山峰似的海浪直扑船头。各船之间失去联络,2只船被大浪打漏,6只船桅杆被风吹折。在此情况下,各船指挥员发扬孤胆作战的战斗作风,指挥战船奋力向预定方向前进。11日9时至24时,除3只船沉没外,其余先后在预定地区琼岛东北赤水港至铜鼓岭一带登陆，击败滩头守敌后登上海南岛。在前来接应的琼崖纵队独立团和当地群众的掩护下，突破敌1个团的封锁，于12日晨到达文昌地区。13日，第四十三军党委发去贺电：悉全营奋勇当先，排除万难，胜利登陆。捷报传来，全军上下倍受鼓舞。军还授予该营"渡海先锋营"称号，授予该营二连"渡海英雄连"称号。中共华南分局、广东军区及第十五兵团也联名发来贺电，并为全营指战员记大功一次。

继三八三团一营渡海成功后，四十三军第一二七师奉命派遣4个加强营由正面强行登陆，又获成功。18日，一二八师主力奉命由博贺港、东海岛进至徐闻以南集结，配合四十军大规模强行登陆。4月16日19时，师率三八二团、三八三团（欠一营）、三八四团1个营，于三塘港、海珠港一线与四十军主力并肩启渡，依次向预定登陆点前进。行进中，遭敌舰4次袭扰。担负护航任务的三八二团二营，在副政治教导员刘安元的指挥下，以2艘机帆船、3条木船，成扇形向敌展开。山炮、战防炮先敌开火，敌舰被打得措手不及，仓皇而逃。20分钟后，又有几艘敌舰向我主力船队攻击。护航队与敌舰展开了殊死搏斗，六连副政治指导员刘长存胸部中弹，仍带伤指挥战斗，直至牺牲。海战中，护航船只在仅剩2艘的情况下，仍顽强与敌舰战斗，保障了主力船队渡过琼州海峡。17日3时至8时，全师分别在玉抱港、才芳岭击破滩头之敌的阻击，胜利登陆。

一二八师主力渡海后，担负掩护和后勤保障任务的三八四团2个营，随兄弟部队于23日19时启渡，24日拂晓顺利登陆，与师主力取得了联系。

看到这个我激动起来，地点：海南岛东北赤水港至铜鼓岭；称号：渡海先锋营。没有错，这就是一回事，怎么会这么巧呀！

但是，我的担心又来了：43军128师383团，这个43军经几次撤编、恢复，20世纪80年代中期128师编入第20集团军，这才会在20军军史中出现128师383团渡海这一节。那么，树烈士纪念碑的文昌市、龙楼镇的同志们知道这支部队现在在什么地方吗？反之，现已从20军又改编成武警某部队的383团的后辈们还知道他们的前辈在文昌海边有个烈士墓吗？为了消除这个不应出现的可能，我应做点什么。我立即把这个情况告知了接待我的20军宣传处洪昂处长，并发去了烈士墓照片，请他一定告知原383团这个情况，他知道后表示非常感谢，也很感动，他认为只有我这样崇敬烈士的有心人才会敏感到这个联系，才会热心做这件事，他一定会把这个信息告知今天的383团，这又是"必然"。

我真希望有一天，经过信息的传递，现在383团的同志们能来这儿为他们的先辈祭奠，并有可能把墓园修缮得更好一点。文昌、龙楼的同志们也会有机会去看望一下他们精心呵护的烈士墓的原部队，使得革命精神代代相传。

怀念刘锡文叔叔——纪念黄桥决战80周年和刘叔叔诞辰100周年

叶培建 《印象泰兴》第93期 黄桥战役胜利80周年纪念刊《印象黄桥》 2020年11月

我很喜欢读有关历史的书，如能涉及我们家乡的人和事，尤其是家乡红色故事，就更感兴趣。这些年来，有机会看了多本《泰兴名人谱》《秀出东南》《大江南北》《新四军历史研究》《泰兴县志》及《印象泰兴》等。了解了许多家乡的名人故事，大涨了知识，其中有不少人和事，还是直接或间接我熟悉的，对家乡的情感更加深化。但很奇怪、也很疑惑的是没有见到我们泰兴走出的一位副军长的任何故事，哪怕一段记载。我们家和他家有多年的情谊和交往，就产生了在黄桥决战80周年和他诞辰100周年（2021年）之际写一篇文章怀念他，也好让后人知道他的一些事。于是我联系了他的子女，他们也没有较详细的材料供我参考，但是给了我两页很重要的信息，一是刘叔叔的几个时间节点，二是他参加过的主要战斗。依据这些我查阅了相关历史资料，加上我自己了解的一些情况，力图把刘叔叔的故事写得丰满些，但首先要保证真实性，至于发表，我还是希望在家乡的杂志上发表。

刘锡文叔叔1921年出生于江苏泰兴宁界的一个贫农家庭，这是一个与靖江县一河之隔的村子。我们老家的人自古以来重视教育，尽管家中贫穷，他还是上了5年小学，12岁时到靖江一家叫作"文吉堂"的笔店当学徒。1937年抗战爆发，上海和南京很快相继沦陷，各地抗日烽火四起。他于1938年1月参加了苏中的鲁苏皖边区游击指挥部第三纵队第八支队，第三纵队司令张公任，是一位爱国抗日将领，新四军的挚友，与陈毅、粟裕、惠浴宇等交往甚多，他的三纵队始终和新四军友好合作、互相支持、共同抗日，而八支队则是一支由共产党控制的抗日武装，支队长是由当时泰兴有名的"草鞋司令"、共产党员陈玉生担任。1938年2月21日，陈玉生率部队在范家石桥伏击日本鬼子黑田中佐率队的日、伪军二百余人，打响了苏北抗日第一枪，取得了重大胜利！在新四军1940年东进后，第八支队于7月份全体转入了新四军，他当时担任排长。在此前后他参加了著名的郭村保卫战和黄桥决战，这两场战斗由于电影《东进序曲》和《黄桥决战》的放映知名度相当高。这两场战斗在陈毅和粟裕的指挥下，新四军团结友军，孤立打击顽固派，在人民群众支持下取得了以少胜多的胜利，使新四军在苏北站稳了脚跟，建立了根据地，有了政治上、军事上的优势，奠定了华中长期抗战的基础。至今，80年弹指一挥间，黄桥这块热土始终保持着革命本色，发扬传统，在建设中取得一个又一个成就，成为一个美丽而富饶的城镇。

在党的教育下，刘叔叔的觉悟水平不断提高，于1941年10月加入了中国共产党，随后担任了副连长、连长。此后一段时间，他先后参加了反顽、反扫荡、攻占石港等多次战斗。1944年3月，同乡人杨根思参加新四军，也来到这支部队。这年年末，为发展东南、华南各省敌后抗战，粟裕同志率队南下，进入天目山地区，并成立苏浙军区。他先后作为新四军1师1旅2团（老2团）和旅司令部的作战参谋，也在南下队伍之中。在浙西孝丰（今浙江湖州市境内）地区和国民党军进行多次激战，取得了重大胜利。也就是在孝丰战斗中，入伍不久的杨根思作战勇猛，用手榴弹炸毁敌两挺重机枪，被评为团战斗模范。

国民党发动内战后，刘叔叔所在的部队回撤苏北。先后被编为山东野战军第1纵队第1旅，华东野战军第1纵队第1师，他先后出任1旅司令部侦察科副科长、1师第1团2营副营长、营长。1946到1947年间，带领部队参加了许多著名战斗：兖州、莱芜、孟良崮、费县、滕县、砀山等战斗。孟良崮战斗意义重大，先由部分部队插敌纵深，割裂其相互联系，1947年5月14日，他带领先锋连五连向尧山穿插，并占领尧山，后被敌夺回，这使得穿插部队处境危急，师、团领导都来了，他又带五连和四连分两个箭头展开反击，经殊死拼斗,尧山重归我军之手。5月15日,他们和兄弟部队一起攻占520、540高地,缴获战马多匹,被1师通令嘉奖。并扼守540高地,阻止敌军反扑。又乘胜夺取600高地。5月16日,总攻开始,陈毅司令员统一指挥,下了死命令:总攻时所有部队一致行动,打上去的保持番号,打不上去的,取消部队番号!攻击时,师团领导都手持冲锋枪一起冲锋。1师1团是主攻团之一,最后多支部队攻上610高地(孟良崮),全歼国民党军"王牌中的王牌"整编74师,击毙师长张灵甫。陈毅司令员为此赋诗一首:

> 孟良崮上鬼神号,七十四师无地逃。信号飞飞星乱眼,照明处处火如潮。
> 刀丛扑去争山顶,血雨飘来湿战袍。喜见贼师精锐尽,我军个个是英豪。

1948年部队在濮阳完成新式整军之后,开始了豫东战役,取得了很多胜利。但有一仗打得十分艰苦,那就是常郭屯之战。常郭屯村子不大,敌驻军众多,防备严密,工事坚固,他所在的1师1团等部队从几个方向突击,激战竟夜,急切难下。而当时由于整个战场的情况暂时形成了敌我相持状态,常郭屯之战举足轻重,关系战役全局。在这紧要时刻,一纵已无机动部队可用,叶飞司令员把纵队特务营也调上了前线,而我父亲此时正在特务营,所以刘叔叔和爸爸这两位泰兴同乡在这个小小村庄的战场上同时在战斗,最终在6月30日晨,结束战斗,俘敌1500余人,敌整编75师中最能战守的一个团被消灭,为围歼区寿年兵团全军创造了极为有利的局面。区寿年兵团刚被歼灭,黄百韬兵团又杀了过来,为迎头痛击黄兵团,紧接着的王老集战斗也十分凶险,激战中敌军坦克疯狂肆威,轰轰隆隆地迎向我军阵地,刘叔叔作为营长,指挥部队切断敌军步兵与坦克的联系,集中火力歼灭敌军后续部队,而同时教导员刘时雪则带着一部分人拉过高粱秸秆围住敌军坦克焚烧,在火烧坦克的攻势下,敌军退却溜走了。此战刘时雪大腿负重伤。后来刘时雪叔叔和我父亲在一个单位工作，任单位党委书记，我见过他受伤后留下的伤疤。随后刘叔叔又参加了淮海战役中歼敌63军的窑湾战斗，痛打新五军的夏庄战斗。1949年年初他所在的师、团编为3野20军58师172团，他很为自己是"老172团人"而自豪！大军渡江后参加浦东战斗，这时刘叔叔已是团副参谋长，一举攻克浦东三林塘和百曲车站，有力地配合了友邻部队向高桥、川沙的攻击。胜利解放上海后，奉命警备上海，7月6日部队以58师为先导，在上海举行了全市各界组织的纪念"七七"事变，庆祝上海解放游行。此后，部队投入解放沿海岛屿的战前训练和准备解放台湾地区的练兵。

  1950年夏朝鲜战争爆发，美帝国主义越过三八线打到了我们家门口，为了保卫祖国，无数志愿军儿女开赴战场，保家卫国。刘叔叔所在部队20军58师172团，随9兵团于11月7日入朝，58师由吉林集安步行过江，172团紧随师首长作为首批人员过江。11月15日，整个20军进入狼林山脉长津湖地区，这是朝鲜北部最为苦寒的山区，部队又匆匆入朝，尽管装备不足，饥饿与寒冷严重削弱了部队的作战能力，9兵团决心在此痛打美军王牌陆战1师。为按时发起战斗，必须有一支部队越过东白山到达指定地点，山上本无路，大雪又封山，无法翻越！绕道要走70公里，时间紧张，"如到达不了，纪律制裁，要杀头的！"（师长黄朝天语）。首长最后决定由时任172团参谋长的刘叔叔带2营去。172团2营是20军廖政国军长任团长时的"跑不死的老2团"的1营，"由刘锡文这'鬼'带着再去'跑不死'，一定可以完成任务"（师长黄朝天语），可见这个"鬼"字包含了多少信任和重托。部队经过动员，士气旺盛，一口气走了近50公里，后由于彭德怀司令员决定战役晚一天发起，部队才稍加休整。11月27日夜12时，二次战役东线打响，172团按计划边打边进，28日攻占了长津湖以南下碣隅里外围的制高点1071高地，截断了美军退路，这等于在敌人的咽喉插了把刺刀，拼死的争夺战空前激烈。172团3连连长杨根思在守卫高地的最后关头浑身是胆，为了祖国，为了朝鲜人民，抱起一包10斤重的炸药包冲向敌阵，与爬上来的美军士兵同归于尽，战后他被追记特等功并追授"特级英雄"称号，172团三连也被命名为"杨根思连"。杨根思从参军起就在这个团，而刘叔叔也一直是这个团的人，是老乡，且是杨根思的领导！战斗进行到30日，我军依托东山（不是指一座山，是东面的几个山头）进攻下碣隅里。他指挥东山部队进行突击，在部队有较大伤亡后，他将剩下的62个人组成两个突击排，继续攻击，其中一个突击排打到最后仅剩7个人，1950年12月24日《人民日报》曾为此刊登《七勇士歼美军一连》的报道。长津湖之战，有一部纪录片《冰血长津湖》，描述得十分真实，气壮山河，催人泪下！美军王牌陆战1师建军以来第一次吃了大败仗，遭受歼灭性打击。20军在二次战役中伤亡也很大，尤其是冻伤，经过休整，于1951年4月起参加第五次战役，向南推进，此时刘叔叔已是172团副团长。他于5月17日率前卫2营刚渡过昭阳江，后续部队过江时，团政委李树人不幸被炮弹片击中而牺牲，他和全团同志义愤填膺，誓为政委报仇。五次战役把敌人打得退守汉城及北汉江和昭阳江南岸，取得辉煌胜利。役后，部队开始北移，北移中又进行了华川阻击战。在这个过程中，58师路遇一兄弟部队医院的一些伤员要后撤，且有不少重伤员，而人手又不够，时间紧迫，危机四伏。正好他带部队经过，他很好地完成了首长交给他帮助转运伤员的"特殊任务"，不顾部队连续行军的苦和累及可能遇到的伤亡，发扬了高度的全局观念，得到了上级和友军一致的赞扬。后来，他和172团的指战员们又经历了多次战斗，取得了一次又一次胜利，直至1952年9月整个20军回国改装，回到了生长他们的华东大地上，那时他已是军特务团团长，后任172团团长。

从朝鲜回国后，刘叔叔主要经历除在南京军区司令部和军区步校工作了近10年外，其余时间都是在自己的老部队工作。先后任过陆军第20军副参谋长、58师师长、军参谋长和副军长，期间还兼任过杭州警备区司令员，直至1981年离休。

这段时间，先后在浙江宁波地区、南京、江苏宜兴、杭州、浙江湖州等地驻防，执行海防作战任务；为全面加强部队建设、大练兵、部队正规化呕心沥血，率部队支援地方社会主义建设。特别是1967年至1970年这段时间内，58师执行杭州警备任务，他是师长兼任司令员，在兄弟部队和驻地群众的积极支持下，确保了警卫目标的安全。部队在分散执勤的情况下，深入开展学雷锋，学"南京路上好八连"的活动，发扬了艰苦朴素，深居闹市一尘不染的优良传统，为人民群众化解了许多矛盾，做了大量的好事，多次受到上级的表扬和群众的好评。这一点我体会很深，在他任司令员时我去司令部看他，那时我是浙江大学的学生，对当时的浙江、杭州情况也是了解一些的。他和我谈的很多，从交谈中我感觉到，在当时复杂的形势下，要处理好各种问题是非常不易的，这个司令不好当。

1975年5月，20军换防至河南，为顺利换防和交接，他作为军参谋长做了大量艰苦细微的工作。入豫才20多天，立即投入豫中南抗洪救险，为保卫人民的生命财产安全做出了贡献。1979年年初对越自卫还击作战时，他是20军副军长，他的老部队58师直接入越作战，建立了功勋。在这场战争中，刘叔叔的两个儿子刘剑飞和刘建翚都上了前线，当时有很多领导干部的子弟都传承了父辈的光荣传统，为保卫国家走上了战场，但是两个儿子全上战场的似乎不多。春节期间，战事激烈，孔阿姨非常担心，吃不下一口饭，就想让刘叔叔打听一下儿子的情况，但他说："不用打听，既然上了战场就要做好牺牲的准备。"1979年春节，他们全家是在焦急、挂念和期盼（胜利和孩子平安）的气氛中度过的。

刘叔叔在战争年代出生入死，战功累累，先后荣获各种嘉奖和不同等级功劳多次，并荣获三级独立自由勋章、三级解放勋章、三级朝鲜国旗勋章各一枚；1988年荣获独立功勋荣誉章。1960年晋升上校军衔，据我了解，这在我们泰兴地区抗日战争时期参加革命的人中授到上校，后又任职至副军长是不多的，可见他成长、进步之快！

我们两家交往甚多，关系密切。父亲和他虽在同一个军，但一直不在一个师，所以工作交集不多。但是他夫人孔坚阿姨是泰兴孔家桥人，离我外婆村子李秀河很近，她的姨妈又嫁在李秀河，所以我母亲和她年轻时就很熟悉，参军后又在同一部队，一直是好朋友，两家有较多往来，这种关系伴随了她们一生。有几件事，我的印象还是很深刻的。

1976年，唐山大地震时，我三婶正在北京，随后带着我儿子（5岁）从北京回到郑州，我母亲从南京去郑州接她孙子回南京，途经开封，带着孙子到他们家住了一段时间。这次聚会时间较长，她们有很多话说。我每次回南京，总听母亲说她啥时刚和孔阿姨通过电话，互相关心问候。

1996年，刘叔叔因病在北京301医院（解放军总医院）手术治疗，在此期间，我去医院看望刘叔叔，孔阿姨也在，当时我已担任某重要卫星的总设计师，他们俩知道后很高兴。据她大女儿刘华回忆，从北京回到杭州家中休养，我母亲特地从南京赶到杭州探望他们。我母亲与孔阿姨促膝长谈，聊她们小时候的趣闻，聊她们都认识的亲戚朋友和战友的故事……以此来宽慰孔阿姨。那时候他们家里没有保姆，有时我母亲还亲自下厨做饭炒菜，帮助孔阿姨分担家务。她们俩在家中都是独女，彼此将对方视作姐妹，基本上是无话不谈。这种姐妹情、战友情，是我们这代人难以体会到的！这种友情也传承下来，我们兄妹与他们家刘华三姐弟都保持着较密切的联系，常有信息往来。我前几年去开封20集团军军部作报告时，他们大儿子刘剑飞（原20军通信团干部，后转业在开封）花两天时间全程陪着我。还有一件事，有点传奇：一次我在杭州出差，去我上小学的地方看看，忆忆旧。那校址当时已变为杭州师范大学音乐学院的地方，我进去后，想找学院负责人要点历史资料，了解一下这个学校的地方是如何由小学到中学，到学院的。工作人员说他们书记在，我就进了她的办公室，是一个精干的女同志。我向她介绍了我的来意，从北京来，干航天的，并未说出姓名。她听了几句就问我，你是周阿姨家（我母亲姓周）的大儿子吧？我很惊讶，她怎么会知道我的？几经交谈这才知道这位书记就是刘叔叔小儿子刘建翚的媳妇吕静同志。天下有多小、情分多大呀！后来经吕静邀请，我去浙江人文大讲堂作了一场题为《仰望星空、探索未来、服务人类》的报告。据吕静说，这场报告引起很大反响，被列为浙江省领导干部学习内容，一直保留在浙江省领导干部网络学院，据说已成为热门课程。现在母亲虽然年事已高，脑子有时也不好用，但仍然记得孔阿姨是她的好朋友！

谨以此文告慰刘叔叔、孔阿姨在天之灵！

我与《印象泰兴》

叶培建　《印象泰兴》第 100 期　2019 年 11 月

《印象泰兴》要出第 100 期了！我与《印象泰兴》的交往，先是起源于与人的交往，2014 年 8 月，在北京举行的一次泰兴人才招聘和交流会上，我认识了刊物的主编孙连慧同志，初次见面感到她是一位很热情、很开朗也很善于表达的人，后来就开始收到她寄来的每期《印象泰兴》，一直坚持，至今也有几十期了。

我的感觉《印象泰兴》是一份地方"名片"性刊物，它刊载的内容比较广泛，为了生存，也有不少企业宣传和广告，纸张和印刷都很考究。我最感兴趣的部分首推它登载的有关泰兴地理、历史、典故、风土、人物、方言类的文章，我从中汲取了不少知识和学问，也补了不少课，安抚了深深的乡情。我由于 8 岁就离开泰兴，人小记事少；那时人的活动范围也很局限，所知更不多；长大后虽回过几次泰兴，但由于时间短，了解也就很肤浅，但通过几年阅读《印象泰兴》的文章，我知道了更多、更细、更乡土的人与事。其中有几个方面是最值得提的：我知道我们家乡出过不少乡贤名士，但细节甚少，读了刊物后，才更多地认识了丁文江先生、朱东润先生、沈安娜同志、吴贻芳女士、朱履先中将等，深为家乡人杰地灵而自豪；我父亲是新四军东进黄桥后才参加革命的，只知陈毅元帅在黄桥指挥，但从刊物中才知陈毅元帅还曾在宣家堡高等小学开过抗日座谈会，赠送书籍，而我父亲则是在宣家堡高等小学毕业的；由于电影《东进序曲》的影响，知道电影中有个正面人物的原型与张公任有关，读了刊物才知张公任这位抗日将领，共产党的真诚朋友就曾驻扎在宣家堡；年幼时曾模模糊糊记得县里有一个大庙，梦里还梦见过，也是从刊物中才知那就是"庆云禅寺"；刊物中还介绍、提及家乡的名胜、饮食、方言，都令我感到亲切！讲到吃，多篇文章都提到了"泰兴咖啡"——

糁子粥,这确实是泰兴人的饮食第一需求,只要幼时在泰兴生活过五年以上的人,无论富与穷,没有人能忘掉这一口,我也不例外。我知道,也吃过宣堡馄饨,但也是从文中才知它还是一个地方名牌。既是名牌,也建议把它做得更好,扩大知名度,是否在宣堡镇应有一家条件较好的品牌店呢?说到"方言",我还和孙连慧同志讨论过,为何全国这么大,怎么只有泰兴地区才保留了"什么杲昃"这样古雅的用词?黄桥是个名镇,故事多多,从耳闻,到阅读刊物的介绍逐渐丰富、详细,直到今年银杏节期间去了一次黄桥,亲眼看到东进纪念馆、朱中将府、丁文江故居和裕泰和茶庄,那些在刊物上了解的"印象"就变成了活生生的感受。刊物中另一令我感兴趣的方面则是当代人物与事迹的介绍,有专访、有专栏、有照片、有自述等等,跃然纸上。从中了解到家乡的人民,无论是基层干部、学校老师、企业家和职工,尤其其是"泰兴工匠"们,他们如何在新时代通过艰苦奋斗、创新发展,把一个我小时候记忆中贫穷的苏北农业县建设成了"教育之乡""建筑之乡""小提琴之乡""国家医药基地"等,跃升为全国经济百强县前30名,令人激动与鼓舞!看到了家乡人民的幸福生活,哪怕是房地产中的"广告"也"透露"了居住条件的极大改善!还从刊物中看到了许多走出家乡的乡贤和学子的动人故事,在乡学生的刻苦攻读;还有不少涉及哲理、思考、乡风、家风类的文章,短小精悍,令人深思和回味!它使我得以对泰兴的历史沉淀和泰兴人精神的传承有了更深刻的体会。

几年来,孙连慧同志对我有过多次采访,很多的电话和信息交流,对我所从事的中国空间事业的每一个重大进展都十分关注!围绕着我这个"人"和相关的"事"在刊物中有过不少的或长或短的报道。其中最代表性的应是在2014—2015跨年刊上发表的《与"星空巨人"叶培建面对面》。这篇文章一开头就写了科学家的乡愁,接着介绍了我所讲的"航天"和"奔月"的故事,还涉及了作为全国政协委员的我是如何关心百姓民生,以"江水三千里,家书十五行,行行无别语,只道早还乡"为结尾,我觉得这篇文章还是比较真实地写了"我",有故事、有情感,更有乡情。当然,刊物对一些重要事件,如国际组织将编号为456677的小行星命名为"叶培建星",习主席签署命令授予我"人民科学家"国家荣誉称号,获"最美奋斗者"都有报道,充分感受到刊物和它代表的"家乡"对我的关心与特殊眷顾,从内心感激。

我自己也喜欢写点东西,也有些文章、"打油诗"在《人民日报》《光明日报》等报纸、刊物发表过,我的家族上一辈人有好几位在抗日战争时期从泰兴走出来参加了革命,我就想写点什么纪念他们,写了后就要发表,在哪儿发表呢?在大刊物上发,固然发行量大、读者多,但未必读者对作者的用意能真正了解,对被描写的对象也不会太关注!我想在《印象泰兴》上发表很好,虽发行量小、发行面局限,但是在家乡!由于文中所写人物、景象、历史故事都与"泰兴"相联,引起的关注和反响也会大。这几年来,我先后写了《外婆·李秀河》:用最朴素的文字写了一位虽不识字,但却吃苦耐劳、深明大义、顾大局、恩泽三代的农村妇女;《父亲抗战中的教育生涯》:较详细地描述了一位农村乡师毕业生,如何在抗日烽火中,走出迷惘,办好抗日教育、培养抗日青年、入党、参加革命的过程;《忆三叔》:深切怀念一位积极投身革命,既为国家利益奋斗,又尽力照顾关照家族成员、与焦裕禄同志长期共过事的可敬长辈;《我母亲的十年军旅生活》:赞扬一位忍痛将一岁的儿子(就是我)留在泰兴农村,毅然随军南征北战的女性。这些文章发表后,正如所料,有很好的效果。不少我们家庭的亲属、父母辈的相识者或他们的后代、同乡者乃至原部队的同志都联系我,说出了他们的怀念和敬意。我的一位小学同学,也是一位新四军子女,她曾在扬州地区生活过,说看了有关文章后感到十分亲切,说仿佛又回到了苏北、又看到了"金刚脐"!一位已退休在长春的医生,泰兴人,也姓叶,他父亲曾参加过黄桥战斗,离休前是四平军分区司令员,专门打电话给我,说了很多泰兴的事,还特别强调他爸爸和我爸爸长得还很像!

如可能,明年我打算再写一篇文章纪念、回忆前两年仙去的我的一位本家舅舅——周震,他是一位曾在李秀河地区当过武工队队长,经历过姚王庄突围战、参加过抗美援朝、在祖国转战南北的铁道兵!

我这个人家乡情结很重,在路上遇到讲着泰兴话的不相识人也会主动聊几句,为此,我曾在西昌卫星基地和去基地送空调的泰兴空调企业的人交谈过;在山西岢岚卫星基地执行任务时,专门去在那儿参加建设的泰兴施工队看望他们,在简陋的工棚里聊得很欢。更向刊物介绍过和我们航天相关的年轻人物,如原北京指控中心徐红兵同志,他现在自主择业,从北京回泰兴搞有机肥料。尤其是在嫦娥一号中和我们合作的常进同志,他很有进取心、聪明能干,对他有不少赞扬和推荐,为此,刊物对他也有较多的报道和宣传,常进同志现已当选中科院数理学部院士,担任紫金山天文台台长,在科学研究,尤其是暗物质探索方面有显著成果。我想刊物后续肯定还会对他的成果和工作有所跟进,我也希刊物继续并扩大对家乡后起之秀的关注和报道。

与《印象泰兴》交往增多,发现他们都是很敬业、很负责的人,总是千方百计地想把刊物办得更好!与孙主编及编辑部同志的友谊也逐日加深,成了朋友,他们也不把我当外人,我也把他们看成是家乡人。小孙她们还多次去南京看望我90多岁的老母,老母对她印象很深也很好!有一年我一位堂兄过世,还委托编辑部送去一个花圈表示悼念。每当想起这些,心里总感到暖暖的。当然,我也尽力为刊物的发展做一点力所能及的帮助,主动与主管领导、部门沟通,使她们能得到更多一点理解和支持。

今年的银杏节,我们泰兴的一个重大地方"节日",我第一次回乡参加了有关活动。"银杏"是我熟悉的,从小就看着家乡的大银杏树,夏天在树下乘凉,秋天收获满满!我们村不远就有一个村子叫"银杏树",现在宣堡镇还有古银杏公园,这是一张家乡亮丽的名片!这次活动规模很大,嘉宾众多,成果斐然;特别是许多"高层次人才协会"的乡贤从各地回来,为家乡的建设出谋划策;也见到许多客商纷纷前来投资,十分红火;中央多家媒体也给予了极大关注,做了充分报道;活动期间,孙主编和编辑部同志、她家人专程来探望我,由于我安排很多,见面时间虽短,但却约定了一件事:今年《印象泰兴》要出100期了,希望和我约一篇稿子,我愉快地答应了,我也为如何办好这个第100期中肯地提了自己的意见。尽管年底事很多,我还是要写好这篇文章,因为我觉得这是一件很有意义的事,第100期一定会有不少好文,文章会有情有感,刊物一定会有保存价值!

  祝《印象泰兴》越办越好!

湖州·20军·60师·178团

叶培建　《太湖风云》第49期　2018年10月

原中国人民解放军陆军20军驻扎湖州地区有很长一段历史，作为这个部队的子弟，我也在湖州地区学习、生活多年，所以当"湖州市新四军历史研究会"沈岸会长约我为他们会刊《太湖风云》写一篇文章时，我欣然答应，觉得应该写，也有点故事可写。

陆军第20军（后称20集团军）是一支具有光荣历史的部队，他诞生于土地革命时期的闽东地区。他经受了中国革命各个历史时期的锤炼，走过了从游击活动转变为正规作战，从游击兵团成长为主力兵团，逐步建设成现代化军团的发展历程，是一支光荣的人民子弟兵。

在经过土地革命战争和抗日战争的艰苦奋斗和发展之后，1945年11月由苏中、苏浙、浙东等地的我党武装组建成新四军第一纵队，该纵队于1947年1月整编为华东野战军第一纵队，历经解放战争中华东地区的各主要战役和战斗，取得辉煌胜利，大军渡江前夕，于1949年2月正式编成中国人民解放军第20军，然后胜利渡江，解放上海，准备攻台，成为我军的一把利剑，称"百旅之杰"。1950年11月，全军入朝参加抗美援朝，历经二、五次战役和元山地区守备战，为打败不可一世的美帝国主义立下赫赫战功，创下许多泣鬼神、惊天地的战斗事迹。1952年10月，20军全军回国，回到了他们当初出发的地方——华东地区。在后一段时间，他们一方面完成各项战备任务，同时选地建营房。20军所属60师营房于1958年上半年在湖州三天门地区建成，部队入住。白雀的军部大院于1959年12月完成，入住。至此，20军首脑机关和一个师较为稳定地在湖州地区驻扎，直至1975年和第1军对调，移防河南开封。如今许多湖州人，包括我接触到的一些干部都不知、或知之甚少这段历史，是有点遗憾的，这也是为什么我愿意写这篇文章的一条原因。

我父亲于50年代初在60师178团任政治处主任，部队从1957年年初就开赴三天门地区建营房，所以1957年暑假（我那年由杭州西湖小学毕业，并考上杭州四中）回到湖州，是第一次来到湖州，记得住在离三天门汽车站南边2~3公里远的一个村子中，战士们分住在老乡家中，但用竹子和稻草搭了座较大的棚子，团长毛张苗叔叔、政委叶伯善伯伯和我爸爸住在棚子的一头，另外三分之二的空间放着一张大桌子和一些凳子作为会议室，我就在爸爸的床边上用板子架了一张简易床。机关食堂和伙房设在村另一头的一个大些的带院子的房子里。这个暑假，我在那儿度过，骑过水牛、爬过附近的小山（翻过山去就到了部队建营房的工地）、也和参加过一江山岛战斗的战士们一起玩耍，印象很深的是曾到战斗英雄王必和的排里去"看英雄"！从这一年算起，到1963年春节在白雀度过，我前后在湖州有6年的历史。

1958年寒假从杭州回湖州，就住到了黄芝山的178团营房，这是该团在历史上第一次有了自己的正规营地。这个团，与浙江的渊源很深，1942年7月，我党创建浙东抗日根据地，主力部队是浙东纵队，他们由原浙东、上海浦东、苏浙军区大部分组成，成员大都是这一地区的人，如团长毛张苗是奉化人，政委叶伯善是余姚人，浙东纵队在1945年11月编为新四军一纵三旅，178团的前身是三旅七团，于1949年2月编为20军60师178团。这个团战功显著，最著名的是解放后于1955年1月进行的一江山岛战斗，这是我军历史上第一次陆、海、空三军联合作战（是否是唯一一次？我没考证），战斗十分激烈，伤亡也很大。这一仗后，大陈岛国民党军席卷岛民1万多人撤去台湾地区，浙江沿海获得安宁。而这一仗的主攻部队就是60师178团和180团，毛张苗，这个抗美援朝中的一级战斗英雄当时是178团副团长，他担任了主攻部队的前线指挥，所以这支部队中有不少二代取名与这次战斗有关，毛张苗长子毛一江，次子毛战海，平涛之子平一江，方明之子方一江，孙源子女孙一江等等。浙江人民没有忘记一江山岛战役中牺牲的454名烈士,这是和平年代的一次战斗呀!在椒江市建了"解放一江山岛烈士陵园",庄重、肃穆!人民对陵园进行了很好的维护,成为革命传统教育的基地。有一次"两会"期间,我在人民大会堂遇到一江山岛战役时任前线司令员的张爱萍将军之子张翔中将,他告诉我,他刚刚去过椒江,看到了当地对陵园维护得那么好,感到莫大欣慰!

黄芝山驻地由一条土公路分成两边,一边是团部大楼和部队驻地,一边是干部宿舍和食堂,宿舍是一排排平房,团领导住房是一家一套,三间房、一个披间厨房和厕所。那时部队的交通装备很差,团里除两辆吉普外,几乎没有汽车,运输和进城买东西靠的是马车。所以,部队家属们也就买不到日常用品和蔬菜,基本吃食堂,去湖州买一次东西要走4~5公里到三天门汽车站,再乘路过的长途汽车(南京—湖州—杭州公路)才能到湖州,十分不便和辛苦。有一年暑假,毛叔叔的爱人,时在浙江团省委的刘肖竹阿姨被安排在黄芝山劳动锻炼,我有时就帮毛叔叔送点东西过去。刘阿姨出身名门大家,浙大高才生,人漂亮、能干,仰慕英雄而与毛叔叔结成伉俪,我还在她杭州西浣纱路的家里(也是平房)住过。一个英雄、一个美女,可惜在那个年代都过早地离开了我们,留下许多唏嘘和遗憾!

叶伯善政委老母当时住在杭州,她老人家有多个子女参加革命且有牺牲者,被当地政府送匾"革命人家"。我考杭州四中时,怕考不上住校生(床位紧张),考的走读生,就住在叶伯伯家,她一家人都对我很好,后来他到20军任干部处处长,又转业至北京工作,在中国远洋运输总公司任政治部主任,我们一直有来往,在我最困难的时候也是他给我提供了帮助,我永远不忘。上海市新四军历史研究会办的《大江南北》,都是叶伯伯给我看的。不幸的是他于2016年去世。去年,北京新四军历史研究会浙东分会还举行了很庄重的"叶伯善同志诞辰100周年"纪念会,会上我也作了追思发言。如今,其老伴方志敏阿姨虽已年高,离休在京,但仍身体健康、精神很好,说话底气十足。

因湖州有了稳定住地，我1958年夏就转到湖州一中读书，"大跃进"年代，直接读初三，后又保送至湖州中学，于1962年考入浙江大学。而我父亲于1960年调20军任宣传处副处长，我们家也就由黄芝山搬到了白雀军部。回想起在178团度过的这几年，留下较深印象的有杨纲达副团长，他后来担任军炮团团长，上世纪60年代末去过越南抗美战场，又调任二炮某基地参谋长，如今他有一外孙女在我的推荐下，在我们航天系统工作。还有梁奕行政委、方明副政委、朱波副团长、张天申副主任、黄银贵和顾林根副参谋长等叔叔们，不知他们是否健在？后人可安好？

我上高中的后两年和大一时寒、暑假都是回白雀，有时周末也回去。那时白雀没有公共汽车，军部改了一辆大卡车，加个棚，加两排凳，算是进城班车，城里停车位置是黄沙路（后称红旗路）。一辆车或因人多，或因脱班还常常坐不上，那就只能走回去。由南门湖中出发，向北出北门，沿着一条大河，河边有石板路，一路风景倒也不错，一直走回到白雀。

军部大院比师、团驻地都大多了，且相对设施完整。除直属部队营房外，还有大礼堂、邮局、澡堂、军人服务社等服务点，更多的干部宿舍和食堂，还开设了"前锋小学"和幼儿园。那几年，一方面由于经济困难，另一方面也是部队传统，各户人家都在山坡上开了地，种植一些花生、红薯、土豆以补贴生活。我爷爷有次来看爸爸时，开了一些地，种有花生和红薯。就是军长余光茂伯伯也不例外，他亲自开地、种地、担粪、挑水。那时，军部大操场放电影是大家最开心的时刻，大人孩子早早就放了小凳，但我印象深刻的是，军首长们绝不允许机关为他们和家属"占据有利位置"！也还记得军民联欢、春节慰问时，湖州湖剧团来演过"越王勾践"、浙江越剧团来演过"金沙江畔"，还看过20军文工团、南京军区文工团的"柳堡的故事""红珊瑚"原版剧，后来很出名的陶玉玲、廖有良等演员都从这些团体走出。

那时，不少20军各级干部的夫人都在湖州地方工作，如余军长夫人季玲阿姨就是嘉兴师范党委副书记，后任嘉兴专署文教办副主任。20军不少孩子就读于湖州一中、二中和湖州中学,这些人当中有多人后来成为各行各业的骨干和精英,也走出多名少将、中将、工程院和科学院院士,他们没给他们的前辈丢脸。

1964年年初,父亲又调任60师,那时60师已换防到浙江金华,所以从1964年夏的暑假,我就不回湖州了。但与湖州的缘分仍在,我有个本家舅舅周震,铁道兵干部,他们部队有一阵也住湖州,所以我舅母沈品兰也就调到湖州,从1963年到1970年这几年,她一直在嘉兴地委(当时嘉兴地委驻湖州)纪检部门工作,我因去看望他们和几个表妹,也常去湖州,他们两人也都是新四军老同志,舅母于前几年,舅舅于去年在上海仙去。

自1968年春去湖州看望舅母一家之后,就一直未去了,直到上世纪90年代初,由于同学聚会,又多次回湖州,看到了湖州的发展和变化。前几年,有一次还利用回湖州之机,专门去原20军大院看看,仅剩大礼堂还在,其他都变了,原来住过的房子也没有了,但湖州中学却搬了过来,成了邻居。又去三天门原178团驻地探访,那里驻扎的已是某武警支队,地理地势还在,可以辨认,建筑全部旧貌换新颜了。交通更不用说,从城里出发,10分钟左右就到,这两处似乎就是在湖州城里,一点"远"的感觉也没有。

那么我和沈岸又是如何结识并成为兄弟和好友的呢?一开始,他作为湖州广播电视总台的副台长,从工作需要对我采访,从交谈中得知:他岳父钱吉叔叔是50年代初178团副参谋长(后去西藏军区),和我父亲是同团战友,这样两人之间立刻就有共同话题、共同语言、共同的回忆。有时,我还把其他渠道得到的关于钱吉叔叔的资料立刻转告给他,自然也就关系更加密切。从多年的接触中,我觉得沈岸同志是个工作非常认真的人,十分敬业。举一例来说,2008年5月,我应杭州市委领导同志的邀请到杭州给青少年做励志报告,他得知消息后,不辞辛苦,带了器材到报告现场(露天)进行采访。湖州电视台后来也曾为我做过专门报道,应该说从文字到音像都是不错的,看出来下了功夫,朴实而传达了正能量。每次去湖,他和夫人李颖都给予很多关心和照顾,带我去吃丁莲芳的千张包子和其他地方美食。我们的交往，传递了父辈的精神和"二代人"的友谊，在他眼里，"父辈就是一本书"！今后，研究会的传承主力也就靠这些"二代人"和"三代人"了！北京也是如此，浙东分会的主要核心人物就是原20军60师178团政委（叶伯善前任）杨明德之子——杨小峰同志！

二零二零不平凡

叶培建　《嫦娥之声》第 4 期　2020 年 11 月　文昌

二零二零不平凡，抗美援朝七十年，
机遇挑战和困难，钢少气多百事艰。
中华民族压不垮，世界第一吃败仗，
可圈可点全球赞，而今已不是当年。

习总书记掌全盘，"台独""港独"乘机乱，
逆境奋斗谱新篇，挟洋反中丑行现。
制度优越人心齐，东海演习国安法，
百折不挠移泰山，国家统一意志坚。

突如其来新冠炎，精准扶贫攻坚战，
全党全国齐动员，联合国中树标杆。
打赢一场人民战，幸福指数节节高，
全面复苏做领先，青山绿水换新颜。

中秋国庆当新年，颗颗卫星捷报传，
大洋彼岸几百万，北斗导航新飞船。
世界唯一正增长，天问火星绕落巡，
引擎助力各国羡，嫦五采样月球返。

百年不遇格局变，我辈责任担在肩，

有人处处都捣蛋,复兴中华做贡献。
贸易南海和抗疫,航天强国立新功,
贼心欲阻我发展,青史留名照肝胆。

我的三位推荐人

叶培建　2016年6月

我是2003年当选的中科院技术科学部院士，2003年年初申报时，一方面航天科技集团作为组织推荐了我，另外我们学部有三位老院士也联名推荐了我，他们是孙家栋、闵桂荣和梁思礼三位先生。

这三位先生都是我国著名的航天科学家，享有盛誉。孙家栋院士是我国第一颗人造地球卫星"东方红一号"的技术负责人，是导航卫星和"嫦娥"卫星等工程的大总师，是国家最高科技奖的获得者。他既是一位"工程大师"，又是一位战略科学家，经常能为我国的航天发展提出具有战略眼光的重大建议。我担任"嫦娥一号"卫星总指挥兼总设计师时，就在他领导下进行工作，由于他的能力与水平，"嫦娥一号"卫星工程取得圆满成功，为中国的探月奠定了坚实基础。闵桂荣院士是资深的卫星总体与热控专家，他负责了几乎所有我们空间事业前20年国产卫星的热控，并培养带出了一批热控专家，使我国空间飞行器的热控水平今天能处于一个国际先进水平。他也是一位优秀的组织工作者，曾担任多年的中国空间技术研究院院长。我曾有段时间担任院长助理，在从这个岗位转到型号设计师时，得到了他的理解、大力支持与帮助。我从某个重要型号的副总师做起，他就是这个型号的工程总师，在他的带领、鼓励、帮助下，我能较快地适应我的岗位，进入角色，快速成长，很快就担任了该型号的总设计师兼总指挥，这是我国空间飞行器型号第一个两总由一人兼任的先例。最后，该型号取得了很显著的成绩，实现了原先没有预想到的"三星组网"。我申报院士时的主要业绩就是这项工作。梁思礼院士是梁启超先生的小儿子，名门之后。他是我国导弹武器控制方面最资深的专家之一，有着深厚的理论基础与工程实践经验。他很早就意识到信息化在航天及各项领域中的重要性，大力宣传、推广，实践计算机的应用，无论是 CAD、CAM、CAT、CAE、网络、机电一体化等，他都有很深的见解。他长期任航天系统信息化的总设计师、高级顾问，而我恰恰也长期在中国空间技术研究院任信息化总师，在他指导下工作。通过大家的努力，从而使我院的信息化工作开展得较有声色，为飞船、卫星等的研制立下功劳，打好了基础，也为卫星应用开拓了市场。这三位先生都很了解我的工作，我的长处与短处，他们能推荐我是我的荣幸。更可贵的是，他们的人品和道德都是一流的。我的办公室与闵先生在同一楼层，几乎天天见面；2003年正是"嫦娥"工程的立项年，我常和孙先生在一起工作。那时我还是五院的信息化总师，与梁先生也常常会面。但从他们推荐我以后，再没有一人在我面前谈及有关院士选举的一点情况，从通信评审到大会选举，没有一句话、一个字，就似乎没有发生过这事一样，直到选举结束。可见他们是多么严肃认真地对待院士选举工作，如何的遵守相关纪律！这一点，与现在院士选举中所发生的一些现象成为很鲜明的对照。

现在，这几位先生仍然奋战在航天战线上，孙先生仍在为我国的导航大业与深空探测出谋划策；闵先生对航天，尤其对五院的各项事业发展倾心相顾、指导帮助，梁先生仍密切注视着现代技术的发展，出席各种会议、直言献策。他们都是我国宝贵的财富，我衷心祝愿他们寿比南山！

后记：这篇文章写于2016年，为科学院成立60周年征文而写，因考虑到一些因素，没有送出公开发表。时间又过去了五年，梁思礼院士、闵桂荣院士也已作古，但是院士选举中的一些不正之风仍在，需努力改正，还院士选举公正清廉之风。现在把这篇文章收于此书，既是个历史客观记录，也很有现实意义！

我的第一套房子——忆屠先生

叶培建　2017年5月10日

5月6日晨，屠先生驾鹤西去，学生辈的我十分悲痛，去先生家致哀，见先生生前遗像，不禁流泪，我对屠夫人说："先生对我十分看重和帮助，令我终生不敢忘怀！"

屠先生值得怀念的事很多，但有件事是我一定要写出来的。

1985年秋，我在国外学习五年后回国。我原是五二九厂职工，1978年考取中国计量院研究生后，又考取502所研究生，师从鲍百容研究员，所以人事关系也到了502所，后即学习外语，出国，直至1985年归国回所，确实并未对502所有任何贡献。当时我的住处是与529厂工人合住的一套房子（中关村45楼），我仅住一间12平方米的朝北屋，三口人，儿子已上初中，条件可见较差，当然那时大家的住房条件普遍也不好。为改变住房条件，我曾向所里有关部门提出改善需求，但是因条件所限，没有实现。当时我也曾动过换一个单位的想法，也确实有几家单位（如当时的信息工程学院、沈阳自动化所等）希望我考虑去他们那儿工作。要房子的事后来不知怎么被屠先生知道了，他当时主政502所。他的态度非常明确，应该给叶培建一个合适的居所，恰好那时502所在中关村医院对面的一个楼上有人搬走，有一套房子可用。其实那套房子也不大，大约60平方米，两个居室，屠先生就指示所里把这房子分给我。谁知这一决定引起不少同志的反响，认为我资格不比他们老，刚来所里，对所里也无所贡献，为什么给他，等等。

在听到这些反映后，屠先生坚决地说："叶培建有很好的基础，今后一定能做出点事来，你们中谁也能去学习，获博士学位回来，所里一样待遇，给你房子。"就这样，屠先生力排众议，我就有了一生中第一套虽不大、也不新，但是独立的一套房子，这在当时的条件下是一个极大的鞭策，"士为知己者死",促使我要为所里多做工作。所以在后来的 2～3 年中,直至调入院里,我在所里工作动力很足。如在"火车红外热轴仪"的研制开发过程中,不仅用模式识别的知识开发"滚动轴~滑动轴判别软件",解决了这一难题;更是不怕辛苦,每天爬货车、喝棒子粥、吃炒饼、虫叮蚊咬地在铁路沿线奔走,采集数据,最终红外热轴探测形成了一个产业;并克服了许多困难,带领博士生开发出第一代"星敏感器星图识别软件",至今这个软件也是我院星敏感器信号处理的基础;着手"陆标敏感器"研究,等等。总觉得自己应多做点事,才对得起组织关心,对得起屠先生的厚爱才好!

屠先生西行之路走好!

附八：荣誉/奖励、科普报告、科技论文一览

荣誉/获奖情况

■ 荣誉称号

2022年，当选为北京2022年冬奥会火炬手，国际奥委会主席巴赫、北京2022年冬奥会和冬残奥会组织委员会主席蔡奇；

2019年，荣获中华人民共和国成立70周年海归70人，教育部、科技部、中科院等；

2019年10月，六部委，探月工程嫦娥四号任务突出贡献者；

2019年9月，荣获全国"最美奋斗者"光荣称号，中宣部等九部委；

2019年9月，习主席签署命令，授予"人民科学家"国家荣誉称号并亲自颁发奖章、证书，人大常委会决议；

2019年9月，荣获"庆祝中华人民共和国成立70周年纪念章"，中央、国务院、中央军委；

2019年1月31日，王沪宁同志代表党中央、习主席来家拜年、看望，对叶培建同志在国家建设中的贡献充分肯定；

2018年5月30日，入选"百名科学家、百名基层科技工作者"人民大会堂座谈会代表，中国科协；

2017年1月，国际小行星中心命名456677小行星"叶培建星"；

2016年11月，香港理工大学荣誉工程学博士；

2016年3月，澳门科技大学，荣誉理学博士；

2015年2月，国家国防科技工业局探月工程三期再入返回飞行试验任务，突出贡献个人；

2014年12月，国家质检总局、质检报刊社，"质量之光"年度质量人物；

2014年12月，中国科协、中国科技馆发展基金会，"科技馆发展奖——贡献奖"；

2014年7月，《中国科学：技术科学》，2013年"优秀编委"；

2014年7月，六部委，探月工程嫦娥三号任务突出贡献者（人力资源和社会保障部、工业和信息化部、国防科技工业局、国有资产监督管理委员会、总装备部、科学院）；

2010年，六部委，探月工程嫦娥二号任务突出贡献者（人力资源和社会保障部、工业和信息化部、国防科技工业局、国有资产监督管理委员会、总装备部、科学院）；

2009年，香港理工大学，"杰出学人"名誉称号；

2008年12月，《计算机世界》，"2008年推动中国信息化进程突出贡献奖"；

2008年1月，绕月探测工程领导小组办公室，"中国首次月球探测工程圆满成功有功人员"，证书、奖章；

2008年2月，中国年度英才委员会（全国政协教科文卫委员会等九家单位共同组织），"2007年中国十大科技英才"；

2007年12月，中国全国总工会，"全国五一劳动奖章"；

2007年12月，国家人事部、国防科工委、国资委、总装备部、中科院，"首次月球探测工程突出贡献者"；

2007年，总装备部、国防科工委，"高技术武器装备发展建设工程荣誉奖章"；

2004年，航天科技集团公司，"航天人才培养突出贡献奖"；

2003年3月，中国航天基金会，2002年中国航天基金奖；

2002年，总装备部、国防科工委，"'军三星'先进个人"；

2001年，国防科工委，"国防科技工业有突出贡献中青年专家"；

1993年，"国务院政府特殊津贴"；

1985年，航天工业部，"精神文明建设积极分子"。

■ 集体奖（带头人）

2021年12月，《征程——人类探索太空的故事》科普图书，"年度科普作品"，中宣部、中央广播电视总台；

2019年9月，中华人民共和国成立70周年，"最美奋斗者"团队——嫦娥团队，中宣部等九部委；

2007年6月，国防科工委，"科技创新团队"；

2007年12月，信息产业部、国务院信息化办公室等，"中国信息化建设项目成就奖"。

■ 科技进步奖

2014年，深空探测团队，获"国家科技进步奖创新团队奖"，等级为国家科技进步一等奖，排名第一；

2010年11月，国家知识产权局，一种绕月卫星双轴天线对地指向控制方法，获"中国专利优秀奖"；

2009年，绕月探测工程，获"国家科技进步特等奖"；

2008年，绕月探测工程，获"国防科技进步特等奖"；

2008年，价值工程技术在嫦娥一号卫星项目资源效用提升方面的应用研究与实践，获"国防科技进步二等奖"；

2006年，中国资源二号卫星三星组网，获"国防科学技术奖三等奖"；

2002年，中国资源二号卫星，获"国家科学技术进步奖一等奖"（那时国家还未设特等奖）；

2001年，中国资源二号卫星，获"国防科工委国防科学技术奖一等奖"；

2000年，"神舟一号"试验飞船结构件计算机辅助制造技术，获"国防科工委国防科学技术奖二等奖"；

1998年，深圳证券卫星通信双向网，获"航天工业总公司科技进步奖一等奖"；

1989年，"HBDS-1"型第二代车辆探测系统，获"航天部科技进步奖一等奖"。

关于科普报告和部分综述类报告情况

十多年来,以下述题目为主线,针对不同对象加以补充、删减和适应性改进,进行了许多场次科普、人文、专业讲座和报告。有些地方做过多场报告(不同内容、不同时间)。

嫦娥一号与中国的深空探测

嫦娥卫星与中国的深空探测(中学版,大学版)

人类与航天

国外深空探测的态势及我国发展的建议(多版本)

嫦娥一号与四大精神

中国空间技术发展史

卫星信息工程与卫星应用

当型号总师的一点体会

追求极致抓好质量,嫦娥一号谱新篇

Review and Prospect of China Space Activities

火星探测的设想

载人登月的技术途径

2030/2050的中国航天技术体系

空间飞行器与材料

空间飞行器中的光学技术

小行星探测策略研究

有人参与的深空探测若干技术问题

我国第一次火星探测任务

向宇宙的海洋进军

人工智能及其在航天工程中的应用

其他

一、2010年前邀请单位回忆统计如下：

清华大学、北京大学、浙江大学*、人民大学、北航*、南航、厦门大学、浙江理工大学、浙江电子工业大学、浙江师大、哈工大、哈工程、中北大学、郑州大学、兰州大学、西工大、成都电子科大、重庆大学、湖南大学、中国地质大学、南京理工大学、南京工大、香港理工、澳门科技大学、吉林大学、吉大珠海学院、宁波大学、解放军信息工程大学、总装27基地、南昌航空学院、南昌大学、嘉兴学院、北京机械工业学院。

中央党校、浙江省科协、福建省科协、宁波市科协、北京市科委*、杭州市委、蚌埠市委、泰州市委、泰兴市委、天水市委、上海浦东科委。

湖州中学*、太原二中、福州一中、黄桥中学、北京徐悲鸿中学、北大附中。

中科院京区团委、中科院空间中心、中国空间技术研究院*、航天708所、航天科工集团、航天九院、中国农业银行、中国证监会、瑞士华人华侨联合会、瑞士联邦苏黎世高工（ZTH）、中国载人航天办公室、航天七院。

中国宇航学会*、中国空间科学学会*、CAST论坛*、航天育种年会、计算机测量与控制年会、载人航天论坛、重庆高交会、北航暑假研究生班等。

注：*者都是做过两场或多场报告。

二、2011年统计如下：

南京航空航天大学（3.25），北师大二附中（4.11），清华大学（4.12），CAST新员工班、班组长培训、天辰实业骨干培训、510所培训等共六场，首师大（5.16），福州大学（5.10），全国材料研究会年会（5.18），常州中学（5.20），山东莱州双语中学（5.31），清华大学新闻传媒学院/澳门新闻人员学习班（6.3），香港理工大学（7.13），浙江慈溪中学（9.25），江苏科协（10.25），武警北京总队17支队（12.20），康拓红外（12.31）。

三、2012 年统计如下：

政协会议武警官兵(3.11)、501 所有关人员(3.30)，CAST 新员工培训(4.9)，浙江人文大讲堂(4.21)，南航(6.19)，航天神软公司(5.21)，CAST 新员工(8.9/8.17)，九院新员工(8.3)，空军工程大学(9.5)，华中科技大学(9.13)，上海大讲堂(10.27)，澳门科技大学(11.21)。

四、2013 年统计如下：

重庆航天职业学院(1.10)，航天 102 所(3.18)，航天 514 所(3.19)，CAST 新员工/CCTV 教育台(4.12)，泰兴市(4.17)，中集来福士海上集团(4.25)，航天 513 所(4.26)，上海新民咖啡科学论坛(7.25)，航天 529 厂(8.28)，北京首届国际月球探测大会(英文，9.4)，瑞士 Geneve 大学(法文，9.18)，总装 27 基地(10 月)，广州珠江科技大学堂(12.24)。

五、2014 年统计如下：

清华大学(1.6)，航天天津基地/518 所(2.13)，浙江湖州南太湖大讲堂(3.25)，湖州职业学院(3.26)，航天 514 所(4.8)，航天载人事业部(4.15)，国防科大(4.17)，武警 13 支队(4.22)，泰州市(4.24)，广西师范大学(5.6)，科技日报社/科技部(5.14)，航天科工二院(5.23)，中电 36 所(11.12)，浙江平湖公众(11.13)，神舟投资员工(12.9)，八院 811 所(12.16)。

六、2015 年统计如下：

首都科学讲堂(1.3)，南航(2.4)，航天科技 13 所(2.13)，苏州大学(3.25)，宁波市科协(4.14)，山东莱州一中(5.4，大于 7000 人)，宁夏医大、宁大、北方民大(大于 2000 人，5.28)，北航夏令营(7.24)，贵州遵义航天科工十院(7.27)，第 20 集团军(9.5)，柳州市委、市政府(9.15)，广西科技大学(9.16)，文昌卫星基地(10.22)，山东大学(10.27)，澳门科技大学

(11.25)，成都科协金沙讲堂(12.15)，重庆大学/重庆七中(12.16)，湖州师范(12.28)，淮阴中学(12.30)。

七、2016年统计如下：

南京理工大学(1.19)，澳门科技大学(4.1)，国家图书馆(4.13)，云南大学(4.24)，南京航空航天大学(5.7)，上海539厂(7.28)，航天天津基地青少年夏令营(8.8)，XX部(9.6)，哈工大(9.7)，哈工大威海分校(9.12)，重庆大学(9.19)，北航宇航学院/空间仪表分会(9.25)，上海航天邮展(10.20)，香港理工大学(11.14)，浙江义乌春晗中学(12.1)，上海811所(12.13)，合肥核安全所(12.14)，五院钱学森实验室(12.21)。

八、2017年统计如下：

南京航空航天大学(1.10)，北京理工大学(1.13)，济南山东电视台(4.17)，上海微小卫星研究院(4.24)，航天513(5.3)，烟台山东工商学院(5.4)，杭州崇文实验学校(5.18)，浙大信电学院(5.20)，德清县委(5.22)，武汉理工大学(10.18)，上海交通大学(11.15)，北京大学人民医院(12.12)。

九、2018年统计如下：

五院离退休干部大会(1.11)，南京航空航天大学(3.8)，战略支援部队航天大学(3.29)，航天智慧公司(4.17)，中国航天员训练中心(4.20)，五院50周年院庆活动(4.24)，第2届北航国际夏令营论坛开幕报告(7.23)，五院2018新员工集训(8.4)，德清一中(8.10)，国家自然基金委"双清科普讲座"(10.11)。

十、2019年统计如下：

南京航空航天大学(2.26)，华中科技大学(2.28)，清华大学(3.7)，五院老干部（3.11），东南大学（3.27），江苏常州中学（4.10），杭州四中（5.4），新四军北京研究会（5.9），新兴领域高层次论坛·军事科学院于青岛举办，开幕报告（6.12），国家科技馆（6.17），南京航空航天大学（6.27），五院2019新员工入职培训（8.2），杨嘉墀第二届智能控制会议（8.16），北京飞行控制中心（8.8），航天518所（8.22），航天十二院（9.4），中国光学工程学会（9.5），江苏泰州市四套班子及大众（10.23），澳门科技大学（11.13），中央纪律检查委员会（11.21），航天上海811所（11.25），中国卫星通信公司（12.9）。

十一、2020年统计如下：

2020年COVID-19严重，各种会议停止、减少，尤其大型人多会议，所以完成少。

中国长城工业公司（1.6），航天772所（1.7），五院/外交部边疆司活动（9.10），五院/外交部条法司活动（12.24）。

十二、2021年统计如下

浙江仙居中学（3.21），南航溧阳校区（4.23），航天日主论坛，南京（4.24），北京理工大学（5.13）。

2003年评选院士时的论文选目录

（未注明作者序的均为唯一作者）

中国资源二号卫星（901工程技术手册之一），总装航天装备总体研究发展中心，2000.5，主编；

卫星与计算机，徐福祥主编《卫星工程学讲义》中的一篇，中国空间技术研究院，2000年；

Prospects for 21st Century's Space Exploitation and Humanity, ICETS' 2000（国际工程和技术科学2000年大会），北京，Session 1. VOL-1，第一作者；

Our Challenges in the Basic Facilities Construction of Chinese Aerospace Industry, 48th IAFC（国际宇航联大会），1997.10, Italy, IAF-97-U.2.07，第一作者；

Instruments and Processing of Astronautics Images in China, 21st ISTS（国际空间技术大会）1998.5, Japan, ISTS 98-k-11 p，

线阵CCD器件主要性能参数及测试方法，中国空间科学技术1997.6，第三期，第一作者；

遥感卫星CCD图象处理，中国空间科学学会探测专业委员会第十二次学术会议论文集，1999.11，中国；

Techniques for On-Line Chinese Character Recognition with Reduced Writing Constraints, 7th ICPR（国际模式识别大会），1984.7, Canada, Proc., Vol.2；

计算机手写实时中文自动识别，自动化学报，1987.1 第一期；

Reconnaissance Automatique en Temps Réel et Par Ordinateur des Caractères Chinois Manuscrits, Thèse de Docteur ès Sciences, 1985.7, Suisse, Université de Neuchâtel（博士论文，法文）

Area-Survey Photographic Satellite Application in Different Fields of China,

Proc. of the Far East Workshop on Geographic Information System, 1993.6, Singapore, 第一作者；

线阵CCD器件应用于星载相机时应注意的问题，中国空间科学技术，1998.8 第四期，第三作者（共三名作者）；

法国宇航公司小卫星计划，国际太空，1996.12，总216期；

传输型对地观测卫星的应用，中国航天，1997.10，总第234期；

地理信息系统，中国航天，1994.12，总第200期；

深圳股票交易VSAT网络，卫星应用，1994.12，第4期；

计算机网络及通信技术在五院科研生产中的应用，中国空间技术研究院，九七年度学术研讨会文集，1997；

卫星研制中的软件应用与发展，中国空间技术研究院，九八年度学术研讨会文集，1998，第二作者；

第19届国际航天技术与科学讨论会在日本举行，中国空间科学技术，1994.10，第五期；

计算机应用优秀论文集，中国空间技术研究院，1996.2，主编；

质量：永恒的主题与新的认识，航天工业总公司领导干部研讨班论文集，1996.5；

On-Line Recognition of Handwritten Chinese Characters: Rearrangement of Stroke Sequence, 1st IFSA（国际模糊系统学会会议），1985.7, Spain, Vol.1, 第一作者；

The Structure of Chinese Characters and Radical Analysis in an On-Line Character Recognition System, 1st IFSA, 1985.7, Spain, Vol. 1, 第一作者；

A New Algorithm for an On-Line Alphanumeric Handwritten Character Recognition, 7th ICPR, 1984.7, Canada, 第一作者

Reconnaissance en Temps Réel des Lettres Manuscules et des Chiffres Arabes Manuscrits à l'aide d'un Arbre de Classification Basé sur Leurs Caractéristiques

Géometriques, Report, 1983, I. M. T. Suisse;

句法模式方法在实时火车轴型判别应用中的前景, 控制工程, 1987. 第三期, 第三作者（共三名作者）；

基于物理模型的彩色图象理解算法, 中国空间科学技术, 1992.6 第三期, 第三作者（共三名作者）；

CAD 技术及其在卫星工程中的应用, 中国空间科学技术, 1989.10, 第四期, 第二作者（执笔）（共三名作者）；

计算机图形与图象处理, 中国空间科学技术, 1990.10 第五期；

从 ACCV' 95 看计算机视觉技术的发展, 中国空间科学技术, 1996.4 第二期；

空间站智能机器人设计, 人工智能学会第一次年会文集, 重庆, 1987；

从 MIT 的研究看我国 AI 的研究方向, 人工智能学会第一次年会交集, 1987, 重庆；

文符识别中分段技术的研究及其应用, 控制工程, 1984, 第四期；

人工智能语言——Prolog 2 简介, 控制工程, 1986, 第二期；

语音信号处理综述, 控制工程, 1986, 第五期；

在彩色图象中抽取颜色恒常性和高光, 中国空间科学技术, 1991.8, 第四期, 第三作者（共三名作者）；

1996 年国际图象处理大会信息, 中国空间科学技术, 1996.12, 第六期；

人工智能及其在航天技术中的应用, 空间技术情报研究, 1989, 第一作者；

一些空间站活动的智能系统, 中国空间科学技术, 1990；

美国、意大利机器人考察报告, 出国考察技术报告, 1989, 第一期, 第二作者（共四名作者）；

数字电压表原理与检定技术（培训班教材）, 国防科工委, 1973, 共二名作者, 主笔；

电工仪器仪表检定与修理（下册），国防工业出版社，1983，排名第八（编写组共15名作者）；

准数字滤波器及其应用，控制工程，1984，第二期；

直流数字电压表的检定，计量工作，1975，第二期；

空间技术及其发展，科普研究，1994.6，第二期。

2003年11月当选中科院院士后发表的著作、论文及报告目录

著作、论文

月球探测卫星工程论证组（组长）《嫦娥工程——中国的绕月探测工程》；世界航空航天博览；P36—P45；2003.11.A

叶培建（主编）《嫦娥一号月球探测器文集》共十二册；2005年3月

叶培建（主编）《中国资源二号卫星科技报告汇编》共四册；2004年3月

叶培建《中国探测飞行器的技术难点》摘要；中国科协2004年学术会议文集（分一：太空与人类文明的未来）；2004年11月；海南

叶培建、邓湘金《嫦娥一号月球探测器研制工程中技术、成本、进度的综合考虑》；中国空间科学学会空间探测专业委员会第18次学术会议论文集；P63-69；2005年10月；宜昌/重庆

石德乐、叶培建《Lunar Lander Precisely Location and Safely Landing Technology》；International Conference on Exploration and Utilization of the Moon; Abstracts P77; 2004.11; Udapur; India

叶培建《我国月球探测工程总体技术发展研究》；首届CAST空间技术论坛；文摘P1-2；2005年9月；北京

叶培建、张熇、饶伟《面对深空探测的技术挑战》（大会特邀报告）；中国宇航学会，深空探测专业委员会"第二届学术会议论文集"；P1-8；2005年11月；北京

石德乐、叶培建、贾阳《对我国月面巡视探测器定位方法的一些思考》；中国宇航学会，深空探测专业委员会"第二届学术会议论文集"；P356-362；2005年11月；北京

蔡晓东、叶培建《卫星遥感图像信息作为姿态敏感器的应用研究》；中国空间科学技术；2005年第6期；P8-13

蔡晓东、叶培建《Feature Point Set Based Image Matching Algorithm for Satellite Attitude Determination》; Proceedings, P212-216, 1st International Symposium on Systems and Control in Aerospace and Astronautics, Jan.19-21, 2006, Harbin, China

叶培建、肖福根《月球探测工程中的月球环境问题》; 航天器环境工程; 2006年1月; 第1期; P1-11

蔡晓东、叶培建《基于特征点集的匹配算法应用于卫星姿态确定》; 北京航空航天大学学报; 2006年第2期; P171-175

蔡晓东、叶培建、李金屏《A Registration Approach to Coastline Satellite Image》; Proceedings, 10148—10152, 6th World Congress on Intelligent Control and Automation, June 21—23, 2006, Dalian, China

Shi Dele, Ye Peijian and other《Research on Lunar Rover Location Methed Based on Lander Stereo Vision》, 8th ILEWG Conference on Exploration and Utilization of the Moon; Abstracts; P37; 2006.7; Beijing; China

叶培建、彭兢《深空探测及我国深空探测展望》, 中国工程科学, 2006年, 第10期, P13-18

叶培建、张熇、饶伟《积极应对深空探测的技术挑战》, 航天器工程、2006年, 第3期, P1-8

Ye Peijian、Peng Jing《Review to Human Deep Space Exploration History and it's Prospect in China》, Engineering Sciences, Vol.4, No.4 Dec, 2006, P1-7

石德乐、叶培建、贾阳《我国月面巡视探测器定位方法研究》, 航天器工程, 2006年, 第15卷, 第4期, P8-14

石德乐、叶培建、贾阳、王荣本、郭烈《基于着陆器帮助的月面巡视器定位方法研究》, 公路交通科技, 2006年8月, 第23卷, 第8期, P154-159

石德乐、叶培建、贾阳、王荣本、郭烈《月面巡视探测器图像分割及识别方法研究》, 吉林大学学报(工业版), 2007年1月, 第37卷, 第1期,

P 212 - 217

石德乐、叶培建、贾阳、王荣本、郭烈《基于四边形约束的特征点匹配方法研究》，中国农业机械学报，2007年9月，第38卷，第9期，P134-137

叶培建、彭兢《中国深空探测发展展望与思考》，高技术发展报告（2007），中国科学院，科学出版社，P290-299，2007年3月

Shi Dele, Ye Peijian《Lunar Lander Precise Location and Safely Landing Technology》，航天器工程，2007年，第16卷，第3期，P9-16

叶培建、张熇《中国月球探测卫星研制历程》，中国航天50年回顾，国防科学技术工业委员会汇编，2007年，P253-256

叶培建、孙泽洲、饶伟《嫦娥一号月球探测卫星研制综述》，航天器工程，2007年，第16卷，第6期，P9-15

石德乐、叶培建、贾阳《利用着陆器立体视觉对月面巡视器定位》（英文），航天器工程，2007年，第16卷，第6期，P25-32

叶培建、于萍《信息化技术在嫦娥一号卫星研制中的应用》，空间控制技术与应用，2008年，第1期，P9-13及P50

Ye Peijian《China's First Lunar Exploration Satellite——Chang'e-1》，Aerospace China, Vol.8, No.4, Winter 2007, P3-5

叶培建、李振才《追求极致抓质量，嫦娥一号谱新篇》，质量与可靠性，2008年第2期，P3-7

叶培建《嫦娥一号的技术进步点》，中国航天，2008年第4期，P9-12

叶培建、彭兢、饶伟、孙泽洲《嫦娥一号卫星的技术成就与中国深空探测展望》，中国科学技术前沿，高等教育出版社，2008年，第11卷，P5-38

彭兢、邓湘金、叶培建《月球探测器专业发展》，航天科学技术学科发展报告，中国科协主编，中国宇航学会编著，2008年，P57-8

叶培建、邓湘金、彭兢《国外深空探测态势特点与启示》（上），航天器环境工程，2008年，第5期

叶培建、邓湘金、彭兢《国外深空探测态势特点与启示》（下），航天器环境工程，2008年，第6期

叶培建《嫦娥一号与四大精神》，宁波大学学报，人文科学报，2008年，第6期

叶培建，饶伟《光电技术在中国深空探测中的应用》，航天返回与遥感，P1—11，2011年4月，第2期

叶培建主编，《嫦娥一号科技报告》，共四册，2011年，其中个人写序、文二篇

叶培建，黄江川，张廷新，孟林智《嫦娥二号卫星专题1：设计与成果——嫦娥二号卫星技术成就与中国深空探测展望》，中国科学技术科学，P467-477，2013年5月，第5期

孟林智，黄江川，叶培建等7人《嫦娥二号卫星专题2：扩展探测任务——嫦娥二号卫星多目标多任务设计与经验》，中国科学技术科学，P585-595，2013年6月，第6期

Ye Peijian, Huang Jiangchuan, Zhang Tingxin, Meng Linzhi《Technological Achievements of Chang'e-2 and Considerations for China's Deep Space Exploration》, Aerospace China, Vol.14, No.2, Summer 2013, P2-8

Huang Jiangchuan, Ji Jianghui, Ye Peijian and other, Nature, Scientific Reports,《The Ginger-shaped Asteroid 4179 Toutatis: New Observations from a Successful Fly by of Chang'e-2》, Nature.com, 2013.12.13

叶培建等《嫦娥三号专题3：专项技术——中国月球探测器发展历程和经验初探》，中国科学技术科学，P543-558,2014年6月，第6期

果琳丽、李志杰、齐玢、梁鲁、叶培建《一种综合式载人月球基地总体方案及建造规划设想》，航天返回与遥感，2014年第6期，P1-10

叶培建等探月三期月地高速再入返回飞行器专题：系统设计与验证——《中国深空探测进入/再入返回技术的发展现状和展望》，中国科学技术科

学，P229 –238，2015 年 3 月，第 45 卷第 3 期

Ye Peijian et al.《The Analysis of Lunar Eclipse Effects on CE-1 Lunar Orbiter and its Solution》，Journal of Astronautics, April 2007, Vol.28

叶培建、果琳丽、张志贤、王平、田林《有人参与深空探测任务面临的风险和技术挑战》，载人航天，2016 年第 2 期，P 143 – 149

张志贤、梁鲁、果琳丽、叶培建《轮腿式可移动载人月面着陆器概念设想》，载人航天，2016 年第 2 期，P 202 –209

叶培建（组长）等，《载人深空探测》，科学出版社，2016 年 11 月第一版

Ye Peijian, Sun zezhou, Rao wei, Meng linzhi,《Mission Overview and Key Technologies of the First Mars Probe of China》，Science China Technological Sciences, May, 2017, vol.60 P.649 –657

Ye Peijian, Sun zezhou, Zhang he, Li fei,《An Overview of the Mission and Technical Characteristics of Chang-e'4 Lunar Probe》，Science China Technological Sciences, May, 2017, vol.60 P.658 –667

叶培建《有人参与的深空探测突出科技问题研究》，问天科学集，南航，2017

叶培建主编《空间技术与科学研究丛书》共 23 册，北京理工大学出版社，2018 年 4 月

Ye Peijian, et al.《Development and Prospect of Chinese Deep Space Exploration》，China Space International, 2018，Ⅱ. P.1 –9

叶培建、邹乐洋、王大轶、彭兢、张熇，《中国深空探测领域发展及展望》，国际太空，2018 年第 10 期

叶培建《国家重大科技战略工程造就人才同样需要人才输入》，科学与社会，2018 年第 8 卷第 3 期，P 7 –10

叶培建、张熇、李飞，《前言——记嫦娥四号月球探测器专题》，中国科学技术科学，2019 年 2 月，第二期

叶培建、孙泽洲、张熇、张立军、吴学英、李飞，《嫦娥四号探测器系统任务设计》，中国科学技术科学，2019年2月第二期，P 124-137

叶培建、孟林智、马继楠等，《深空探测人工智能技术应用及发展建议》，深空探测学报，2019.4，P 303-316

Series Editor: Ye Peijian《Space Science and Technology》10 Volumes Springer & Beijing Institute of Technology Press 2020年

叶培建等，《征程》——人类探索太空的故事，科学出版社，2020年

国际国内专业会议报告

Ye Peijian《Review and Prospect of China Space Activities》，Micro 08 会议，PPT，瑞士，2008年9月

Ye Peijian《CE-1 Orbiter & it's Scientific Achievements and the Latest Update of CLEP》，60th IAF，2009年10月，PPT，韩国大田

叶培建《我国空间飞行器中智能技术发展的建议》，PPT，(a)全国人工智能学会控制专业委员会年会，广州，2009年8月；(b)航天502所，智能技术国家重点实验室年会，北京，2009年

叶培建《嫦娥一号与中国的深空探测》，PPT，(a)香港理工大学，香港，2009年11月；(b)澳门科技大学，澳门，2010年3月

叶培建，孟松《空间飞行器与材料》，中国材料研究学会2011年年会特邀报告，北京，PPT，2011年5月18日

叶培建《小卫星与深空探测》，东方红卫星公司成立十周年高峰论坛特邀报告，PPT，2011年11月

叶培建《Lunar and Deep Space Exploration in China》，北京首届国际月球探测大会，PPT（英文），2013年9月4日

叶培建《Exploration de la Lune et Exploration de l'e Space Profond de la Chine》，瑞士Geneve大学，PPT（法文），2013年9月18日

Ye Peijian,《Achievements and Perspective of China's Deep Space Exploration》, The 2nd BUAA International Academic Forum of Astronautical Science and Technology, 2018 年 7 月 23 日